범연구시리즈 50

말씀으로 기도하기 9
출애굽기

한국기독교교육교역연구원 편

배정훈, 오방식, 임창복 집필

사단법인 한국기독교교육교역연구원
www.kcemi.or.kr

─── ● 본 교재 집필자 소개 ● ───

배정훈 / Ph. D., 장로회신학대학교 교수, 구약학

오방식 / Ph. D., 장로회신학대학교 교수, 영성신학

임창복 / Ph. D., 장로회신학대학교 명예교수, 기독교교육학

발간사

「말씀으로 기도하기 9 – 출애굽기」는 사단법인 한국기독교교육교역연구원 주관으로 2006년 7월부터 1년간 장로회신학대학교의 교수 여덟 분(강사문, 배희숙, 김문경, 최재덕, 유해룡, 오방식, 김영동, 임창복)이 함께 뜻을 모아 연구하였던 네 번째 결과물입니다. '말씀으로 기도하기' 위원회의 목적은 성경에 나타난 기도의 원문과 그 내용을 성서적으로 연구한 후, 그 성경내용을 거룩한 읽기 등의 기도방법으로 훈련하여 일상생활에서 말씀으로 기도하는 운동을 범 교회적으로 펼치는 데 있습니다. 본 연구원은 2007년 평양 부흥 100주년을 맞이하면서 '말씀으로 기도하기'를 통하여 성령의 역사로 한국교회와 우리들이 새로운 소명으로 이 시대를 향하신 하나님의 교역에 동참하고자 구성되었습니다.

'말씀으로 기도하기'의 기획 및 편집방침은 두 가지인데, 하나는 가능하면 신구약 성경 전체를 다룬다는 것이고 다른 하나는 복음서와 바울서신, 그리고 시편을 우선으로 연구한다는 것입니다. 본 위원회의 연구 활동을 세 단계로 나누기로 했습니다. 첫 번째 단계에서 성서학 분야에서 원문 분석, 본문의 배경 및 주요내용을 연구하면, 두 번째 단계에서는 영성훈련 전문가들이 첫 단계에서 연구한 내용을 중심으로 거룩한 읽기 방법으로 구체적인 '말씀으로 기도하기' 프로그램을 기도문까지 작성하였습니다. 세 번째 단계인 삶의 현장과의 적용 부분은 본 자료를 접하는 다양한 사람들의 삶의 자리에서 성령 하나님께서 말씀에로 친히 인도하시도록 자리를 비워 놓는 것이 더 효율적이라고 생각되어 본서에 첨가하지 않았습니다.

'말씀으로 기도하기'의 구조는 다섯 단계로 '기도에 임하기'(하나님의 임재를 기원, 찬송, 성경본문 읽기, 본문배경), '기도'(은총기도, 말씀읽기, 말씀묵상, 응답기도, 하나님의 임재 안에 머물기), '반추 및 성찰', '삶으로 나아가기', '본문의 주요내용'으로 되어 있습니다. 이를 근간으로 하여 「말씀으로 기도하기 9-출애굽기」는 모두 45개의 실제 프로그램으로 구성되어 있습니다.

　본 연구원의 '말씀으로 기도하기'의 뿌리와 그 의미를 명료하게 하기 위하여 "말씀으로 기도하기의 뿌리와 의미"가 「말씀으로 기도하기 3-시편 2」에 기재되어 있으니 참고하시기 바랍니다. 본 자료집의 효과적인 활용을 위한 지침과 함께 본 자료집의 특징 및 활용방법도 소개하오니 꼼꼼하게 읽으시고 잘 활용하시기를 바랍니다. 그리고 젊은 세대들과 인터넷이 더 편리한 분들을 위하여 본 연구원 홈페이지(http : //www.kcemi.or.kr)에서 다락방을 클릭하시면 '말씀으로 기도하기'에 참여하실 수 있습니다. 만약 본 자료집만으로 기도하는 데 어려움이 있으면, 본 연구원 홈페이지 다락방에서 '말씀으로 기도하기' 동영상을 통하여 습득할 수 있습니다. '말씀으로 기도하기' 문서자료와 영상자료가 여러분의 많은 사랑을 받을 수 있기를 바랍니다.

　「말씀으로 기도하기 9-출애굽기」는 본원의 원장인 저와 함께 배정훈, 소기천 교수가 집필에 수고해 주셨습니다. 모든 집필자들께 감사를 드립니다.

　본 자료집의 시작부터 진행과정 모두를 주관해 주시고 섭리해 주신 하나님께 온 마음으로 감사를 드립니다. 사실 '말씀으로 기도하기' 자료집의 모든 것은 하나님의 은혜로 말미암아 가능하였던 것을 고백합니다. 이후로 계속 이어 출판될 「말씀으로 기도하기」와의 만남을 통해 우리 삶이 늘 하나님의 말씀 안에 머무르는 복이 임하기를 기원합니다.

2017년 12월　일
사단법인 한국기독교교육교역연구원 원장
임창복 목사(장로회신학대학교 명예교수)

일러두기

· ·

본원에서는 현대 기독교인들이 성경말씀을 가지고 기도하는 데 실제적인 도움을 주기 위해 본 자료집을 워크북 형태로 발간하였습니다.

본 자료집은 묵상기도에 익숙하지 못한 기독교인들이 묵상기도에 익숙해지도록 하는 데 그 일차적인 목표를 두었으며, 성경말씀의 배경설명과 내용설명을 기도 전과 후에 배치함으로써 기도가 성경본문 본래의 의미와 의도에서 벗어나는 것을 최소화하려고 노력했습니다.

제2부의 예제 프로그램은 세 사람에 의하여 편집되었는데, 이는 기도의 형태나 구조에 대해 독자들이 선택할 수 있는 형태를 예시한 것입니다. 기도를 실제로 경험해 보시면서 그 세 가지 형태 중 자신에게 잘 맞는 타입이 있다면 그것을 선택하면 좋을 것이고, 만약 자기 자신에게 좀 더 나은 대안이나 기도형태가 있다면 그렇게 해도 좋을 것입니다.

기도에 더욱더 익숙해진다는 것은 본 자료집에 소개된 기도의 형태나 구조에서 자유로워지면서 동시에 그 내용이 점점 더 풍성해지는 것을 의미합니다. 묵상기도 안에서 독자 여러분 개개인의 유일성과 독특성이 진리이신 예수 그리스도를 만나고 체험함으로 자신에게 가장 적합한 기도양식을 형성해 나가시길 염원합니다.

Exodus

발간사/ 3
일러두기/ 5

1부 출애굽기 말씀으로 기도하기 구조 / 9

2부 출애굽기 말씀으로 기도하기의 실제 /13

Ⅰ. 모세의 소명과 출애굽 (1:1-15:21)

1. 애굽에서 억눌리는 이스라엘 (1:1-22) · · · · · · · · · · 14
2. 모세의 탄생 (2:1-10) · 22
3. 모세의 실패 (2:11-25) · 30
4. 모세의 소명 1 (3:1-22) · 38
5. 모세의 소명 2 (4:1-17) · 46
6. 애굽으로 돌아온 모세 (4:18-31) · · · · · · · · · · · · · 54
7. 가혹한 억압에 시달리는 이스라엘 (5:1-6:1) · · · · 61
8. 모세의 재소명 (6:2-30) · 69
9. 모세의 기적과 첫 재앙 (7:1-25) · · · · · · · · · · · · · 77
10. 둘째, 셋째, 넷째 재앙 (8:1-32) · · · · · · · · · · · · · 85
11. 다섯째, 여섯째, 일곱째 재앙 (9:1-35) · · · · · · · · 93
12. 여덟째, 아홉째 재앙 (10:1-29) · · · · · · · · · · · · 101
13. 열째 재앙 예고 (11:1-10, 12:29-42) · · · · · · · · 109

14. 유월절 제정 (12:1-28, 43-51) · · · · · · · · · 116
15. 초태생 규례, 구름 기둥과 불기둥 (13:1-22) · · · · · · · · · 124
16. 홍해 도하 (14:1-31) · · · · · · · · · 132
17. 모세의 찬양 (15:1-21) · · · · · · · · · 141

Ⅱ. 광야에서의 공동체 훈련 (15:22-18:27)

18. 마라와 엘림 (15:22-27) · · · · · · · · · 147
19. 메추라기와 만나 (16:1-36) · · · · · · · · · 154
20. 맛사와 므리바/아말렉 전투 (17:1-16) · · · · · · · · · 163
21. 이드로와 모세 (18:1-27) · · · · · · · · · 170

Ⅲ. 언약의 체결과 갱신 (19:1-24:18; 32:1-34:35)

22. 계명 받기를 준비하다 (19:1-25) · · · · · · · · · 178
23. 십계명을 받다 (20:1-26) · · · · · · · · · 186
24. 언약법전 1 (21:1-17) · · · · · · · · · 196
25. 언약법전 2 (21:18-36) · · · · · · · · · 203
26. 언약법전 3 (22:1-17) · · · · · · · · · 210
27. 언약법전 4 (22:18-31) · · · · · · · · · 217
28. 언약법전 5 (23:1-19) · · · · · · · · · 224
29. 언약법전 6 (23:20-33) · · · · · · · · · 231

30. 언약의 체결 (24:1-18) · · · · · · · · · · · · · · · 238
31. 금송아지 숭배 (32:1-14) · · · · · · · · · · · · · · 246
32. 언약이 깨어짐 (32:15-35) · · · · · · · · · · · · · 254
33. 회막과 모세의 하나님 대면 (33:1-23) · · · · · · · 262
34. 새로운 돌판과 하나님의 자기 계시 (34:1-9) · · · · · · · 271
35. 제의적 십계명과 모세의 얼굴에서 나는 광채 (34:10-35) · · · · · · 277

Ⅳ. 성막의 지시와 건립 (25-31장; 35-40장)

36. 예물을 드림 (25:1-9; 36:2-7; 참조 35:4-29) · · · · · · · 287
37. 언약궤 (25:10-22; 37:1-9) · · · · · · · · · 294
38. 진설병상과 등잔대 (25:23-40; 참조 37:10-16) · · · · · · · · 300
39. 성막 (26:1-37; 참조 36:1-36) · · · · · · · · · 306
40. 번제단과 뜰 (27:1-21; 참조 38:1-20) · · · · · · · · 315
41. 제사장의 옷 (28:1-43; 참조 39:1-31) · · · · · · · · 321
42. 제사장 위임식과 제단성별 (29:1-46) · · · · · · · · 332
43. 분향단과 물두멍 (30:1-38; 37:25-29) · · · · · · · · 342
44. 기술자와 안식일 계명 (31:1-17; 35:1-3; 35:30-36:1) · · · · · · 351
45. 회막을 세우고 하나님의 영광이 임하심 (40:1-38; 참조 39:32-43) · · 357

제1부

출애굽기 말씀으로 기도하기 구조

I. 「말씀으로 기도하기 9-출애굽기」[1]의 구조

1. 기도에 임하기
1) 몸과 마음을 가다듬고 하나님의 임재를 기억하며 기도를 준비한다.
2) 찬송을 부른다.

2. 말씀읽기
"본문 말씀"과 본문의 "배경설명"을 한 번 읽는다. 이제 본문이 내면에 충분히 익숙해질 때까지 여러 번 반복해서 읽는다. 본문을 한 차례씩 읽을 때마다 약간(30초 정도)의 침묵 시간을 갖는다. 여건이 허락하면 소리 내서 읽어도 좋다. 보통 다음의 과정으로 읽는다.

1) 첫 번째 읽기
천천히 본문을 한 번 읽는다. 다 읽은 후 일단 본문에서 눈을 떼고 약 30초 정도의 시간 동안 그 장면이 나의 내면에 스며들도록 나 자신을 말씀 앞에 개방한다.

---

[1] 본 책자에서는 기독교 전통에서 사용해 온 렉시오 디비나(Lectio Divina, 거룩한 독서)를 현대적 감각과 의미에 부응하고자 약간 변형된 형태로 제안했다.

2) 두 번째 읽기

첫 번째 읽기에서 의식했던 부분과 더불어 그냥 스치고 지나쳤던 부분을 좀 더 구체적으로 의식하면서 다시 한 번 읽고 난 후, 본문에서 눈을 떼어 30초 정도 본문의 전체 장면을 마음에 담는다.

3) 세 번째 읽기

보다 구체적이고 보다 새로운 차원의 대화 장면 속에 몰입하면서 이야기 속의 새로운 영감, 새로운 발견, 그리고 의문사항 등이 기도자인 나에게 주어지게 된다. 여기서 나는 그 장면의 어느 등장인물로 들어가고 있는지를 살펴본다.

4) 네 번째 또는 다섯 번째 읽기

모든 잡념이나 분심(分心)이 사라질 때까지 본문의 이야기가 나의 전 존재에 스며들도록, 즉 내 자신이 이야기 속의 한 사람이 되어 있음을 발견하게 된다.

3. 배경설명

4. 기 도

1) 성령의 임재를 위한 기도
2) 본문말씀읽기와 묵상하기

· 본문말씀읽기

본문말씀을 천천히 한 번 읽은 후에 본문을 찬찬히 들여다보면서 전체적인 내용과 상황을 파악한다.

· 말씀 묵상
⑴ 본문에 나오는 말씀의 핵심적인 내용을 마음으로 깨달아 알려고 묵상을 한다.
⑵ 다시 한 번 성경본문을 천천히 읽는다. 읽는 동안에 어떤 말씀이 내 마음에 부딪혀 오는지를 살핀다.
  예를 들어, "성경구절 삽입"이라는 말씀이 마음에 다가왔다.
⑶ 내 마음에 부딪혀 온 말씀이 묵상 가운데 구체적으로 내게 어떤 말씀을 주시는지 또는 내 마음 안에서 어떻게 역사하는지를 살핀다. 그리고 이 말씀에 대해 내가 어떻게 응답하는지를 살펴본다.

3) 응답기도 및 임재 안에 머물기

각자 깨달은 말씀이나 마음에 부딪혀 오는 은혜에 따라 응답하는 기도를 충분히 드린다. 충분하게 하나님과 대화를 나누는 기도를 드린 이후에 하나님의 선하심과 인자하심을 맛보며 그분의 임재 안에 얼마 동안 머무른다. 얼마 동안 하나님의 임재 안에 머무른 후에 기도 안내문에 나와 있는 기도로 마무리한다.

5. 반추 및 성찰

가능하면 기도했던 장소에서 자리를 옮긴다. 그리고 기도 시간에 경험한 내용을 돌아보면서 노트에 간단히 적는다. 이때 기도 안에서 하나님과 내 자신에 대한 전체적인 느낌을 적고, 또 영적으로 위로를 받았던 경험과 영적으로 메말랐던 경험을 적는다.

_____

_____

_____

6. 삶으로 나아가기

마음에 와 닿는 한 구절의 말씀을 선택하여 쪽지에 기록한다.
예를 들면 "성경구절 삽입"
이 말씀을 수시로 꺼내어 읊조리면서 일상 안에서 기도하며 생활한다.

7. 주요 내용 설명

제2부

출애굽기 말씀으로 기도하기의 실제

Ⅰ. 모세의 소명과 출애굽(1 : 1-15 : 21)

1. 애굽에서 억눌리는 이스라엘 (1 : 1-22)

기도에 임하기

1. 몸과 마음을 가다듬고 하나님의 임재를 기억하며 기도를 준비한다.
2. 찬송을 부른다(400장).

말씀읽기

출애굽기 1 : 1~22

- 1절 야곱과 함께 각각 자기 가족을 데리고 애굽에 이른 이스라엘 아들들의 이름은 이러하니
- 2절 르우벤과 시므온과 레위와 유다와
- 3절 잇사갈과 스불론과 베냐민과
- 4절 단과 납달리와 갓과 아셀이요
- 5절 야곱의 허리에서 나온 사람이 모두 칠십이요 요셉은 애굽에 있었더라
- 6절 요셉과 그의 모든 형제와 그 시대의 사람은 다 죽었고
- 7절 이스라엘 자손은 생육하고 불어나 번성하고 매우 강하여 온 땅에 가득하게 되었더라
- 8절 요셉을 알지 못하는 새 왕이 일어나 애굽을 다스리더니
- 9절 그가 그 백성에게 이르되 이 백성 이스라엘 자손이 우리보다 많고 강하도다
- 10절 자, 우리가 그들에게 대하여 지혜롭게 하자 두렵건대 그들이 더 많게 되면 전쟁이 일

	어날 때에 우리 대적과 합하여 우리와 싸우고 이 땅에서 나갈까 하노라 하고
11절	감독들을 그들 위에 세우고 그들에게 무거운 짐을 지워 괴롭게 하여 그들에게 바로를 위하여 국고성 비돔과 라암셋을 건축하게 하니라
12절	그러나 학대를 받을수록 더욱 번성하여 퍼져나가니 애굽 사람이 이스라엘 자손으로 말미암아 근심하여
13절	이스라엘 자손에게 일을 엄하게 시켜
14절	어려운 노동으로 그들의 생활을 괴롭게 하니 곧 흙 이기기와 벽돌 굽기와 농사의 여러 가지 일이라 그 시키는 일이 모두 엄하였더라
15절	애굽 왕이 히브리 산파 십브라라 하는 사람과 부아라 하는 사람에게 말하여
16절	이르되 너희는 히브리 여인을 위하여 해산을 도울 때에 그 자리를 살펴서 아들이거든 그를 죽이고 딸이거든 살려두라
17절	그러나 산파들이 하나님을 두려워하여 애굽 왕의 명령을 어기고 남자 아기들을 살린지라
18절	애굽 왕이 산파를 불러 그들에게 이르되 너희가 어찌하여 이같이 남자 아기들을 살렸느냐
19절	산파가 바로에게 대답하되 히브리 여인은 애굽 여인과 같지 아니하고 건장하여 산파가 그들에게 이르기 전에 해산하였더이다 하매
20절	하나님이 그 산파들에게 은혜를 베푸시니 그 백성은 번성하고 매우 강해지니라
21절	그 산파들은 하나님을 경외하였으므로 하나님이 그들의 집안을 흥왕하게 하신지라
22절	그러므로 바로가 그의 모든 백성에게 명령하여 이르되 아들이 태어나거든 너희는 그를 나일 강에 던지고 딸이거든 살려두라 하였더라

배경설명

출애굽기는 창세기부터 신명기까지 다섯 권으로 이루어지는 모세오경 중 두번째 책이다. 오늘 본문은 출애굽기의 첫 장이다. 이 본문은 애굽에서 야곱의 가족이 정착하여 모세가 태어나기까지 어떠한 위기를 경험하는지를 보여 준다. 위기가 어떻게 발전되고, 그 위기 가운데 이스라엘 자손들이 어떻게 반응하며 하나님이 도우셨는지를 살펴보는 것이 도움이 될 것이다.

1장에서 주목할 것은 창세기의 주제가 어떻게 출애굽기 주제로 바뀌는지에 대한 것이다. 야곱의 자손들이 왕의 호의 속에 무사하게 애굽에 정착하였지만, 정착 세대가 죽고 새로운 세대를 맞이한다. 박해가 시작된 이유는 무엇이며, 박해는 어떻게 발전하여 마침내 남자 아기들을 나일 강에 던지기에 이르는가? 박해에도 불구하고, 이스라엘 백성들이 생육하고, 번성하며 꿋꿋하게 살아내는 장면을 볼 수 있다(출 1 : 7, 12, 20). 특히 7절은 창세기 1 : 28과 유사하다 : "이스라엘 자손은 생육하고(파라) 불어나 번성하고(라바) 매우 강하여(아춤) 온 땅에 가득하게(말라) 되었더라."(출 1 : 7); "하나님이 그들에게 이르시되 생육하고(파라) 번성하여(라바) 땅에 충만하라(말라)."(창 1 : 28). 창세기 1장에서 "생육하고, 번성하고, 온 땅에 가득하라." 축복이 애굽 땅에 거하는 히브리 백성들에게 성취되어, 이제 가나안 땅으로 돌아갈 때가 되었음을 암시한다. 이 주제는 1장에서 지배적이다. 학대를 받을수록 이스라엘 자손들은 번성하고, 퍼져 나가며(출 1 : 12), 산파들을 통하여 아기들을 죽이려 했지만, 그 백성은 번성하고(라바), 매우 강해졌다(아춤)(출 1 : 20).

강제노동(11절)은 고대 사회에서 설계 및 건축 작업에 필요한 인력을 동원하기 위하여 필요했다. 국고성이란 식량을 저장하는 창고인데, 비돔은 현재 이스말리아 운하를 따라 있는 텔 엘라타바로 알려지고, 라암셋은 비돔 북쪽에 있는 텔 에다바 지역이다. 라암셋은 힉소스의 수도 아바리스이며, 기원전 13세기에 라암셋 2세가 자신의 수도 피-라암셋으로 재건했다. 당대에 공공건물, 성벽 또는 피라미드는 모두 벽돌로 지어졌기에, 많은 벽돌이 필요하였다. 벽돌은 진흙에 잘게 썬 짚을 섞어 넣고, 그것을 나무 형태로 만들어 바람에 말렸다. 본문에서 두드러지는 것은 남자아이들을 나일 강가에 버리게 만드는 데서 절정에 이르는 애굽의 박해의 가혹함, 그리고 그럼에도 불구하고 백성들이 더 번성하고, 하나님을 경외하는 산파들이 애굽 왕의 정책에 협조하지 않았을 때, 하나님이 이 행동에 대하여 은혜를 베푸신 것이다.

기도

성령의 임재를 위한 기도

사랑과 자비의 하나님, 출애굽기의 말씀을 읽고, 묵상하며, 기도하는 영적 여정으로 저희를 초대하여 주심을 감사드립니다. 이 시간 성령님께서 우둔한 저희를 조명해 주시고, 변화시켜 주실 것을 믿으며, 겸손하게 우리의 출애굽 여정을 출발하오니, 살아계신 하나님의 말씀을 읽고 묵상하는 가운데, 저희 안에 새로운 하나님의 역사가 나타나게 하여 주옵소서.

본문말씀 읽기와 묵상하기

본문말씀을 천천히 한 번 읽은 후에 다시 본문을 찬찬히 들여다보면서 전체적인 내용과 상황을 파악한다.

애굽으로 내려가 그곳에서 정착하고 번성하여 강하게 된 이스라엘 자손들은 새로운 위기를 맞게 되지만, 위기 가운데에서도 이스라엘을 도우시며 구원하시는 하나님을 경험하게 된다.

1. 본문에 나오는 말씀의 핵심적인 내용을 마음으로 깨달아 알려고 묵상을 한다.
   - 애굽으로 내려간 야곱의 후손들에게 하나님께서는 어떤 은혜를 베푸시는지 헤아려 본다(1-7절, 특별히 7절). 사람을 만드시고 첫 사람에게 "생육하고, 번성하여, 땅에 충만하라"고 말씀하셨던 것을(참고, 창 1 : 28), 동일하게 아브라함에게도 약속하셨던 하나님께서는 이스라엘 자손이 애굽 땅에서도 큰 민족으로 자라나게 하셨다(참고, 창 15 : 5, 13).
   - 번창한 이스라엘 자손에게 박해가 시작되는데(11절), 그 이유가 무엇이며(7-10절), 그 상황은 어떻게 발전하는가?(12-16절) 요셉을 알지 못한 애굽의 새로운 왕은 번창한 이스라엘이 전쟁 발발 시에 적군과 합하여 애굽을 치고 탈출을 시도하지 않을까 하는 두려움에 이스라엘을 핍박하기 시작한다. 이스라엘에게 임한 첫 번째 핍박은 과중한 노동이었고, 두번째는 이스라엘 남자아이 출생 시 산파의 선에서 은밀히 살인하라는 명령이며, 마지막으로는 이스라엘 남아 출생 시 나일 강에 던지라는 모든 이스라엘 백성을 향한 공식적인 명령이었다.
   - 위기 가운데 있는 이스라엘 자손에게 하나님께서는 어떤 은혜를 베푸시는가?(12, 17, 20-21절) 고역 속에서도 이스라엘 백성들은 약해지기는커녕 더욱 번성하였다. 왕의 명령을 받은 산파들은 여호와를 경외하였기 때문에 지혜롭게 남자아이들을 살려 주었다.
   - 하나님께서는 우리의 위기와 모든 일 가운데 역사하셔서 합력하여 선을 이루시는 분이시다(롬 8 : 28).
   - 오늘 본문이 위기 가운데 있는 한국 교회와 한국 사회에 주는 메시지는 무엇인가? 하나님은 오늘날 어떤 분으로 자신을 우리에게 드러내시는가? 오늘날 우리에게 베풀어 주시는 하나님의 임재와 역사하심의 흔적을 우리는 어떻게 묘사할 수 있을까?

2. 다시 한 번 성경본문을 천천히 읽는다. 읽는 동안에 어떤 말씀이 내 마음에 부딪혀 오는지를 살핀다.

   예를 들어, "하나님이 그 산파들에게 은혜를 베푸시니 그 백성은 번성하고 매우 강해지니라"(20절)라는 말씀이 마음에 다가왔다.

3. 내 마음에 부딪혀 온 말씀이 묵상 가운데 구체적으로 내게 어떤 말씀을 주시는지 또는 내 마음 안에서 어떻게 역사하는지를 살핀다. 그리고 이 말씀에 대해 내가 어떻

게 응답하는지를 살펴본다.

본문에서 산파들은 남자아이가 태어나면 죽이라는 왕의 명령을 받는다. 산파들이 만약 이러한 왕의 명령에 불복한다면 목숨을 부지하기 어려웠을 것이다. 그러나 엄청난 위기와 두려움 가운데서 하나님의 은혜를 입은 산파들은 하나님을 경외하는 마음으로(21절) 지혜롭게 남자아이들을 살려낸다. 산파들이 이런 공포의 상황에서 담대하게 왕의 명령을 거역해 가며 남자 아이들의 생명을 구원하는 과감한 행동을 할 수 있었던 것은 결코 그들의 힘이 아닌, 하나님의 은총의 선물로 가능한 것이었다. 시편 59편에서도 동일한 은혜의 경험을 보게 되는데, 사울이 보낸 자객들에 의해 포위된 절대 절명의 위기 상황 속에서도 다윗은 "주님은 나의 피할 요새이시기에 아침마다 주님의 사랑을 노래할 것임"을 고백한다. 어떻게 이런 위기의 상황에서 하나님의 함께하심과 보호하심을 확신하면서 평안히 잠자리에 들 수 있었겠는가? 이것은 우리 인간에게서 나올 수 있는 담대함이 아니라, 전적으로 하나님이 주시는 마음임이 분명하다.

오늘 본문의 말씀을 통해, 우리는 삶 가운데서 위기와 두려움을 직면하였을 때 그것에 대한 우리의 반응이 어떠했는지를 돌아보게 된다. 때로는 하나님의 은혜로 그 두려움을 극복하였고, 그 위기와 두려움을 극복하려고 온갖 인간적인 수단과 방법들을 모색하기도 했으며, 혹은 위기와 두려움에 완전히 압도되어 버린 순간들도 있었다. 그러나 우리의 현재 상황이 어떠하고, 또 어떤 마음으로 그 상황을 대면하고 있든지, 오늘 본문은 하나님의 현존과 은혜가 늘 우리와 함께하신다는 사실을 분명하게 말해 준다. 그 은혜가 우리로 하여금 두려움을 이기고 믿음으로 주님과 동행하는 삶을 넉넉히 살아가게 해 주실 것이다(롬 5 : 1-2).

제자들이 풍랑 가운데 있을 때 주님께서 그들과 함께 계셨던 것처럼, 나의 모든 삶의 위기 가운데 주님이 항상 함께해 주시어 나로 하여금 그 위기를 넘어서게 하시며, 주님의 특별한 은총이 때마다 시마다 항상 나에게 주어진다는 사실을 다시 한 번 새롭게 깨닫게 된다. 그러한 주님의 은총이 오늘도 나에게 충만히 임하기를 간절히 기도하며 은혜의 주님께 감사를 올려 드린다.

응답기도 및 임재 안에 머물기

각자 깨달은 말씀이나 마음에 부딪혀 오는 은혜에 따라 응답하는 기도를 충분히 드린다. 충분하게 하나님과 대화를 나누는 기도를 드린 이후에 하나님의 선하심과 인자하심을 맛보며 그분의 임재 안에 얼마 동안 머무른다. 하나님의 임재 안에 머무른 후에 기도 안내문에 나와 있는 기도로 마무리한다.

"나의 힘이 되시고 나의 구원자 되신 주님, 주님께 찬양과 영광을 올려 드립니다. 저는 삶 가운데 찾아오는 아주 작은 위기 앞에서도 너무나 쉽게 두려움에 압도되어, 위기를 모면하기에만 급급했던 나약한 사람입니다. 그러나 온갖 수단과 방법으로 그 위기와 두려움을 벗어나 보려 했던 저는 도리어 더 깊은 수렁으로 빠져들기만 하는 무능하고 무력한 제 자신을 발견할 뿐이었습니다. 그러나 오늘 본문을 통하여, 연약한 여성의 몸에도 불구하고 오직 여호와를 경외함으로 왕의 명령을 어기는 위험을 무릅쓰고 죽어 가는 생명들을 살려 낸 산파들의 위대한 긍휼의 마음을 보게 됩니다. 감히 우리가 상상할 수 없는 놀라운 하나님의 구원의 역사가 이 가운데 벌어지고 있음을 보며 그 놀라운 하나님의 능력과 사랑에 찬양을 올려 드립니다.

늘 저희를 찾아오시는 소망의 하나님! 하나님께서 연약한 여성들 가운데 동행하시어 놀라운 구원의 역사를 이루신 것처럼, 오늘날 우리를 압도하는 세상 가운데서 두려움에 빠져 무기력하게 살아가는 저희에게도 찾아오시어 친히 구원의 역사를 베풀어 주시는 주님을 경험하게 하여 주시옵소서. 이제는 어떤 어려움과 위기의 상황에서도 주님을 바라보며 주님이 주시는 위로와 평강, 담대함으로 주님과의 믿음의 동행을 하게 하옵소서. 두려움의 마음이 아니라 평강의 마음으로 담대하게 우리의 상황을 대면하며 넉넉히 이겨 나가게 해 주시고, 본문 속 여인들처럼 어떤 상황에서도 하나님을 경외하며 살아가는 믿음의 삶이 되게 하여 주옵소서. 그러한 우리의 삶을 통하여 하나님의 구원과 은혜의 복음이 이 땅 가운데 넘쳐흐르게 하옵소서."

반추 및 성찰

가능하면 기도했던 장소에서 자리를 옮긴다. 그리고 기도 시간에 경험한 내용을 돌아보면서 노트에 간단히 적는다. 이때 기도 안에서 하나님과 내 자신에 대한 전체적인 느낌을 적고, 또 영적으로 위로를 받았던 경험과 영적으로 메말랐던 경험을 적는다.

_____

_____

_____

_____

삶으로 나아가기

마음에 와 닿는 한 구절의 말씀을 선택하여 쪽지에 기록한다.
예를 들면 "하나님이 그 산파들에게 은혜를 베푸시니 그 백성은 번성하고 매우 강해지니라"(20절).
이 말씀을 수시로 꺼내어 읊조리면서 일상 안에서 기도하며 생활한다.

주요내용 설명

출애굽기 1장은 세 단락으로 이루어지는데 첫 단락(1-7절)은 창세기와 출애굽기를 연결하는 부분으로 가나안에 살던 야곱의 후손들이 안전하게 애굽에 정착하는 이야기이다. 두번째 단락(8-14절)은 출애굽기에 나타나는 갈등의 시작으로 요셉을 알지 못하는 새 왕이 등장하여 히브리인들을 억압하기 시작하는 장면이다. 세 번째 단락(15-22절)은 히브리 백성들에게 단지 힘든 일을 시키는 정도가 아니라 아들을 낳으면 죽이려는 시도를 보여 준다. 첫 단락인 출애굽기 1:1~7은 창세기와 출애굽기를 연결하고 있다. 창세기를 마감하면서 야곱의 자손들이 애굽에 정착함으로 창세기를 마감하고, 출애굽기는 애굽에 도착한 야곱의 후손들이 바로의 억압을 받기 직전까지의 묘사를 통하여 출애굽기를 준비한다. 우선 애굽에 도착한 열한 명의 아들과 애굽에 이미 정착한 요셉을 묘사한다. 창세기 46장에서는 열두 아들의 순서를 레아와 그녀의 여종인 실바가 낳은 아들들부터 나열하고 라헬과 그녀의 여종 빌하의 아들들을 언급한 데 반하여, 출애굽기 1장에서는 어머니와 상관없이 열두 아들을 나이 순서대로 나열하고 요셉을 마지막으로 언급한다. 요셉과 요셉의 형제들, 그리고 그 시대의 사람들의 죽음을 언급하고 있으므로, 일정 기간이 지난 것을 알 수 있다.

둘째 단락(8-14절)에서 이스라엘 백성들을 향한 핍박이 시작된다. 출발점은 요셉을 알지 못하는 왕의 등극이다. 이제 기근으로부터 애굽을 구원한 영웅, 요셉에 대한 기억은 사라졌다. 이제 번성하여 강해진 이스라엘 백성들을 어떻게 할지에 대한 정책이 필요하였다. 왕의 걱정은 "그들이 더 많게 되면 전쟁이 일어날 때에 우리 대적과 합하여 우리와 싸우고 이 땅에서 나갈까"(10절) 하는 것이다. 이스라엘의 수가 더 많아져서 적들과 합세하여 애굽 백성을 칠까 두렵다는 것이다. 왕의 결론은 무거운 짐을 지워 건축을 맡기고, 일을 엄하게 시키는 것이다. 이스라엘 백성들이 건축한 건물은 비돔과 라암셋이다. 그들이 당한 어려운 노동은 "흙 이기기와 벽돌 굽기와 농사의 여러 가지 일"이다. 그러나 이 고역으로 인하여 이스라엘 백성들이 약해지기는커녕 더욱 번성하고 퍼져 나갔다.

셋째 단락(15-22절)에서 이스라엘 백성을 핍박하는 강도가 심해졌다. 먼저 태어나는 아이들을 죽이라는 명령이 여인들의 해산을 돕는 산파들에게 주어졌다. 산파들은 여호와를 경외하였기 때문에 왕의 명령을 어기고 합법적인 불복종 행동을 통하여 지혜롭게 남자 아이들을 살렸다. 산파들은 왕에게 자신들의 행동에 대하여 지혜롭게 대답한다. 이에 하나님께서는 산파들에게 은혜를 베푸신다(20절). 마지막으로 이 핍박의 절정이 나타나는데, 이스라엘 백성들이 남자 아이가 태어 나면 나일 강가에 던지라는 것이다. 이것이 바로 모세가 태어나기 직전 이스라엘의 위기 상황이다.

2. 모세의 탄생
(2 : 1-10)

기도에 임하기

1. 몸과 마음을 가다듬고 하나님의 임재를 기억하며 기도를 준비한다.
2. 찬송을 부른다(73장).

말씀읽기

출애굽기 2 : 1~10

1절 레위 가족 중 한 사람이 가서 레위 여자에게 장가 들어
2절 그 여자가 임신하여 아들을 낳으니 그가 잘 생긴 것을 보고 석 달 동안 그를 숨겼으나
3절 더 숨길 수 없게 되매 그를 위하여 갈대상자를 가져다가 역청과 나무 진을 칠하고 아기를 거기 담아 나일 강 가 갈대 사이에 두고
4절 그의 누이가 어떻게 되는지를 알려고 멀리 섰더니
5절 바로의 딸이 목욕하러 나일 강으로 내려오고 시녀들은 나일 강 가를 거닐 때에 그가 갈대 사이의 상자를 보고 시녀를 보내어 가져다가
6절 열고 그 아기를 보니 아기가 우는지라 그가 그를 불쌍히 여겨 이르되 이는 히브리 사람의 아기로다
7절 그의 누이가 바로의 딸에게 이르되 내가 가서 당신을 위하여 히브리 여인 중에서 유모를 불러다가 이 아기에게 젖을 먹이게 하리이까

8절 바로의 딸이 그에게 이르되 가라 하매 그 소녀가 가서 그 아기의 어머니를 불러오니
9절 바로의 딸이 그에게 이르되 이 아기를 데려다가 나를 위하여 젖을 먹이라 내가 그 삯을 주리라 여인이 아기를 데려다가 젖을 먹이더니
10절 그 아기가 자라매 바로의 딸에게로 데려가니 그가 그의 아들이 되니라 그가 그의 이름을 모세라 하여 이르되 이는 내가 그를 물에서 건져내었음이라 하였더라

배경설명

이 본문은 바로의 명령으로 인하여 죽을 수밖에 없는 모세가 어떻게 태어나면서부터 세 여인(요게벳, 미리암, 바로의 공주)의 도움으로 구원을 받고, 이스라엘 사람인 동시에 애굽의 왕자로 성장하였는지를 보여 준다. 장차 지도자로 일할 한 사람을 구원하기 위하여 하나님이 어떻게 세 여인을 사용하셨는지를 살펴보게 될 것이다. 모세의 부모가 레위 족속이라는 말은 곧 모세와 아론이 레위 집안임을 알려 준다. 아직 야곱의 열두 아들 중 하나인 레위 집안이 제사장 역할을 맡고 있다는 암시는 없다. 레위 집안은 종교적이고 영적인 지파로서(출 32 : 26-29; 민 3 : 12; 신 10 : 8-9), 하나님을 향한 충성심을 보여 주고(출 32 : 28-29), 이스라엘의 재판을 담당하는 족속이 된다(신 21 : 5). 이렇게 레위 지파가 성별된 사역을 담당하는 지파로 선택된 것은 모세의 생애에 이루어지게 된다. 모세의 형인 아론은 장차 대제사장 직분을 맡은 자가 된다(출 4 : 14; 19 : 24; 28 : 1). 출애굽기에 따르면, 레위로부터 모세에 이르는 족보는 레위-고핫-아므람-아론과 모세이다(출 6 : 13-27). 1절에서 결혼하는 남자와 여자가 누구인지 말하고 있지 않지만 출애굽기 6 : 20에 따르면 "아므람은 그들의 아버지의 누이 요게벳을 아내로 맞이하였고 그는 아론과 모세를 낳았으며 아므람의 나이는 백삼십칠 세였으며"라고 말한다. 아론과 모세가 3살 터울임을 고려하면, 아마도 아므람이 장자 아론을 낳을 때 137세였을 것으로 보인다.

갈대상자에 역청을 칠한 이유는 방수의 효과를 위한 것이다. 노아의 홍수 때도 방주를 만들 때 역청을 안팎으로 칠하였다(창 6 : 14). 갈대상자라는 단어에는 언어유희(word play)가 숨어 있다. 3절에서 상자라고 번역한 히브리어 테바(תֵּבָה)는 노아가 홍수를 대비하여 만든 방주와 같은 말이다(창 6 : 15). 상자와 방주의 같은 점은 항해하는 배가 아니라 바다에서 생존하기 위하여 떠 있다는 것이다. 모세를 담은 상자는 떠내려가지 않고 머물러 있으면서 누군가 건지기를 기다리기 위하여 갈대 사이에 있었다. 또한 3절에서 갈대라는 말은 "갈대상자"와 "갈대 사이"에서 두 번 나오지만 상자의 재료인 갈대(고메/גֹּמֶא)는 파피루스라는 뜻이고, 갈대상자를 두었던 곳은 실제 갈대(숲/סוּף)이다. 갈대상자를 두었던 갈대는 후에 홍해 바다(얌 숲/יַם סוּף)와 같은 단어를 사용한다. 즉, 모세가 담긴 갈대상자를 갈

대 사이에 두고 하나님의 은혜로 기적적으로 건짐 받은 것과 이스라엘 백성이 갈대 바다에서 하나님이 건져 주시기를 기다리는 것 사이에 유비를 보여 주는 것이다. 아이가 자라서 바로의 딸에게 올 때, 아마도 젖을 뗄 때를 말하니 2~3년은 지난 후였을 것이다. 모세의 이름은 "낳다"라는 의미의 애굽어 '므스'에서 온 것으로, 남자 아이라는 뜻이다. 그러나 이 단어는 히브리어로 "건져 낸다"는 말을 떠올리게 하는 언어유희가 숨어 있다.

기도

성령의 임재를 위한 기도

은혜의 하나님, 이 시간 살아계신 하나님의 말씀을 읽고 묵상하는 가운데 저희 안에 새롭게 역사하시는 하나님의 은혜를 경험하게 하옵소서.

본문말씀 읽기와 묵상하기

본문말씀을 천천히 한 번 읽은 후에 다시 본문을 찬찬히 들여다보면서 전체적인 내용과 상황을 파악한다.

오늘 본문은 장차 하나님의 백성을 애굽에서 인도하는 하나님의 일꾼으로 쓰임 받게 될 모세의 탄생 이야기와 하나님께서 어떻게 세 여인을 사용하시어 그를 죽음의 위기에서 구원하시는지를 보여 준다.

1. 본문에 나오는 말씀의 핵심적인 내용을 마음으로 깨달아 알려고 묵상을 한다.
   - 이스라엘 자손이 처한 위기 상황을 헤아려 본다(참고, 출 1 : 8-22).
   - 모세의 가정 배경은 어떠한가? 아버지는 레위 지파 중 고핫 자손으로 이름은 아므람(출 6 : 20, 민 26 : 59)이며, 어머니의 이름은 요게벳(출 6 : 20)이다. 형 아론은 모세보다 세 살이 많았는데(출 7 : 7), 남아살해 명령이 내려진 상황에서도 생존한 것을 보면 바로의 명령이 있기 전에 태어난 아이였음을 짐작할 수 있다(출 1 : 22). 미리암은 모세가 나일 강물에 던져질 때 그를 지켜보다가, 모세를 발견한 공주에게 유모를 소개하겠다고 제안하는데, 이를 보면 나이가 아주 어리지는 않아 보인다(출 2 : 7, 민 26 : 59).
   - 남아살해 명령이 선포된 상황에서 모세가 태어났을 때 그의 부모는 그를 어떻게 하였는가? 석 달 동안 숨겼으나(2절), 더 이상 숨길 수 없게 되자 갈대상자에 역청과 나무 진을 칠하고 거기에

아기 모세를 담아 나일 강가 갈대 사이에 두었으며 누이로 하여금 지키게 한다.

- 갈대상자 안에 담긴 채 나일 강가에 버려진 모세는 어떻게 되었는가? 방주와 같은 의미를 갖는 이 상자는 갈대 사이에 있는 고로 떠내려가지 않고 누군가의 구원을 기다리게 된다. 마침내 갈대상자는 바로의 딸에 의해 건져진다. 갈대상자 안에 누워있는 히브리인의 아이를 발견한 공주는 그 아기를 불쌍히 여기고, 때마침 곁에 있던 모세의 누이를 통해 어머니를 유모로 구하여 궁에서 아이를 기른다. 공주는 그 아이를 아들로 삼고 "내가 그를 물에서 건져 내었다."라는 의미의 '모세'라는 이름을 지어 주었다.

- 모세에게 어떤 하나님의 은혜가 임했으며, 그는 바로의 궁전에서 어떻게 성장해 갔을까? 모세는 궁중에서 공주의 보호 아래 지도자 교육과 더불어 어머니 요게벳을 통한 신앙 교육을 받으며 성장했을 것이다. 당시 궁중에서는 어떤 지도자 교육을 받았을 지를 생각해 볼 수 있다.

- 홍해를 뜻하기도 하는 갈대 사이에 띄워져 누군가의 구원을 기다리던 모세가 극적으로 구원받은 이야기는 이스라엘 백성에게 어떤 하나님의 은혜가 임할 것을 암시하는가? 한 사람 모세의 구원을 통해, 이스라엘 백성 전체를 향해 베푸실 하나님의 은혜를 헤아려 볼 수 있다. "물에서 건져 냈다."는 뜻의 '모세'라는 이름은 그가 나일 강 위 갈대상자에서 구원 받은 것과 같이 갈대 바다에서 죽음을 기다리는 이스라엘 백성들을 구원하실 하나님의 은혜를 암시한다.

2. 다시 한 번 성경본문을 천천히 읽는다. 읽는 동안에 어떤 말씀이 내 마음에 부딪혀 오는지를 살핀다.

   예를 들어, "더 숨길 수 없게 되매 그를 위하여 갈대상자를 가져다가 역청과 나무진을 칠하고 아기를 거기 담아 나일 강 가 갈대 사이에 두고"(3절)라는 말씀이 마음에 다가왔다.

3. 내 마음에 부딪혀 온 말씀이 묵상 가운데 구체적으로 내게 어떤 말씀을 주시는지 또는 내 마음 안에서 어떻게 역사하는지를 살핀다. 그리고 이 말씀에 대해 내가 어떻게 응답하는지를 살펴본다.

   3절의 말씀을 통해 모세의 부모가 진정으로 기대하고 찾고 구하는 것이 무엇인가를 생각해 볼 수 있게 해 주었다. 또한 오늘 본문은 하나님께서 모세의 부모의 기도와 기대에 어떻게 응답하여 주시는지를 보여 줄 뿐만 아니라, 이스라엘의 구원을 위한 하나님의 개입과 역사하심이 도무지 사람이 상상할 수 없는 놀라운 방법으로 벌어지고 있음을 아주 분명하면서도 섬세하게 가르쳐 주고 있다.

   바로의 명령을 어기고 석 달 동안 아기를 숨겨 키운 모세의 부모는 더 이상 숨길 수 없게 되자 갈대상자를 준비하여 역청과 나무 진을 칠한 뒤, 아이를 거기 담아 나일 강 갈대 사이에 두고 누이를 시켜 멀리서 지켜보게 한다. 실제로 이 상황에서 모세의 부모가 기대한 것은 무엇이었을까? 물에서는 언제든지 사고가 날 수 있으니 사고가 일어나지 않기를 간절히 기도했을 것이다. 부모는 누가 이 아이를 발견하기를 바랐을까? 히브리 사람으로서는, 히브리인 아기를 죽이라는 명령으로 인해, 아기를 발견해도 그냥 물에 버려 둘 수밖에 없다. 애굽 사람이 발견해야 하지만, 왕의 명령에 대한 불법행위와 그에 대한 보응을 감수할 이여야만 한다. 이 아기가 살아남기 위해서는 하나님의 특별한 은총이 필요한 것이다. 만약 그런 꿈 같은 일이 아기에게 벌어진다면 그의 미래는 어떻게 될 것인가? 목숨을 부지하여 애굽 사람 중의 하나로 성장하게 되는 것, 그 이상 모세의 부모가 바랄 수 있는 것은 없었다. 모세의 부모는 오직 아기를 살리고자 하는 마음으로 갈대상자를 만들어 아기를 거기에 담고 나일 강 갈대 사이에 두었다.

누이가 멀리서 갈대상자를 지켜보는데 바로의 딸 이집트의 공주가 상자 가까이 다가온다. 그녀가 갈대상자를 발견하는 것은 아기에게 최악의 상황이 될 수 있다. 그녀는 다름 아닌 히브리 가정에 남자아이가 태어나면 죽이라고 명령한 바로 왕의 딸, 애굽의 공주이기 때문이다. 최대의 위기 상황 가운데, 놀랍게도 공주는 울고 있는 아기를 불쌍히 여겨 아기를 살려 준다(6절). 온 나라가 히브리인의 아기를 죽이려는 상황에서 공주는 히브리인의 아기를 살리고 자신의 아들로 삼았는데, 이것은 살아계신 하나님의 역사하심이라는 말 외에 달리 설명할 길이 없다.

물에서 건져 냄을 받은 모세는 어머니로부터 신앙교육뿐만 아니라 유대인으로서의 정체성에 대한 교육, 또한 바로의 궁에서 자라면서 지도자 교육을 받게 된다. 모세가 바로의 딸에게서 건져 냄을 받고, 궁에서 자라나게 된 것은 그의 부모가 상상할 수도 없는 일이다. 하나님의 구원의 손길과 모세를 구원의 도구로 쓰시고자 하는 하나님의 선하신 뜻이 여기서 나타나고 있음을 보게 된다. 이것은 우리에게 무엇을 가르쳐 주는가? 동서남북 사방이 욱여쌈을 당하여 아무 길이 보이지 않고 아무 것도 할 수 없을 때 우리는 무엇을 해야 하며, 무엇을 기대할 수 있을까? 본문은 우리의 기대를 능가하는 하나님의 구원의 손길과 하나님의 선하신 뜻이 있음을 가르쳐 준다. 우리가 할 수 있는 것은 우리의 소망을 갈대상자에 담아 나일 강 갈대 사이에 두는 작은 믿음의 행동뿐이다. 우리가 할 수 있는 행동은 비록 아주 작은 것이지만, 그것은 하나님의 역사하심을 기대하는 믿음의 행동이다. 오직 하나님의 은혜와 역사하심만이 우리의 소망이요, 우리의 살길임을 고백한다.

응답기도 및 임재 안에 머물기

각자 깨달은 말씀이나 마음에 부딪혀 오는 은혜에 따라 응답하는 기도를 충분히 드린다. 충분하게 하나님과 대화를 나누는 기도를 드린 이후에 하나님의 선하심과 인자하심을 맛보며 그분의 임재 안에 얼마 동안 머무른다. 하나님의 임재 안에 머무른 후에 기도 안내문에 나와 있는 기도로 마무리한다.

"구원의 하나님! 절대 절명의 위기 속에서도 하나님을 향하여 기도할 수 있는 믿음을 우리에게 허락해 주소서. 아무것도 할 수 없는 절망적인 상황일지라도, 믿음으로 모세의 부모가 갈대상자를 만들 듯이 제가 할 수 있는 작은 것을 실천할 수 있는 용기와 힘을 허락해 주소서. 우리가 처한 모든 상황 가운데에서, 우리의 생각과 계획을 넘어서 역사하시는 구원의 하나님을 신뢰하게 도와주시고, 어떤 절망의 순간일지라도 주님을 바라보며, 이 세상을 이겨 나가게 하옵소서. 이것이 십자가 위에서 오직 아버지를 향한 믿음으로 자신을 기꺼이 내어던진 우리 주 예수 그리스도의 모습이요, 칠흑같은 어둠으로 구원의 가능성이 거의 없어 보이는 상황에서 갈대상자를 만든 모세의 부모의 신앙이며, 오늘 저희에게 주는 믿음의 도전임을 깨닫습니다.

우리가 경험하는 어려움이 마치 산 같은 거대한 장애물로 보여 저희의 힘으로는 도무지 극복하지 못할 것 같은 삶의 순간이 올지라도 실족하지 않게 도와주옵소서. 그 높고 큰 산이 주님의 함께하심과 사랑으로 극복되게 하여 주옵소서. 이것은 오로지 주님의 은총의 역사로만 가능함을 믿사오니 흔들리지 않는 믿음으로 이 땅을 살아가게 도와주옵소서. 오직 예수께서 하나님의 아들이심을 믿는 그 믿음으로 이 세상을 이기게 하옵소서. 주님께 대한 절대적인 신뢰와, 어떤 상황에서도 믿음으로 응답하고자 하는 마음으로 시편 121편을 기도로 올려 드립니다.

내가 산을 향하여 눈을 들리라 나의 도움이 어디서 올까
나의 도움은 천지를 지으신 여호와에게서로다.
여호와께서 너를 실족하지 아니하게 하시며 너를 지키시는 이가 졸지 아니하시리로다.
이스라엘을 지키시는 이는 졸지도 아니하시고 주무시지도 아니하시리로다.
여호와는 너를 지키시는 이시라 여호와께서 네 오른쪽에서 네 그늘이 되시나니
낮의 해가 너를 상하게 하지 아니하며 밤의 달도 너를 해치지 아니하리로다.
여호와께서 너를 지켜 모든 환난을 면하게 하시며 또 네 영혼을 지키시리로다.
여호와께서 너의 출입을 지금부터 영원까지 지키시리로다.

우리 주 예수 그리스도 이름으로 기도드립니다."

반추 및 성찰

가능하면 기도했던 장소에서 자리를 옮긴다. 그리고 기도 시간에 경험한 내용을 돌아보면서 노트에 간단히 적는다. 이때 기도 안에서 하나님과 내 자신에 대한 전체적인 느낌을 적고, 또 영적으로 위로를 받았던 경험과 영적으로 메말랐던 경험을 적는다.

삶으로 나아가기

마음에 와 닿는 한 구절의 말씀을 선택하여 쪽지에 기록한다.
예를 들면 "더 숨길 수 없게 되매 그를 위하여 갈대상자를 가져다가 역청과 나무진을 칠하고 아기를 거기 담아 나일 강 가 갈대 사이에 두고"(3절).
이 말씀을 수시로 꺼내어 읊조리면서 일상 안에서 기도하며 생활한다.

주요내용 설명

출애굽기 2 : 1~10은 세 가지 단락으로 나눌 수 있는데, 모세의 탄생과 가족의 구원 행위 (1-4절), 바로의 딸의 모세 구원(5-9절), 그리고 모세의 성장과 이름 부여(10절)이다. 첫 번째 단락(1-4절)은 모세의 탄생과 가족의 구원 행위를 보여 준다. 남자아이를 나일 강가에 던져야 하는 위기 상황에서 모세가 태어난다. 바로의 명령 때문에 사내아이를 살려 둘 수 없는 상황이었다. 그러나 모세의 부모는 아이를 살리기로 결심함으로 바로에게 저항하기로 작정한다. 첫 번째 한 일은 아이를 숨기는 것이다. 아이를 죽이지 못하고 숨긴 이유는 부모가 "아이가 잘 생긴 것(톱/בוט)을 보았기 때문이다(2절). 위기에 처한 백성들에게 아이가 희망이 되기를 원하는 부모의 마음이 있다. 더 이상은 견딜 수 없어 삼 개월 후에 부모는 아이를 나일 강가 갈대 사이에 두려고 한다. 하나님의 기적적인 섭리를 기다리면서 모세의 어머니는 방수를 위하여 역청과 나무진을 칠한 갈대상자에 아기를 담아 나일 강가 갈대 사이에 두었다. 부모들은 모세를 구원하기 위하여 갈대상자에 담은 모세를 갈대 사이에 두었을 뿐 아니라, 모세의 누이인 미리암에게 "어떻게 되는지를 알려고"(출 2 : 4) 멀리 서게 하였다. 이 모든 일은 모세를 살리기 위한 부모의 노력이었다. 그러나 부모들이 어떠한 최선을 다하든지 그 일이 모세를 구하지는 못하는 것이다. 그들이 할 수 있는 것은 단지 최선을 다한 후 하나님의 기적을 기다리는 일 뿐이었다.

두번째 단락(5-9절)에서 바로의 딸이 모세를 구원하는 장면이 나온다. 하나님의 기적을 기다리고 있는 모세의 어머니와 딸은 바로의 딸이 목욕을 하기 위하여 시녀들을 거느리고 나일 강으로 내려오는 것을 보았다. 공주가 상자를 발견한 후에 시녀를 시켜 상자를 가져오게 하여 열어 보니 아기가 울고 있었다. 아이를 불쌍히 여긴 공주는 아이가 "히브리 사람의 아이"라는 것을 알았다. 아이를 불쌍히 여기는 마음은 공주가 태생적으로 인품이 좋아서가 아니라, 하나님이 모세의 부모와 히브리인들에게 주신 선물이다. 이때 미리암이 등장하여 말한다 : "내가 가서 당신을 위하여 히브리 여인 중에서 유모를 불러다가 이 아기에게 젖을 먹이게 하리이까?"(출 2 : 7) 공주는 히브리 여인인 아이의 어머니를 데려오고, 어머니는 삯을 받고 아이를 키울 수 있었다. 이제 모세의 어머니는 합법적으로 아이를 키울 수 있게 되었다.

마지막 단락(10절)에서 모세의 성장과 이름 부여가 나타난다. 이제 모세는 적의 중심부인 애굽의 왕궁에서 공주의 보호 아래, 또한 공주의 아들이지만 어머니의 양육 아래 유대인의 정체성을 가지고 안정되게 자랄 수 있게 되었다. 공주가 지어 준 모세의 이름은 애굽인들에게 흔한 이름이지만, 이스라엘 백성들에게 이 이름은 "내가 그를 물에서 건져 내었다."라는 의미를 지닌다. 이 이름은 모세의 과거와 동시에 미래를 나타낸다. 모세는 갈대상자 안에 놓인 채 갈대 사이에서 죽을 수밖에 없었지만 하나님의 은혜로 건짐을 받았다. 동시에 갈대 바다에서 죽음을 기다린 백성들을 구원하는 사명을 감당하게 된다. 구원받은 것에 대해 감격하는 모세가 장차 백성들의 구원을 위하여 중요한 역할을 맡게 될 것을 암시하고 있다.

3. 모세의 실패
(2 : 11-25)

기도에 임하기

1. 몸과 마음을 가다듬고 하나님의 임재를 기억하며 기도를 준비한다.
2. 찬송을 부른다(456장).

말씀읽기

출애굽기 2 : 11~25

11절   모세가 장성한 후에 한번은 자기 형제들에게 나가서 그들이 고되게 노동하는 것을 보더니 어떤 애굽 사람이 한 히브리 사람 곧 자기 형제를 치는 것을 본지라
12절   좌우를 살펴 사람이 없음을 보고 그 애굽 사람을 쳐죽여 모래 속에 감추니라
13절   이튿날 다시 나가니 두 히브리 사람이 서로 싸우는지라 그 잘못한 사람에게 이르되 네가 어찌하여 동포를 치느냐 하매
14절   그가 이르되 누가 너를 우리를 다스리는 자와 재판관으로 삼았느냐 네가 애굽 사람을 죽인 것처럼 나도 죽이려느냐 모세가 두려워하여 이르되 일이 탄로되었도다
15절   바로가 이 일을 듣고 모세를 죽이고자 하여 찾는지라 모세가 바로의 낯을 피하여 미디안 땅에 머물며 하루는 우물 곁에 앉았더라
16절   미디안 제사장에게 일곱 딸이 있었더니 그들이 와서 물을 길어 구유에 채우고 그들의 아버지의 양 떼에게 먹이려 하는데

17절 목자들이 와서 그들을 쫓는지라 모세가 일어나 그들을 도와 그 양 떼에게 먹이니라
18절 그들이 그들의 아버지 르우엘에게 이를 때에 아버지가 이르되 너희가 오늘은 어찌하여 이같이 속히 돌아오느냐
19절 그들이 이르되 한 애굽 사람이 우리를 목자들의 손에서 건져내고 우리를 위하여 물을 길어 양 떼에게 먹였나이다
20절 아버지가 딸들에게 이르되 그 사람이 어디에 있느냐 너희가 어찌하여 그 사람을 버려두고 왔느냐 그를 청하여 음식을 대접하라 하였더라
21절 모세가 그와 동거하기를 기뻐하매 그가 그의 딸 십보라를 모세에게 주었더니
22절 그가 아들을 낳으매 모세가 그의 이름을 게르솜이라 하여 이르되 내가 타국에서 나그네가 되었음이라 하였더라
23절 여러 해 후에 애굽 왕은 죽었고 이스라엘 자손은 고된 노동으로 말미암아 탄식하며 부르짖으니 그 고된 노동으로 말미암아 부르짖는 소리가 하나님께 상달된지라
24절 하나님이 그들의 고통 소리를 들으시고 하나님이 아브라함과 이삭과 야곱에게 세운 그의 언약을 기억하사
25절 하나님이 이스라엘 자손을 돌보셨고 하나님이 그들을 기억하셨더라

배경설명

모세가 백성을 구하려다 살인하고, 미디안으로 도망가서 결혼하여 아이를 낳으며 쉼을 얻지만 백성을 생각하면서 오도 가도 못하는 절망적인 상황에 처하게 되는 모습이다. 11절에서 "모세가 장성한 후에"라고 말할 때 40여 년의 시간 동안 모세가 어떻게 장성했는지를 유추할 수 있다. 모세는 공주에게 허락을 받아 자기 모친을 유모로 하여 양육을 받는 특권을 누림으로, 그 양육 과정에서 자신이 히브리임을 깨달았을 뿐 아니라 히브리인으로서 양육 받았다. 모세는 히브리인이며 동시에 애굽인이라는 이중 정체성을 가지는데, 이중 정체성으로 인한 혼란도 본문에 자세히 담겨 있다. 이 본문에서는 치다(나카)라는 단어를 통해 폭력에 대한 묵상을 할 수 있다. 애굽 사람이 히브리 사람에게 폭력을 행사하니(치다, 11절), 모세가 애굽인을 쳐 죽이고(쳐 죽여, 12절), 마침내 모세는 살인자로서 도망을 간다. 나중에 하나님께서는 직접 애굽을 쳐서(출 12 : 12), 폭력을 동반하는 치는 일은 인간이 하는 것이 아니라, 오직 하나님만이 하시는 것임을 보여 주신다.

이 본문의 문맥은 몇 개의 단어를 연결하여 묵상하는 것이 좋다. 첫째로, 미디안은 살인한 모세가 도망가서 쉼을 얻으며 회복을 시도한 장소이다. 미디안 땅은 현 이스라엘 동

남쪽 아라비아 반도 지방을 말한다. 미디안의 시조는 아브라함과 후처 그두라 사이에서 태어난 아들 미디안이다(창 25 : 2). 미디안은 사사 시대에 이스라엘을 위협하다가 기드온에 의하여 격퇴되었다. 둘째로, 게르솜은 나그네(내가 타국에서 객이 되었다, 출 2 : 22)라는 뜻으로 모세가 미디안 땅에서 나그네로 살면서 자기 민족이 사는 애굽으로 돌아가지도 못하는 처지를 보여 주는 단어이다. 하나님께서는 게르솜을 통하여 모세를 한없이 낮아지게 하신다. 23~25절은 분량은 적지만 11~22절만큼이나 비중이 있는 부분이다. 모세의 이름은 나오지 않고 고된 노동으로 인한 백성들의 부르짖음과 하나님의 기억하심이 강조된다. 기억에서 강조되는 것은 아브라함, 이삭, 야곱에게 세운 그의 언약이다. 이 언약의 기초는 무조건적인 아브라함의 횃불 언약이다(창 15 : 17).

기도

성령의 임재를 위한 기도

사랑의 하나님, 이 시간 성령님의 조명하심으로, 언제나 우리를 바라보시고, 우리에게 찾아오셔서 말씀하시는 하나님의 역사를 경험하게 하여 주옵소서. 오늘도 말씀 가운데에서 들려오는 하나님의 음성을 통하여 나의 삶에 하나님의 구원과 자유의 은총이 임하게 하옵소서.

본문말씀 읽기와 묵상하기

본문 말씀을 천천히 한 번 읽은 후에 다시 본문을 찬찬히 들여다보면서 전체적인 내용과 상황을 파악한다.

장성한 모세는 애굽 사람에게 핍박받는 히브리 사람을 구하려다 그 애굽인을 죽이게 되고 미디안 땅으로 도망가게 된다. 그곳 절망의 땅에서 모세는 아내와 아들을 얻게 되어 정착하지만, 아들에게 붙여 준 이름처럼 나그네와 같은 인생으로 살아간다. 한편 애굽 땅의 이스라엘 백성들은 고된 노동으로 탄식하며 하나님께 부르짖고 있다. 이때 하나님께서는 그들의 고통 소리를 들으셨고, 그들의 조상 아브라함, 이삭 그리고 야곱과의 언약을 기억하신다.

1. 본문에 나오는 말씀의 핵심적인 내용을 마음으로 깨달아 알려고 묵상을 한다.
    – 히브리인으로 태어나 친모의 품에서 자라고 양육받으며 얻게 된 히브리인으로서의 정체성과,

동시에 애굽 공주의 아들로 40년 간 궁중에서 자라고 교육받아 형성된 애굽인으로서의 정체성을 함께 갖고 있던 모세가 겪게 되는 어려움과 위기는 무엇인가?(11-15절, 참고 히 11 : 24-26) 애굽인이 히브리인에게 행사하는 폭력에 대해 모세는 의협심을 가지고 똑같이 폭력으로 응수하는데, 그 애굽인이 죽게 되는 뜻하지 않은 사고가 발생하였고, 모세는 결국 살인자가 되어 애굽 왕의 통치 밖으로 도망갈 수밖에 없게 된다.

- 미디안 땅으로 도망간 모세가 어떤 삶을 살아가는지를 헤아려 본다(15-22절). 모세는 자신의 상황과 처지를 어떻게 바라보았는가?(22절) 모세는 미디안에서 미디안 제사장의 딸들을 만나 양떼에게 물을 먹이는 것을 돕게 되고, 이 일로 거처와 가정을 얻게 된다. 가족과 민족을 잃은 모세에게 기대하지 못했던 새로운 위로와 쉼이 주어진 것이다. 모세는 아내 십보라를 통하여 얻은 아들에게 '게르솜'이란 이름을 지어 주었는데, 그 이름에는 "내가 타국에서 나그네가 되었다."라는 의미가 포함되어 있다. 이 이름은 모세가 자신을 '낯선 땅에서의 나그네'로 인식하고 있음을 보여 준다. 모세가 자신의 삶을 나그네의 삶으로 인식했다는 것은 영적으로 무엇을 의미하는가? 이것은 모세가 결코 안정된 현실에 만족하거나 안주하는 인물이 아니며, 특히 아들 게르솜을 볼 때마다 애굽에서 신음하는 이스라엘 민족의 신음을 기억하고자 했음을 보여 준다.
- 광활하고 척박한 미디안은 모세에게 하나님의 새로운 위로와 낮아짐, 이스라엘 백성을 애굽에서 이끌어 내는 지도자로 쓰임 받기 위해 필요한 영적 훈련의 장소였다. 미디안은 모세에게 어떤 훈련의 장소였으며, 어떤 영적 유익을 가져다주었을까?
- 여전히 애굽에 있는 이스라엘 민족의 상황은 어떠하며, 하나님께서는 그들을 어떻게 바라보시는지 헤아려 본다(23-25절). 본문에 나타난 하나님께서는 어떤 분이신가? 이스라엘 백성들은 고된 노동으로 탄식하며 하나님을 향하여 부르짖고, 이 부르짖음은 하나님께 상달된다. 하나님께서는 그들의 조상, 아브라함과 이삭과 야곱과 세운 언약을 기억하시고, 이스라엘 자손을 굽어 살피시며 돌보신다.

2. 다시 한 번 성경본문을 천천히 읽는다. 읽는 동안에 어떤 말씀이 내 마음에 부딪혀 오는지를 살핀다.

예를 들어, "바로가 이 일을 듣고 모세를 죽이고자 하여 찾는지라 모세가 바로의 낯을 피하여 미디안 땅에 머물며 하루는 우물곁에 앉았더라"(15절)라는 말씀이 마음에 다가왔다.

3. 내 마음에 부딪혀 온 말씀이 묵상 가운데 구체적으로 내게 어떤 말씀을 주시는지 또는 내 마음 안에서 어떻게 역사하는지를 살핀다. 그리고 이 말씀에 대해 내가 어떻게 응답하는지를 살펴본다.

어느 날 모세는 뜻하지 않은 살인을 하게 되고, 이로 말미암아 그의 인생은 전혀 생각지 않았던 위기의 상황으로 내몰리게 된다. 그는 의협심으로 애굽 사람을 죽여 살인자가 되고, 바로의 낯을 피하여 외국으로 도망가서, 그곳에서 외로운 망명생활을 시작해야 했던 것이다. 바로를 피하며 숨어 지내는 미디안 땅에서 모세는 어느 날 우물 곁에 앉았다. 모세는 무엇을 기대하며 우물가로 갔을까? 마른 목을 축이기 위함일까? 아니면 그곳에서 누군가를 만나 미디안에 대한 정보를 얻거나 애굽의 소식을 듣기 위하여 그곳으로 간 것일까? 15절 말씀은 도망자로서 외국에서 홀로 된 모세의 모습이 어떠하였을지, 나그네가 된 모세의 심정이 어떠할지 상상하기에 충분한 그림을 우리에게 보여 준다. 세상의 모든 명예와 부, 권력과 사랑, 가족, 피눈물 나는 노력의 결과로 쌓아올린 삶의 모든 기반이 한 순간에 완전히 무너졌고, 회복을 위한 작은 기미나 실마리도 모세에겐 없어 보인다. 미래를 위한 어떤 희망도 꿈꿀 수 없는 처지에 빠진 모세가 미디안의 한 우물 곁에 외로이 앉아 있다.

우물 곁에 앉은 모세는 지금 무슨 생각을 하고 있는 것일까? 망명자가 된 모세는 지금 무엇을 꿈꿀 수 있을까? 실제로 지금 이 순간에 모세가 자신이 스스로 무엇인가를 할 수 있을 것이라고 생각하거나 계획하여 시도할 수 있는 것은 아무 것도 없다. 갑자기 자신에게 닥쳐온 인생의 의미를 충분히 생각할 여지조차 아직은 찾아볼 수 없는 지경이다. 자신의 미래를 위해 어떤 구상이나 생각도 가질 수 없는 채, 홀로 우물 곁에 망연자실한 모습으로 앉아 있는, 힘이 다 빠져 버린 모세를 우리는 바라보게 된다.

그런데 본문 전체를 읽으면, 하나님의 사람인 모세조차도 모르는 하나님의 구원의 원대한 계획과 모세를 쓰시기 위한 하나님의 훈련이 이미 시작되고 있음을 보게 된다. 하나님께서는 이스라엘의 부르짖음을 들으시고, 그들의 조상들과의 언약을 기억하시어 그들을 구원해 낼 계획을 하고 계신다. 하나님께서 보시기에 이 위대한 구원의 역사를 수행해 낼 최적임자는 다름 아닌 바로의 궁에서 자랐으나 히브리 신앙으로 훈련을 받은 모세였다. 마침내 이제 미디안으로 그를 불러 낸 하나님께서는 이제부터는 그를 직접 훈련시켜, 바로와 맞서 싸우며, 이스라엘을 애굽에서 이끌어 내어 광야에서 인도할 지도자로 그를 세워 나갈 것이다. 참으로 놀라운 하나님의 섭리가 아닐 수 없다.

우리도 인생의 크고 작은 위기 가운데 미디안의 한 우물 곁에 앉은 모세처럼 내가 왜 이런 일을 당하는지, 지금 내가 어디에 있으며, 무엇을 해야 할지, 돌파구가 어디에 있는지, 어둠 속에서 어디로 가야 할지, 심지어 하나님이 과연 나와 함께하시는지 알지 못해 이리저리 방황하게 되는 상황 가운데 처할 때가 있다. 오늘 본문은 비록 그런 어둠의 상황에서조차 하나님의 구원의 손길은 임하고 있으며, 그러한 상황에서조차 하나님께서 우리를 쓰시기 위해 계획하신 연단과 훈련이 준비되어 있음을 보여 준다. 오늘 내가 어떤 상황에 있든지 나는 하나님의 구원의 역사 가운데 있으며, 그것을 위해 하나님께서는 나를 훈련시키고 계시고, 나를 통해 하나님의 구원의 역사를 이루어 가심을 기억하자. 이러한 영적 깨달음을 주신 구원의 하나님께 감사를 드리며, 오늘도 오직 믿음으로 걸어가는 나의 삶이 되기를 소망한다.

응답기도 및 임재 안에 머물기

각자 깨달은 말씀이나 마음에 부딪혀 오는 은혜에 따라 응답하는 기도를 충분히 드린다. 충분하게 하나님과 대화를 나누는 기도를 드린 이후에 하나님의 선하심과 인자하심을 맛보며 그분의 임재 안에 얼마 동안 머무른다. 그리고 하나님의 임재 안에 머무른 후에 기도 안내문에 나와 있는 기도로 마무리한다.

"구원의 하나님! 저희가 인생을 살다 보면, 오늘 우물 곁에 앉아 있는 모세와 같이, 나아갈 인생의 방향도, 처한 위기의 원인과 의미도, 앞으로 무엇을 어떻게 해 나가야 할지도, 심지어 하나님의 함께하심조차도 알 수 없어 망연자실하여 주저앉게 되는 날이 있습니다.

그러나 우리는 오늘 본문말씀을 통하여, 외국 땅에서 나그네가 된 모세의 삶 가운데 역사의 주관자 되신 하나님께서 원대한 뜻을 가지고 여전히 그를 붙들어 인도하시며, 짙은 어둠 속에서도 연단하고 계심을 봅니다.

언약을 신실하게 이루시는 살아계신 하나님! 저희의 인생 가운데서도 동일한 하나님의 섭리와 신실한 하나님의 역사하심이 늘 함께함을 믿습니다. 하오니 저희가 어떠한 삶의 위기와 어둠 속에서도 신실하신 언약의 하나님을 바라볼 수 있게 하옵소서. 언제나 주님을 신뢰할 수 있게 해 주시고, 저희 영의 눈이 열려 어떠한 위기와 어둠 속에서도 주님의 역사하심과 우리를 향한 주님의 선한 뜻을 분별할 수 있는 믿음과 지혜의 마음을 갖게 하옵소서. 모든 삶의 순간과 경험이 하나님의 진정한 사람으로 세워지는 훈련과 연단이 될 수 있게 하여 주옵소서. 우리의 모든 삶이 모세가 미디안에서 겪은 경험처럼, 우리의 믿음을 금 같은 믿음으로 연단하는 과정이 되게 하옵소서. 그리하여 이기적이고 자기중심적인 삶을 살아가는 저희들이 하나님의 마음과 뜻으로 하나님의 영광만을 위해 살아가는 구원의 도구로 변화되게 하여 주옵소서."

반추 및 성찰

가능하면 기도했던 장소에서 자리를 옮긴다. 그리고 기도 시간에 경험한 내용을 돌아보면서 노트에 간단히 적는다. 이때 기도 안에서 하나님과 내 자신에 대한 전체적인 느낌을 적고, 또 영적으로 위로를 받았던 경험과 영적으로 메말랐던 경험을 적는다.

삶으로 나아가기

마음에 와 닿는 한 구절의 말씀을 선택하여 쪽지에 기록한다.
예를 들면 "바로가 이 일을 듣고 모세를 죽이고자 하여 찾는지라 모세가 바로의 낯을 피하여 미디안 땅에 머물며 하루는 우물곁에 앉았더라"(15절).
이 말씀을 수시로 꺼내어 읊조리면서 일상 안에서 기도하며 생활한다.

주요내용 설명

전체적으로 모세가 실패하는 장면(11-22절)과 노예 생활을 하는 백성들을 기억하는 하나님(23-25절)의 두 부분으로 나눌 수 있다. 11~22절에서 나타난 사건은 모세가 억압받는 히브리 백성을 위한 구원자로 행동함으로 시작한다. 고되게 노동하는 히브리인을 학대하는 애굽인을 향하여 모세는 분노한다. 모세의 겉모습은 애굽인이지만, 그의 속사람은 히브리인임을 이 행동을 통하여 표현한다. 문제에 대한 해결은 충동적이지만 그래도 애굽인을 죽일 때는 심사숙고함이 엿보인다("좌우를 살펴 사람이 없음을 보고" 출 2 : 12).

모세가 애굽인을 죽이면서 스스로 히브리인의 구원자임을 자처했지만, 다음 날 그는 히브리 백성들에게 칭찬을 듣는 것이 아니라 핀잔을 듣는다. 모세는 싸우는 두 히브리 백성들 사이에 재판관을 자처하지만("잘못한 사람에게 이르되" 출 2 : 13), 잘못한 사람은 모세의 권위를 받아들이지 않고, "누가 너로 우리의 주재와 법관을 삼았느냐?"라고 질문한다. 히브리인들은 40년간 궁중에서 애굽인의 호사를 누리다가 한 번의 용맹심을 보인 모세를 자기 민족의 지도자로 여기지 않고, 모세의 권위를 부정한다. 아마도 히브리인들의 반응은 스스로 히브리인의 정체성을 보여 주려는 모세에게 큰 충격이 되었을 것이다.

바로가 모세가 애굽인의 편에 서는 것이 아니라 히브리인의 편에 서서 자신의 백성을 해롭게 한 사실을 심각하게 여기고 모세의 죽음을 명하였기 때문에, 모세는 도망했고, 미디안 땅에 도달하였다. 그는 여기서 다시 연약한 여자 목자인 십보라를 위해 정의를 실천하고, 르우엘의 가족들의 환대를 받아 미디안에서 정착한다. 그는 르우엘의 사위가 되어 행복한 정착을 하는 듯 하지만, 자신의 아들의 이름을 게르솜으로 지으면서 타국에서 객이 된 자신의 외로움을 표현하였다.

23~25절은 모세가 등장하지 않고, 애굽 왕의 죽음과 이스라엘 백성의 고역이 언급된다. 그들은 하나님께 부르짖고, 하나님께서는 언약을 기억하시고 이스라엘 자손을 기억하였다. 기억하였다는 것은 홍수로부터 회복을 알리는 표시였고(창 8 : 1), 롯을 기억하여 구원을 시도하시는 하나님의 주권을 표현한다(창 19 : 29). 백성들은 견디기 어려운 고역 가운데 부르짖으며 하나님의 간섭을 기다리고 있다.

4. 모세의 소명 1
(3 : 1-22)

기도에 임하기

1. 몸과 마음을 가다듬고 하나님의 임재를 기억하며 기도를 준비한다.
2. 찬송을 부른다(214장).

말씀읽기

출애굽기 3 : 1~22

1절 <u>모세가 그의 장인 미디안 제사장 이드로의 양 떼를 치더니 그 떼를 광야 서쪽으로 인도하여 하나님의 산 호렙에 이르매</u>
2절 여호와의 사자가 떨기나무 가운데로부터 나오는 불꽃 안에서 그에게 나타나시니라 그가 보니 떨기나무에 불이 붙었으나 그 떨기나무가 사라지지 아니하는지라
3절 이에 모세가 이르되 내가 돌이켜 가서 이 큰 광경을 보리라 떨기나무가 어찌하여 타지 아니하는고 하니 그 때에
4절 <u>여호와께서 그가 보려고 돌이켜 오는 것을 보신지라 하나님이 떨기나무 가운데서 그를 불러 이르시되 모세야 모세야 하시매 그가 이르되 내가 여기 있나이다</u>
5절 <u>하나님이 이르시되 이리로 가까이 오지 말라 네가 선 곳은 거룩한 땅이니 네 발에서 신을 벗으라</u>
6절 <u>또 이르시되 나는 네 조상의 하나님이니 아브라함의 하나님, 이삭의 하나님, 야곱의</u>

하나님이니라 모세가 하나님 뵈옵기를 두려워하여 얼굴을 가리매

7절 여호와께서 이르시되 내가 애굽에 있는 내 백성의 고통을 분명히 보고 그들이 그들의 감독자로 말미암아 부르짖음을 듣고 그 근심을 알고

8절 내가 내려가서 그들을 애굽인의 손에서 건져내고 그들을 그 땅에서 인도하여 아름답고 광대한 땅, 젖과 꿀이 흐르는 땅 곧 가나안 족속, 헷 족속, 아모리 족속, 브리스 족속, 히위 족속, 여부스 족속의 지방에 데려가려 하노라

9절 이제 가라 이스라엘 자손의 부르짖음이 내게 달하고 애굽 사람이 그들을 괴롭히는 학대도 내가 보았으니

10절 이제 내가 너를 바로에게 보내어 너에게 내 백성 이스라엘 자손을 애굽에서 인도하여 내게 하리라

11절 모세가 하나님께 아뢰되 내가 누구이기에 바로에게 가며 이스라엘 자손을 애굽에서 인도하여 내리이까

12절 하나님이 이르시되 내가 반드시 너와 함께 있으리라 네가 그 백성을 애굽에서 인도하여 낸 후에 너희가 이 산에서 하나님을 섬기리니 이것이 내가 너를 보낸 증거니라

13절 모세가 하나님께 아뢰되 내가 이스라엘 자손에게 가서 이르기를 너희의 조상의 하나님이 나를 너희에게 보내셨다 하면 그들이 내게 묻기를 그의 이름이 무엇이냐 하리니 내가 무엇이라고 그들에게 말하리이까

14절 하나님이 모세에게 이르시되 나는 스스로 있는 자이니라 또 이르시되 너는 이스라엘 자손에게 이같이 이르기를 스스로 있는 자가 나를 너희에게 보내셨다 하라

15절 하나님이 또 모세에게 이르시되 너는 이스라엘 자손에게 이같이 이르기를 너희 조상의 하나님 여호와 곧 아브라함의 하나님, 이삭의 하나님, 야곱의 하나님께서 나를 너희에게 보내셨다 하라 이는 나의 영원한 이름이요 대대로 기억할 나의 칭호니라

16절 너는 가서 이스라엘의 장로들을 모으고 그들에게 이르기를 여호와 너희 조상의 하나님 곧 아브라함과 이삭과 야곱의 하나님이 내게 나타나 이르시되 내가 너희를 돌보아 너희가 애굽에서 당한 일을 확실히 보았노라

17절 내가 말하였거니와 내가 너희를 애굽의 고난 중에서 인도하여 내어 젖과 꿀이 흐르는 땅 곧 가나안 족속, 헷 족속, 아모리 족속, 브리스 족속, 히위 족속, 여부스 족속의 땅으로 올라가게 하리라 하셨다 하면

18절 그들이 네 말을 들으리니 너는 그들의 장로들과 함께 애굽 왕에게 이르기를 히브리 사람의 하나님 여호와께서 우리에게 임하셨은즉 우리가 우리 하나님 여호와께 제사를 드리려 하오니 사흘길쯤 광야로 가도록 허락하소서 하라

19절 내가 아노니 강한 손으로 치기 전에는 애굽 왕이 너희가 가도록 허락하지 아니하다가

20절 내가 내 손을 들어 애굽 중에 여러 가지 이적으로 그 나라를 친 후에야 그가 너희를 보내리라
21절 내가 애굽 사람으로 이 백성에게 은혜를 입히게 할지라 너희가 나갈 때에 빈손으로 가지 아니하리니
22절 여인들은 모두 그 이웃 사람과 및 자기 집에 거류하는 여인에게 은 패물과 금 패물과 의복을 구하여 너희의 자녀를 꾸미라 너희는 애굽 사람들의 물품을 취하리라

배경설명

출애굽기 3 : 1~7 : 6는 모세의 소명과 관련된 부분이다. 3 : 1~22을 통해 우리는 40년의 미디안 생활을 거치며 자신은 아무것도 할 수 없다는 패배감에 빠진 모세를 설득하여 소명의 자리로 인도하시는 하나님의 모습을 엿볼 수 있다. 3 : 1에서 모세가 장인 이드로의 양들을 치는 과정은 하나님을 만나기 전 모세의 모습을 보여 준다. 모세는 미디안에서 살면서 나그네로서의 외로움을 경험하고, 자기 백성들이 있는 애굽으로는 갈 수 없어 오도가도 못하는 인생으로 40년을 보내면서 한없이 낮아진다. 모세의 소명은 연약한 모세를 상징하는 떨기나무와 하나님의 임재를 상징하는 불꽃으로 상징되는 만남에서 잘 나타난다. 모세의 장인의 이름이 3 : 1에서 이드로라고 나오는 반면에, 18절에는 르우엘이라고 나오는데 같은 사람이라고 보아도 무방하다. 또한 모세가 도달한 산의 이름을 호렙이라고 하였는데(출 17 : 6, 33 : 6; 신 4 : 10; 9 : 8 등), 이는 이스라엘 백성들이 십계명을 받은 시내 산(출 16 : 1; 19 : 1; 31 : 18; 34 : 2; 민 1 : 1)과 일치하는 것으로 보인다. 이 산에서 모세는 하나님을 만나고, 이스라엘 백성들을 이곳으로 데려와 하나님을 만나게 한 셈이다. 5절에서 모세가 신을 벗는 행위는 제사장들이 성소에 부정한 것을 묻혀 들어가지 않기 위하여 맨발로 들어가는 경우를 떠올리게 한다. 젖과 꿀이 흐르는 땅(8절)은 농업과 목축에서 풍성한 땅을 상징한다. 본문에서 가나안 족속은 여섯 족속으로 나오고(8절), 신명기에서는 이 여섯 족속에 기르가스 족속이 더해져 모두 일곱 족속으로 언급된다(신 7 : 1). 15절에 나오는 하나님의 개인적인 이름인 '여호와'는 '존재하다'(to be) 라는 뜻에서 나온 것이다. 이 동사를 사용하여 14절에서는 하나님의 이름을 "스스로 있는 자"라고 설명한다. 본문의 문맥에서는 하나님이 무엇에도 의존하지 않으시며 오히려 모든 행동의 근원이 되심을 보여 준다. 모세가 만날 장로들은(16절) 이스라엘의 씨족 지도자들로서 민족의 중요한 일을 결정하는 최종 권한을 가진 자들로 보인다. 히브리 사람(18절)이라는 말은 에벨의 후손으로서(창 10 : 24), 일반적으로 외국 사람들이 이스라엘 사람을 부르거나 이스라엘 사람들이 외국인과 차별하여 부를 때 사용하는 말이다(창 14 : 13; 39 : 14; 43 : 32; 욘 1 : 9).

기도

성령의 임재를 위한 기도

사랑과 은혜의 하나님, 모세에게 찾아오셔서 말씀하셨던 것처럼, 이 시간 말씀 앞에 앉은 저희에게도 찾아오셔서 말씀하여 주시옵소서. 저희의 소명을 새롭게 하시며, 부르심에 합당한 응답으로 인도하시고, 항상 함께하시는 살아계신 하나님을 체험하게 하여 주시옵소서.

본문말씀 읽기와 묵상하기

본문말씀을 천천히 한 번 읽은 후에 다시 본문을 찬찬히 들여다보면서 전체적인 내용과 상황을 파악한다.

하나님께서는 불붙는 떨기나무 가운데에서 모세에게 나타나시어 모세의 이름을 부르시며, 이스라엘을 구원하는 중대한 사명을 부여하신다. 처음에 모세는 하나님의 부르심에 주저하지만, 하나님께서는 자신의 이름을 계시하실 뿐만 아니라, 모세와 항상 함께하실 것을 약속해 주시면서 모세로 하여금 부르심에 응답할 수 있도록 하신다.

1. 본문에 나오는 말씀의 핵심적인 내용을 마음으로 깨닫기 위한 묵상을 한다.
   - 하나님께서는 언제 모세를 부르시는가? 모세는 40년이나 되는 긴 시간 동안 미디안 광야에서 영적으로 낮아짐과 연단의 시간을 보내야 했다. 하나님께서는 미디안 광야에서 양치기를 하던 모세가 당신의 사명을 감당할 만큼 영적으로 준비가 되었을 때 그를 부르신 것이다. 모세가 영적으로 낮아짐은 모세의 인생이 하나님의 주도하심에 전적으로 이끌려 간다는 것을 의미한다.
   - 하나님께서는 모세를 어떻게 만나 주시는가?(2-6절) 하나님께서는 모세를 호렙 산으로 인도하시고, 불이 붙었으나 타지 않는 떨기나무 불꽃 가운데서 모세를 부르신다. 불이 붙었으나 타지 않는 떨기나무는 무엇을 상징하는가? 전통적으로 불타는 떨기나무는 하나님의 임재를 상징하는 것으로 이해하며, 또한 불 같은 시련이 항상 있지만 어떤 시련 가운데서도 결코 소멸되지 않는 하나님의 백성을 상징하는 것으로 이해하기도 한다. 떨기나무 불꽃 가운데 현존하신 하나님이 모세에게 준 첫 마디의 말씀은 무엇인가? 하나님께서는 모세에게 "네가 선 곳은 거룩한 땅이니 네 발에서 신을 벗으라."라고 말씀하신다. 이것은 영적으로 무엇을 뜻하는지 묵상해 본다(5절).

- 하나님께서는 모세에게 어떤 사명을 주시는가?(10절) 모세에게 사명을 부여하시는 하나님께서는 어떤 분이시며(6-10절), 당신의 백성들을 향한 하나님의 마음은 어떠한가?(7-8절)
- 하나님의 부르심에 모세는 어떻게 반응하는가?(11절) 부르심 앞에서 주저하고 두려워하는 모세에게 하나님께서는 어떻게 용기를 불어넣어 주시는가?(12-22절) 하나님께서는 두려워하는 모세에게 "스스로 있는 자"라는 당신의 이름을 알려 주시며 반드시 함께하실 것을 약속하신다. 또한 하나님께서는 모세에게 이스라엘 장로들뿐만 아니라 애굽 왕 바로에게 해야 할 모든 말, 이후에 하나님께서 친히 하실 일들, 그리고 출애굽할 때 어떤 일이 벌어질지에 대해서까지 구체적으로 말씀해 주시면서 모세에게 큰 용기를 불어넣어 주신다.
- 하나님께서 이스라엘을 애굽에서 해방시키는 궁극적인 목적은 무엇인가(12절)?
- 본문에서 주신 하나님의 이름이 영적으로 뜻하는 바는 무엇인가(13절)?

2. 다시 한 번 성경본문을 천천히 읽는다. 읽는 동안에 어떤 말씀이 내 마음에 부딪혀 오는지를 살핀다.

예를 들어, "모세가 하나님께 아뢰되 내가 누구이기에 바로에게 가며 이스라엘 자손을 애굽에서 인도하여 내리이까"(11절)라는 말씀이 마음에 다가왔다.

3. 내 마음에 부딪혀 온 말씀이 묵상 가운데 구체적으로 내게 어떤 말씀을 주시는지 또는 내 마음 안에서 어떻게 역사하는지를 살핀다. 그리고 이 말씀에 대해 내가 어떻게 응답하는지를 살펴본다.

우리는 하나님의 사람 모세가 하나님의 부르심 앞에서 선뜻 응답하지 못함을 보며 놀라게 된다. 물론 살인자로 40년 동안이나 외국에서 망명 생활을 하던 사람이 갑자기 막강한 권력자인 애굽 왕 바로 앞에 나아가 자기 백성 이스라엘 민족을 내어 놓으라고 말하는 것은 현실적으로 쉬운 일이 아닐 것이다. 또한 자기 백성이라고는 하지만, 이스라엘 백성들이 40년 만에 불쑥 나타난 모세를 자신들의 지도자로 인정한다는 것도 쉽게 기대할 수 있는 일은 아니다. 이런 상황에서 모세가 하나님의 사명을 당장에 받아들이지 못한 것은 당연해 보이기도 한다. 하지만 아무리 그렇더라도 지금 하나님의 부르심을 받고 있는 자는 다름 아닌 오래 동안 특별하게 영적 훈련을 받아 왔던 모세이기에, 그가 하나님의 부르심에 응답하지 못하는 모습을 보며 우리는 놀라지 않을 수 없다. 그러나 모세가 비록 하나님의 부르심에 즉각적으로 온전히 응답하지 못하는 것은 사실이나, 11절에서 모세는 하나님께 "제가 누구이기에 바로에게로 가며 감히 이스라엘을 인도해 내겠나이까"라고 하나님께 솔직한 마음을 토로하고 있다. 이러한 모세의 말에 하나님께서는 '당신께서 모세와 함께 하여 줄 것'이라고 말해 주신다. 모세는 계속하여 하나님께 백성들이 하나님의 이름을 물으면 무엇이라고 답해야 하는지를 물었고, 하나님께서는 당신의 이름을 말해 주시면서 이스라엘을 향한 당신의 마음과 모세가 바로에게 할 일과 할 말, 바로의 반응, 하나님의 하실 일을 상세히 알려 주신다. 하나님과 모세의 대화는 4장까지 계속 이어진다. 성경에 이렇게 기록된 것을 보면

실제로는 얼마나 긴 기도, 즉 하나님과 모세 간의 대화의 과정이 있었을지를 가늠케 해 준다. 하나님께서는 모세의 모든 반응에 아주 섬세하게 응답해 주시고, 대화가 진행됨에 따라 모세는 마음 가운데 깊게 자리하는 모든 의심과 불안까지 모두 하나님께 올려 드리고 있다.

모세와 하나님 사이의 길게 이어지는 대화는 우리의 기도가 어떻게 이루어져야 하는지를 보여 준다. 모세는 하나님의 말씀을 들음으로 하나님과의 대화를 시작한다. 하나님의 말씀하심에 반응하여, 모세는 자신의 마음에 있는 것을 솔직히 하나님께 아뢴다. 하나님께서는 모세의 반응에 다시 친밀하면서도 섬세한 응답을 주신다. 하나님의 말씀을 들은 모세는 다시 자신의 마음 깊은 곳에 있는 것들을 헤아려 하나님께 올려 드리면서 하나님과의 대화를 이어 간다. 긴 대화의 끝에 모세는 바로를 향하여 담대히 나아갈 수 있는 하나님의 사람으로 변화된다. 하나님께서 주저하고 두려워하는 모세를 변화시키신 것이다.

모세가 하나님과의 대화를 통해 놀라운 하나님의 사명을 감당하는 사람으로 변화되었듯이 기도를 통해 하나님께서 우리의 삶과 사명을 새롭게 해 주시기를 간절히 소망한다. 그러기 위해 우리의 기도는 하나님의 말씀을 들음에서 출발해야 할 것이다. 모세처럼 주신 말씀에 진솔하게 응답하는 것이 필요하다. 하나님께서는 우리의 작은 신음에도 응답하시는 분이시기에 우리의 반응에 친밀하게 응답해 주시고 새로운 말씀을 주실 것이다. 모세가 하나님의 말씀을 듣고 자신의 마음의 움직임을 보면서 정직하게 그리고 최선을 다해 응답했듯이, 우리가 우리의 마음을 하나님께 드려 나갈 때 하나님께서는 반드시 우리의 기도를 들으실 것이다. 그리고 우리를 통해 당신의 뜻을 이루어 가시며, 우리로 하여금 그 일을 감당할 수 있는 사람이 되도록 인도해 나가실 것이다.

응답기도 및 임재 안에 머물기

각자 깨달은 말씀이나 마음에 부딪혀 오는 은혜에 따라 응답하는 기도를 충분히 드린다. 충분하게 하나님과 대화를 나누는 기도를 드린 이후에 하나님의 선하심과 인자하심을 맛보며 그분의 임재 안에 얼마 동안 머무른다. 하나님의 임재 안에 머무른 후에 기도 안내문에 나와 있는 기도로 마무리한다.

"언제나 우리의 기도를 들어주시는 하나님, 변함없이 우리의 기도를 항상 들어주시고, 저희의 작은 신음에도 응답해 주시는 하나님께 감사와 찬양을 올려 드립니다. 저의 기도가 단지 자신의 욕망을 충족시키기 위해 일방적으로 나의 소원만을 아뢰는 기도가 아니라 모세의 기도처럼 주님과의 깊은 대화와 사귐의 기도로 변화되게 하옵소서. 하나님의 사명을 감당하기에 너무나 연약한 저희가 기도를 통해 하나님의 사명을 넉넉히 감당할 수 있는 사람으로 변화되게 하옵소서. 하나님의 말씀 앞에 저희의 마음과 귀가 항상 열려 있어서 저희에게 주시는 주님의 음성을 항상 알아들을 수 있게 하여 주옵소서. 저희가 주님의 음성을 들을 때, 비록 저희의 힘으로는 감당할 수 없는 막중한 사명이라 할지라도, 주님이 들려주신 말씀의 능력으로 능히 감당할 수 있으리라 믿습니다. 하오니 주님의 음성을 외면하거나 회피하지 말고 모세처럼 주님께서 주신 말씀을 붙잡고 씨름하여 나아갈 때, 저희의 소명을 새롭고 견고하게 하여 주옵시고, 늘 깨어 기도하는 가운데 언제나 기도를 통해 역사하시는 주님의 은총과 능력을 경험하게 하여 주옵소서."

반추 및 성찰

가능하면 기도했던 장소에서 자리를 옮긴다. 그리고 기도 시간에 경험한 내용을 돌아보면서 노트에 간단히 적는다. 이때 기도 안에서 하나님과 내 자신에 대한 전체적인 느낌을 적고, 또 영적으로 위로를 받았던 경험과 영적으로 메말랐던 경험을 적는다.

_____

_____

_____

_____

삶으로 나아가기

마음에 와 닿는 한 구절의 말씀을 선택하여 쪽지에 기록한다.
예를 들면 "모세가 하나님께 아뢰되 내가 누구이기에 바로에게 가며 이스라엘 자손을 애굽에서 인도하여 내리이까"(11절)
이 말씀을 수시로 꺼내어 읊조리면서 일상 안에서 기도하며 생활한다.

주요내용 설명

　모세의 소명의 처음 부분인 3 : 1~22의 문학적 구조는 다음과 같이 나눌 수 있다 : A. 모세를 만나신 하나님(1-6절); B. 하나님이 주신 사명과 약속(7-12절); C. 하나님의 이름 계시(13-15절); D. 하나님이 주신 사명과 약속(16-22절). 첫 단락에서(1-6절) 하나님께서는 모세를 부르시기 위하여 다가오신다. 모세는 하나님을 만난다. 장인의 양 무리를 이끌고 호렙 산에 이른 모세의 관심을 끈 것은 불이 붙었지만 사라지지 않는 떨기나무였다(2절). 모세는 신기한 광경을 보기 위하여 돌이키고 하나님께서는 그를 부르신다. 하나님께서는 모세에게 신을 벗고 거룩한 땅에 서게 하신다. 둘째 단락(7-12절)에서 하나님께서는 모세에게 사명을 부여하신다. 무조건 사명을 맡기는 것이 아니라, 백성을 향한 당신의 마음을 담아서 사명을 전하신다. 7~9절에서 하나님께서는 소명을 거절하는 모세에게 말씀하시는데, 학대받는 이스라엘을 향한 하나님의 마음을 여러 개의 동사로 표현한다(보고, 듣고, 알고, 내려가서, 건져 내고, 인도하여, 데려가려, 달하고, 보았으니, 보내어, 인도하여 내게 하리라). 하나님께서는 학대받고 있는 이 백성의 고통을 안타까워하시고, 백성들을 애굽에서 이끌어 가나안 땅으로 인도하실 계획을 갖고 계시며, 모세가 하나님의 마음을 품고 이 일을 위한 지도자가 되기를 원하신다. 이에 대한 모세의 반응은 "내가 무엇이기에?"이다. 즉, 그러한 일을 수행할 능력이 없다는 말이다. 하나님의 응답은 이 일은 모세가 혼자 하는 것이 아니라, 하나님이 함께하시기에 가능하다는 것이다. 하나님이 함께하심으로 모세는 이스라엘이 출애굽을 이루고 예배 공동체가 되게 할 것이다. 다음 단락(3 : 13-15)에서도 하나님의 부르심에 대한 모세의 저항은 계속된다. 모세의 다음 질문은 하나님의 이름에 대한 질문이다. 하나님께서는 스스로 존재하는 속성을 상징하는 여호와라는 이름을 계시하신다. 이 이름의 당사자인 여호와는 이스라엘의 조상인 아브라함, 이삭, 야곱의 하나님과 동일한 것으로 여겨진다. 마지막 단락(16-22절)에서 모세가 백성들에게 출애굽의 여정에 대하여 답하도록 도우신다. 모세는 이스라엘 장로들에게 전해야 한다. 애굽에서 고통당하는 백성들을 하나님께서 구출하여 가나안 족속들이 사는 가나안 땅, 젖과 꿀이 흐르는 땅으로 인도하신다는 것이다. 또한 장로들과 바로 왕에게 전해야 할 것은 사흘 길쯤 광야로 가서 예배를 드려야 한다는 것이다. 출애굽은 쉽게 이루어지지 않는다. 하나님이 여러 가지 이적과 강한 손으로 친 후에 바로가 백성을 보내며, 떠날 때 이스라엘 백성들은 은혜를 입어 빈손으로 가지 않고 애굽 사람들로부터 물품을 취하게 될 것이다.

5. 모세의 소명 2
(4 : 1-17)

기도에 임하기

1. 몸과 마음을 가다듬고 하나님의 임재를 기억하며 기도를 준비한다.
2. 찬송을 부른다(208장).

말씀읽기

출애굽기 4 : 1~17

1절 모세가 대답하여 이르되 그러나 그들이 나를 믿지 아니하며 내 말을 듣지 아니하고 이르기를 여호와께서 네게 나타나지 아니하셨다 하리이다
2절 여호와께서 그에게 이르시되 네 손에 있는 것이 무엇이냐 그가 이르되 지팡이니이다
3절 여호와께서 이르시되 그것을 땅에 던지라 하시매 곧 땅에 던지니 그것이 뱀이 된지라 모세가 뱀 앞에서 피하매
4절 여호와께서 모세에게 이르시되 네 손을 내밀어 그 꼬리를 잡으라 그가 손을 내밀어 그것을 잡으니 그의 손에서 지팡이가 된지라
5절 이는 그들에게 그들의 조상의 하나님 곧 아브라함의 하나님, 이삭의 하나님, 야곱의 하나님 여호와가 네게 나타난 줄을 믿게 하려 함이라 하시고
6절 여호와께서 또 그에게 이르시되 네 손을 품에 넣으라 하시매 그가 손을 품에 넣었다가 내어보니 그의 손에 나병이 생겨 눈 같이 된지라

7절   이르시되 네 손을 다시 품에 넣으라 하시매 그가 다시 손을 품에 넣었다가 내어 보니 그의 손이 본래의 살로 되돌아왔더라

8절   여호와께서 이르시되 만일 그들이 너를 믿지 아니하며 그 처음 표적의 표징을 받지 아니하여도 나중 표적의 표징은 믿으리라

9절   그들이 이 두 이적을 믿지 아니하며 네 말을 듣지 아니하거든 너는 나일 강 물을 조금 떠다가 땅에 부으라 네가 떠온 나일 강 물이 땅에서 피가 되리라

10절 모세가 여호와께 아뢰되 오 주여 나는 본래 말을 잘 하지 못하는 자니이다 주께서 주의 종에게 명령하신 후에도 역시 그러하니 나는 입이 뻣뻣하고 혀가 둔한 자니이다

11절 여호와께서 그에게 이르시되 누가 사람의 입을 지었느냐 누가 말 못 하는 자나 못 듣는 자나 눈 밝은 자나 맹인이 되게 하였느냐 나 여호와가 아니냐

12절 이제 가라 내가 네 입과 함께 있어서 할 말을 가르치리라

13절 모세가 이르되 오 주여 보낼 만한 자를 보내소서

14절 여호와께서 모세를 향하여 노하여 이르시되 레위 사람 네 형 아론이 있지 아니하냐 그가 말 잘 하는 것을 내가 아노라 그가 너를 만나러 나오나니 그가 너를 볼 때에 그의 마음에 기쁨이 있을 것이라

15절 너는 그에게 말하고 그의 입에 할 말을 주라 내가 네 입과 그의 입에 함께 있어서 너희들이 행할 일을 가르치리라

16절 그가 너를 대신하여 백성에게 말할 것이니 그는 네 입을 대신할 것이요 너는 그에게 하나님 같이 되리라

17절 너는 이 지팡이를 손에 잡고 이것으로 이적을 행할지니라

배경설명

출애굽기 4장은 3장에 이어 계속 되는 모세의 소명 거부와 이에 대한 하나님의 설득을 보여 준다. 4 : 17 이하에서 모세는 더 이상 소명을 거부하지 않고, 아내와 아들들을 데리고 고향으로 돌아간다. 그러므로 이 단락은 하나님의 부르심에 대한 모세의 마지막 저항이라고 볼 수 있다. 첫 단락(4 : 1-9)에서 하나님께서는 모세에게 지팡이가 뱀이 되는 이적과 손에 나병이 생기는 이적을 보여 준다. 둘째 단락(4 : 10-17)에서 여전히 말을 못한다는 모세를 위하여 대변인으로 아론을 세우신다. 출애굽기에서 지팡이라는 말이 4장에서 처음 등장한다 (4 : 2, 4, 17, 20). 본문에서 지팡이는 하나님의 능력을 보여 주는 지팡이가 되고, 열 재앙과 홍해를 가르는 이적의 역할을 행하는 도구가 된다(출 7장, 8장, 9장,

10장, 12장). 이후에 17장에서도 지팡이가 나온다(출 17 : 5, 9). 뱀(나하쉬)은 이스라엘을 괴롭히는 애굽의 왕권을 상징한다. 모세가 뱀의 꼬리를 잡는데 이 행위는 원래 뱀의 목 뒤를 잡아 뱀을 제압하는 상식과는 배치된다. 여호와께서는 모세를 위하여 세 번의 이적을 보여 주시는데, 나일 강을 피로 만드는 세 번째 이적은 이집트인을 향한 첫 번째 재앙이 된다. 즉, 가장 강퍅한 이스라엘 백성을 향한 징조가 이집트인을 향한 가장 약한 재앙이 된다. 세 번의 이적을 약속함으로 모세가 두려워하는 모든 요소는 제거되었다. 이제 설득만이 남았지만, 모세의 저항은 완고하고 자기모순적인 발언도 계속된다. 출애굽이 모세의 능력이나 자격에 의존하지 않음을 수차 말했음에도 불구하고, 모세는 하나님이 자신에게 소명을 준 이후에 자신의 말 못하는 능력이 변하지 않았음을 근거로 소명을 거부한다. 말 못한다는 그의 말은 실상 말하는 능력의 부족보다는 자신감의 결여일 것이다. 그래서 하나님께서는 모세에게 노하시며, 모세와 이스라엘 백성 사이에 아론을 대변인으로 두심으로 모세의 변명에 응답하신다.

기도

성령의 임재를 위한 기도

사랑의 하나님, 말씀을 읽고, 묵상하며 기도하는 영적 여정으로 저희를 초대하여 주심을 감사드립니다. 거룩한 성령의 능력으로 저희가 이 살아계신 하나님의 말씀을 읽고 묵상하는 가운데 저희 안에 새로운 하나님의 역사에 대한 비전과 소명을 새롭게 체험하게 하여 주옵소서.

본문말씀 읽기와 묵상하기

본문말씀을 천천히 한 번 읽은 후에 다시 본문을 찬찬히 들여다보면서 전체적인 내용과 상황을 파악한다.

> 하나님의 거듭되는 약속의 말씀에도 불구하고 모세는 여전히 두려워하며 하나님의 부르심에 저항한다. 그러나 하나님께서는 세 가지 이적을 통해 모세를 설득하실 뿐만 아니라, 아론이 모세를 도울 것임을 확신시켜 주시면서 모세의 소명 체험과 응답을 이끌어 내신다.

1. 본문에 나오는 말씀의 핵심적인 내용을 마음으로 깨달아 알려고 묵상을 한다.

- 하나님께서 당신의 이름을 말씀해 주시고, 하나님께서 친히 하실 일을 약속해 주심으로 모세가 하나님께 대한 확신을 갖게 되었음에도 불구하고 여전히 남아 있는 모세의 큰 불안은 무엇인가?(1절) 모세는 하나님께서 자신에게 나타나셨음을 애굽에 있는 이스라엘 백성들이 과연 믿고 자기의 말을 따라 줄 것인가를 의심한다.
- 이에 대한 하나님의 해결책은 무엇인가?(2-9절) 하나님이 주신 해결책은 모세가 하나님을 만났다는 증거를 보여 주는 것이다. 하나님께서는 모세의 손에 들린 지팡이가 뱀으로 변하고, 손에 나병이 생겼다가 낫게 하시는 표징과 나일 강물이 피로 변하는 이적을 보여 주셨다. 이 세 가지 이적을 이스라엘 백성들 앞에서 행하면, 하나님이 모세에게 나타나셨음을 그들이 믿게 될 것이라고 말씀해 주신다(참고 1, 5, 8, 9절).
- 하나님께서는 모세에게 세 가지 이적을 통해 하나님의 전능하신 능력을 보게 해 주셨고, 모세는 백성들을 설득하기에 충분한 증거를 얻었지만 아직도 소명을 감당하기에 부족한 자신의 문제를 발견하였다(10절). 하나님께서 보여 주신 놀라운 이적에도 불구하고 모세는 사람들 앞에서 말을 잘 하지 못하는 자신의 연약함을 내세워 자신의 소명에 저항한다. 모세의 변명처럼 모세는 본래부터 말을 잘하지 못하는 자였거나, 40년 동안이나 외국에서 살면서 애굽 말을 전혀 하지 않고, 오직 미디안의 말만을 했기 때문에 더욱 자신의 의사를 분명하게 전달하기에 많은 부족함을 느꼈을 것이다.
- 본래 말을 잘 하지 못한다는 이유로 '보낼 만한 자를 보내시라'는 모세의 마지막 저항에 하나님께서는 어떻게 응답하시는가?(11-17절) 하나님께서는 모세에게 "누가 입을 지었느냐, 나 여호와가 아니냐, 내가 네 입과 함께 있어서 할 말을 가르치리라"고 말씀하시며, 마침내 노를 발하시고 소명의 삶을 살아갈 것을 촉구하신다.
- 하나님의 거듭되는 설득에도 불구하고, 부르심 앞에서 주저하는 모세를 위해 하나님께서는 모세의 형 아론을 모세와 백성들 사이의 대변인으로 세워 주셨다. 하나님께서는 끝까지 모세를 설득하셨고, 모세는 자신의 손에 들린 지팡이를 통해 하나님의 능력을 보여 주는 역할을 부여받았다(17절). 이제 모세의 지팡이는 더 이상 모세의 지팡이가 아니라 하나님의 능력이 나타나는 하나님의 지팡이가 되었다.

2. 다시 한 번 성경본문을 천천히 읽는다. 읽는 동안에 어떤 말씀이 내 마음에 부딪혀 오는지를 살핀다.

예를 들어, "여호와께서 그에게 이르시되 네 손에 있는 것이 무엇이냐 그가 이르되 지팡이니이다"(2절)라는 말씀이 마음에 다가왔다.

3. 내 마음에 부딪혀 온 말씀이 묵상 가운데 구체적으로 내게 어떤 말씀을 주시는지 또는 내 마음 안에서 어떻게 역사하는지를 살핀다. 그리고 이 말씀에 대해 내가 어떻게 응답하는지를 살펴본다.

하나님께서 모세에게 막중한 사명을 주시면서, 본문 2절에서 "네 손에 있는 것이 무엇이냐"고 물으신다. 모세는 대답하길 "지팡이입니다"라고 답한다. 17절에서는 "너는 이 지팡이를 손에 잡고 이것으로 이적을 행할지니라"고 말씀하신다. 모세의 지팡이는 양 무리를 칠 때 사용하던, 세상적인 기준으로 볼 때 정말 보잘 것 없는 한낱 막대기에 불과하다. 그러나 모세는 이 지팡이로 홍해를 가르고, 반석에서 물이 나오게 하는 하나님의 능력을 나타내 보인다. 이 지팡이가 양 무리를 칠 때는 모세의 지팡이였지만, 하나님의 부르심을 체험하고 광야에서 이스라엘을 인도할 때는, 비록 그 지팡이가 모세의 손에 들려있을지라도, 그것은 더 이상 모세의 지팡이가 아니라 하나님의 능력의 지팡이이다. 성경도 그것을 더 이상 모세의(his 또는 a) 지팡이로 표현하지 않고, 그(the) 지팡이 또는 하나님의 지팡이로 표현한다. 이것은 하나님께서 어떻게 우리를 통해 일하시며, 또한 우리가 어떤 자세로 하나님의 일을 감당해야 하는지를 잘 보여 준다.

우리 각자에게 부여하여 주신 하나님의 사명은 매우 크고 막중한 반면, 그것을 이루어 내야 할 우리 자신의 힘과 능력은 너무나 미미해 보인다. 어떻게 터무니없이 부족한 우리가 하나님의 사명을 넉넉히 감당해 낼 수 있을까? 하나님께서는 오늘도 우리를 향하여 물으신다. '네 손에 있는 것이 무엇이냐.' 우리도 모세처럼 내 손에 있는 것은 한낱 마른 막대기에 불과한 지팡이뿐이라고 고백할 수밖에 없다. 그러나 오늘 말씀이 주는 위로와 힘과 은혜는 비록 내가 가진 것이 마른 막대기에 불과한 것이지만 하나님의 손에 붙들린 것이 되어 나의 지팡이가 아니라 하나님의 지팡이가 될 때, 놀라운 하나님의 능력의 도구가 될 수 있다는 사실이다. 오늘의 말씀은 하나님의 일을 감당함에 있어서 내가 많이 부족하고 연약할지라도 그런 나 자신의 부족함만을 바라보지 말고, 내가 하나님의 능력의 손에 붙들린 하나님의 지팡이와 같은 존재임을 깨달으며 믿음으로 하나님의 일을 넉넉히 감당해 나가도록 도전한다.

응답기도 및 임재 안에 머물기

각자 깨달은 말씀이나 마음에 부딪혀 오는 은혜에 따라 응답하는 기도를 충분히 드린다. 충분하게 하나님과 대화를 나누는 기도를 드린 이후에 하나님의 선하심과 인자하심을 맛보며 그분의 임재 안에 얼마 동안 머무른다. 하나님의 임재 안에 머무른 후에 기도 안내문에 나와 있는 기도로 마무리한다.

"부족한 저희를 택하여 하나님의 일을 행하도록 불러주신 하나님!
마른 막대기와 같은 저희를 부르시어, 이 막중한 사명을 감당하는 하나님의 종으로 세워 주신 은총에 감사드립니다. 하나님께서 저희를 부르심은 저희의 능력에 있는 것이 아님을 고백합니다. 저희는 오로지 주님께 붙들린 존재이고, 주님의 능력의 손에 있는 존재이므로 주님의 능력으로만 저희에게 주어진 모든 사명을 감당할 수 있음을 압니다.

하지만 저희는 어리석게도 매사에 아무 보잘 것 없는 저희의 능력을 의지합니다. 저희의 모든 관심은 우리가 어떻게 하면 지혜의 사람, 능력의 사람이 되어, 나의 지혜와 능력으로 하나님의 놀라운 구원의 일을 잘 감당하고, 세상에서 사람들에게도 인정을 받는 사람이 될 수 있을까에 있습니다.

하나님! 저희의 이런 모든 불신앙과 교만을 용서하여 주옵소서. 모세처럼 진정으로 하나님의 능력의 손에 붙들린 겸손한 주님의 종들이 다 되게 하옵소서. 저희는 단지 세례 요한처럼 주님의 말씀과 주님을 전하는 광야의 소리인 것을 늘 기억하는 자들이 되게 하옵소서. 하나님의 손에 온전히 붙들린 자들이 되어, 우리는 부족하지만 연약하고 부족한 저희를 통해 하나님의 사랑과 함께하심의 은혜가 온전히 드러나게 하옵소서. 하나님의 구원의 능력이 우리의 존재와 삶을 통하여 세상을 살리는 진정한 사랑의 능력으로 나타나게 하여 주옵소서. 단지 어느 한 순간이 아니라 일평생 나의 존재가 하나님의 손에 붙들린 마른 지팡이인 것을 놓치지 말게 하옵소서. 오로지 나는 주님의 손에 붙들린 지팡이로서 하나님의 영광만을 위해 살아가는 당신의 도구가 되게 하옵소서."

반추 및 성찰

가능하면 기도했던 장소에서 자리를 옮긴다. 그리고 기도 시간에 경험한 내용을 돌아보면서 노트에 간단히 적는다. 이때 기도 안에서 하나님과 내 자신에 대한 전체적인 느낌을 적고, 또 영적으로 위로를 받았던 경험과 영적으로 메말랐던 경험을 적는다.

_____
_____
_____
_____
_____

삶으로 나아가기

마음에 와 닿는 한 구절의 말씀을 선택하여 쪽지에 기록한다.
예를 들면 "여호와께서 그에게 이르시되 네 손에 있는 것이 무엇이냐 그가 이르되 지팡이니이다"(2절) 이 말씀을 수시로 꺼내어 읊조리면서 일상 안에서 기도하며 생활한다.

주요내용 설명

첫째 단락(4 : 1-9)에서 모세의 저항에 대한 하나님의 응답이 나타난다. 3 : 18에서 언급된 "그들이 네 말을 들으리라"는 말씀에 따라, 하나님께서는 바로와 있을 일을 설명하시면서 소명을 요청하신다. 그런데 모세는 다시 새로운 저항을 시도한다. 그 이유는 "그들이 나를 믿지 아니하며 내 말을 듣지 아니하리라"(4 : 1)는 것이다. 3장에서 모세는 자신이 누구이기에 이 일을 하느냐고 물었고, 이어서 하나님의 이름을 확인하였다. 하나님의 답변으로 유추한다면 이 의문은 곧 출애굽을 행할 만한 능력이 있는가 하는 질문이다. 초자연적인 능력을 보여 주지 않고 사람들을 믿게 할 수 없었다. 그러므로 이 상징의 의미는 곧 바로를 제압할 수 있는 능력이다. 첫 번째로, 하나님께서는 모세가 들고 있는 지팡이를 사용하신다. 지팡이는 고대부터 권위의 상징이었다. 모세가 들고 있는 지팡이가 뱀으로 변하였을 때 모세는 머리를 잡지 않고 꼬리를 잡아 다시 지팡이가 되게 한다. 두번째 이적은 손에 나병이 생겼다가 나병이 사라지는 이적이다. 둘의 초점은 정상이 행할 수 없는 이적을 보여 주는 것이다. 여호와께서는 이스라엘 백성들이 첫 번째 이적을 믿지 않는다 할지라도 두 번째 이적은 믿을 것이라고 예언하신다. 병을 고치는 능력은 오직 신적인 것이며, 나병이 치유된다면 그것은 반드시 신적인 능력임을 보여 주기에 사람들이 두 번째 이적을 반드시 믿을 것이라고 확신한다. 만약 이 두 이적을 믿지 않을 경우, 여호와께서는 세 번째 이적을 제시하시는데 이 이적은 곧 나일 강물을 떠다가 땅에 부을 때 나일 강물이 땅에서 피가 되는 이적이 발생한다.

둘째 단락(4 : 10-17)에서, 모세의 마지막 저항이 나타난다. "내가 누구냐?"라는 질문에 대해 하나님이 함께하신다고 대답하셨고(3 : 11-12), 백성들을 위하여 하나님의 이름을 알렸으며, 그들이 듣지 않을 경우 그들에게 보여 줄 이적들도 예비하였다. 모세의 마지막 불평은 자신이 백성들을 설득할 만한 멋진 언변이 부족하다는 것이다. 모세는 자신이 원래 말을 잘 못하는 자였고(4 : 10), 하나님이 사명을 위하여 가라고 명령하신 이후에도 말 못하는 것은 변함이 없다는 것이다. 소명 이전이나 소명 이후에나 자신이 "입이 뻣뻣하고 혀가 둔한 자"라는 것은 변함이 없다는 것이다. 아마도 모세는 소명을 받고 나면 갑자기 유창한 달변가가 될 것을 기대했는지도 모른다. 하나님께서는 그 말에 대하여 모세의 입에 말을 넣어 주는 자는 바로 하나님이심을 믿고 나아가야 한다고 말씀하신다. 즉, 유창한 언변에 의지하지 않고, 그때 그때 여호와께서 입에 넣어 주시는 말에 의지해야 한다는 것이다. 이에 대한 모세의 저항은 더 심해진다. 보낼 만한 자를 보내 달라는 모세의 대답은 여전히 여호와의 사역을 위하여 번지르르한 능력을 필요로 할 것이라는 전제를 고집하고 있는 것이다. 마침내 하나님께서는 이번만은 양보하신다. 모세의 태도에 노하시지만, 말 못하는 모세를 위하여 말 잘하는 아론을 준비하시고 모세의 대변인이 되게 하신다. 아론의 사역은 하나님으로부터 할 말을 받는 것이 아니라, 모세가 받은 하나님의 말씀을 백성들에게 전하는 것이다. 하나님과 모세 사이의 대변인이 아니라 모세와 백성 사이의 대변인의 역할을 맡은 것이다. 모세의 역할은 오직 지팡이를 들고 이적을 행함으로 하나님의 능력을 보여 주는 것이다.

6. 애굽으로 돌아온 모세
(4 : 18-31)

기도에 임하기

1. 몸과 마음을 가다듬고 하나님의 임재를 기억하며 기도를 준비한다.
2. 찬송을 부른다(146장).

말씀읽기

출애굽기 4 : 18~31

18절   모세가 그의 장인 이드로에게로 돌아가서 그에게 이르되 내가 애굽에 있는 내 형제들에게로 돌아가서 그들이 아직 살아 있는지 알아보려 하오니 나로 가게 하소서 이드로가 모세에게 평안히 가라 하니라
19절   여호와께서 미디안에서 모세에게 이르시되 애굽으로 돌아가라 네 목숨을 노리던 자가 다 죽었느니라
20절   모세가 그의 아내와 아들들을 나귀에 태우고 애굽으로 돌아가는데 모세가 하나님의 지팡이를 손에 잡았더라
21절   여호와께서 모세에게 이르시되 네가 애굽으로 돌아가거든 내가 네 손에 준 이적을 바로 앞에서 다 행하라 그러나 내가 그의 마음을 완악하게 한즉 그가 백성을 보내 주지 아니하리니
22절   너는 바로에게 이르기를 여호와의 말씀에 이스라엘은 내 아들 내 장자라

23절 내가 네게 이르기를 내 아들을 보내 주어 나를 섬기게 하라 하여도 네가 보내 주기를 거절하니 내가 네 아들 네 장자를 죽이리라 하셨다 하라 하시니라
24절 모세가 길을 가다가 숙소에 있을 때에 여호와께서 그를 만나사 그를 죽이려 하신지라
25절 십보라가 돌칼을 가져다가 그의 아들의 포피를 베어 그의 발에 갖다 대며 이르되 당신은 참으로 내게 피 남편이로다 하니
26절 여호와께서 그를 놓아 주시니라 그 때에 십보라가 피 남편이라 함은 할례 때문이었더라
27절 여호와께서 아론에게 이르시되 광야에 가서 모세를 맞으라 하시매 그가 가서 하나님의 산에서 모세를 만나 그에게 입맞추니
28절 모세가 여호와께서 자기에게 분부하여 보내신 모든 말씀과 여호와께서 자기에게 명령하신 모든 이적을 아론에게 알리니라
29절 모세와 아론이 가서 이스라엘 자손의 모든 장로를 모으고
30절 아론이 여호와께서 모세에게 이르신 모든 말씀을 전하고 그 백성 앞에서 이적을 행하니
31절 백성이 믿으며 여호와께서 이스라엘 자손을 찾으시고 그들의 고난을 살피셨다 함을 듣고 머리 숙여 경배하였더라

배경설명

드디어 모세의 저항이 끝나고 모세는 애굽으로의 귀향을 결심한다. 모세는 장인에게 돌아가서 상세한 이야기는 하지 않고, 형제들이 살아 있는지를 보기 위하여 애굽으로 돌아가겠다고 말한다. 모세는 마침내 가족들을 데리고 애굽으로 돌아와서 백성들에게 하나님의 말씀을 전한다. 이 장은 이적을 행함으로 백성들의 기대감을 높이고 하나님께 경배하는 것으로 끝을 맺는다. 모세가 애굽으로 돌아가는 진짜 이유와 그가 장인에게 말하는 것 사이에 차이가 있다. 아직 모세는 출애굽 사건을 자세하게 말하지 않고 나중에 출애굽이 끝난 후에 이드로가 모세를 방문하여 하나님을 찬양한다(출 18 : 10-11). 2 : 25의 "애굽 왕은 죽었고"라는 말에서 모세의 귀환의 때는 임했고, 소명이 필요했음을 알 수 있다. 21~23절은 열 재앙과 유월절 사건을 미리 말한다. 또한 22~23절에서 이스라엘을 장자로 표현하신다(호 11 : 1). 출애굽 사건에서 바로의 장자와 여호와의 장자인 이스라엘이 대비된다. 25~26절에서 나오는 피 남편 사건에 대해서는 다양한 해석이 나타난다. 모세는 살인 사건으로 인하여 미디안으로 도피하였고, 이는 마치 도피성에 들어간 것과 같다. 도

피성에서 나오기 위해서 피 값이 필요했기에 할례를 통하여 비록 아들의 피였지만, 피가 뿌려졌고, 이로 인하여 모세의 목숨이 구원을 얻은 것으로 보인다. 할례를 위하여 날카로운 돌칼을 사용하였는데, 이는 의식에 사용되는 전통적인 도구이다. 모세의 등장은 아론과 백성들에게는 극적이다. 말씀과 이적을 통하여 출애굽이 이루어질 것을 확신하여 "머리숙여 경배한다." 그러나 열 재앙이 시작되기 전에 백성들은 출애굽이 바로의 호의에 의하여 이루어지는 것이 아니라, 여호와의 강한 손으로 이루어지는 것임을 깨달아야 했다.

기도

성령의 임재를 위한 기도

사랑의 하나님, 말씀을 읽고, 묵상하며 기도하는 영적 여정으로 저희를 초대하여 주심을 감사드립니다. 거룩한 성령의 능력으로 저희가 이 살아계신 하나님의 말씀을 읽고 묵상하는 가운데 저희 안에 새로운 하나님의 역사가 나타나게 하여 주옵소서.

본문말씀 읽기와 묵상하기

본문말씀을 천천히 한 번 읽은 후에 다시 본문을 찬찬히 들여다보면서 전체적인 내용과 상황을 파악한다.

마침내 모세는 하나님의 부르심에 응답하기로 결단한다. 그는 먼저 장인 이드로를 찾아가 애굽으로 돌아가는 허락을 받고, 하나님의 강권하심으로 할례를 행한 후에, 가족을 데리고 애굽으로 돌아온다. 모세와 아론은 이스라엘 백성들 앞에서 그들을 향한 하나님의 말씀을 전하고 이적을 행함으로써, 하나님께서 이스라엘 백성들을 여전히 구원하길 원하시고 그들의 고난을 간과하지 않고 주목하여 바라보고 계심을 전한다. 이스라엘 백성은 모세와 아론의 말을 믿으며 하나님께 경배한다.

1. 본문에 나오는 말씀의 핵심적인 내용을 마음으로 깨달아 알려고 묵상을 한다.
   – 애굽으로 돌아가기로 결단한 모세가 제일 먼저 한 일은 무엇인가?(18절) 모세가 가족과 함께 애굽으로 돌아가는 것을 장인 이드로가 허락하였을 때, 하나님께서는 모세에게 무슨 말씀을 하시는가?(19, 21–23절) 모세의 손에 쥐어 준 하나님의 지팡이를 통해, 하나님께서는 완악한 바로에게 이스라엘을 어떤 존재로 알려 주기를 원하는가?(21–23절) 이스라엘은 하나님의 아들

장자가 됨을 알려 주며, "내 아들을 보내 주어 나를 섬기게 하라" 하여도 완악하여 보내 주기를 거절할 바로에게 그의 장자를 취할 것을 알리라고 말씀하신다.
- 모세가 40년의 미디안 생활을 끝내고 애굽으로 돌아가는 모습은 어떠한가?(20절) 홀로 미디안 땅으로 도망 왔던 모세는 이제 아내와 아들들을 나귀에 태우고 애굽으로 돌아간다. 그리고 그의 손에는 하나님의 지팡이가 들려 있다.
- 미디안에서 나오는 모세를 하나님께서 갑자기 죽이려고 하신다. 왜 하나님께서는 갑자기 당신의 종 모세를 죽이려 하시는가? 이때 아내 십보라가 취한 행동은 무엇이었고, 그것은 영적으로 무엇을 상징하는가?(13-16절) 십보라는 돌칼을 가져다가 그의 아들에게 할례를 행하고, 베어 낸 아들의 포피를 모세의 발에 갖다 대며 '피 남편'이라고 선포한다. 비록 아들의 피를 사용하였지만 하나님께서는 모세로 하여금 모든 죄가 사해지는 할례 예식을 행하게 하심으로 죄의 값은 죽음임을 모세와 그의 가족에게 확실히 가르쳐 주신 것이다. 왜 모세는 여태껏 할례를 행하지 못하였으며, 하나님께서는 왜 모세의 생애의 이 시점에서 할례를 요구하셨을까?
- 하나님께서는 애굽에 있던 아론에게 어떤 명령을 내리시는가?(27절) 모세와 아론이 함께 애굽으로 돌아와 한 일은 무엇이며, 고난 가운데 있던 이스라엘 자손들은 이에 대해 어떻게 반응하는가?(27-31절) 모세와 아론이 이스라엘 자손의 모든 장로들을 모아서 하나님의 말씀을 전하고 이적을 행하였더니, 이스라엘 백성들은 하나님께서 자신들을 주목하여 보고 계시며 그들의 신음을 들으시고 고난을 살피신다는 말씀을 듣고, 하나님께 머리 숙여 경배한다.

2. 다시 한 번 성경본문을 천천히 읽는다. 읽는 동안에 어떤 말씀이 내 마음에 부딪혀 오는지를 살핀다.

예를 들어, "여호와께서 그를 놓아 주시니라 그 때에 십보라가 피 남편이라 함은 할례 때문이었더라"(26절)라는 말씀이 마음에 다가왔다.

3. 내 마음에 부딪혀 온 말씀이 묵상 가운데 구체적으로 내게 어떤 말씀을 주시는지 또는 내 마음 안에서 어떻게 역사하는지를 살핀다. 그리고 이 말씀에 대해 내가 어떻게 응답하는지를 살펴본다.

왜 하나님께서는 당신의 사랑하는 종 모세를 갑자기 죽이려 한 것일까? 하나님께서는 모세에게 막중한 사명을 맡기시고는, 이제 그 사명을 이루기 위하여 애굽을 향하여 출발하려는 모세를 죽이려 하는 것이다. 도무지 이해할 수 없는 하나님의 행동이기에 우리는 하나님께서 모세를 죽이려 하는 이유가 무엇인지 정말 궁금해진다. 그 이유는 하나님과 아브라함 사이에 맺은 계약에 있었다. 아브라함의 자손은 반드시 할례를 받아야 한다. 그러므로 이제 하나님의 종으로서 이스라엘 백성 앞에 나타날 서게 될 모세는 마땅히 할례를 받아야만 했던 것이다. 모세의 생애를 돌아보면 그는 아직까지 할례를 받을 만한 환경에 놓여 있지를 않았다. 애굽 왕궁과 미디안에서 살면서 할례의 진정한 의미와 가치를 놓치고 살아왔을 가능성도 높다. 이제 모세와 그의 가정은 할례를 행해야 했으므로 십보라는 부싯돌로 아들 게르솜에게 할례를 행하고, 모세도 그 할례예식에 참예함으로 피의 남편이라 불리게 되었다.

오늘 본문은 모든 하나님의 백성은 반드시 할례를 받아야 한다는 성경말씀의 진리를 확인시켜 주며 구체적인 예로서 그것을 강조한다. 창세기에서 원래 할례는 아브라함이 하나님을 믿어 의롭다 함을 얻은 후에 하나님과 아브라함 및 그의 후손들 사이의 영원한 언약의 상징으로 행한 것이다. 그러므로 할례는 하나님과 우리의 영원한 언약 관계, 즉 하나님께서는 우리의 하나님이시요, 우리는 하나님 앞에서 모든 죄를 사함 받은 하나님의 백성임을 상징적으로 나타내 보여 준다. 이제 우리에게 필요한 것은 무엇인가? 오늘 우리는 진정한 할례의 삶을 살아가야 한다. 하나님과 영원한 언약 관계의 삶을 진정성 있게 살아가야 한다. 외형적인 할례보다 마음의 할례가 반드시 필요하다. 하나님이 원하시는 할례는 우리의 마음이 할례를 받는 것이다. 하나님을 마음으로 믿어 의롭다 함을 얻고, 모든 죄를 용서받은 하나님의 백성으로서 하나님과 언약관계의 삶을 살아가는 것이다. 우리 마음이 할례를 받아 예수 그리스도의 십자가 보혈의 은총과 사랑이 날마다 우리의 메마른 가슴을 적시고, 하나님을 향한 변치 않는 믿음과 신뢰의 삶을 신실하게 살아가야 할 것이다.

응답기도 및 임재 안에 머물기

각자 깨달은 말씀이나 마음에 부딪혀 오는 은혜에 따라 응답하는 기도를 충분히 드린다. 충분하게 하나님과 대화를 나누는 기도를 드린 이후에 하나님의 선하심과 인자하심을 맛보며 그분의 임재 안에 얼마 동안 머무른다. 하나님의 임재 안에 머무른 후에 기도 안내문에 나와 있는 기도로 마무리한다.

"아브라함의 하나님, 이삭의 하나님, 야곱의 하나님!
우리도 예수 그리스도를 통해 살아계신 하나님을 향하여 아바 아버지라 부를 수 있는 은총을 허락하여 주심에 감사드립니다.
하나님을 모르고 살아갈 수밖에 없던 저희를 택하시어 하나님의 사랑을 깨닫게 해 주시고, 하나님을 믿어 은총으로 의롭다함을 얻고 세례를 받은 우리가 이제는 하나님의 자녀의 복된 삶을 살아갈 수 있게 하심에 감사드립니다.
우리는 예수 그리스도의 보혈의 은총으로 하나님의 자녀가 된 것과 우리가 그리스도 안에 있으며, 이미 그리스도에게 접붙인 바가 된 존재인 것을 믿나이다. 할례의 의미는 외적으로 그것을 행했는지의 여부가 아니라, 마음의 할례를 받아 하나님과의 진정한 관계의 삶을 살아가는 것에 있음을 고백합니다.

우리가 날마다 주님의 보혈의 은혜를 감사하며 주님의 사랑을 증거하는 삶을 살아갈 수 있게 하옵소서. 세속화된 세상 속에서 믿는 자의 진정한 흔적을 찾아보기 힘든 지경이 된 오늘날, 하나님의 백성으로서 마음의 할례를 받아, 참된 믿음의 삶을 보여 주는 저희가 되게 하옵소서."

반추 및 성찰

가능하면 기도했던 장소에서 자리를 옮긴다. 그리고 기도 시간에 경험한 내용을 돌아보면서 노트에 간단히 적는다. 이때 기도 안에서 하나님과 내 자신에 대한 전체적인 느낌을 적고, 또 영적으로 위로를 받았던 경험과 영적으로 메말랐던 경험을 적는다.

___

___

___

___

삶으로 나아가기

마음에 와 닿는 한 구절의 말씀을 선택하여 쪽지에 기록한다.
예를 들면 "여호와께서 그를 놓아 주시니라 그 때에 십보라가 피 남편이라 함은 할례 때문이었더라"(26절)
이 말씀을 수시로 꺼내어 읊조리면서 일상 안에서 기도하며 생활한다.

주요내용 설명

이제 모세의 저항은 끝났지만, 모세가 지도자로 완전해졌음을 의미하는 것은 아니다. 백성의 출애굽과 함께 모세의 지도자 수업은 시작된 것이다. 첫 단락에서 모세는 장인에게 작별을 고하고 가족들과 함께 애굽으로 향한다. 모세는 출애굽과 관련된 자신의 소명에 대하여 언급하지 않고, 단지 형제들의 안부를 확인하기 위하여 떠난다고 말한다. 장인 이드로는 허락한다. 여호와께서는 모세가 애굽으로 돌아갈 수 있는 이유를 밝히는데, 모세의 목숨을 노리던 자들이 다 죽었다는 것이다. 이는 아마도 모세를 죽이려던 왕의 죽음을 의미할 것이다(출 2 : 15, 23). 모세의 가족들이 돌아갈 때 사용한 운송 수단은 나귀였다. 모세의 손에는 하나님의 지팡이가 들려 있었다. 이 지팡이로 바로 앞에서 열 재앙을 행하며, 홍해를 가르고(출 14 : 16), 아말렉과의 전투를 승리로 이끌며(출 18 : 9), 반석에서 물을 내지만(민 20 : 11), 이로 인하여 가나안 땅에 들어가지 못한다. 둘째 단락은 하나님의 출애굽 계획(출 4 : 21-23)으로, 하나님께서는 출애굽이 어떻게 이루어지는지를 언급한다. 이적을 베풀지만, 하나님께서 바로의 마음을 완악하게 하여 보내지 않고, 마침내 하나님께서는 당신의 장자를 보내기를 거절하는 바로를 향하여 바로의 장자를 죽이리라고 선포하신다. 셋째 단락(출 4 : 24-26)에서는 낯선 하나님의 모습이다. 여호와께서 길을 가는 모세를 죽이시려고 하는데, 십보라가 자기의 아들의 포피를 베어 던짐으로 여호와께서 놓아주시는 것이다. 모세를 살리시는 이유는 "할례"라고 말씀한다. 마지막 단락(출 4 : 27-31)은 모세가 아론과 백성들에게 출애굽에 관한 하나님의 말씀을 전하는 것이다. 여호와의 지시로 아론은 모세를 맞이하고 모세는 그에게 하나님의 계획을 알린다. 모세와 아론은 백성들을 모아 하나님의 말씀을 전하고 이적을 행함으로 증거를 제시한다. 백성들은 이제 출애굽의 시간이 임박했음을 깨닫고, 자신들의 고난을 살피시는 여호와께 경배한다.

7. 가혹한 억압에 시달리는 이스라엘 (5 : 1-6 : 1)

기도에 임하기

1. 몸과 마음을 가다듬고 하나님의 임재를 기억하며 기도를 준비한다.
2. 찬송을 부른다(337장).

말씀읽기

출애굽기 5 : 1~6 : 1

1절 그 후에 모세와 아론이 바로에게 가서 이르되 이스라엘의 하나님 여호와께서 이렇게 말씀하시기를 내 백성을 보내라 그러면 그들이 광야에서 내 앞에 절기를 지킬 것이니라 하셨나이다

2절 바로가 이르되 여호와가 누구이기에 내가 그의 목소리를 듣고 이스라엘을 보내겠느냐 나는 여호와를 알지 못하니 이스라엘을 보내지 아니하리라

3절 그들이 이르되 히브리인의 하나님이 우리에게 나타나셨은즉 우리가 광야로 사흘길쯤 가서 우리 하나님 여호와께 제사를 드리려 하오니 가도록 허락하소서 여호와께서 전염병이나 칼로 우리를 치실까 두려워하나이다

4절 애굽 왕이 그들에게 이르되 모세와 아론아 너희가 어찌하여 백성의 노역을 쉬게 하려느냐 가서 너희의 노역이나 하라

5절 바로가 또 이르되 이제 이 땅의 백성이 많아졌거늘 너희가 그들로 노역을 쉬게 하는

도다 하고
6절 바로가 그 날에 백성의 감독들과 기록원들에게 명령하여 이르되
7절 너희는 백성에게 다시는 벽돌에 쓸 짚을 전과 같이 주지 말고 그들이 가서 스스로 짚을 줍게 하라
8절 또 그들이 전에 만든 벽돌 수효대로 그들에게 만들게 하고 감하지 말라 그들이 게으르므로 소리 질러 이르기를 우리가 가서 우리 하나님께 제사를 드리자 하나니
9절 그 사람들의 노동을 무겁게 함으로 수고롭게 하여 그들로 거짓말을 듣지 않게 하라
10절 백성의 감독들과 기록원들이 나가서 백성에게 말하여 이르되 바로가 이렇게 말하기를 내가 너희에게 짚을 주지 아니하리니
11절 너희는 짚을 찾을 곳으로 가서 주우라 그러나 너희 일은 조금도 감하지 아니하리라 하셨느니라
12절 백성이 애굽 온 땅에 흩어져 곡초 그루터기를 거두어다가 짚을 대신하니
13절 감독들이 그들을 독촉하여 이르되 너희는 짚이 있을 때와 같이 그 날의 일을 그 날에 마치라 하며
14절 바로의 감독들이 자기들이 세운 바 이스라엘 자손의 기록원들을 때리며 이르되 너희가 어찌하여 어제와 오늘에 만드는 벽돌의 수효를 전과 같이 채우지 아니하였느냐 하니라
15절 이스라엘 자손의 기록원들이 가서 바로에게 호소하여 이르되 왕은 어찌하여 당신의 종들에게 이같이 하시나이까
16절 당신의 종들에게 짚을 주지 아니하고 그들이 우리에게 벽돌을 만들라 하나이다 당신의 종들이 매를 맞사오니 이는 당신의 백성의 죄니이다
17절 바로가 이르되 너희가 게으르다 게으르다 그러므로 너희가 이르기를 우리가 가서 여호와께 제사를 드리자 하는도다
18절 이제 가서 일하라 짚은 너희에게 주지 않을지라도 벽돌은 너희가 수량대로 바칠지니라
19절 기록하는 일을 맡은 이스라엘 자손들이 너희가 매일 만드는 벽돌을 조금도 감하지 못하리라 함을 듣고 화가 몸에 미친 줄 알고
20절 그들이 바로를 떠나 나올 때에 모세와 아론이 길에 서 있는 것을 보고
21절 그들에게 이르되 너희가 우리를 바로의 눈과 그의 신하의 눈에 미운 것이 되게 하고 그들의 손에 칼을 주어 우리를 죽이게 하는도다 여호와는 너희를 살피시고 판단하시기를 원하노라
22절 모세가 여호와께 돌아와서 아뢰되 주여 어찌하여 이 백성이 학대를 당하게 하셨나

이까 어찌하여 나를 보내셨나이까
23절 내가 바로에게 들어가서 주의 이름으로 말한 후로부터 그가 이 백성을 더 학대하며 주께서도 주의 백성을 구원하지 아니하시나이다
6:1 여호와께서 모세에게 이르시되 이제 내가 바로에게 하는 일을 네가 보리라 강한 손으로 말미암아 바로가 그들을 보내리라 강한 손으로 말미암아 바로가 그들을 그의 땅에서 쫓아내리라

배경설명

모세가 소명을 받아 바로 앞에 가서 내 백성을 보내라고 외치지만 바로의 반응은 냉담하고 사태가 악화되는 상황에서 하나님께 부르짖는 이야기이다. 모세가 말한 "광야의 절기"(출 5 : 1)란 고대에 자연의 주기, 신화적 사건을 기념했던 특별한 날로서, 신의 은혜를 구하여 특별한 장소로 순례하는 일이었다. 짚은 당시에 벽돌을 구울 때 벽돌 속에 넣는 접착제 역할을 하였다. 짚이 충분히 들어가지 않으면 벽돌은 쉽게 형태가 만들어지지 않고 부서져버리기도 해서 할당량을 채우기가 어려웠다. 바로 밑에 백성의 감독과 기록원이 존재한다(5 : 6). 감독은 이집트인이고 기록원은 이스라엘 백성으로서, 감독이 기록원에게 명령하여 백성들에게 일을 집행한다. 감독들은 모자라는 벽돌 수량 때문에 기록원들을 때리기도 하였고(5 : 14), 기록원들은 이스라엘 사람들이었지만, 상황이 악화되었을 때 직접 바로에게 하소연하는 길이 있는 듯하다. 15절 이하에서 기록원들은 직접 바로에게 어려움을 호소하고, 수량을 감해 달라고 요청했지만 거절당한다. 21절에서 모세와 아론에게 한 말을 새번역으로 보면 "주님께서 당신들을 내려다보시고 벌을 내리시면 좋겠소. 당신들 때문에 바로와 그의 신하들이 우리를 미워하고 있소. 당신들은 그들의 손에 우리를 죽일 수 있는 칼을 쥐어 준 셈이오."

기도

성령의 임재를 위한 기도

사랑의 하나님, 이 시간 우리가 이 살아계신 하나님의 말씀을 읽고 묵상하는 가운데, 거룩한 성령의 조명하심으로, 고난과 역경 중에 있는 우리들을 여전히 바라보시는 하나님의 위로를 경험하게 하여 주옵소서.

본문말씀 읽기와 묵상하기

본문말씀을 천천히 한 번 읽은 후에 다시 본문을 찬찬히 들여다보면서 전체적인 내용과 상황을 파악한다.

모세와 아론은 바로에게 가서 이스라엘 백성들을 보내라는 하나님의 말씀을 전하였지만, 바로는 거절하였고 오히려 이스라엘 백성들의 노역을 더욱 강화시킨다. 이에 이스라엘 백성들은 모세와 아론을 향해 원망을 발하고, 모세는 학대당하는 백성들을 인해서 하나님께 애통함을 토로한다.

1. 본문에 나오는 말씀의 핵심적인 내용을 마음으로 깨달아 알려고 묵상을 한다.
   - 모세와 아론이 하나님의 말씀을 가지고 바로 앞에 나아가 이스라엘의 하나님, 여호와의 말씀을 선포하는 모습을 상상해 본다. 그들이 바로에게 요청한 것은 무엇인가?(1절)
   - 모세와 아론으로부터, 광야에서 여호와께 절기를 지키기 위해 이스라엘 백성을 보내라는 요청을 받은 바로의 반응은 어떠하였는가?(2절) 이스라엘의 하나님을 모르는 바로가 모세와 아론의 요청을 거절하자 그들은 무엇이라 말하며 이스라엘 백성을 내어 보내 달라고 거듭 요청하는가?(3절) 이에 바로는 여호와 하나님을 두려워하는 마음 없이 여호와가 누구냐고 비아냥거리고, 도리어 더욱 악한 마음으로 이스라엘 자손들의 노동을 무겁게 하여 짚을 제공하지 않고 벽돌을 전과 같이 만들도록 명령한다(4–9절).
   - 모세와 아론이 바로에게 백성을 보내 달라는 요청을 한 이후, 이스라엘 백성들의 상황은 어떻게 변하였는가?(10–21절) 바로는 이스라엘 백성들이 게으르므로 핑계하여 제사를 요청한다고 말하며, 노동의 양과 강도를 더욱 강화하였기에, 이스라엘 백성들은 곡초 그루터기로 짚을 만들어야 했고, 벽돌의 수효를 채우지 못하자 이스라엘 자손의 기록원들은 매를 맞게 된다.
   - 이스라엘 자손의 기록원들은 자기 민족들이 당한 고난의 상황을 해결하기 위해 그들의 구원자와 통치자에게 의뢰한다. 그들의 호소는 무엇인가?(15–21절) 그들은 하나님이 아닌 바로를 자신들의 구원자와 통치자로 의지하면서 이스라엘 백성들이 바로의 종이라고 고백하고, 자신들이 바로에게 미움과 고난을 받게 된 것에 대하여 모세와 아론을 원망하며, 모세와 아론에 대한 여호와의 심판을 호소한다(19–21절).
   - 백성을 구원하려다가 도리어 하나님의 구원이 아닌 백성들의 원망을 받은 모세의 반응은 어떠한가?(22–23절) 바로의 강력한 대응에 대한 하나님의 반응은 어떠한가?(5 : 22–6 : 1) 바로의 강한 노동 명령으로 인하여 백성에게 원망 받은 모세는 하나님께 그 원망을 돌리며 자신을 부르신 하나님을 원망한다. 그러나 하나님께서는 모세에게 당신의 강한 손으로 그 바로에게 하는 일을 보게 될 것이라고 말씀하시며, 그의 소명, 즉 이스라엘의 출애굽을 다시 한 번 확신시키신다.

2. 다시 한 번 성경본문을 천천히 읽는다. 읽는 동안에 어떤 말씀이 내 마음에 부딪혀 오는지를 살핀다.

예를 들어, "여호와께서 모세에게 이르시되 이제 내가 바로에게 하는 일을 네가 보리라 강한 손으로 말미암아 바로가 그들을 보내리라 강한 손으로 말미암아 바로가 그들을 그의 땅에서 쫓아내리라"(6 : 1)라는 말씀이 마음에 다가왔다.

3. 내 마음에 부딪혀 온 말씀이 묵상 가운데 구체적으로 내게 어떤 말씀을 주시는지 또는 내 마음 안에서 어떻게 역사하는지를 살핀다. 그리고 이 말씀에 대해 내가 어떻게 응답하는지를 살펴본다.

하나님의 종 모세와 아론이 바로에게 나아가 담대하게 하나님의 메시지를 선포하였지만, 이스라엘의 하나님을 모르는 바로는 이스라엘 백성들을 내어 주지 않았다. 하나님의 부르심을 따라 출애굽을 시도하였지만, 이스라엘 백성의 출애굽은 성사되지 않았고, 그들의 노역의 상황 또한 조금도 호전되지 못했다. 오히려 출애굽을 시도한 결과로 이스라엘 백성들의 고역은 더 심해졌고, 이스라엘 자손의 기록원들은 자신들에게 가해지는 심한 압박과 불이익을 경험해야 했다. 이에 이스라엘 자손의 기록원들이 모세와 아론을 만나 불평을 토로하자, 모세와 아론은 이제 하나님 앞에 나아가 왜 자신들을 바로에게 보내셨는지 불평하며, 백성들의 상황은 더 어려워졌고, 주님께서는 주의 백성들을 구원하지 않으신다고 호소한다. 이에 하나님께서는 모세에게 하나님이 강한 손으로 바로에게 행하는 것을 보게 될 것이며, 하나님의 능력으로 말미암아 바로 왕이 반드시 이스라엘 백성을 내보낼 것임을 확인시켜 준다.

모세가 경험하는 이러한 삶의 경험은 우리에게 생소하지 않다. 세상 가운데서 하나님의 뜻을 행한다고 하지만 그것이 성취되는 것은 가시적으로 드러나지 않고, 오히려 우리의 상황은 더욱 악화되는 것처럼 여겨질 뿐, 개선과 극복의 가능성조차 보이지 않을 때가 많다. 우리의 노력에도 불구하고 오히려 상황은 더욱 악화되는 것을 경험할 수도 있다. 이러할 때 우리의 반응도 얼마든지 하나님 앞에 나아가 불평하는 모세와 같이 될 수 있다.

이러할 때 우리에게 필요한 은총은 무엇인가? 모세가 하나님께 나아가 이해할 수 없는 상황에 대한 답답함과 마음의 불평을 하나님께 토로할 때, 하나님의 음성을 듣는 가운데, 그의 마음을 새롭게 하시는 하나님을 경험하였듯이, 우리도 하나님의 음성을 듣는 길 밖에 없을 것이다. 그 음성을 들을 때 우리는 믿음과 소망을 가지고 인내하면서 하나님이 역사하실 때까지 기다릴 수 있을 것이다. 전능자이시며 스스로 계시는 분으로서 항상 우리와 동행하시는 하나님께서는 당신의 약속을 신실하게 지키시는 분이시기에 반드시 우리를 구원의 길로 인도하실 것임을 믿는다.

응답기도 및 임재 안에 머물기

각자 깨달은 말씀이나 마음에 부딪혀 오는 은혜에 따라 응답하는 기도를 충분히 드린다. 충분하게 하나님과 대화를 나누는 기도를 드린 이후에 하나님의 선하심과 인자하심을 맛보며 그분의 임재 안에 얼마 동안 머무른다. 하나님의 임재 안에 머무른 후에 기도 안내문에 나와 있는 기도로 마무리한다.

"당신께서 약속하신 것을 반드시 이루어 내시는 신실하신 하나님!
우리가 주의 일을 하다가 낙심하지 말게 하옵소서. 비록 그 약속이 더디 이루어지고 우리의 노력에 결실이 보이지 않으며, 상황이 더욱 어려워져 갈지라도 낙심하지 말게 하시고, 어려운 상황 가운데도 우리와 함께하시고 여전히 우리에게 말씀해 주시는 하나님의 음성을 들을 수 있게 하옵소서. 하나님의 음성을 가로막는 우리의 어려운 마음들을 비워 내고, 들을 귀 있는 가난하고 열린 마음을 허락하여 주옵소서.
기다림 가운데 머물며 주의 음성을 듣고, 들려주신 말씀을 붙잡고 어두움 가운데서도 믿음으로 한 걸음씩 전진해 나가게 하옵소서. 무엇보다 하나님의 신실하심을 체험하게 하시어 기다림 가운데에서 절망으로 빠지지 않게 하소서.
그리하여 시편기자의 고백처럼 하나님이 이루실 것을 확신하는 가운데 오직 '언제까지입니까?' 하며 소망으로 주의 오심을 기다릴 수 있게 하옵소서.
또한, 기다림을 통하여, 우리의 믿음이 오직 하나님만 기다리는 순수한 믿음으로 변화되게 하옵소서. 오직 하나님만 우리의 유일한 존재이유가 되고, 그분께만 영광을 돌려 드리는 우리의 삶이 되게 하옵소서."

반추 및 성찰

가능하면 기도했던 장소에서 자리를 옮긴다. 그리고 기도 시간에 경험한 내용을 돌아보면서 노트에 간단히 적는다. 이때 기도 안에서 하나님과 내 자신에 대한 전체적인 느낌을 적고, 또 영적으로 위로를 받았던 경험과 영적으로 메말랐던 경험을 적는다.

_____

_____

삶으로 나아가기

마음에 와 닿는 한 구절의 말씀을 선택하여 쪽지에 기록한다.
예를 들면 "여호와께서 모세에게 이르시되 이제 내가 바로에게 하는 일을 네가 보리라 강한 손으로 말미암아 바로가 그들을 보내리라 강한 손으로 말미암아 바로가 그들을 그의 땅에서 쫓아내리라."(6 : 1)
이 말씀을 수시로 꺼내어 읊조리면서 일상 안에서 기도하며 생활한다.

주요내용 설명

본문은 네 단락으로 이루어졌다. 1) 모세와 아론의 요청과 바로의 거절(1-5절); 2) 바로의 노역 강화 명령(6-9절); 3) 애굽 관리들의 노역강화와 핍박(10-14절); 4) 백성들의 호소와 모세와 아론을 향한 원망(15-21절); 5) 모세의 탄식(22절). 첫째 단락(1-5절)에서는 모세와 아론의 요청과 바로의 거절을 다룬다. 애굽으로 돌아온 모세는 아론과 함께 바로를 찾아가 이스라엘 백성을 돌려보내라는 하나님의 메시지를 전달한다. 이에 대해 바로는 자신이 하나님을 알지 못한다며, 모세와 아론의 제의를 거절한다. 그러자 모세와 아론은 여호와의 전염병과 칼의 위협으로 해방을 촉구하지만, 바로는 이를 거절한다. 둘째 단락(6-9절)은 바로의 노역 강화 명령이다. 화가 난 바로는 그 당일 백성의 감독들과 기록원들에게 벽돌에 쓸 짚을 주지 말 것을 지시한다(7절). 계속해서 바로는 감독과 기록원들에게 이스라엘 백성들의 노동을 무겁게 하여 하나님께 제사를 드리자는 생각을 못하도록 하게 하였다.

셋째 단락(10-14절)은 애굽 관리들의 노역 강화와 핍박이다. 백성의 감독과 기록원들이 바로의 명령을 집행한다. 이제 벽돌 생산을 위해 짚을 알아서 찾고 주워서 벽돌을 만들되, 그 생산량은 줄여 주지 않겠다는 것이다. 그 결과 이스라엘 백성들은 애굽 온 땅으로 흩어져 곡초 그루터기를 줍는데, 곡초 그루터기를 손질해서 짚처럼 부드럽게 만들고 다시 짚을 벽돌로 만들어서 사용해야 하는 설상가상의 상황에 처하게 되었다. 이스라엘 백성들은 노역이 더 어려워진 상황에서 감독들의 독촉까지 당하는 최악의 상황에 직면하게 된 것이다. 나아가서 열악한 상황에서 벽돌을 수효대로 만들지 못했을 때, 바로의 감독들에게 매를 맞아야 했다.

넷째 단락(15-21절)은 백성들의 호소와 모세와 아론을 향한 원망이다. 어려워진 상황에서 기록원들이 시도한 것은 바로에게 은혜를 간청하는 것이었다. 이미 화가 난 바로는 이스라엘 백성들의 호소를 전혀 듣지 않는다. 바로의 입에서 나온 명령은 "가서 일하라",

"짚은 주지 않을 것이다", "너희가 바치던 벽돌은 수량대로 바쳐라"였다. 바로는 '조금도 감하지 않고 그대로 바치라'는 명령을 통해 이스라엘 자손들을 좌절에 빠뜨린다. "화가 몸에 미친 줄 알고" 그 막막함을 느끼고 있는 이스라엘 백성들은 모세와 아론에게 말한다. "너희 때문에 우리가 바로와 그의 신하들 눈에 미운 것이 되었고 우리가 죽게 되었으니, 하나님이 심판해 주시기를 원한다." 마지막 단락(22-23절)은 하나님을 향한 모세의 탄식이다. 모세는 자신의 당황스러움과 억울함을 아뢰기 위해 하나님께 기도한다. 자신을 통해 이스라엘 백성을 구원해 주신다고 했던 약속을 이루어 주지 않으심에 대해 한탄함과 동시에 자신의 소명에 대해서 다시 물어보고 있다.

8. 모세의 재소명
(6 : 2-30)

기도에 임하기

1. 몸과 마음을 가다듬고 하나님의 임재를 기억하며 기도를 준비한다.
2. 찬송을 부른다(323장).

말씀읽기

출애굽기 6 : 2~30

2절 하나님이 모세에게 말씀하여 이르시되 나는 여호와이니라
3절 내가 아브라함과 이삭과 야곱에게 전능의 하나님으로 나타났으나 나의 이름을 여호와로는 그들에게 알리지 아니하였고
4절 가나안 땅 곧 그들이 거류하는 땅을 그들에게 주기로 그들과 언약하였더니
5절 이제 애굽 사람이 종으로 삼은 이스라엘 자손의 신음 소리를 내가 듣고 나의 언약을 기억하노라
6절 그러므로 이스라엘 자손에게 말하기를 나는 여호와라 내가 애굽 사람의 무거운 짐 밑에서 너희를 빼내며 그들의 노역에서 너희를 건지며 편 팔과 여러 큰 심판들로써 너희를 속량하여
7절 너희를 내 백성으로 삼고 나는 너희의 하나님이 되리니 나는 애굽 사람의 무거운 짐 밑에서 너희를 빼낸 너희의 하나님 여호와인 줄 너희가 알지라

8절	내가 아브라함과 이삭과 야곱에게 주기로 맹세한 땅으로 너희를 인도하고 그 땅을 너희에게 주어 기업을 삼게 하리라 나는 여호와라 하셨다 하라
9절	모세가 이와 같이 이스라엘 자손에게 전하나 그들이 마음의 상함과 가혹한 노역으로 말미암아 모세의 말을 듣지 아니하였더라
10절	여호와께서 모세에게 말씀하여 이르시되
11절	들어가서 애굽 왕 바로에게 말하여 이스라엘 자손을 그 땅에서 내보내게 하라
12절	모세가 여호와 앞에 아뢰어 이르되 이스라엘 자손도 내 말을 듣지 아니하였거든 바로가 어찌 들으리이까 나는 입이 둔한 자니이다
13절	여호와께서 모세와 아론에게 말씀하사 그들로 이스라엘 자손과 애굽 왕 바로에게 명령을 전하고 이스라엘 자손을 애굽 땅에서 인도하여 내게 하시니라
14절	그들의 조상을 따라 집의 어른은 이러하니라 이스라엘의 장자 르우벤의 아들은 하녹과 발루와 헤스론과 갈미니 이들은 르우벤의 족장이요
15절	시므온의 아들들은 여무엘과 야민과 오핫과 야긴과 소할과 가나안 여인의 아들 사울이니 이들은 시므온의 가족이요
16절	레위의 아들들의 이름은 그들의 족보대로 이러하니 게르손과 고핫과 므라리요 레위의 나이는 백삼십칠 세였으며
17절	게르손의 아들들은 그들의 가족대로 립니와 시므이요
18절	고핫의 아들들은 아므람과 이스할과 헤브론과 웃시엘이요 고핫의 나이는 백삼십삼 세였으며
19절	므라리의 아들들은 마흘리와 무시니 이들은 그들의 족보대로 레위의 족장이요
20절	아므람은 그들의 아버지의 누이 요게벳을 아내로 맞이하였고 그는 아론과 모세를 낳았으며 아므람의 나이는 백삼십칠 세였으며
21절	이스할의 아들들은 고라와 네벡과 시그리요
22절	웃시엘의 아들들은 미사엘과 엘사반과 시드리요
23절	아론은 암미나답의 딸 나손의 누이 엘리세바를 아내로 맞이하였고 그는 나답과 아비후와 엘르아살과 이다말을 낳았으며
24절	고라의 아들들은 앗실과 엘가나와 아비아삽이니 이들은 고라 사람의 족장이요
25절	아론의 아들 엘르아살은 부디엘의 딸 중에서 아내를 맞이하였고 그는 비느하스를 낳았으니 이들은 레위 사람의 조상을 따라 가족의 어른들이라
26절	이스라엘 자손을 그들의 군대대로 애굽 땅에서 인도하라 하신 여호와의 명령을 받은 자는 이 아론과 모세요
27절	애굽 왕 바로에게 이스라엘 자손을 애굽에서 내보내라 말한 사람도 이 모세와 아론

이었더라
28절 여호와께서 애굽 땅에서 모세에게 말씀하시던 날에
29절 여호와께서 모세에게 말씀하여 이르시되 나는 여호와라 내가 네게 이르는 바를 너는 애굽 왕 바로에게 다 말하라
30절 모세가 여호와 앞에서 아뢰되 나는 입이 둔한 자이오니 바로가 어찌 나의 말을 들으리이까

배경설명

6 : 3에서 이름의 계시는 사람들을 당황하게 만든다. 글자 그대로 이해한다면 하나님께서는 아브람과 이삭과 야곱에게 "전능한 하나님"(엘 샤다이)으로 당신을 드러내셨고, "여호와"로는 계시하지 않았다는 것이다. 그러나 출애굽기 6 : 3 이전에 이스라엘 백성들이 "여호와"를 알았다는 진술이 있다. 창세기 2장에서 이미 여호와 하나님이라는 표현이 등장한다(창 2 : 4, 5, 7, 8, 9). 에노스는 여호와의 이름을 처음으로 부른 사람으로 알려진다(창 4 : 26). 이후에 아브람(창 12 : 8; 13 : 4; 16 : 11, 13; 21 : 33; 22 : 14), 이삭(창 26 : 25)이 여호와의 이름을 불렀다. 그렇다면 출애굽기 6 : 3에서 하나님이 전에는 여호와라는 이름으로 알리지 않았다는 표현을 어떻게 이해해야 할까? 문서가설 이론을 사용하는 비평학자들은 한 이야기 안에 여러 문서가 존재한다고 설명한다. 즉, 여호와 자료(J)는 창세기 4 : 26부터 여호와라는 이름을 사용하고, 엘로힘(E) 자료는 출애굽기 3 : 14~15, 그리고 제사장 문서(P)는 출애굽기 6 : 3에서 처음으로 모세에게 여호와라는 이름을 드러냈다는 것이다. 이러한 설명은 문서 각각에 대해서는 이해할 수 있지만, 문서들로 이루어진 최종 본문 안에서 이해하기 어렵다.

이 본문이 강조하려는 것은 족장들의 시대와 모세 시대의 연속성과 불연속성에 관한 것이다. 족장들의 시대는 아브라함, 이삭, 그리고 야곱의 시대이며, 모세 시대는 출애굽과 더불어 새롭게 시작된 시대이다. 이 사이에는 430년이라는 간격이 있다. 하나님은 족장들의 시대와 모세의 시대에 다르게 역사하셨다. 족장들의 시대는 하나님께서 족장들에게 개인적으로 나타나시고 그들을 인도하셨다. 모세 시대에는 하나님께서 백성들의 지도자인 모세를 통하여 출애굽을 인도하셨다. 이 두 시대의 차이점은 같은 하나님이지만 다른 이름으로 당신을 계시하셨다는 것이다. 하나님은 보통명사이고 여호와는 고유명사이다. 이스라엘 백성들에게 하나님의 이름은 여호와이다. 본문에 따르면 아브라함, 이삭, 그리고 야곱의 시대에 하나님은 여호와라는 이름을 계시하지 않으시고, 전능하신 하나님이라는 이름을 계시하셨다. 즉, 보통명사인 하나님 앞에 "전능하신"이라는 족장들의 신앙고

백이 담긴 형용사를 붙인 표현인 전능하신 하나님을 하나님의 이름으로 사용한 것이다. 모세의 시대에 이르면 이제 하나님의 이름은 여호와로 계시하시고 여호와의 이름을 직접 사용하신다. 하나님이 다른 이름으로 두 시대에 역사하시지만 같은 하나님을 드러내는 것이다. 14~25절에는 레위 지파의 족보가 나온다. 레위부터 모세까지를 4대로 보는 것은 에브라임부터 여호수아까지를 9대로 보는 역대기상의 진술과 다르다(대상 7 : 24-27). 족보의 시작은 야곱의 12 아들의 이름을 언급하면서 시작하지만 실제로는 르우벤, 시므온, 그리고 레위만 등장하고 레위를 넘어가지 않음으로 레위의 후손들에게 관심이 있음을 보여 준다. 레위의 세 아들인 게르손, 고핫, 그리고 므라리가 등장한다. 게르손의 아들들을 언급한 후에 고핫의 아들들을 언급한다. 고핫의 아들들중 아므람, 이스할, 웃시엘의 아들들을 언급하면서, 아므람의 자녀들인 모세와 아론, 그리고 아론의 아므리의 아들들을 언급한다, 아므람이 모세와 아론의 아버지임을 보여 주고, 아론의 아내와 아들들, 그리고 고라의 아들들과 아론의 아들들을 언급한다. 아론의 아들들 중에서 엘르아살과 그의 아들 비느하스를 언급한다. 전체적으로 레위에서부터 모세와 아론을 거쳐 비느하스 까지의 족보를 언급하고 있다. 즉, 아론의 당대까지만이 아니라, 비느하스까지의 제사장 계열을 언급함으로 아론과 모세가 정통성이 있는 적법한 가문임을 보여 주려고 한다.

기도

성령의 임재를 위한 기도

사랑의 하나님, 변화시키시는 성령님을 믿으며 기도의 여정을 나아가오니 주님의 부르심에 강퍅하고 우둔한 저희의 마음을 새롭게 하시고, 우리의 마음을 움직여 이끄시는 은혜를 경험하게 하여 주옵소서.

본문말씀 읽기와 묵상하기

본문말씀을 천천히 한 번 읽은 후에 다시 본문을 찬찬히 들여다보면서 전체적인 내용과 상황을 파악한다.

하나님께서는 모세에게 당신을 여호와로 소개하시면서, 당신이 바로, 이스라엘 조상들에게 가나안 땅을 주시겠다고 약속하신 그 언약을 성취하실 하나님임을 백성에게 전하라고 명하셨으나, 모세의 요청을 거절하는 바로와 주어지는 가혹한 노역으로 인하여 이스라엘 백성들조차 모세의 말을 듣지 않게 되는 상황에 직면하게 된다. 모세는 또 다시 하나님의 소명에 저항했고, 하나님께서는 다시 모세의 소명을 새롭게 하신다.

1. 본문에 나오는 말씀의 핵심적인 내용을 마음으로 깨달아 알려고 묵상을 한다.
   - 바로의 강퍅함과 백성들의 원망으로 인해, 도리어 자신을 부르신 하나님을 원망하는 모세(참고 5:22–6:1)에게 하나님께서는 어떻게 응답하시는가?(2–8절) 조상들과 언약을 맺으셨던 하나님께서는 그 언약을 기억하시고, 당신이 조상들의 하나님과 동일한 하나님이시지만 완전히 새로운 일을 성취하시는 여호와 하나님임을 소개하신다(4, 7–8절). 하나님께서 이스라엘 백성들의 신음 소리를 듣고, 이스라엘을 애굽 사람의 무거운 짐 밑에서 빼내실 이스라엘 백성의 하나님 여호와임을 그들로 알게 하실 것임을 확신시키신다.
   - 다시 백성들에게 가서 하나님의 말씀을 전한 모세와 아론은 백성들이 상한 마음과 가혹한 노역으로 그들의 말을 듣지 않자 어떻게 반응하는가?(9–13, 29–30절) 모세는 하나님께 나아가 자기 백성들도 바로와 마찬가지로 자신의 말을 듣지 않음이 자신의 연약함 때문임을 밝히며, 또 다시 자신의 소명에 저항한다(12절). 소명에 다시 부정적이고 회의적인 모습을 보이는 모세에게 하나님께서는 어떻게 응답하시는가?(13절) 하나님께서는 소명에 흔들리는 모세에게 그럼에도 불구하고 하나님께서 결국엔 그러한 모세와 아론을 통해 이스라엘 자손을 애굽 땅에서 반드시 인도하여 내실 것임을 확신시켜 주신다.
   - 제시된 모세와 아론의 족보가 이스라엘의 출애굽에 어떤 의미를 줄 수 있는지 헤아려 본다(14–27절). 모세와 아론이 백성들 앞에 설 때 현실적으로 직면했던 가장 큰 어려움은 무엇이었을까? 본문은 하나님께서 그 문제를 다루어 주시는 것으로 볼 수 있다. 여기 제시된 레위 지파의 족보를 언급함으로써 출애굽 지도자 아론과 모세의 적법성의 토대를 마련해 준다. 출애굽의 명령을 받은 자도 이들이고, 애굽 왕 바로에게 이스라엘 자손을 내보내라고 말한 사람들도 다름 아닌 레위의 후손 모세와 아론이다. 모세는 출애굽의 소명에 대해 입이 둔하여 적합하지 못하다고 저항하는 반면, 하나님께서는 모세와 아론이 레위의 후손으로서 제사장 계열이라는 적법성의 토대를 마련하시어 그들은 하나님의 뜻을 따라 적법하게 세워진 이스라엘 백성을 위한 최적의 지도자임을 분명히 선포하고 있다.
2. 다시 한 번 성경본문을 천천히 읽는다. 읽는 동안에 어떤 말씀이 내 마음에 부딪혀 오는지를 살핀다.
   예를 들어, "이스라엘 자손을 그들의 군대대로 애굽 땅에서 인도하라 하신 여호와의 명령을 받은 자는 이 아론과 모세요 애굽 왕 바로에게 이스라엘 자손을 애굽에서 내보내라 말한 사람도 이 모세와 아론이었더라"(26–27절)라는 말씀이 마음에 다가왔다.
3. 내 마음에 부딪혀 온 말씀이 묵상 가운데 구체적으로 내게 어떤 말씀을 주시는지 또

는 내 마음 안에서 어떻게 역사하는지를 살핀다. 그리고 이 말씀에 대해 내가 어떻게 응답하는지를 살펴본다.

오늘 본문은 모세가 하나님의 부르심에 응답한 후, 비로소 바로와 자기 민족 앞에 서게 된 사역 초기 상황에서의 어려움들에 대한 헤아림을 제공한다. 수많은 어려움 중에서, 모세가 이스라엘 백성들로부터 지도자로서의 정당성을 확보할 수 있는지의 문제가 가장 중요한 문제로 취급되었을 것이다. 이스라엘 백성들이 보기에 모세가 과연 지도자로서 적합한 존재인지, 과연 하나님께서 모세를 이스라엘 백성들의 지도자로 세우셨는가 하는 것이다. 모세가 느끼는 부족한 능력의 문제도 어쩌면 모세 스스로 그 지도자로서의 적합성과 정당성을 보증하기 위한 근거의 필요를 느꼈기 때문일지도 모른다.

본문에서 하나님께서는 모세와 아론이 레위의 후손임을 언급하면서 그들은 하나님이 세우신 적법한 지도자임을 확인시켜 주시고 있다. 이를 통해 우리를 포함한 하나님의 종에 대하여 우리가 가져야 할 바른 시각은 하나님의 종으로 세움 받은 그들의 정당성은 친히 그들을 당신의 종으로 세우신 하나님께 있다는 것이다. 사도 바울이 갈라디아서 1 : 1에서 자신이 사도로 세움을 받은 것은 '사람들에게서 난 것이 아니요 사람으로 말미암은 것도 아니며 오직 예수 그리스도와 그를 죽은 자 가운데서 살리신 하나님 아버지로 말미암아 된 것'이라고 확실하게 고백하듯이 우리에게도 무엇보다 나는 하나님께로부터 부르심을 받은 자라는 분명한 소명의식과 확신이 필요하다. 하나님의 부르심에 대한 우리의 소명이 분명할 때, 우리는 우리의 연약함을 보지 않고 우리를 부르신 하나님을 믿음으로 바라볼 수 있을 것이다. 아무리 우리가 연약하고 부족하더라도 실망하지 않고, 마른 막대기를 통해서라도 넉넉히 일하시는 하나님의 능력을 확신하며 우리 자신을 온전히 주님의 도구로 내어 드릴 수 있을 것이다. "하나님의 부르심엔 후회하심이 없다"(롬11 : 29).

응답기도 및 임재 안에 머물기

각자 깨달은 말씀이나 마음에 부딪혀 오는 은혜에 따라 응답하는 기도를 충분히 드린다. 충분하게 하나님과 대화를 나누는 기도를 드린 이후에 하나님의 선하심과 인자하심을 맛보며 그분의 임재 안에 얼마 동안 머무른다. 하나님의 임재 안에 머무른 후에 기도 안내문에 나와 있는 기도로 마무리한다.

"저희를 부르시고, 저희를 통해 일하시는 하나님! 오늘 본문을 통해 주님은, 하나님의 종으로 부름 받은 우리들의 마음가짐에 대해, 우리가 부족하고 연약한 존재임이 분명할지라도 그런 연약한 우리 자신에 집중하는 것이 아니라 오직 우리를 종으로 부르시고 적합하게 세워 주신 전능하신 하나님께 시선을 돌릴 것을 말씀해 주셨습니다. 주님! 우리가 주님의 부름을 받은 당신의 종이라는 마음을 한 순간도 잊지 말게 하옵소서. 저희가 다른 이들과 동역을 하면서 우리가 만나는 모든 동역자들에 대해서도 동일한 마음으로 그들을 존경하는 겸손의 마음을 허락해 주옵소서. 자신의 부족한 능력을 탓한 모세처럼 나 자신의 연약함에 사로잡힌 바 되지 않고, 오직 부족한 나를 통해 일하시는 주님께 붙잡힌 자가 되어, 내게 있는 연약함과 미약함까지도 모두 하나님의 일을 성취하시는 주님의 은혜와 능력의 도구가 되게 하옵소서! 오직 나의 삶은 하나님께만 영광을 돌려드리는 삶이 되게 하옵소서."

반추 및 성찰

가능하면 기도했던 장소에서 자리를 옮긴다. 그리고 기도 시간에 경험한 내용을 돌아보면서 노트에 간단히 적는다. 이때 기도 안에서 하나님과 내 자신에 대한 전체적인 느낌을 적고, 또 영적으로 위로를 받았던 경험과 영적으로 메말랐던 경험을 적는다.

_____

_____

삶으로 나아가기

마음에 와 닿는 한 구절의 말씀을 선택하여 쪽지에 기록한다.
예를 들면 "이스라엘 자손을 그들의 군대대로 애굽 땅에서 인도하라 하신 여호와의 명령을 받은 자는 이 아론과 모세요 애굽 왕 바로에게 이스라엘 자손을 애굽에서 내보내라 말한 사람도 이 모세와 아론이었더라"(26-27절)
이 말씀을 수시로 꺼내어 읊조리면서 일상 안에서 기도하며 생활한다.

주요내용 설명

본문은 다섯 단락으로 이루어졌다. 1) 출애굽의 방법 : 강한 손으로 말미암아(1절); 2) 출애굽의 근거 : 언약을 성취하시는 하나님(2-8절); 3) 이스라엘과 모세의 저항(9-12절); 4) 모세와 아론의 족보(13-27절); 5) 모세의 두번째 저항(28-30절).
첫째 단락(1절)은 출애굽의 방법이 어떻게 이루어지는지를 보여 준다. 모세가 소명을 받았지만 거듭되는 실패로 인하여 탄식할 때 하나님께서는 말씀하신다. 출애굽은 바로의 힘을 이기는 하나님의 강한 힘으로 이루어진다. 오직 하나님의 강한 손으로 인하여 바로가 항복하고, 어쩔 수 없이 이스라엘 백성들을 그의 땅에서 쫓아낼 것이다.

둘째 단락(2-8절)은 출애굽의 근거는 언약을 성취하시는 하나님이라는 것이다. 1절만으로 모세의 재소명이 완료되지 않는다. 모세의 재소명을 향한 하나님과 모세의 대화는 계속되고, 재소명을 향한 힘든 과정은 7 : 7에 이르러서야 완료된다. 하나님께서는 계속해서 출애굽의 근거를 밝힌다. 3~8절은 출애굽 사건이 여호와의 이름에 나타난 계시에 대한 새로운 이해를 보여 준다. 2절에서 "나는 여호와이다."(6 : 2, 5, 7, 8)라는 이름 계시의 명제를 선포한다. 3절에서 조상들에게 나타나신 하나님과 이제 이루어질 하나님의 계시 행동 사이에 연속성과 불연속성을 드러낸다. 연속성이란 이스라엘을 위한 동일한 하나님의 행동이며, 불연속성이란 아직 실현되지 않은 약속의 성취에 담긴 하나님의 행동은 이제 출애굽 사건을 통해 이루어질 것을 말한다. 4~8절은 같은 여호와라는 이름에 담길 새로운 하나님의 행동을 보여 준다. 4절에서는 하나님이 조상들에게 행한 약속이 나타난다. 그 약속은 바로 조상들이 거류하고 있는 땅이 당대에는 가나안 사람들의 차지이지만, 장차 그 땅을 이스라엘 백성들에게 주겠다는 것이다. 5절은 현재의 상황을 보여 준다. 언약에 신실하신 하나님께서 그 언약에 근거하여 이제 출애굽의 역사를 시작하신다.

셋째 단락(9-12절)은 이스라엘과 모세의 저항이다. 하나님이 여호와라는 이름을 통하여 장차 행하실 계시를 모세가 이스라엘에게 전하였지만 백성들은 듣지 않았다. 바로가 백성들에게 요구한 가혹한 노역 때문에 마음이 상하고 출애굽에 대한 희망을 잃어버렸다. 그런데 출애굽이 시작되기까지 백성들의 마음이 닫혀 있는 것에 대하여 하나님께서는 더 이상 언급하지 않으신다. 모세의 말을 듣지 않는 백성들을 그대로 두고, 여호와께서는 모세에게 명령하시는데 이번에는 모세 자신이 하나님께 저항한다. 이스라엘 자손이 듣지 않는 마당에 바로가 듣겠느냐 하는 것이다. 그의 핑계는 입의 둔함이다.

넷째 단락(13-27절)은 모세와 아론의 족보에 관한 것이다. 먼저 6 : 13과 26~27절에는 이 족보가 주어진 이유가 나타난다. 모세와 아론에게 주어진 과업은 일차로 이스라엘 백성과 바로에게 출애굽의 명령을 전하고, 이스라엘 백성을 출애굽시키는 것이다. 모세와 아론의 족보는 6 : 14~25에 나타나는데, 그들의 출애굽을 인도할 합법적인 자격을 보여 주는 것이다. 족보는 레위의 후손들에게 관심이 있다. 전체적으로 레위에서부터 모세와 아론을 거쳐 비느하스 까지의 족보를 언급하고 있다. 즉, 아론의 당대까지만이 아니라, 비느하스까지의 제사장 계열을 언급함으로 아론과 모세가 정통성이 있는 적법한 가문임을 보여 주려고 한다. 다섯째 단락(28-30절)은 모세의 저항을 보여 준다. 11~12절에 나타나는 저항의 주제가 28~30절에 계속된다. 그러나 7 : 7에서 모세와 아론이 여호와께서 자기에게 명령하신대로 행하는 것을 보면, 이러한 저항은 결국 모세가 어떻게 명령에 순종하는 재소명에 이르는지를 보여 주기 위한 것이다.

9. 모세의 기적과 첫 재앙
(7 : 1-25)

기도에 임하기

1. 몸과 마음을 가다듬고 하나님의 임재를 기억하며 기도를 준비한다.
2. 찬송을 부른다(63장).

말씀읽기

출애굽기 7 : 1~25

1절 여호와께서 모세에게 이르시되 볼지어다 내가 너를 바로에게 신같이 되게 하였은즉 네 형 아론은 네 대언자가 되리니
2절 내가 네게 명령한 바를 너는 네 형 아론에게 말하고 그는 바로에게 말하여 그에게 이스라엘 자손을 그 땅에서 내보내게 할지니라
3절 내가 바로의 마음을 완악하게 하고 내 표징과 내 이적을 애굽 땅에서 많이 행할 것이나
4절 바로가 너희의 말을 듣지 아니할 터인즉 내가 내 손을 애굽에 뻗쳐 여러 큰 심판을 내리고 내 군대, 내 백성 이스라엘 자손을 그 땅에서 인도하여 낼지라
5절 내가 내 손을 애굽 위에 펴서 이스라엘 자손을 그 땅에서 인도하여 낼 때에야 애굽 사람이 나를 여호와인 줄 알리라 하시매
6절 모세와 아론이 여호와께서 자기들에게 명령하신 대로 행하였더라

7절   그들이 바로에게 말할 때에 모세는 팔십 세였고 아론은 팔십삼 세였더라

8절   여호와께서 모세와 아론에게 말씀하여 이르시되

9절   바로가 너희에게 이르기를 너희는 이적을 보이라 하거든 너는 아론에게 말하기를 너의 지팡이를 들어서 바로 앞에 던지라 하라 그것이 뱀이 되리라

10절   모세와 아론이 바로에게 가서 여호와께서 명령하신 대로 행하여 아론이 바로와 그의 신하 앞에 지팡이를 던지니 뱀이 된지라

11절   바로도 현인들과 마술사들을 부르매 그 애굽 요술사들도 그들의 요술로 그와 같이 행하되

12절   각 사람이 지팡이를 던지매 뱀이 되었으나 아론의 지팡이가 그들의 지팡이를 삼키니라

13절   그러나 바로의 마음이 완악하여 그들의 말을 듣지 아니하니 여호와의 말씀과 같더라

14절   여호와께서 모세에게 이르시되 바로의 마음이 완강하여 백성 보내기를 거절하는도다

15절   아침에 너는 바로에게로 가라 보라 그가 물 있는 곳으로 나오리니 너는 나일 강 가에 서서 그를 맞으며 그 뱀 되었던 지팡이를 손에 잡고

16절   그에게 이르기를 히브리 사람의 하나님 여호와께서 나를 왕에게 보내어 이르시되 내 백성을 보내라 그러면 그들이 광야에서 나를 섬길 것이니라 하였으나 이제까지 네가 듣지 아니하도다

17절   여호와가 이같이 이르노니 네가 이로 말미암아 나를 여호와인 줄 알리라 볼지어다 내가 내 손의 지팡이로 나일 강을 치면 그것이 피로 변하고

18절   나일 강의 고기가 죽고 그 물에서는 악취가 나리니 애굽 사람들이 그 강 물 마시기를 싫어하리라 하라

19절   여호와께서 또 모세에게 이르시되 아론에게 명령하기를 네 지팡이를 잡고 네 팔을 애굽의 물들과 강들과 운하와 못과 모든 호수 위에 내밀라 하라 그것들이 피가 되리니 애굽 온 땅과 나무 그릇과 돌 그릇 안에 모두 피가 있으리라

20절   모세와 아론이 여호와께서 명령하신 대로 행하여 바로와 그의 신하의 목전에서 지팡이를 들어 나일 강을 치니 그 물이 다 피로 변하고

21절   나일 강의 고기가 죽고 그 물에서는 악취가 나니 애굽 사람들이 나일 강 물을 마시지 못하며 애굽 온 땅에는 피가 있으나

22절   애굽 요술사들도 자기들의 요술로 그와 같이 행하므로 바로의 마음이 완악하여 그들의 말을 듣지 아니하니 여호와의 말씀과 같더라

23절   바로가 돌이켜 궁으로 들어가고 그 일에 관심을 가지지도 아니하였고

24절   애굽 사람들은 나일 강 물을 마실 수 없으므로 나일 강 가를 두루 파서 마실 물을 구

하였더라
25절 여호와께서 나일 강을 치신 후 이레가 지나니라

배경설명

본문은 하나님이 애굽에게 열 재앙을 내릴 것이라는 예고와 열 재앙중 첫 번째 재앙이 실현되는 것을 보여 주는 본문이다. 첫 단락(출 7 : 1-7)은 모세와 아론이 바로를 처음 만나는 장면이다. 3절에서 하나님께서는 바로를 완악하게 하신다고 말한다. 열 재앙 부분에서 완악에 대한 두 가지 표현에 주목해 보자. 바로가 주체가 되는 "바로의 마음이 완악하여"라는 표현은 6번 나온다(첫 재앙, 둘째 재앙, 셋째 재앙, 넷째 재앙, 다섯째 재앙, 일곱째 재앙). 하나님이 주체가 되어 "내가 그의 마음을 완악하게 한즉"이라는 표현은 5번 나온다(4 : 21, 4 : 23; 7 : 3, 여섯째 재앙, 여덟째 재앙, 아홉째 재앙). 이 두 종류의 표현에 주목하면서 하나님이 바로의 마음을 완악하게 한다는 표현과 바로가 자신의 마음을 완악하게 하였다는 표현의 관계를 이해해 보자. 9절에서 애굽 사람들은 뱀을 지혜롭고 이상한 피조물로 여겼다. 바로의 왕관에 있는 뱀은 바로의 권세를 상징하기도 하고, 뱀은 신들의 원수인 아포피스로서 혼돈의 세력을 표현하기도 한다.

둘째 단락부터 열 재앙이 나타나는데 7 : 8~11 : 10으로 이어지는 열 재앙의 특징은 다음의 표와 같다.

	재앙 내용	사전 경고	경고 시점	서술형식
1 그룹	1. 피 2. 개구리 3. 이	있음 있음 없음	아침 없음 없음	아침에 너는 바로에게로 가라 바로에게 가서
2 그룹	4. 파리 떼 5. 악질 6. 독종	있음 있음 없음	아침 없음 없음	아침에 너는 바로에게로 가라 바로에게 가서
3 그룹	7. 우박 8. 메뚜기 9. 흑암	있음 있음 없음	아침 없음 없음	아침에 너는 바로에게로 가라 바로에게 가서
최고점	10. 장자 죽음	있음	없음	재앙 내용

이 표를 보면 열 재앙은 세 재앙씩 세 그룹으로 진행되고 마지막으로 장자 재앙이 이어진다. 각 그룹의 첫 재앙에서(제1 피 재앙, 제4 파리 재앙, 제7 우박 재앙) 사전에 재앙이 예고되고, "아침에 바로에게 가서"라는 말이 나온다. 각 그룹의 둘째 재앙(제2 개구리 재앙, 제5 악질 재앙, 제8 메뚜기 재앙)은 모세가 궁으로 들어가서 경고한 후에 일어난다. 각 그룹의 세 번째 재앙(제3 이 재앙, 제6 독종 재앙, 제9 흑암 재앙 등)은 예고 없이 일어난다. 그리고 반복되는 재앙의 이유는 "사람이 나를 여호와인줄 알리라"는 것을 알게 하기 위함이다.

기도

성령의 임재를 위한 기도

사랑의 하나님, 우리를 변화시키시는 성령님을 믿으며 기도의 여정을 나아가오니 우둔한 저희를 조명해 주시고, 연약한 우리를 부르시어 세상에서 담대히 세우시는 주님의 은혜를 맛보게 하여 주옵소서.

본문말씀 읽기와 묵상하기

본문말씀을 천천히 한 번 읽은 후에 다시 본문을 찬찬히 들여다보면서 전체적인 내용과 상황을 파악한다.

이제 하나님께서 모세와 아론을 통해 당신의 놀라운 구원의 사건을 행동에 옮기실 순간이 왔다. 하나님께서는 하나님의 일을 감당하는 모세가 실로 어떤 존재인지를 일깨워 주면서 담대하게 주어진 사명을 감당할 수 있도록 격려하신다. 하나님께서는 바로가 처음에는 완악하여 모세의 말을 듣지 않을 것이나 하나님께서 당신의 손을 애굽에 펴서 이스라엘을 인도하여 내면, 마침내 애굽이 이스라엘의 하나님을 여호와인 줄 알게 될 것이라고 말씀하신다. 드디어 모세와 아론이 바로 왕 앞에서 첫 번째 표적과 첫 번째 재앙을 보이나, 하나님께서 말씀하신대로 바로는 마음의 완악함을 보인다.

1. 본문에 나오는 말씀의 핵심적인 내용을 마음으로 깨달아 알려고 묵상을 한다.
   - 하나님께서 모세를 바로에게 신같이 되게 하셨다는 것은 무엇을 뜻하는가?(1절)
   - 호렙 산에서 나타나셨던 하나님께서 다시 애굽에 나타나, 모세에게 주셨던 말씀을 다시 들려 주신다. 하나님께서 모세에게 주신 말씀을 간략히 정리해 보라(1–5절). 하나님께서는 이스라엘

의 출애굽을 위해 애굽에 대해 어떤 일을 행하실 것인가?(3-5절) 하나님께서 애굽에 내리시는 열 가지 재앙을 통해 결국 보여 주고자 하시는 것이 무엇인가?(3-5절) 하나님께서는 바로의 마음을 완악하게 하셔서 바로가 하나님의 표징과 이적을 보고도 이스라엘을 보내지 않을 것임을 말씀하셨다 그리고 큰 심판을 내리시고, 하나님의 손이 이스라엘 자손을 인도하여 내실 때에야 애굽 사람들이 비로소 하나님을 여호와로 알게 될 것임을 말씀하셨다. 하나님께서는 애굽 사람들에게 하나님이 하나님 되심을 알게 하시려는 것이다.

- 모세와 아론이 바로에게 갔을 때 그들을 향한 바로의 반응은 어떠했으며, 이에 대한 모세와 아론의 반응은 어떠했는가?(10-13절) 하나님의 말씀처럼 바로가 모세와 아론의 요청을 허락하지 않고 이적을 보이라고 하기에 모세와 아론은 지팡이를 던져 뱀이 되게 하였다. 애굽의 요술사들도 그와 같이 행하였지만, 아론의 지팡이가 변하여 된 뱀이 그들의 뱀을 삼켰다. 모세와 아론 앞에서는 대응하였지라도, 하나님의 능력 앞에서는 무력한 애굽을 보여 준다.

- 마음이 완악하여 백성 보내기를 거절하는 바로에게 하나님께서는 모세를 통해 어떻게 반응하시는가?(14-23절) 모세와 아론으로 아침에 나일 강에서 바로를 마주하게 하시고, 모세가 나일 강을 지팡이로 칠 때, 나일 강이 피로 변하게 하신다.

- 이때 바로의 반응과 태도는 어떠한가?(22-25절) 애굽에서 이스라엘 백성들을 구원하시려는 여호와 하나님의 마음과 애굽 백성들에 대한 바로의 마음이 어떻게 다른 지를 헤아려 본다. 바로는 애굽 요술사들도 모세와 같이 행함을 보고, 마음이 완악하여 모세와 아론의 말을 듣지 아니한다. 애굽의 통치자인 바로는 나일 강의 모든 고기가 죽고 물에서는 악취가 나서 마실 물을 구할 수 없는 애굽 사람들을 돌보지 않고, 도리어 그 일에 관심을 가지지도 않는다. 애굽 사람들은 마실 물을 구하려 나일 강가를 두루 팠지만, 그들의 왕은 일주일이 지나도록 아무런 도움도 주지 않았고, 그들의 백성을 돌보지 아니하였으며, 그 일에 관심을 가지지도 아니하였다.

2. 다시 한 번 성경본문을 천천히 읽는다. 읽는 동안에 어떤 말씀이 내 마음에 부딪혀 오는지를 살핀다.

예를 들어, "여호와께서 모세에게 이르시되 볼지어다 내가 너를 바로에게 신같이 되게 하였은즉 네 형 아론은 네 대언자가 되리니"(1절)라는 말씀이 마음에 다가왔다.

3. 내 마음에 부딪혀 온 말씀이 묵상 가운데 구체적으로 내게 어떤 말씀을 주시는지 또는 내 마음 안에서 어떻게 역사하는지를 살핀다. 그리고 이 말씀에 대해 내가 어떻게 응답하는지를 살펴본다.

여호와께서 모세로 바로에게 신같이 되게 하셨다고 하신다. 하나님께서는 모세를 바로 앞에 세우셔서 그로 하여금 당신을 바로 앞에 드러내는 존재로 삼으셨음을 말해주는 말씀일 것이다. 모세를 바로 앞으로 보내시어 그를 바로에게 신같이 되게 하신 분은 하나님이시다. 결국 하나님의 종은 자기를 보내신 분이 어떤 분이심을 바로 알아야 할 것이다. 나를 보내신 분은 무력한 신이 아니라 살아 계신 하나님, 세상을 말씀으로 창조하시고 역사의 주관자가 되신 살아 계신 하나님이다. 이스라엘 백성들의 부르짖음을 들으시고 그들의 고통을 살피시며 그들을 돌보시는 분이다. 그들을 구원하시기 원하시는 하나님을 대신하여 신 같은 존재로 세움을 받은 존재가 바로 모세인 것이다. 비록 모세는 말도 어눌하고 애굽 땅에는 어떤 자기세력도 없으며 개인적인 능력은 더더욱 없으나, 하나님께서 그를 신 같은 존재로 세우셨기에 그는 지팡이 하나만 들고 담대히 바로 앞에 설 수 있었던 것이다.

하나님의 종으로 부름 받은 나는 나의 정체성을 무엇이라 생각하는가? 나를 보내신 하나님께서는 어떤 분이신가? 나는 그분에 대한 확실한 앎이 있으며 그분이 나를 신 같은 존재로 세상 가운데 당신의 일을 하도록 보내셨다는 것을 인식하는가? 신 같은 존재로 살아가기 위하여 내가 매일 훈련해야 하는 것은 무엇인가? 나는 어떤 마음의 자세로 부름 받은 사명을 날마다 감당해야 하는가?

자신의 연약함만을 호소하는 모세에게 너를 신같이 되게 하였다라고 하신 것은 엄청난 반전을 보여 준다. 정말 이 놀라운 영적 자존감과 나의 정체성에 대한 인식, 나를 보내신 분에 대한 확실한 인식 가운데, 우리는 하나님께서 주시는 사명을 온전히 감당하는 하나님의 종으로서의 삶을 살아가야 할 것이다.

응답기도 및 임재 안에 머물기

각자 깨달은 말씀이나 마음에 부딪혀 오는 은혜에 따라 응답하는 기도를 충분히 드린다. 충분하게 하나님과 대화를 나누는 기도를 드린 이후에 하나님의 선하심과 인자하심을 맛보며 그분의 임재 안에 얼마 동안 머무른다. 하나님의 임재 안에 머무른 후에 기도 안내문에 나와 있는 기도로 마무리한다.

"하나님! 주님의 말씀을 묵상하면서 제가 얼마나 작고 옹졸한 마음과 생각을 가지고 주님의 일을 하는지를 깨닫습니다. 제가 아무리 기도를 하고 노력을 많이 한다고 하여도 저는 제 자신을 벗어날 수 없음을 깨닫습니다. 왜냐하면 저는 저를 항상 주님의 종으로만 의식하였고, 주님의 일을 종의 몫으로써 제대로 감당할 수 있는 은총만을 구해왔기 때문입니다. 하나님! 정말 그렇습니다. 저는 당신의 영원한 종입니다. 당신의 영원한 종으로 이 세상을 살아가기를 소원합니다. 제 생애의 마지막까지 당신의 거룩한 종으로 살아갈 수 있는 은총을 허락해 주옵소서.

하오나 제가 비록 당신의 피조물이고, 영원한 당신의 종이지만, 바로의 앞에 그리고 이 세상 가운데 모세를 신 같은 존재로 세우셨다는 하나님의 말씀은 저로 하여금 새로운 존재의식과 정체성으로의 도전을 줍니다. 제가 주님뿐 아니라 세상에서 바로의 앞에 설 때 새로운 마음으로 서게 하시는 은혜를 경험하였습니다. 이것은 마치 '내가 너를 더 이상 종이라 부르지 않고 벗이라 부르겠다'는 주님의 말씀 같습니다. 하나님께서 모세에게 들려주신 말씀이 저에게도 들려옵니다.

사랑이신 하나님! 이 땅에서 비록 당신의 종이오나 신 같은 정체감을 가지고, 당당하게 하나님이 제게 주신 모든 사역을 감당하는 당신의 종이 되게 하옵소서. 연약하지만 바로와 같은 세상 가운데 신 같은 존재로 세워 주시는 우리 주 예수 그리스도의 이름으로 기도드립니다."

반추 및 성찰

가능하면 기도했던 장소에서 자리를 옮긴다. 그리고 기도 시간에 경험한 내용을 돌아보면서 노트에 간단히 적는다. 이때 기도 안에서 하나님과 내 자신에 대한 전체적인 느낌을 적고, 또 영적으로 위로를 받았던 경험과 영적으로 메말랐던 경험을 적는다.

_____
_____
_____
_____

삶으로 나아가기

마음에 와 닿는 한 구절의 말씀을 선택하여 쪽지에 기록한다.
예를 들면 "여호와께서 모세에게 이르시되 볼지어다 내가 너를 바로에게 신같이 되게 하였은즉 네 형 아론은 네 대언자가 되리니"(1절).
이 말씀을 수시로 꺼내어 읊조리면서 일상 안에서 기도하며 생활한다.

주요내용 설명

　본문은 두 단락으로 이루어지는데 바로 앞에서 모세가 행한 첫 번째 기적(출 7 : 1-13)과 첫째 재앙(출 7 : 14-25)이다. 첫째 단락은 6 : 28("여호와께서 애굽 땅에서 모세에게 말씀하시던 날에")로부터 이어진다. 입이 둔한 자이기에 백성들이 자기 말을 듣지 않을 것이라고 말하는 모세에게 하나님께서는 대언자 아론을 보내 줄 것을 약속하신다. "네 형 아론은 네 대언자가 되리니" 이어서 출애굽 사건의 핵심을 한 번에 요약하고 있다. 출애굽의 방법은 바로의 마음을 완악하게 하여 계속 되는 표징과 이적 가운데 열 번째 재앙의 절정에 이르러 애굽을 심판하여 마침내 이스라엘 자손들이 애굽에서 나올 터인데, 그로 인하여 "애굽 사람이 나를 여호와인줄 알리라"(출 7 : 5). 모세와 아론은 바로와 백성들 앞에서 지팡이를 들어 뱀이 되게 하는 이적을 베풀었으나, 바로도 현인들과 요술사들을 불러 같은 이적을 행했다. 차이점이 있다면 아론의 지팡이가 그들의 지팡이를 삼켰다는 것이다. 이러한 이적에도 불구하고 바로의 마음이 완악하여 그들의 말을 듣지 않았다. 두번째 단락(출 7 : 14-25)에는 첫 번째 재앙인 피 재앙이 나타난다. 하나님께서는 모세에게 지팡이를 잡고 아침에 바로에게 선포할 것을 명령하시면서 바로가 어떻게 행동할 것이고, 이에 따라 어떠한 재앙을 내릴지를 말씀하신다. 모세는 하나님의 말씀대로 바로에게 가서 이스라엘 백성을 보내기를 요구하며, 듣지 않을 경우 나일 강이 피로 변할 것을 경고한다. 바로가 듣지 않자 모세는 하나님의 명령대로 바로와 신하들의 목전에서 나일 강을 쳐서 피로 변하게 하고, 그리하여 나일 강의 고기가 죽고 악취가 났다. 그러나 애굽의 요술사들이 같은 이적을 행하므로 바로의 마음이 완악하여 듣지 않았다. 바로는 궁에 들어가고 그 일에 관심을 가지지도 아니하였고 애굽 사람들은 물을 마실 수 없기에 나일 강 가를 두루 파서 마실 물을 구하였다.

10. 둘째, 셋째, 넷째 재앙
(8 : 1-32)

기도에 임하기

1. 몸과 마음을 가다듬고 하나님의 임재를 기억하며 기도를 준비한다.
2. 찬송을 부른다(420장).

말씀읽기

출애굽기 8 : 1~32

1절 여호와께서 모세에게 이르시되 너는 바로에게 가서 그에게 이르기를 여호와의 말씀에 내 백성을 보내라 그들이 나를 섬길 것이니라
2절 네가 만일 보내기를 거절하면 내가 개구리로 너의 온 땅을 치리라
3절 개구리가 나일 강에서 무수히 생기고 올라와서 네 궁과 네 침실과 네 침상 위와 네 신하의 집과 네 백성과 네 화덕과 네 떡 반죽 그릇에 들어갈 것이며
4절 개구리가 너와 네 백성과 네 모든 신하에게 기어오르리라 하셨다 하라
5절 여호와께서 모세에게 이르시되 아론에게 명령하기를 네 지팡이를 잡고 네 팔을 강들과 운하들과 못 위에 펴서 개구리들이 애굽 땅에 올라오게 하라 할지니라
6절 아론이 애굽 물들 위에 그의 손을 내밀매 개구리가 올라와서 애굽 땅에 덮이니
7절 요술사들도 자기 요술대로 그와 같이 행하여 개구리가 애굽 땅에 올라오게 하였더라
8절 바로가 모세와 아론을 불러 이르되 여호와께 구하여 나와 내 백성에게서 개구리를

	떠나게 하라 내가 이 백성을 보내리니 그들이 여호와께 제사를 드릴 것이니라
9절	모세가 바로에게 이르되 내가 왕과 왕의 신하와 왕의 백성을 위하여 이 개구리를 왕과 왕궁에서 끊어 나일 강에만 있도록 언제 간구하는 것이 좋을는지 내게 분부하소서
10절	그가 이르되 내일이니라 모세가 이르되 왕의 말씀대로 하여 왕에게 우리 하나님 여호와와 같은 이가 없는 줄을 알게 하리니
11절	개구리가 왕과 왕궁과 왕의 신하와 왕의 백성을 떠나서 나일 강에만 있으리이다 하고
12절	모세와 아론이 바로를 떠나 나가서 바로에게 내리신 개구리에 대하여 모세가 여호와께 간구하매
13절	여호와께서 모세의 말대로 하시니 개구리가 집과 마당과 밭에서부터 나와서 죽은지라
14절	사람들이 모아 무더기로 쌓으니 땅에서 악취가 나더라
15절	그러나 바로가 숨을 쉴 수 있게 됨을 보았을 때에 그의 마음을 완강하게 하여 그들의 말을 듣지 아니하였으니 여호와께서 말씀하신 것과 같더라
16절	여호와께서 모세에게 이르시되 아론에게 명령하기를 네 지팡이를 들어 땅의 티끌을 치라 하라 그것이 애굽 온 땅에서 이가 되리라
17절	그들이 그대로 행할새 아론이 지팡이를 잡고 손을 들어 땅의 티끌을 치매 애굽 온 땅의 티끌이 다 이가 되어 사람과 가축에게 오르니
18절	요술사들도 자기 요술로 그같이 행하여 이를 생기게 하려 하였으나 못 하였고 이가 사람과 가축에게 생긴지라
19절	요술사가 바로에게 말하되 이는 하나님의 권능이니이다 하였으나 바로의 마음이 완악하게 되어 그들의 말을 듣지 아니하였으니 여호와의 말씀과 같더라
20절	여호와께서 모세에게 이르시되 아침에 일찍이 일어나 바로 앞에 서라 그가 물 있는 곳으로 나오리니 그에게 이르기를 여호와께서 이와 같이 말씀하시기를 내 백성을 보내라 그러면 그들이 나를 섬길 것이니라
21절	네가 만일 내 백성을 보내지 아니하면 내가 너와 네 신하와 네 백성과 네 집들에 파리 떼를 보내리니 애굽 사람의 집집에 파리 떼가 가득할 것이며 그들이 사는 땅에도 그러하리라
22절	그 날에 나는 내 백성이 거주하는 고센 땅을 구별하여 그 곳에는 파리가 없게 하리니 이로 말미암아 이 땅에서 내가 여호와인 줄을 네가 알게 될 것이라
23절	내가 내 백성과 네 백성 사이를 구별하리니 내일 이 표징이 있으리라 하셨다 하라 하시고
24절	여호와께서 그와 같이 하시니 무수한 파리가 바로의 궁과 그의 신하의 집과 애굽 온

25절 바로가 모세와 아론을 불러 이르되 너희는 가서 이 땅에서 너희 하나님께 제사를 드리라

26절 모세가 이르되 그리함은 부당하니이다 우리가 우리 하나님 여호와께 제사를 드리는 것은 애굽 사람이 싫어하는 바인즉 우리가 만일 애굽 사람의 목전에서 제사를 드리면 그들이 그것을 미워하여 우리를 돌로 치지 아니하리이까

27절 우리가 사흘길쯤 광야로 들어가서 우리 하나님 여호와께 제사를 드리되 우리에게 명령하시는 대로 하려 하나이다

28절 바로가 이르되 내가 너희를 보내리니 너희가 너희의 하나님 여호와께 광야에서 제사를 드릴 것이나 너무 멀리 가지는 말라 그런즉 너희는 나를 위하여 간구하라

29절 모세가 이르되 내가 왕을 떠나가서 여호와께 간구하리니 내일이면 파리 떼가 바로와 바로의 신하와 바로의 백성을 떠나려니와 바로는 이 백성을 보내어 여호와께 제사를 드리는 일에 다시 거짓을 행하지 마소서 하고

30절 모세가 바로를 떠나 나와서 여호와께 간구하니

31절 여호와께서 모세의 말대로 하시니 그 파리 떼가 바로와 그의 신하와 그의 백성에게서 떠나니 하나도 남지 아니하였더라

32절 그러나 바로가 이 때에도 그의 마음을 완강하게 하여 그 백성을 보내지 아니하였더라

배경설명

본문은 시작된 열 재앙 가운데 세 개의 재앙인 개구리, 이, 그리고 파리 재앙이 어떻게 일어났는지를 보여 준다. 이 재앙은 곧 애굽이 숭배하던 신들을 치는 것을 의미한다. 개구리의 신은 부활과 다산의 여신인 헤켓(heqet)과 관련되고, 이의 신은 사막의 신 셋(Set)과 관련되며, 파리의 신은 우아트킷(Uatchit)을 상징한다. 즉, 열 재앙은 "애굽 땅에 있는 모든 신을 여호와께서 심판하는 것"(출 12:12)이다. 재앙은 일정한 패턴대로 진행된다. 즉, 재앙은 하나님의 경고 명령, 모세와 아론의 재앙 선포와 실행, 그리고 재앙 직전과 직후의 바로의 반응 등의 순서로 나타나는데, 세부적으로는 열 번의 재앙들이 차이가 있고 점차적인 발전이 있다.

첫째, 경고에 대해서는 둘째 재앙인 개구리 재앙 때 모세가 "바로에게 가서 그에게 경고하며," 셋째 재앙인 이 재앙은 경고 없이 일어나고, 넷째 재앙인 파리 재앙 때 모세는 "아침에 일찍이 일어나" 바로 앞에 선다.

둘째, 개구리 재앙 때 애굽의 요술사들도 따라했고(8:7), 이 재앙부터는 요술사들이

따라하지 못했고(8 : 18), 오히려 바로에게 "이것이 하나님의 권능"이라고 고백하였다(8 : 19). 권능이라는 단어는 원래 "손가락"라는 뜻이다. 파리 재앙 때는 재앙이 애굽 백성과 이스라엘 백성을 구분하여 발생하였다.

셋째, 재앙 직전과 재앙 직후의 바로의 반응이 약간 다르다. 세 번의 재앙의 경우 모두, 재앙 직후에 바로가 자기의 마음을 완악하게 하였다. 모세는 재앙의 목표가 "우리 하나님 여호와 같은 이가 없음"을 알리려는 것이라고 말한다. 개구리 재앙에서 바로는 개구리가 떠나기를 간구하였지만, 재앙 직후에 "숨을 쉴 수 있게 됨을 보고" 그의 마음을 완강하게 하였다(8 : 15). 파리 재앙에서 바로는 모세와 아론의 요구 조건을 완화하는 타협으로 "너무 멀리 가지는 말라. 그런즉 나를 위하여 간구하라."라고 하였지만, 재앙 직후에 마음을 완강하게 하였다(8 : 29, 32). 26절에서 바로는 애굽 사람들이 여호와께 드리는 제사를 미워한다고 말했다. 애굽에 있는 부조에 따르면, 신들에게 음식을 제공하기 위하여 짐승을 죽이는 것은 애굽에서 널리 행해지던 종교적 관행이었다. 하지만 짐승의 피를 제물로 바치는 것은 애굽 종교에서는 거의 없던 일이었다(『성경배경 주석』, 103).

기도

성령의 임재를 위한 기도

사랑의 하나님, 우리를 변화시키시는 성령님을 믿으며 기도의 여정으로 나아가오니 완악한 저희에게 하나님의 자비하심을 베풀어 주시고, 저희를 변화시키시는 성령님의 인도하심에 민감하게 반응하는 은혜를 허락해 주옵소서. 말씀을 묵상하는 가운데 모세처럼, 담대하게 주어진 사명을 감당하는 하나님의 사람으로 변화되는 은총을 베풀어 주옵소서.

본문말씀 읽기와 묵상하기

본문말씀을 천천히 한 번 읽은 후에 다시 본문을 찬찬히 들여다보면서 전체적인 내용과 상황을 파악한다.

모세와 아론은 여전히 완악한 바로에게 두번째 재앙인 개구리 재앙을, 세 번째 재앙인 티끌이 이가 되는 재앙을, 네 번째 재앙인 파리 재앙을 내린다. 넷째 재앙 후에 바로는 드디어 다만 멀리가지 말고 제사를 드리라고 허락하지만, 파리 떼가 사리지자 다시 마음이 완악하여져 이스라엘 백성을 보내지 않는다.

1. 본문에 나오는 말씀의 핵심적인 내용을 마음으로 깨달아 알려고 묵상을 한다.
   - 이스라엘을 내보내기를 거절하는 바로에게 모세와 아론이 하나님의 명령을 따라 두번째로 내린 재앙은 무엇인가?(2-5절) 이에 대해 바로는 어떻게 반응하는가?(7-8절) 모세가 이스라엘을 보내지 않으면 개구리로 온 땅을 덮겠다고 미리 경고한 뒤 내려진 개구리 재앙에 바로도 애굽의 요술사들을 통해 비슷한 일을 해냈다(7절). 그러나 온 땅을 덮은 개구리들을 물로 쫓아낼 수는 없었다. 그리하여 모세를 불러 자기와 자기 백성에게서 개구리들을 쫓아내 달라고 요청한다(8-11절). 개구리들이 떠나가(12-14절) 숨을 쉴 수 있게 되자 바로는 여호와의 말씀처럼 다시 그의 마음을 완강하게 한다(15절).
   - 모세와 아론이 하나님의 명령을 따라 내린 세 번째 재앙은 무엇이며, 이에 대한 바로의 반응은 어떠했는가?(16-19절) 모세가 하나님의 명령을 받아 아론에게 지팡이로 땅의 티끌을 치게 하자 그것이 애굽 온 땅에서 이가 되었고 사람과 가축들에게 이가 생겼다. 바로가 애굽의 요술사들을 불러 개구리 재앙 때와 같이, 모세가 보인 능력과 같은 행위를 보이게 하였으나 그들은 더 이상 아무 것도 할 수 없었고 '이는 하나님의 권능'이라고 바로에게 고백한다. 그러나 하나님의 말씀처럼 바로의 마음은 완악하게 되어 모세와 아론의 요청을 허락하지 않았다.
   - 바로가 이스라엘 백성을 내보내라는 하나님의 명령을 다시 거절하였을 때 내린 네 번째 재앙은 무엇이며, 이에 대한 바로의 반응은 어떠했는가?(20-32절) 하나님께서는 무수한 파리가 애굽 온 땅을 덮게 하였으나 이스라엘 백성이 있는 고센 땅은 구별하여 재앙이 임하지 않게 하신다.
   - 네 번째 재앙으로 바로의 마음이 어떻게 움직이는가?(25-28절) 드디어 바로는 가서 하나님께 제사를 드릴 것을 허락하되 멀리 가지는 말라고 말한다. 또한 바로는 자신을 위하여 여호와께 간구하기를 요청한다. 그러나 파리 떼가 떠나자 바로의 마음은 다시 완강하게 되어 그 백성을 보내지 아니하였다(32절).
2. 다시 한 번 성경본문을 천천히 읽는다. 읽는 동안에 어떤 말씀이 내 마음에 부딪혀 오는지를 살핀다.
   예를 들어, "그러나 바로가 이 때에도 그의 마음을 완강하게 하여 그 백성을 보내지 아니하였더라."(32절)라는 말씀이 마음에 다가왔다.
3. 내 마음에 부딪혀 온 말씀이 묵상 가운데 구체적으로 내게 어떤 말씀을 주시는지 또는 내 마음 안에서 어떻게 역사하는지를 살핀다. 그리고 이 말씀에 대해 내가 어떻게 응답하는지를 살펴본다.
   하나님의 재앙이 임할 때마다 바로는 하나님의 말씀 앞에 겸손하게 무릎을 꿇지 않고, 우선 자기가 무엇을 할 수 있는지, 혹은 어떻게 위기를 모면할 수 있는지 그 방안을 모색하기에 급급하다. 하지만 도무지 자신의 힘으론 어찌할 수 없을 때, 또한 어려워진 환경을 도무지 자기 스스로 감내할 수 없을 때, 그때가 되어서야 바로는 마지못해 모세에게 이스라엘 백성을 내어 주겠다는 약속을 한다. 그러나 재앙이 물러가 숨을 쉴 만하면 금방 다시 그의 마음은 완악해지고, 이스라엘 백성을 내어 보내주겠다는 자신의 약속, 즉 왕의 엄중한 비준을 취소해 버린다. 바로의 모습 속에서 우리 인간의 마음이 얼마나 변덕스럽고 얼마나 완고하며, 완악한지를 발견하게 된다. 비록 바로는 완악하여 이스라엘 백성을 내어 주지 않고 있지만, 그것과는 전혀 상관없이 하나님의 구원의 계획에는 차질이 없다. 오히려 하나님께서는 이러한 바로의 완악한 마음을 사용하시어 이스라엘의 하나님이 참 하나님이심을 온 땅에 드러내는 기회로 삼고 계신다. 모든 것 안에서 하나님의 선을 이루어 가시기 위한 하나님의 역사는 끊임없이 진행되고 있다.

개구리의 출현에서 나타난 하나님의 능력은 애굽의 요술사들의 능력과 비교할 수 없다. 파리의 출현에서, 이스라엘 백성이 거주하는 곳에는 단 한 마리의 파리도 나타나지 않음을 통해 하나님께서 파리 한 마리까지도 주장하시는 분이심을 나타내 보이고 계신다. 이러한 능력의 하나님께서 이스라엘 백성들의 처절한 부르짖음을 들으시고, 그들을 불쌍히 여기시며, 그들을 돌보시고, 모세를 통한 출애굽이라는 구원의 은총을 베풀기 원하신다. 그러나 강력한 힘을 자랑하는 바로는 하나님의 재앙으로 자기 백성들이 엄청난 고난과 어려움을 겪고 있음에도 그들의 어려움을 돌아보지도 않고 자기 백성들의 고통에 전혀 관심을 갖지도 않는다. 오직 자신이 견딜 수 없는 지경이 되어서야만 그의 마음은 조금 움직인다. 바로를 통해 드러나는 인간의 완고함과 사악함, 철저한 자기중심성, 이와 대조되는 하나님의 사랑의 마음이 명백히 드러나고 있음을 본다.

이처럼 극도로 자기중심적인 바로의 모습을 보면서 지도자는 어떤 자여야 하는가를 생각해 보게 된다. 자기를 희생하며 공동체를 위하여 살아가는 것이 참된 지도자가 아닌가, 그것이 예수님의 삶이요, 모세의 삶일 것이다. 참된 지도자를 그 어느 때보다 절실하게 찾는 오늘 한국교회의 상황 속에서 우리 모두 거룩한 성령님의 역사하심과 인도하심을 따라 바른 분별력과 사랑의 마음을 가지고 바로의 길이 아니라 오직 참 하나님이신 예수 그리스도의 길만을 따르는 삶을 살아가야겠다. 자기 성공과 안위만을 위한 넓은 길이 아니라 좁은 길을 걸으라는 주님의 말씀을 마음에 새기고 살아가야겠다는 생각을 하게 된다.

응답기도 및 임재 안에 머물기

각자 깨달은 말씀이나 마음에 부딪혀 오는 은혜에 따라 응답하는 기도를 충분히 드린다. 충분하게 하나님과 대화를 나누는 기도를 드린 이후에 하나님의 선하심과 인자하심을 맛보며 그분의 임재 안에 얼마 동안 머무른다. 하나님의 임재 안에 머무른 후에 기도 안내문에 나와 있는 기도로 마무리한다.

"하나님! 바로의 변덕스럽고 완악한 모습을 보며 그것이 바로라는 사악한 한 인간만의 모습이 아니라 우리 모든 인간의 본성을 드러내 보여 주는 것이 아니겠는가라는 생각을 하게 됩니다. 바로의 완고함이 제 안에 있습니다. 저도 제 안에 의지할 만한 무엇인가가 조금만이라도 있으며, 하나님이 아닌 나의 힘과 지혜를 의지하고자 합니다. 하나님의 뜻에 나를 온전히 내어 드리는 것이 아니라 자신을 위해 살고자 하는 뿌리 깊은 이기심과 완고함이 내 안에 자리하고 있습니다.

하나님! 하나님께서 저에게 베푸시는 오래 참음에 감사하며, 다른 사람들에게 하나님이 저에게 베풀어 주시는 마음으로 관용하며 너그럽게 반응해야 하지만, 받은 은혜로 더 방자하여지는 저의 완악함을 봅니다. 저의 이 완악함을 용서하시고, 나 중심적인 삶으로 기울지 않게 도와주옵소서. '나에게서 주의 성령을 거두어 가지 마소서'라는 다윗왕의 기도처럼 저를 위해 기도 드리오니, 내 안에 끊임없는 성령의 역사가 있게 하시고, 성령의 이끄심에 항상 민감한 삶을 살아가게 하옵소서. 항상 세리의 심정으로 가슴을 치며 통회하는 진정한 기도의 삶을 살아가게 하옵소서. 항상 옥토의 심령을 간직함으로 저의 마음에 뿌려지는 하나님의 말씀이 백 배의 결실을 맺게 하옵소서."

반추 및 성찰

가능하면 기도했던 장소에서 자리를 옮긴다. 그리고 기도 시간에 경험한 내용을 돌아보면서 노트에 간단히 적는다. 이때 기도 안에서 하나님과 내 자신에 대한 전체적인 느낌을 적고, 또 영적으로 위로를 받았던 경험과 영적으로 메말랐던 경험을 적는다.

___

___

___

___

삶으로 나아가기

마음에 와 닿는 한 구절의 말씀을 선택하여 쪽지에 기록한다.

예를 들면 "그러나 바로가 이 때에도 그의 마음을 완강하게 하여 그 백성을 보내지 아니하였더라."(32절)
이 말씀을 수시로 꺼내어 읊조리면서 일상 안에서 기도하며 생활한다.

주요내용 설명

둘째 재앙인 개구리 재앙을 선포하기 위하여 여호와께서 모세에게 명령하신다 : "내 백성을 보내라. 그들이 나를 섬길 것이니라." 만약 이 명령을 거절하면 개구리가 온 땅을 쳐서 나일 강과 온 나라와 , 바로, 백성들, 온 신하에게 올라올 것임을 선포하였다. 경고대로 개구리들이 애굽 온 땅에 덮였다. 이에 대하여 바로가 모세와 아론에게 한 반응은 "나와 내 백성에게서 개구리를 떠나게 하라 내가 이 백성을 보내리니 그들이 여호와께 제사를 드릴 것이니라." 이다. 이것은 분명히 개구리를 떠나게 하면 모세가 요구한 것을 들어 준다는 뜻으로 이해된다. 그런데 왕의 요구대로 "내일" 개구리가 나일 강에만 있게 만들었지만, 사태가 수습되는 것을 보고 숨을 쉬게 되자, 바로가 그의 마음을 완강하게 하여 모세와 아론의 말을 듣지 않았다.

셋째 재앙인 이 재앙을 선포하기 위하여 아론이 지팡이를 들어 땅의 티끌을 치고, 애굽 온 땅의 티끌이 다 이가 되어 사람과 가축에 오르게 되었다. 요술사들이 바로에게 이것이 하나님의 권능이라고 말했지만, 바로의 마음이 완악하여 듣지 않았다.

넷째 재앙인 파리 재앙을 선포하기 위하여 모세는 아침에 일찍이 바로 앞에 서서 재앙을 선포한다. 이 재앙은 애굽 온 땅에 임하지만 하나님의 백성이 거주하는 고센 땅에는 파리가 없게 하여 내 백성과 네 백성 사이가 구분되리라고 바로에게 명령한다. 이에 대하여 바로는 모세와 아론을 불러 요구사항을 수정하게 한다. "가서 이 땅에서 너희 하나님께 예배를 드리라."는 것이다. 모세와 아론의 요구는 애굽인들이 그들을 돌로 칠 것이기 때문에 사흘 길을 가서 제사를 드려야 한다고 요구한다. 이에 바로는 "너무 멀리 가지는 말라. 그런즉 너희는 나를 위하여 간구하라."라고 한다. 마침내 여호와께서 모세의 말대로 파리 떼를 떠나게 하였지만, 바로가 그의 마음을 완강하게 하여 백성을 보내지 않았다.

11. 다섯째, 여섯째, 일곱째 재앙
(9 : 1-35)

기도에 임하기

1. 몸과 마음을 가다듬고 하나님의 임재를 기억하며 기도를 준비한다.
2. 찬송을 부른다(286장).

말씀읽기

출애굽기 9 : 1~35

1절 여호와께서 모세에게 이르시되 바로에게 들어가서 그에게 이르라 히브리 사람의 하나님 여호와께서 말씀하시기를 내 백성을 보내라 그들이 나를 섬길 것이니라
2절 네가 만일 보내기를 거절하고 억지로 잡아두면
3절 여호와의 손이 들에 있는 네 가축 곧 말과 나귀와 낙타와 소와 양에게 더하리니 심한 돌림병이 있을 것이며
4절 여호와가 이스라엘의 가축과 애굽의 가축을 구별하리니 이스라엘 자손에게 속한 것은 하나도 죽지 아니하리라 하셨다 하라 하시고
5절 여호와께서 기한을 정하여 이르시되 여호와가 내일 이 땅에서 이 일을 행하리라 하시더니
6절 이튿날에 여호와께서 이 일을 행하시니 애굽의 모든 가축은 죽었으나 이스라엘 자손의 가축은 하나도 죽지 아니한지라

7절 바로가 사람을 보내어 본즉 이스라엘의 가축은 하나도 죽지 아니하였더라 그러나 바로의 마음이 완강하여 백성을 보내지 아니하니라

8절 여호와께서 모세와 아론에게 이르시되 너희는 화덕의 재 두 움큼을 가지고 모세가 바로의 목전에서 하늘을 향하여 날리라

9절 그 재가 애굽 온 땅의 티끌이 되어 애굽 온 땅의 사람과 짐승에게 붙어서 악성 종기가 생기리라

10절 그들이 화덕의 재를 가지고 바로 앞에 서서 모세가 하늘을 향하여 날리니 사람과 짐승에게 붙어 악성 종기가 생기고

11절 요술사들도 악성 종기로 말미암아 모세 앞에 서지 못하니 악성 종기가 요술사들로부터 애굽 모든 사람에게 생겼음이라

12절 그러나 여호와께서 바로의 마음을 완악하게 하셨으므로 그들의 말을 듣지 아니하였으니 여호와께서 모세에게 말씀하심과 같더라

13절 여호와께서 모세에게 이르시되 아침에 일찍이 일어나 바로 앞에 서서 그에게 이르기를 히브리 사람의 하나님 여호와의 말씀에 내 백성을 보내라 그들이 나를 섬길 것이니라

14절 내가 이번에는 모든 재앙을 너와 네 신하와 네 백성에게 내려 온 천하에 나와 같은 자가 없음을 네가 알게 하리라

15절 내가 손을 펴서 돌림병으로 너와 네 백성을 쳤더라면 네가 세상에서 끊어졌을 것이나

16절 내가 너를 세웠음은 나의 능력을 네게 보이고 내 이름이 온 천하에 전파되게 하려 하였음이니라

17절 네가 여전히 내 백성 앞에 교만하여 그들을 보내지 아니하느냐

18절 내일 이맘때면 내가 무거운 우박을 내리리니 애굽 나라가 세워진 그 날로부터 지금까지 그와 같은 일이 없었더라

19절 이제 사람을 보내어 네 가축과 네 들에 있는 것을 다 모으라 사람이나 짐승이나 무릇 들에 있어서 집에 돌아오지 않는 것들에게는 우박이 그 위에 내리리니 그것들이 죽으리라 하셨다 하라 하시니라

20절 바로의 신하 중에 여호와의 말씀을 두려워하는 자들은 그 종들과 가축을 집으로 피하여 들였으나

21절 여호와의 말씀을 마음에 두지 아니하는 사람은 그의 종들과 가축을 들에 그대로 두었더라

22절 여호와께서 모세에게 이르시되 너는 하늘을 향하여 손을 들어 애굽 전국에 우박이 애굽 땅의 사람과 짐승과 밭의 모든 채소에 내리게 하라

23절 모세가 하늘을 향하여 지팡이를 들매 여호와께서 우렛소리와 우박을 보내시고 불을 내려 땅에 달리게 하시니라 여호와께서 우박을 애굽 땅에 내리시매
24절 우박이 내림과 불덩이가 우박에 섞여 내림이 심히 맹렬하니 나라가 생긴 그 때로부터 애굽 온 땅에는 그와 같은 일이 없었더라
25절 우박이 애굽 온 땅에서 사람과 짐승을 막론하고 밭에 있는 모든 것을 쳤으며 우박이 또 밭의 모든 채소를 치고 들의 모든 나무를 꺾었으되
26절 이스라엘 자손들이 있는 그 곳 고센 땅에는 우박이 없었더라
27절 바로가 사람을 보내어 모세와 아론을 불러 그들에게 이르되 이번은 내가 범죄하였노라 여호와는 의로우시고 나와 나의 백성은 악하도다
28절 여호와께 구하여 이 우렛소리와 우박을 그만 그치게 하라 내가 너희를 보내리니 너희가 다시는 머물지 아니하리라
29절 모세가 그에게 이르되 내가 성에서 나가서 곧 내 손을 여호와를 향하여 펴리니 그리하면 우렛소리가 그치고 우박이 다시 있지 아니할지라 세상이 여호와께 속한 줄을 왕이 알리이다
30절 그러나 왕과 왕의 신하들이 여호와 하나님을 아직도 두려워하지 아니할 줄을 내가 아나이다
31절 그 때에 보리는 이삭이 나왔고 삼은 꽃이 피었으므로 삼과 보리가 상하였으나
32절 그러나 밀과 쌀보리는 자라지 아니한 고로 상하지 아니하였더라
33절 모세가 바로를 떠나 성에서 나가 여호와를 향하여 손을 펴매 우렛소리와 우박이 그치고 비가 땅에 내리지 아니하니라
34절 바로가 비와 우박과 우렛소리가 그친 것을 보고 다시 범죄하여 마음을 완악하게 하니 그와 그의 신하가 꼭 같더라
35절 바로의 마음이 완악하여 이스라엘 자손을 내보내지 아니하였으니 여호와께서 모세에게 말씀하심과 같더라

배경설명

이 본문은 이스라엘 백성들이 애굽에서 출애굽하기 전에 행한 열 재앙 중에서 다섯째 재앙인 생축의 악성 종기, 여섯째 재앙인 악성 종기, 일곱째 재앙인 우박의 재앙에 대하여 보여 준다. 가축에게 내린 악질은 암소 머리를 가진 하토르(Hathor)와 풍산의 상징인 황소 신 아피스(Apis)에 대한 공격이다. 악성 종기는 질병을 관장하고 아우르는 힘을 가진 세크메트(Sekhmet)와 역병의 신 수느와 치료의 여신 이시스에 대한 공격이다. 우박은 하

늘의 여신 누트(Nut), 곡물과 풍산의 신 오시리스(Osiris), 폭풍우의 신 셋(Set)에 대한 공격이다. 즉, 열 재앙의 목표는 애굽의 신들을 벌하는 것이다(출 12 : 12).

재앙의 과정은 하나님의 경고 명령, 모세와 아론의 재앙 선포와 재앙 실행, 그리고 재앙 직전과 직후 바로의 반응 등으로 유사해 보이지만 세부적으로 차이가 있고 점차적인 발전이 있다. 첫째, 경고인 악질 재앙은 모세가 "바로에게 들어가서 그에게 경고하며" 시작되고, 악성 종기 재앙은 경고 없이 일어나고, 우박 재앙을 선포하기 위해 모세와 아론은 아침에 일찍이 일어나 바로 앞에 선다. 둘째, 악질 재앙에서 이스라엘의 가축과 애굽의 가축이 구별되어, 이스라엘 자손에게 속한 것은 하나도 죽지 않았다(출 9 : 4). 악성 종기 재앙에서 악성 종기가 요술사들로부터 애굽 모든 사람에게 생겼다(출 9 : 11). 우박 재앙에서는 바로의 신하들도 여호와 말씀을 두려워하여 종들과 가축을 피하기까지 하였다(출 9 : 20). 또한 이스라엘 백성들이 거하는 고센 땅에서는 우박이 없었다(출 9 : 26).

셋째, 재앙 직전과 재앙 직후의 바로의 반응이 약간 다르다. 다섯째와 일곱째 재앙 직후에는 바로가 자기의 마음을 완악하게 하였다. 그런데 여섯째 재앙 때는 여호와께서 바로의 마음을 완악하게 하였다. 다섯째 재앙 때 바로는 이스라엘 가축이 하나도 죽지 아니한 것을 보고도 마음을 완강하게 하였다. 일곱 째 재앙에서, 여호와는 모세에게 "내 이름이 온 천하에 전파되게 하려 하였다."라고 말한다(출 10 : 16). 바로는 재앙 직후에 "이번은 내가 범죄하였노라 여호와는 의로우시고 나와 나의 백성은 악하도다."라고 고백한다(출 10 : 27). 그러나 재앙이 사라진 후에 바로의 마음이 완악하여 이스라엘 자손을 보내지 않았다.

기도

성령의 임재를 위한 기도

사랑의 하나님, 저의 모든 것을 변화시키시는 성령님의 은혜를 구합니다. 이 기도의 여정 가운데도 변화의 은혜를 허락하시어 저의 기도를 더욱 참되고 진실된 여정이 되게 하여 주시옵소서.

본문말씀 읽기와 묵상하기

본문말씀을 천천히 한 번 읽은 후에 다시 본문을 찬찬히 들여다보면서 전체적인 내용과 상황을 파악한다.

하나님께서는 애굽에 심한 돌림병과 악성 종기와 우박의 재앙을 내리시지만 바로는 여전히 완악한 마음으로 이스라엘 백성을 보내지 않는다.

1. 본문에 나오는 말씀의 핵심적인 내용을 마음으로 깨달아 알려고 묵상을 한다.
   - 이스라엘의 백성을 내보내 주지 않는 바로에게 임한 다섯 번째 재앙은 무엇인가?(3절) 이에 대한 바로의 반응은 어떠한가?(7절) 애굽의 가축들에게 심한 돌림병의 재앙을 내려 애굽의 모든 가축을 죽게 하였으나 여호와께서 바로의 마음을 완악하게 하셨으므로 바로는 모세와 아론의 말을 듣지 않는다.
   - 이스라엘의 백성을 내보내 주지 않는 바로에게 임한 여섯 번째 재앙은 무엇인가?(8-11절) 이에 대한 바로의 반응은 어떠한가?(12절) 애굽의 모든 사람에게 악성 종기가 생겼으나 여호와께서 바로의 마음을 완악하게 하셨으므로 그들의 말을 듣지 않는다.
   - 하나님께서 바로의 마음을 완악하게 하여 이 많은 재앙을 행하심에는 어떠한 의도가 있는 것인가?(14-16절) 온 천하에 하나님 같은 이가 없음을 알게 하시고, 하나님의 능력을 바로에게 보여 하나님의 이름이 온 천하에 전파되게 하려 하심이다. 하나님께서 애굽에 열 가지 재앙을 내리심은 애굽 사람들이 그들의 보호자로 섬기는 모든 신을 심판하시는 것이었으며(출 12 : 12), 전능하신 하나님의 이름이 온 천하에 전파되게 하시는 것이었다. 세상의 모든 우상들을 심판하시고, 온 천하 앞에 하나님을 선포하시는 것이었다.
   - 일곱 번째 재앙은 무엇이며, 그 재앙이 일어날 때 애굽 사람들의 반응은 어떻게 달라졌는가?(20-21절) 일곱 번째 재앙에 대한 경고 후, 바로의 신하 중에도 여호와의 말씀을 두려워하는 자들이 생겼고, 그들은 재앙을 대비하여 종들과 가축을 집으로 피하여 들였다. 천둥과 우박 재앙이 내리자 바로는 자신이 하나님께 죄를 지었다고 자기의 죄를 자백하며, 여호와는 의로우시고 자기와 자기 백성은 악함을 고백하며, 이스라엘을 내보내 줄 것을 약속한다(27-28절).
   - 우박 재앙이 그치자 바로와 바로의 신하들의 마음은 어떻게 변하는가?(33-35절) 우박 재앙이 그친 것을 보고 다시 범죄하여 마음을 완악하게 하고, 이스라엘 자손을 내보내지 아니하였다. 여호와께서는 이미 이것을 예언하였다.
2. 다시 한 번 성경본문을 천천히 읽는다. 읽는 동안에 어떤 말씀이 내 마음에 부딪혀 오는지를 살핀다.
   예를 들어, "내가 너를 세웠음은 나의 능력을 네게 보이고 내 이름이 온 천하에 전파되게 하려 하였음이니라"(16절)라는 말씀이 마음에 다가왔다.
3. 내 마음에 부딪혀 온 말씀이 묵상 가운데 구체적으로 내게 어떤 말씀을 주시는지 또는 내 마음 안에서 어떻게 역사하는지를 살핀다. 그리고 이 말씀에 대해 내가 어떻게 응답하는지를 살펴본다.

오늘 본문은 하나님께서 완고한 바로에게 계속 재앙을 내리심에도 불구하고 바로의 마음은 결코 변하지 않았음을 보여 준다. 더 큰 재앙이 자신과 애굽 백성들에게 임했음에도 불구하고 오히려 바로의 마음은 더욱 완고해진다. 본문의 말씀은 이러한 바로의 모습을 통해 완고한 우리가 우리의 마음을 스스로 다스릴 수 있는 것이 아니요, 우리의 마음을 여는 것도 우리 자신의 능력이 아닌 오직 하나님의 은혜로만 가능하다는 사실을 다시 한 번 일깨워 준다.

왜 하나님께서는 바로의 마음을 완고하게 하시는가? 여호와 하나님께서 온 땅 가운데 유일한 참 하나님이심을 나타내시려는 목적으로 바로의 마음을 붙잡고 계시다는 것이다. 예수님께서 가룟 유다를 통해 하나님의 거룩한 뜻을 이루셨듯이 하나님께서는 바로의 마음을 완악하게 하심을 통해 당신이 여호와 하나님이심을 온 땅 가운데 드러내고 계신다.

하지만 바로 왕도 천둥과 우박 재앙 앞에서는 무너지고 만다. 천둥과 우박 재앙으로 우주적인 불행과 공포가 몰아쳐 오자, 이로 인해 바로는 자신의 범죄를 자백하며 하나님께 굴복하기 시작한다. 그러나 성경은 왕과 왕의 신하들이 여호와 하나님을 아직도 두려워하지 않는 모습을 보여 준다. 결국 인간은 강하지 못하고 연약한 존재임을 드러내는 것인가? 하지만 본문은 바로의 자백이 거짓 자백이요, 그의 눈물은 진정한 회개의 눈물이 아님을 말해 준다. 그것은 잘못에서 돌이켜 새로운 삶으로 나아가고자 하는 통회의 눈물이 아니라 오히려 자신이 살아남기 위한 고도의 계략과도 같은 거짓 회개의 눈물이었다는 것이다.

이러한 바로의 거짓 자백은 우리 인간이 얼마나 완악하고 사악한 존재인지를 보여 주며, 진정한 회개를 위해서는 얼마나 깊은 차원에서 우리의 회개가 이루어져야 하는지를 말해 준다. 정말 이런 차원에서 보더라도 우리의 마음을 주장하시는 분은 하나님이시요, 진정한 회개는 오직 하나님의 은혜로만 가능하다는 사실을 뼈저리게 절감하게 된다.

응답기도 및 임재 안에 머물기

각자 깨달은 말씀이나 마음에 부딪혀 오는 은혜에 따라 응답하는 기도를 충분히 드린다. 충분하게 하나님과 대화를 나누는 기도를 드린 이후에 하나님의 선하심과 인자하심을 맛보며 그분의 임재 안에 얼마 동안 머무른다. 하나님의 임재 안에 머무른 후에 기도 안내문에 나와 있는 기도로 마무리한다.

"용서의 하나님! 매일 주님 앞에서 나의 잘못을 아뢰며 회개의 기도를 드립니다. 나의 모든 기도가 주님의 보좌에 까지 상달되는 기도가 되게 하옵소서. 진정한 사죄의 은총을 경험할 수 있게 하옵소서.

하나님! 이 시간 나의 모든 기도가 온전하게 주님께 드려지는 진정한 회개의 기도였는지, 그것이 삶의 개혁으로 이어지는 진실한 기도였는지, 반성해 봅니다. 오늘 천둥과 우박 재앙 앞에서 자신의 범죄를 거짓 자백하는 바로의 모습 속에서 나의 본 모습을 봅니다. 바로의 회개는 진정한 회개가 아니었습니다. 단지 입술로만 드리는 회개였지 마음의 회개는 아니었습니다. 그의 기도는 단지 자기에게 주어진 위기를 모면하고 살아남기 위한 얄팍한 전략일 뿐입니다. 그러나 저의 많은 기도도 그러하였던 것 같습니다. 저의 많은 기도가 두려움에서 시작되었고, 제가 드린 기도에는, 단지 어려움에서 빠져나오고, 위기에서 살아남기 위해 드려진 기도가 많았습니다. 그러다보니 저의 기도는 바로처럼 위기 앞에서는 회개하고 잘못을 뉘우치는 것 같지만 위기를 넘어서면 본 모습을 드러냅니다. 이제는 저의 기도가 그렇게 굳어져서 언제 내가 진실한 회개의 기도를 드렸는지 기억도 나지 않을 지경입니다. 나에게서 진정한 삶의 변화는 없습니다. 여전히 이기적이고 나 중심적이고 완고한 모습일 뿐입니다. 주여! 나에게 참된 회개의 영을 허락하옵소서. 진실된 기도를 하나님께 바치게 하옵소서. 나의 기도를 도와주옵소서. 진실한 마음으로 나의 잘못에서 돌이키는 기도를 올려드리게 하옵소서."

반추 및 성찰

가능하면 기도했던 장소에서 자리를 옮긴다. 그리고 기도 시간에 경험한 내용을 돌아보면서 노트에 간단히 적는다. 이때 기도 안에서 하나님과 내 자신에 대한 전체적인 느낌을 적고, 또 영적으로 위로를 받았던 경험과 영적으로 메말랐던 경험을 적는다.

_____

_____

_____

_____

삶으로 나아가기

마음에 와 닿는 한 구절의 말씀을 선택하여 쪽지에 기록한다.

예를 들면 "그러나 밀과 쌀보리는 자라지 아니한 고로 상하지 아니하였더라"(32절)
이 말씀을 수시로 꺼내어 읊조리면서 일상 안에서 기도하며 생활한다.

주요내용 설명

　다섯째 재앙인 생축의 악질 재앙을 선포하기 위하여 여호와께서 모세에게 명령하신다 : "내 백성을 보내라 그들이 나를 섬길 것이니라." 이때 하나님의 이름은 "히브리 사람의 하나님"이라고 묘사된다. 만약 이 명령을 거절하면 심한 돌림병이 있을 것이라고 말한다. 기한을 정해서 때가 되어 이 일을 행하사 "애굽의 모든 가축은 죽었으나 이스라엘 자손의 가축은 하나도 죽지 아니하였지만, 바로는 마음이 완강하여 백성을 보내지 않았다."
　여섯째 재앙인 악성 종기 재앙을 선포하기 위하여, 경고 없이 모세가 화덕의 재 두 움큼을 하늘을 향하여 날렸다. 그 결과 사람과 짐승에게 악성 종기가 생기고, 요술사들로부터 애굽 모든 사람들에게 생겼다. 이번에는 여호와께서 바로의 마음을 완악하게 하여 바로가 그들의 말을 듣지 않았다.
　일곱 째 재앙인 우박 재앙을 선포하기 위하여 모세는 아침에 일찍이 바로 앞에 서서 재앙을 선포한다. 바로 앞에서 이 재앙의 목표가 "온 천하에 나와 같은 자가 없음을 알게 하는 것이고" 모세를 세운 이유는 "여호와의 능력을 보이고, 여호와의 이름이 온 천하에 전파되게 하려 함"이다. 우박 앞에서 애굽 사람들의 반응은 두 가지이다. 여호와의 말씀을 두려워하여 종들과 가축을 집으로 피하여 들인 자들도 있고, 그냥 들에 두는 자들도 있었다(출 9 : 20-21).
　우박의 재앙이 애굽 온 땅에 임한 피해가 얼마나 심각한지 "나라가 생긴 그 때로부터 애굽 온 땅에는 그와 같은 일이 없었더라."(출 9 : 24). 그러나 하나님의 백성이 거주하는 고센 땅에는 우박이 없었다. 재앙의 심각성을 깨달은 바로가 모세와 아론을 다시 불러 고백한다 : "이번은 내가 범죄하였노라 여호와는 의로우시고 나와 나의 백성은 악하도다 여호와께 구하여 이 우렛소리와 우박을 그만 그치게 하라 내가 너희를 보내리니 너희가 다시는 머물지 아니하리라"(출 9 : 27-28). 모세는 우박의 재앙을 그치게 하면서도 왕과 왕의 신하들이 여호와 하나님을 두려워하지 아니할 줄을 알았다. 재앙이 끝난 후에 바로의 마음이 다시 완악하여 이스라엘 자손을 내보내지 않았다.

12. 여덟째, 아홉째 재앙
(10 : 1-29)

기도에 임하기

1. 몸과 마음을 가다듬고 하나님의 임재를 기억하며 기도를 준비한다.
2. 찬송을 부른다(289장).

말씀읽기

출애굽기 10 : 1~29

1절   여호와께서 모세에게 이르시되 바로에게로 들어가라 내가 그의 마음과 그의 신하들의 마음을 완강하게 함은 나의 표징을 그들 중에 보이기 위함이며

2절   네게 내가 애굽에서 행한 일들 곧 내가 그들 가운데에서 행한 표징을 네 아들과 네 자손의 귀에 전하기 위함이라 너희는 내가 여호와인 줄을 알리라

3절   모세와 아론이 바로에게 들어가서 그에게 이르되 히브리 사람의 하나님 여호와께서 말씀하시기를 네가 어느 때까지 내 앞에 겸비하지 아니하겠느냐 내 백성을 보내라 그들이 나를 섬길 것이라

4절   네가 만일 내 백성 보내기를 거절하면 내일 내가 메뚜기를 네 경내에 들어가게 하리니

5절   메뚜기가 지면을 덮어서 사람이 땅을 볼 수 없을 것이라 메뚜기가 네게 남은 그것 곧 우박을 면하고 남은 것을 먹으며 너희를 위하여 들에서 자라나는 모든 나무를 먹을

것이며
6절 또 네 집들과 네 모든 신하의 집들과 모든 애굽 사람의 집들에 가득하리니 이는 네 아버지와 네 조상이 이 땅에 있었던 그 날로부터 오늘까지 보지 못하였던 것이리라 하셨다 하고 돌이켜 바로에게서 나오니

7절 바로의 신하들이 그에게 말하되 어느 때까지 이 사람이 우리의 함정이 되리이까 그 사람들을 보내어 그들의 하나님 여호와를 섬기게 하소서 왕은 아직도 애굽이 망한 줄을 알지 못하시나이까 하고

8절 모세와 아론을 바로에게로 다시 데려오니 바로가 그들에게 이르되 가서 너희의 하나님 여호와를 섬기라 갈 자는 누구 누구냐

9절 모세가 이르되 우리가 여호와 앞에 절기를 지킬 것인즉 우리가 남녀 노소와 양과 소를 데리고 가겠나이다

10절 바로가 그들에게 이르되 내가 너희와 너희의 어린 아이들을 보내면 여호와가 너희와 함께 함과 같으니라 보라 그것이 너희에게는 나쁜 것이니라

11절 그렇게 하지 말고 너희 장정만 가서 여호와를 섬기라 이것이 너희가 구하는 바니라 이에 그들이 바로 앞에서 쫓겨나니라

12절 여호와께서 모세에게 이르시되 애굽 땅 위에 네 손을 내밀어 메뚜기를 애굽 땅에 올라오게 하여 우박에 상하지 아니한 밭의 모든 채소를 먹게 하라

13절 모세가 애굽 땅 위에 그 지팡이를 들매 여호와께서 동풍을 일으켜 온 낮과 온 밤에 불게 하시니 아침이 되매 동풍이 메뚜기를 불어 들인지라

14절 메뚜기가 애굽 온 땅에 이르러 그 사방에 내리매 그 피해가 심하니 이런 메뚜기는 전에도 없었고 후에도 없을 것이라

15절 메뚜기가 온 땅을 덮어 땅이 어둡게 되었으며 메뚜기가 우박에 상하지 아니한 밭의 채소와 나무 열매를 다 먹었으므로 애굽 온 땅에서 나무나 밭의 채소나 푸른 것은 남지 아니하였더라

16절 바로가 모세와 아론을 급히 불러 이르되 내가 너희의 하나님 여호와와 너희에게 죄를 지었으니

17절 바라건대 이번만 나의 죄를 용서하고 너희의 하나님 여호와께 구하여 이 죽음만은 내게서 떠나게 하라

18절 그가 바로에게서 나가서 여호와께 구하매

19절 여호와께서 돌이켜 강렬한 서풍을 불게 하사 메뚜기를 홍해에 몰아넣으시니 애굽 온 땅에 메뚜기가 하나도 남지 아니하니라

20절 그러나 여호와께서 바로의 마음을 완악하게 하셨으므로 이스라엘 자손을 보내지 아

	니하였더라
21절	여호와께서 모세에게 이르시되 하늘을 향하여 네 손을 내밀어 애굽 땅 위에 흑암이 있게 하라 곧 더듬을 만한 흑암이리라
22절	모세가 하늘을 향하여 손을 내밀매 캄캄한 흑암이 삼 일 동안 애굽 온 땅에 있어서
23절	그 동안은 사람들이 서로 볼 수 없으며 자기 처소에서 일어나는 자가 없으되 온 이스라엘 자손들이 거주하는 곳에는 빛이 있었더라
24절	바로가 모세를 불러서 이르되 너희는 가서 여호와를 섬기되 너희의 양과 소는 머물러 두고 너희 어린 것들은 너희와 함께 갈지니라
25절	모세가 이르되 왕이라도 우리 하나님 여호와께 드릴 제사와 번제물을 우리에게 주어야 하겠고
26절	우리의 가축도 우리와 함께 가고 한 마리도 남길 수 없으니 이는 우리가 그 중에서 가져다가 우리 하나님 여호와를 섬길 것임이며 또 우리가 거기에 이르기까지는 어떤 것으로 여호와를 섬길는지 알지 못함이니이다 하나
27절	여호와께서 바로의 마음을 완악하게 하셨으므로 그들 보내기를 기뻐하지 아니하고
28절	바로가 모세에게 이르되 너는 나를 떠나가고 스스로 삼가 다시 내 얼굴을 보지 말라 네가 내 얼굴을 보는 날에는 죽으리라
29절	모세가 이르되 당신이 말씀하신 대로 내가 다시는 당신의 얼굴을 보지 아니하리이다.

배경설명

이 본문은 이스라엘 백성들이 애굽에서 출애굽하기 전에 행한 열 재앙 중에서 여덟 째 재앙인 메뚜기와 아홉째 재앙인 흑암 재앙을 보여 준다. 여덟째 재앙인 메뚜기는 하늘의 여신인 누트와 곡물과 풍산을 관장하는 신 오시리스(Osiris)에 대한 공격이다. 아홉째 신인 흑암은 애굽의 태양신 라(Ra), 호루스(Horus), 누트 하토르(Hathor)에 대한 공격이다. 즉, 열 재앙은 곧 애굽의 신들을 벌하는 것이다(출 12 : 12).

메뚜기 재앙이 여덟 번째 나타난 것은 고대 근동에서 메뚜기 재앙이 흔하되, 황폐와 대파괴를 가져오는 것으로 알려졌기 때문이다. 메뚜기는 2, 3월에 활동을 시작하여 항풍을 따라, 애굽이나 팔레스틴으로 간다. 메뚜기는 날마다 자기 몸무게만큼의 먹이를 먹어치운다. 메뚜기로 인한 경제적인 위험성은 대단하였을 것이다.

흑암 재앙은 "더듬을 만한 흑암"(출 10 : 21)이라고 표현하였다. 완전한 어둠이라기보다는 어떤 장애물에 의하여 보기 어려운 것을 의미하는데, 이는 아마도 캄신(khamsin) 먼지 폭풍에 의하여 일어난 것으로 보인다. 나일 강에 의하여 운반된 흙에 의하여 나온 엄청난 먼지가 3일 동안 지속되었을 것이다. 폭풍보다 흑암을 강조하는 이유는 애굽의 민족 신이며, 바로의 신적 아버지인 아몬 레(Amon-Re)가 특별한 공격 대상이었기 때문이다.

　재앙의 전개 가운데 여호와와 바로의 대화가 어떻게 발전하는지 보는 것이 흥미롭다. "어느 때까지 겸비하지 않겠느냐?"고 여호와께서 물으시고, 바로의 신하들은 이스라엘 백성들을 내보내기를 간청하면서 "아직도 애굽이 망한 줄을 알지 못하니까?"라고 말한다. 이어서 이스라엘 백성들의 요구는 남녀노소와 양과 소를 요구하는 모세와 장정만 가라고 하는 바로의 요구가 맞선다. 재앙 후에는 바로가 자신이 죄를 지었으므로 자신의 죄를 용서하고 이 죽음만은 내게서 떠나게 해 달라고 했지만, 재앙이 멈춘 후에 이번에는 여호와께서 바로의 마음을 완악하게 하여 다시 이스라엘 사람들을 보내기를 기뻐하지 아니했다.

기도

성령의 임재를 위한 기도

　자비의 하나님, 이 시간 진정으로 변화되길 원하는 심령을 저에게 허락하시고, 입술에만 머무는 기도와 상황의 모면을 위한 기도가 아니라 주님을 향한 진정한 변화의 열망으로서의 간구가 되게 하여 주시옵소서.

본문말씀 읽기와 묵상하기

　본문말씀을 천천히 한 번 읽은 후에 다시 본문을 찬찬히 들여다보면서 전체적인 내용과 상황을 파악한다.

　　하나님께서는 애굽에 메뚜기 재앙과 흑암의 재앙을 내리시나 바로는 여전히 완악하여 이스라엘 백성들을 보내지 않는다.

1. 본문에 나오는 말씀의 핵심적인 내용을 마음으로 깨달아 알려고 묵상을 한다.
  - 하나님께서 바로와 그의 신하들의 마음을 완악하게 하신 이유가 무엇인가?(1-2절) 하나님께서 바로와 그의 신하들의 마음을 완강하게 하신 것은 첫째, 하나님의 표징을 그들에게 보이기 위함이며, 둘째, 하나님께서 애굽 사람들에게 행하신 일과 기적에 대한 이야기 거리가 대대로 이스라엘 자손들에게 전해지도록 하기 위함이며, 셋째, 이 위대한 일을 행하시는 분이 바로 여호

와 하나님이심을 알게 하시기 위함이다.
- 이스라엘의 백성을 내보내 주지 않는 바로에게 임한 여덟 번째 재앙은 무엇인가?(4–6절, 12–15절) 이에 대한 바로와 바로의 신하들은 어떻게 반응하는가?(7–11절, 16–17절) 모세와 아론이 바로에게 백성을 보내지 않으면 메뚜기가 지면을 덮을 것이라고 경고하자, 바로의 신하들은 바로를 설득한다. 그들은 모세가 애굽의 함정이 되고, 재앙들로 인해 애굽이 치명적인 위기에 처했음을 바로로 하여금 직시하게 한다. 바로는 신하들의 권면으로 백성들을 데리고 나가는 것을 허락하되 장정만으로 제한한다. 타협이 결렬되었고, 모세와 아론은 쫓겨났다. 경고한대로, 모세가 애굽 땅에 손을 내밀자 메뚜기가 올라와 우박에 상하지 아니한 밭의 모든 채소를 먹어버렸다.
- 메뚜기 재앙으로 애굽 온 땅에 푸른 것이 남지 않게 되자, 바로는 어떻게 반응하는가?(14–20절) 바로가 모세와 아론을 급히 불러 자신의 죄를 자백하며 용서하기를 구하고 죽음만은 자신에게서 떠나게 할 것을 간구한다. 그러나 메뚜기를 몰아내자 바로는 다시 마음이 완악하여져서 이스라엘 자손을 보내지 않는다.
- 이스라엘의 백성을 내보내 주지 않는 바로에게 임한 아홉 번째 재앙은 무엇이며, 이에 대한 바로의 반응은 어떠했는가?(21–29절) 하나님이 애굽 땅에 3일 동안 흑암이 있게 하였고, 이로 인해 바로는 사람들은 나가되 가축은 놓고 가라고 허락한다. 그러나 모세와 아론은 타협하지 않았고,
- 하나님께서는 바로의 마음을 완악하게 하셨다. 바로는 모세에게 '자신을 떠나가고 스스로 삼가 다시는 내 얼굴을 보지 말 것이며, 만일 보는 날에는 죽을 것'이라고 말하지만, 모세는 '당신이 말씀하신 대로 다시는 당신의 얼굴을 보지 않게 될 것'이라고 말한다(28–29절).

2. 다시 한 번 성경본문을 천천히 읽는다. 읽는 동안에 어떤 말씀이 내 마음에 부딪혀 오는지를 살핀다.

예를 들어, "바라건대 이번만 나의 죄를 용서하고 너희의 하나님 여호와께 구하여 이 죽음만은 내게서 떠나게 하라"(17절)라는 말씀이 마음에 다가왔다.

3. 내 마음에 부딪혀 온 말씀이 묵상 가운데 구체적으로 내게 어떤 말씀을 주시는지 또는 내 마음 안에서 어떻게 역사하는지를 살핀다. 그리고 이 말씀에 대해 내가 어떻게 응답하는지를 살펴본다.

오늘 본문 중, 바로가 모세에게 애원하는 호소에서는 매우 절박한 마음이 느껴진다. '한 번 더 나의 죄를 용서하고 여호와 하나님께 구하여 이 죽음만은 나에게서 떠나게 해 다오.' 라고 말하는 지금 이 순간의 바로에게는 어떤 거짓이나 위선도 없어 보인다. 그는 극심한 위기감을 느끼며 진심으로 죄 용서를 구하고, 죽음에서 건지시는 하나님의 은혜를 진정으로 구하고 있다.

그런데 왜 이런 바로의 마음이 다시 완고해질까? 어떻게 해서 바로는 다시 옛 모습으로 금방 돌

아간 것일까? 정말 바로의 회개가 진정한 회개가 맞는 것일까? 아니면 여전히 예전처럼 살아남기 위한 거짓된 연극을 계속 하는 것일까? 물론 그것이 거짓일 수도 있을 것이다. 하지만 정말 절박한 위기의 상황 속에서 터져 나온 바로의 이 말과 이어진 그의 삶 속에서 명백히 드러난 불연속성은 바로의 존재가 얼마나 왜곡되어 있는지를 여실히 보여 준다. 비록 바로가 진정으로 자신의 잘못을 돌이킨다고 하더라도 한 순간의 돌이킴으로 자신의 마음과 삶을 온전히 돌이키기에는 그 존재 자체의 왜곡이 중했던 것이다. 사도 바울이나 다윗 왕이 자신들의 죄를 고백할 때 자신들의 어떤 잘못된 행위만이 아니라 존재 자체가 잘못되었음을 고백하듯이, 바로가 비록 자신의 죄를 자백한다고 하더라도 그러한 진중하지 못한 회개의 행위로는 새로운 삶을 살아갈 수 없는 것이다. 이런 면에서 볼 때 본문에서 바로의 기도는 어느 정도 진정성은 있어 보이나 상당히 피상적인 수준에서 이루어지는 고백임을 알 수 있다.

그렇다면 우리에게 요구되는 진정한 회개는 어떤 회개인가? 우리는 어떻게 진정한 변화의 삶으로 나아갈 수 있을까? 나의 기준과 세상적인 가치 기준이 아니라 하나님의 은혜의 빛 안에서 나의 진정한 모습을 바라보며 하나님 앞에서 진정한 회개의 삶으로 살아가야 할 것이다. 단지 도덕적이고 윤리적인 회개의 차원에 머무는 것이 아니라, 하나님의 무한하신 사랑과 은총에 온전히 응답하지 못하는 나를 바라보며 가슴을 치는 진정한 회개의 삶만이 우리의 마음이 완고해지는데서 우리를 건져낼 수 있을 것이다.

응답기도 및 임재 안에 머물기

각자 깨달은 말씀이나 마음에 부딪혀 오는 은혜에 따라 응답하는 기도를 충분히 드린다. 충분하게 하나님과 대화를 나누는 기도를 드린 이후에 하나님의 선하심과 인자하심을 맛보며 그분의 임재 안에 얼마 동안 머무른다. 하나님의 임재 안에 머무른 후에 기도 안내문에 나와 있는 기도로 마무리한다.

"사랑이신 하나님! 한때는 회개의 삶이 주님 앞에서의 합당한 삶이며, 그로 인하여 나의 삶이 언젠가는 은총으로 변화되리라는 기대를 가졌습니다. 하지만 돌이켜 볼 때, 너무나 많은 나의 기도가 단지 입술만의 기도였으며, 마음의 기도가 아니요, 하나님의 마음을 움직이는 기도도 아니며, 내 마음의 위로만을 구하는 기도였다는 사실을 깨닫게 됩니다. 과거의 수많은 나의 자백과 눈물은 진실하지 못하였고, 그저 피상적인 수준의 것이었습니다. 분명 그때는 참된 회개라고 생각했고, 주님 앞에서 과거의 삶을 돌이키며 진정으로 변화된 삶을 살아가고자 다짐을 했습니다. 하지만 나의 모든 다짐은 바닷가의 모래성처럼 한순간에 허물어졌고 늘 예전의 모습으로 돌아갔습니다.

하나님! 이제는 그 이유를 조금은 알 것 같습니다. 나의 근본적인 왜곡을 알게 되었고, 심지어 기도할 때 조차 내 마음이 얼마나 왜곡되었는지, 거짓된 내가 내 기도의 주인공이 되었던 순간이 참으로 많았다는 것을 깨닫습니다. 이제 거짓된 나로서는 결코 주님과 영적으로 하나가 될 수 없음을 깨닫습니다. 내 마음의 지배자는 결코 내가 아니라 주님이신 것을 깨닫게 되었습니다.

하오니 나의 주님! 오시어 주님께서 나의 마음의 주인이 되시고 나의 마음을 주장하여 주옵소서. 오시어 나의 연약함을 붙들어 주소서. 오시어 나의 마음이 주님의 마음과 하나 되게 하시고 나의 주님께 진실하게 나의 마음을 열게 하옵소서. 성령님께 온전히 나를 맡겨 드리는 진정한 마음의 용기와 개방성을 허락해 주옵소서."

반추 및 성찰

가능하면 기도했던 장소에서 자리를 옮긴다. 그리고 기도 시간에 경험한 내용을 돌아보면서 노트에 간단히 적는다. 이때 기도 안에서 하나님과 내 자신에 대한 전체적인 느낌을 적고, 또 영적으로 위로를 받았던 경험과 영적으로 메말랐던 경험을 적는다.

_____

_____

_____

_____

삶으로 나아가기

마음에 와 닿는 한 구절의 말씀을 선택하여 쪽지에 기록한다.
예를 들면 "바라건대 이번만 나의 죄를 용서하고 너희의 하나님 여호와께 구하여 이 죽음만은 내게서 떠나게 하라"(17절)
이 말씀을 수시로 꺼내어 읊조리면서 일상 안에서 기도하며 생활한다.

주요내용 설명

여덟 번째 재앙을 위하여 모세는 바로에게 들어가 경고하는데 강도가 강해졌다. 하나님께서 이 재앙을 통해서 바로와 신하들의 마음을 완강하게 하는 것은 "너희는 내가 여호와인줄 알리라."를 위한 것이다. 평소에 말하는 대로 "내 백성을 보내라 그들이 나를 섬길 것이라." 라고 명령했지만, 그전에 "네가 어느 때까지 내 앞에 겸비하지 아니하겠느냐?"라는 말이 첨가된다. "바로의 아버지와 바로의 조상이 이 땅에 있었던 그날로부터 오늘까지 보지 못하였던" 재앙인 메뚜기 재앙이 예고되고, 신하들의 조언이 이어진다 : "어느 때까지 이 사람이 우리의 함정이 되리이까 그 사람들을 보내어 그들의 하나님 여호와를 섬기게 하소서 왕은 아직도 애굽이 망한 줄을 알지 못하시나이까"(출 10 : 7). 바로는 다시 모세와 아론을 불러 타협하되, 남녀노소와 양과 소를 데리고 가겠다는 모세와 아론에게 맞서 장정만 가서 여호와를 섬기라고 하면서 모세와 아론을 쫓아낸다. 메뚜기 재앙을 통해서 애굽 온 땅에서 메뚜기가 밭의 채소와 나무 열매를 먹어 버리자, 바로는 다시 모세를 불러 고백한다 : "내가 너희의 하나님 여호와와 너희에게 죄를 지었으니 바라건대 이번만 나의 죄를 용서하고 너희의 하나님 여호와께 구하여 이 죽음만은 내게서 떠나게 하라"(출 10 : 16-17). 그러나 메뚜기가 사라진 후에, 여호와께서 바로의 마음을 완악하게 하셨으므로 이스라엘 자손을 보내지 않는다.

아홉째 재앙은 경고 없이 바로 실행된다. 흑암이 애굽 땅에서 삼 일 동안 계속되었지만, 온 이스라엘 자손들이 거하는 곳에서는 빛이 있었다(출 10 : 23). 바로는 모세를 불러 타협을 시도한다 : "너희는 가서 여호와를 섬기되 너희의 양과 소는 머물러 두고 너희 어린 것들은 너희와 함께 갈지니라"(출 10 : 24). 모세는 양과 소를 남김없이 가져가기를 요청하고 바로는 거부한다. 여호와께서 바로의 마음을 완악하게 하셨으므로 이스라엘 자손을 보내지 않으신다. 그리고 바로는 이제 다시 자신의 얼굴을 보면 죽을 것을 경고하고, 모세는 다시는 바로의 얼굴을 보지 않을 것이라고 말한다.

13. 열째 재앙 예고
(11 : 1-10, 12 : 29-42)

기도에 임하기

1. 몸과 마음을 가다듬고 하나님의 임재를 기억하며 기도를 준비한다.
2. 찬송을 부른다(286장).

말씀읽기

출애굽기 11 : 1~10, 12 : 29~42

11:1 여호와께서 모세에게 이르시기를 내가 이제 한 가지 재앙을 바로와 애굽에 내린 후에야 그가 너희를 여기서 내보내리라 그가 너희를 내보낼 때에는 여기서 반드시 다 쫓아내리니
2절 백성에게 말하여 사람들에게 각기 이웃들에게 은금 패물을 구하게 하라 하시더니
3절 여호와께서 그 백성으로 애굽 사람의 은혜를 받게 하셨고 또 그 사람 모세는 애굽 땅에 있는 바로의 신하와 백성의 눈에 아주 위대하게 보였더라
4절 모세가 바로에게 이르되 여호와께서 이와 같이 말씀하시기를 밤중에 내가 애굽 가운데로 들어가리니
5절 애굽 땅에 있는 모든 처음 난 것은 왕위에 앉아 있는 바로의 장자로부터 맷돌 뒤에 있는 몸종의 장자와 모든 가축의 처음 난 것까지 죽으리니
6절 애굽 온 땅에 전무후무한 큰 부르짖음이 있으리라

7절 그러나 이스라엘 자손에게는 사람에게나 짐승에게나 개 한 마리도 그 혀를 움직이지 아니하리니 여호와께서 애굽 사람과 이스라엘 사이를 구별하는 줄을 너희가 알리라 하셨나니

8절 왕의 이 모든 신하가 내게 내려와 내게 절하며 이르기를 너와 너를 따르는 온 백성은 나가라 한 후에야 내가 나가리라 하고 심히 노하여 바로에게서 나오니라

9절 여호와께서 모세에게 이르시기를 바로가 너희의 말을 듣지 아니하리라 그러므로 내가 애굽 땅에서 나의 기적을 더하리라 하셨고

10절 모세와 아론이 이 모든 기적을 바로 앞에서 행하였으나 여호와께서 바로의 마음을 완악하게 하셨으므로 그가 이스라엘 자손을 그 나라에서 보내지 아니하였더라

12:29 밤중에 여호와께서 애굽 땅에서 모든 처음 난 것 곧 왕위에 앉은 바로의 장자로부터 옥에 갇힌 사람의 장자까지와 가축의 처음 난 것을 다 치시매

30절 그 밤에 바로와 그 모든 신하와 모든 애굽 사람이 일어나고 애굽에 큰 부르짖음이 있었으니 이는 그 나라에 죽임을 당하지 아니한 집이 하나도 없었음이었더라

31절 밤에 바로가 모세와 아론을 불러서 이르되 너희와 이스라엘 자손은 일어나 내 백성 가운데에서 떠나 너희의 말대로 가서 여호와를 섬기며

32절 너희가 말한 대로 너희 양과 너희 소도 몰아가고 나를 위하여 축복하라 하며

33절 애굽 사람들은 말하기를 우리가 다 죽은 자가 되도다 하고 그 백성을 재촉하여 그 땅에서 속히 내보내려 하므로

34절 그 백성이 발교되지 못한 반죽 담은 그릇을 옷에 싸서 어깨에 메니라

35절 이스라엘 자손이 모세의 말대로 하여 애굽 사람에게 은금 패물과 의복을 구하매

36절 여호와께서 애굽 사람들에게 이스라엘 백성에게 은혜를 입히게 하사 그들이 구하는 대로 주게 하시므로 그들이 애굽 사람의 물품을 취하였더라

37절 이스라엘 자손이 라암셋을 떠나서 숙곳에 이르니 유아 외에 보행하는 장정이 육십만 가량이요

38절 수많은 잡족과 양과 소와 심히 많은 가축이 그들과 함께 하였으며

39절 그들이 애굽으로부터 가지고 나온 발교되지 못한 반죽으로 무교병을 구웠으니 이는 그들이 애굽에서 쫓겨나므로 지체할 수 없었음이며 아무 양식도 준비하지 못하였음이었더라

40절 이스라엘 자손이 애굽에 거주한 지 사백삼십 년이라

41절 사백삼십 년이 끝나는 그 날에 여호와의 군대가 다 애굽 땅에서 나왔은즉

42절 이 밤은 그들을 애굽 땅에서 인도하여 내심으로 말미암아 여호와 앞에 지킬 것이니

이는 여호와의 밤이라 이스라엘 자손이 다 대대로 지킬 것이니라

배경설명

출애굽기 11~12장은 열째 재앙과 출애굽, 그리고 열 번째 재앙의 과정에서 생긴 유월절과 무교절 규례에 대한 것이다. 여기에서는 열째 재앙과 출애굽(출 11 : 1-10; 12 : 29-42)을 다루고 다음 과에서 유월절과 무교절 규례(출 12 : 1-28, 12 : 43-51)를 다루기로 한다.

열 번째 재앙은 재앙 심판의 절정이며, 출애굽 구원의 시작이다. 이 재앙은 재생산과 출산의 신(Min), 출산하는 여인들을 관장하고, 돌보는 여신 헤케트(Heqet), 어린이들과 바로의 장자를 보호하는 여신들에 대한 공격이다. 아홉 번째 재앙은 태양신의 패배라면, 열 번째 재앙에서는 왕의 후계자가 죽임을 당하는 것이다. 맷돌 뒤에 있는 몸종이란 사회적으로 가장 낮은 계층으로 묘사된다. 맷돌은 두 개의 돌로 만들어져 있다. 즉, 표면이 옴폭하게 되어 있는 밑돌과, 둥근 통 모양의 윗돌이다. 곡식을 갈기 위해서는 밑돌 위에 곡식을 깔고 그 위에서 윗돌을 미끄러지듯 돌려야 했다(배경주석, 104). 개도 혀를 움직이지 않는다는 말은 애굽 사람들이 충격적으로 느끼는 재앙이 전혀 느껴지지 않는 고요한 상황을 보여 준다.

이스라엘에서 처음 난 것을 바치는 것은 여호와가 생명과 다산과 번영의 공급자라는 것을 고백하는 일이다. 발교하지 못한 반죽 그릇이란(12 : 34) 섞은 반죽을 그릇에 담아 먼지가 들어가지 못하도록 옷에 싼 것을 가리키는 말이다. 출애굽 때 "수많은 잡족"(12 : 38)이 함께 떠났다는 말은 혈통적으로는 이스라엘 자손이 아닌 당대의 노예나 하층민들, 또는 하피루들 중에서 이스라엘 백성이 되어 그들과 함께 출애굽하는 백성들이 있었음을 의미한다. 출애굽에 참여한 이스라엘 백성의 수를 60만 명으로 볼 경우(12 : 37), 실제 인구는 200만 명이 됨을 의미한다. 학자들은 다양한 이유를 들어 역사적으로 이 숫자의 신빙성을 의심한다. 애굽의 삼각주 지역에 이만한 인구가 살기 어려웠을 것이며, 출애굽하기는 쉽지 않았을 것이라는 것이다. 그런데 성경은 일관되게 이스라엘의 인구가 60만 명이라고 진술한다(민 1 : 32; 11 : 21; 26 : 51). 고고학적으로 이 문제를 해결하기는 쉽지 않다. 열왕기상 6 : 1에 따라 출애굽한지 480년 만에 성전 봉헌이 이루어졌다면, 출애굽은 1400년대 중반(주전 1446년)에 이루어졌을 것이다. 여기에 이스라엘 백성이 애굽에서 거주한 430년이라는 연대기를 고려하면, 애굽에 도착한 것은 주전 19세기라는 말이다(주전 1876년). [주전 1876년 – 야곱이 애굽 도착; 주전 1446년 – 출애굽; 주전 966년 – 성전 봉헌]

기도

성령의 임재를 위한 기도

사랑의 하나님, 저를 변화시키시는 성령님을 믿으며 기도의 여정을 나아가오니 우둔한 저를 조명해 주시어 제가 내려놓아야 할 모든 것을 깨달아 알게 하여 주시옵소서. 주님의 깨닫게 하심에도 불구하고 온전히 내려놓지 못하고 주님께 나아가는 저를 긍휼히 여겨 주시옵소서.

본문말씀 읽기와 묵상하기

본문말씀을 천천히 한 번 읽은 후에 다시 본문을 찬찬히 들여다보면서 전체적인 내용과 상황을 파악한다.

모세는 마지막 재앙인 장자의 죽음을 바로에게 경고하였지만 바로는 마음의 완악함으로 이스라엘 자손을 보내지 않았다. 그 밤중에 하나님께서 애굽 땅에서 모든 처음 난 것을 치시매, 그제 서야 바로가 즉시 모세와 아론을 불러 이스라엘 백성들을 속히 내보낸다.

1. 본문에 나오는 말씀의 핵심적인 내용을 마음으로 깨달아 알려고 묵상을 한다.
   - 하나님께서 완고한 바로에게 남겨 둔 마지막 한 가지 재앙은 무엇인가?(1, 5–6절) 하나님께서는 모세에게 마지막 재앙만이 남았고, 그 재앙 후에 이스라엘 백성들이 나가게 될 것을 말씀하였다.
   - 마침내 마지막 재앙이 바로와 애굽에 내려졌다. 바로와 애굽 백성들에게 몰아닥친 재앙과 슬픔은 어떠하였을까?(12 : 29–30) 이에 대한 바로의 반응은 어떠했는가?(12 : 30–33) 하나님께서는 애굽 땅의 모든 처음 난 것이 죽임을 당하는 재앙을 내리셨고, 바로는 마침내 이스라엘 백성과 가축들이 애굽을 나가도록 허락한다. 이스라엘 백성들에 대한 애굽인들의 마음은 어떻게 달라졌는가?(12 : 33, 35–36) 애굽인들은 자신들이 겪는 엄청난 재앙 속에서 마음이 완고해지지 않았고, 오히려 출애굽하는 이스라엘 백성들에게 호의를 베풀기까지 하였다. 그들이 이런 상황에서 이스라엘 백성들에게 은혜를 베풀 수 있었던 것은 하나님께서 그들의 마음을 움직여 주신 덕분이다.
   - 이스라엘 백성들이 어떻게 애굽을 떠나게 되는지 헤아려 본다(34–42절). 밤중에 급하게 나가게 되었으므로 발교되지 못한 반죽을 그릇에 담아 옷에 싸서 어깨에 멘 채로 떠나게 되었고(12

: 34), 하나님께서 애굽 사람들에게 은혜를 입게 하시어 애굽 사람들의 은금 패물과 의복을 취할 수 있었다(12 : 35-36). 애굽에 거주한 지 430년 만에 출애굽한 이스라엘 자손들은 장정만 60만 명에 다다랐다(12 : 37). 이스라엘의 출애굽은 이스라엘 외의 다른 민족들에게도 영향을 미쳐 애굽에 함께 살고 있었던 수많은 잡다한 족속, 당대의 노예나 하층민들도 이스라엘 백성들과 함께 떠날 수 있게 되었다(12 : 38).

2. 다시 한 번 성경본문을 천천히 읽는다. 읽는 동안에 어떤 말씀이 내 마음에 부딪혀 오는지를 살핀다.

예를 들어, "밤중에 여호와께서 애굽 땅에서 모든 처음 난 것 곧 왕위에 앉은 바로의 장자로부터 옥에 갇힌 사람의 장자까지와 가축의 처음 난 것을 다 치시매"(12 : 29)라는 말씀이 마음에 다가왔다.

3. 내 마음에 부딪혀 온 말씀이 묵상 가운데 구체적으로 내게 어떤 말씀을 주시는지 또는 내 마음 안에서 어떻게 역사하는지를 살핀다. 그리고 이 말씀에 대해 내가 어떻게 응답하는지를 살펴본다.

참으로 무서운 말씀이다. 오랜 기간 동안 바로에 대해 참으시고, 기다리시던 하나님께서 마지막 한 가지 재앙으로 바로와 애굽 백성을 단번에 치신 것이다. 바로는 더 이상 하나님 앞에서 버틸 수 없었고, 백기를 들고 투항하였으며, 마침내 모세와 이스라엘 백성들을 내어 보내주었다. 이제 바로는 더 이상 하나님 앞에서 자기를 지킬 수 없게 되었고, 거래할 수도 없으며, 무엇인가 요구할 수도 없게 되었다. 무조건적인 항복이다. '내 백성에게 떠나 너희의 말대로 가서 여호와 하나님께 예배를 드리되, 너희의 말대로 너희의 가축도 데려가라.' 그리고 마지막 한 마디를 보탠다. '나를 축복하라.' 도무지 바로의 입에서 나오리라고는 상상할 수 없는 말을 하면서 이스라엘 백성을 내어보낸다.

우리의 믿음 생활에서도 어리석고 둔한 바로와 같은 모습을 보게 된다. 아무리 하나님께서 나에게 내려놓아야 할 것이 무엇인지 거듭 말씀하시고, 수많은 신호를 계속 보내심에도 불구하고 나는 그것을 끝까지 거부한다. 이러한 나의 거부와 무시가 언제까지 계속될까? 결국 내가 바로처럼 꼼짝 못할 만큼 낮아지고 내 자신이 깨어질 대로 깨어져야만 나는 내 자신과 나의 우상들을 내려놓을까? 정녕 나는 나 자신과 나의 우상을 자발적으로 기꺼이 내려놓는 믿음의 결단은 할 수 없는 것일까? 부자 청년이 영생에 대한 관심을 갖고서도 진정한 영생에 이르는 결정적인 장애물을 내려놓지 못하듯이, 내 마음 깊은 곳에 자리한 장애물이 나로 온전히 주님의 제자로서의 삶을 살아가지 못하게 함을 깨닫는다. 어떻게 하면, 그리고 무엇이 나의 마음의 우상을 깨뜨릴 수 있을까? 가룟 유다의 길이 아니라 베드로의 진정한 회심의 길, 사도 바울과 다윗 왕의 겸손한 기도와 회심의 은총이 제게 허락되기를 간절히 기도드립니다.

응답기도 및 임재 안에 머물기

각자 깨달은 말씀이나 마음에 부딪혀 오는 은혜에 따라 응답하는 기도를 충분히 드린다. 충분하게 하나님과 대화를 나누는 기도를 드린 이후에 하나님의 선하심과 인자하심을 맛보며 그분의 임재 안에 얼마 동안 머무른다. 하나님의 임재 안에 머무른 후에 기도 안내문에 나와 있는 기도로 마무리한다.

"하나님! 나의 기도가 마음의 기도가 되길 원합니다. 나의 마음의 성소에서 드려지는 기도가 되길 원합니다. 그 성소에서 언제라도 내게 들려주시는 하나님의 음성을 들을 수 있고, 나의 마음의 기도가 주님의 마음에 드려지는 기도가 되기를 원합니다. 단순히 나의 영적인 만족만을 위한 기도라면 나는 바로처럼 파국을 맞이할 것입니다. 내 마음의 우상이 깨어질 때에만 나의 기도가 진정한 사귐의 기도가 될 수 있으며, 끊임없이 하나님께 기도하는 삶이 진정으로 가능하리라 믿습니다.

하오니 나의 기도가 순수한 기도가 되게 하시기를 간구합니다. 꾸밈이 없는 기도가 되게 하시고, 모든 곳에서, 모든 것을 통해 하나님의 임재를 경험하게 하옵소서. 내 마음이 청결하여 모든 것에서 하나님을 보게 하옵소서. 나의 삶을 통해 나의 뜻이 아니라 오로지 하나님의 뜻만이 이루어져 가게 하옵소서. 내가 가는 모든 곳에 하나님의 나라가 이루어지게 하옵소서."

반추 및 성찰

가능하면 기도했던 장소에서 자리를 옮긴다. 그리고 기도 시간에 경험한 내용을 돌아보면서 노트에 간단히 적는다. 이때 기도 안에서 하나님과 내 자신에 대한 전체적인 느낌을 적고, 또 영적으로 위로를 받았던 경험과 영적으로 메말랐던 경험을 적는다.

_____

_____

_____

_____

삶으로 나아가기

마음에 와 닿는 한 구절의 말씀을 선택하여 쪽지에 기록한다.
예를 들면 "밤중에 여호와께서 애굽 땅에서 모든 처음 난 것 곧 왕위에 앉은 바로의 장자로부터 옥에 갇힌 사람의 장자까지와 가축의 처음 난 것을 다 치시매"(12 : 29)
이 말씀을 수시로 꺼내어 읊조리면서 일상 안에서 기도하며 생활한다.

주요내용 설명

열 번째 재앙과 출애굽 이야기(출 11 : 1-10; 12 : 29-42)는 다음과 같이 이루어진다. 여호와께서 모세에게 어떤 일이 일어날지를 말씀하신다. 이제 열 번째 재앙은 마지막 재앙으로서 이 재앙 후에 바로가 이스라엘 백성을 쫓아낼 것을 예언하신다. 떠날 때는 이웃으로부터 은금 패물을 구하라고 말씀하셨다. 재앙의 내용은 밤중에 애굽의 모든 가축과 장자가 죽지만 이스라엘 자손에게는 개 한 마리도 죽지 않아, 애굽 사람과 이스라엘 사람이 구별될 것이라는 것이다. 이 일 후에 왕의 신하들이 모세와 그의 백성들을 나가라 할 것이라는 것이다. 9~10절은 마지막 재앙을 앞에 두고 그동안의 아홉 번의 재앙의 결과를 요약하는 말이다. 애굽 땅에서 행한 여호와의 재앙에도 불구하고, 여호와께서 바로의 마음을 완악하게 하셨으므로 바로가 이스라엘 자손을 보내지 않았다는 것이다. 그 이유는 열 번의 재앙에까지 이르러 철저한 심판을 수행하기 위함이다.

유월절 규례를 진술한 후에 출애굽기 12 : 29부터 열 번째 재앙 이야기가 계속된다. 예언한 대로 밤중에 애굽 땅에서 처음 난 가축과 장자들을 치시매, 죽임을 당하지 않은 애굽인의 가정이 없었다. 드디어 바로는 항복하고 모세와 아론을 불러 말한다 : "너희와 이스라엘 자손은 일어나 내 백성 가운데에서 떠나 너희의 말대로 가서 여호와를 섬기며 너희가 말한 대로 너희 양과 너희 소도 몰아가고 나를 위하여 축복하라 하며 애굽 사람들은 말하기를 우리가 다 죽은 자가 되도다"(출 12 : 31-32). 애굽 사람들은 재촉하여 이스라엘 백성들을 내보낸다. 여호와께서 말씀하신대로 이스라엘 사람들이 구하는 대로 애굽 사람들의 물품을 취하게 되었다. 이스라엘 사람들은 바쁘게 나오는고로 발교되지 못한 반죽 그릇을 들고 출발을 하였다. 라암셋을 떠나 숙곳에 이르러 60만 명이 모인다. 그들이 그동안 애굽에 거한 기간은 430년이었다. 모인 이들이 수많은 잡족(출 12 : 38)이 있는 이유는 12족속만이 아니라 개종한 다른 민족들이 섞여 있었기 때문으로 보인다. 때로 이들이 이스라엘 백성들을 불평하게 만드는 원인이 되기도 하였다 : "그들 중에 섞여 사는 다른 인종들이 탐욕을 품으매 이스라엘 자손도 다시 울며"(민 11 : 4).

14. 유월절 제정
(12 : 1-28, 43-51)

기도에 임하기

1. 몸과 마음을 가다듬고 하나님의 임재를 기억하며 기도를 준비한다.
2. 찬송을 부른다(265장).

말씀읽기

출애굽기 12 : 1~28, 43~51

1절 여호와께서 애굽 땅에서 모세와 아론에게 일러 말씀하시되
2절 이 달을 너희에게 달의 시작 곧 해의 첫 달이 되게 하고
3절 너희는 이스라엘 온 회중에게 말하여 이르라 이 달 열흘에 너희 각자가 어린양을 취할지니 각 가족대로 그 식구를 위하여 어린양을 취하되
4절 그 어린양에 대하여 식구가 너무 적으면 그 집의 이웃과 함께 사람 수를 따라서 하나를 취하며 각 사람이 먹을 수 있는 분량에 따라서 너희 어린양을 계산할 것이며
5절 너희 어린양은 흠 없고 일 년 된 수컷으로 하되 양이나 염소 중에서 취하고
6절 이 달 열나흘날까지 간직하였다가 해 질 때에 이스라엘 회중이 그 양을 잡고
7절 그 피를 양을 먹을 집 좌우 문설주와 인방에 바르고
8절 그 밤에 그 고기를 불에 구워 무교병과 쓴 나물과 아울러 먹되
9절 날것으로나 물에 삶아서 먹지 말고 머리와 다리와 내장을 다 불에 구워 먹고

10절 아침까지 남겨두지 말며 아침까지 남은 것은 곧 불사르라
11절 너희는 그것을 이렇게 먹을지니 허리에 띠를 띠고 발에 신을 신고 손에 지팡이를 잡고 급히 먹으라 이것이 여호와의 유월절이니라
12절 내가 그 밤에 애굽 땅에 두루 다니며 사람이나 짐승을 막론하고 애굽 땅에 있는 모든 처음 난 것을 다 치고 애굽의 모든 신을 내가 심판하리라 나는 여호와라
13절 내가 애굽 땅을 칠 때에 그 피가 너희가 사는 집에 있어서 너희를 위하여 표적이 될지라 내가 피를 볼 때에 너희를 넘어가리니 재앙이 너희에게 내려 멸하지 아니하리라
14절 너희는 이 날을 기념하여 여호와의 절기를 삼아 영원한 규례로 대대로 지킬지니라
15절 너희는 이레 동안 무교병을 먹을지니 그 첫날에 누룩을 너희 집에서 제하라 무릇 첫날부터 일곱째 날까지 유교병을 먹는 자는 이스라엘에서 끊어지리라
16절 너희에게 첫날에도 성회요 일곱째 날에도 성회가 되리니 너희는 이 두 날에는 아무 일도 하지 말고 각자의 먹을 것만 갖출 것이니라
17절 너희는 무교절을 지키라 이 날에 내가 너희 군대를 애굽 땅에서 인도하여 내었음이니라 그러므로 너희가 영원한 규례로 삼아 대대로 이 날을 지킬지니라
18절 첫째 달 그 달 열나흗날 저녁부터 이십일일 저녁까지 너희는 무교병을 먹을 것이요
19절 이레 동안은 누룩이 너희 집에서 발견되지 아니하도록 하라 무릇 유교물을 먹는 자는 타국인이든지 본국에서 난 자든지를 막론하고 이스라엘 회중에서 끊어지리니
20절 너희는 아무 유교물이든지 먹지 말고 너희 모든 유하는 곳에서 무교병을 먹을지니라
21절 모세가 이스라엘 모든 장로를 불러서 그들에게 이르되 너희는 나가서 너희의 가족대로 어린양을 택하여 유월절 양으로 잡고
22절 우슬초 묶음을 가져다가 그릇에 담은 피에 적셔서 그 피를 문 인방과 좌우 설주에 뿌리고 아침까지 한 사람도 자기 집 문 밖에 나가지 말라
23절 여호와께서 애굽 사람들에게 재앙을 내리려고 지나가실 때에 문 인방과 좌우 문설주의 피를 보시면 여호와께서 그 문을 넘으시고 멸하는 자에게 너희 집에 들어가서 너희를 치지 못하게 하실 것임이니라
24절 너희는 이 일을 규례로 삼아 너희와 너희 자손이 영원히 지킬 것이니
25절 너희는 여호와께서 허락하신 대로 너희에게 주시는 땅에 이를 때에 이 예식을 지킬 것이라
26절 이 후에 너희의 자녀가 묻기를 이 예식이 무슨 뜻이냐 하거든
27절 너희는 이르기를 이는 여호와의 유월절 제사라 여호와께서 애굽 사람에게 재앙을 내리실 때에 애굽에 있는 이스라엘 자손의 집을 넘으사 우리의 집을 구원하셨느니라 하라 하매 백성이 머리 숙여 경배하니라

28절 이스라엘 자손이 물러가서 그대로 행하되 여호와께서 모세와 아론에게 명령하신 대로 행하니라

43절 여호와께서 모세와 아론에게 이르시되 유월절 규례는 이러하니라 이방 사람은 먹지 못할 것이나

44절 각 사람이 돈으로 산 종은 할례를 받은 후에 먹을 것이며

45절 거류인과 타국 품꾼은 먹지 못하리라

46절 한 집에서 먹되 그 고기를 조금도 집 밖으로 내지 말고 뼈도 꺾지 말지며

47절 이스라엘 회중이 다 이것을 지킬지니라

48절 너희와 함께 거류하는 타국인이 여호와의 유월절을 지키고자 하거든 그 모든 남자는 할례를 받은 후에야 가까이 하여 지킬지니 곧 그는 본토인과 같이 될 것이나 할례 받지 못한 자는 먹지 못할 것이니라

49절 본토인에게나 너희 중에 거류하는 이방인에게 이 법이 동일하니라 하셨으므로

50절 온 이스라엘 자손이 이와 같이 행하되 여호와께서 모세와 아론에게 명령하신 대로 행하였으며

51절 바로 그 날에 여호와께서 이스라엘 자손을 그 무리대로 애굽 땅에서 인도하여 내셨더라

배경설명

유월절의 제정시 여호와께서 정하신 첫째 달인 "이 달" 곧 니산 월[Nisan은 바벨론식 이름 (느 2 : 1; 에 3 : 7)이고, 아빕 월은 종교력 첫 달을 가리키는 가나안식 이름(13 : 4; 23 : 15; 34 : 18; 신 16 : 1)]을 일 년의 첫 달(종교력으로)로 삼게 하심을 말하고 있다. 즉 일 년의 첫 달이 출애굽이 일어나는 달로 정해진다.

유월절 어린양의 4가지 조건은 ① 양이나 염소 중에서 ② 흠 없고 ③ 일년 된 ④ 수컷이라는 것이다. 흠 없다(타밈)는 것은 거룩하신 하나님께 바치기에 적절하고 완벽한 상태의 것으로 어떤 결함이나 질병 등 조그마한 흠도 없는 것을 뜻한다(레 22 : 20; 말 1 : 8). 그리스도를 흠 없는 어린양이라고 할 때는 절대 흠 없고, 순결하셔서 인류 대속의 제물이 되신 예수 그리스도의 완전성을 상징한다(히 7 : 26; 벧전 1 : 19). 한점 흠 없이 온전하고 1년 된 수컷의 어린양은 우리를 위하여 자신을 십자가에 온전한 제물로 드리신 예수 그리스도를 예표한다(히 9 : 14).

"무교병"(마초트)은 효소의 역할을 하는 누룩을 넣지 않고 만든 빵으로 주로 급히 먹는 경우에 사용되었다(창 19 : 3; 삿 6 : 19; 삼상 28 : 24). 이것은 누룩으로 부풀릴 시간조차도

없는 첫 유월절의 긴박한 상황을 나타낸다. 동시에 누룩은 죄와 옛 생활(부패와 타락)의 상징이기 때문에(고전 5 : 5-7), 무교병은 구속받은 거룩한 자가 먹는 신령한 음식을 상징한다. 반면 "유교병"(하메츠)은 발효 식품으로서 부패하여 썩기 쉽다(23 : 18). 신약에서는 성도의 성결과 관련하여 '누룩 없는 자', 곧 순전하고 진실할 것을 요구한다(고전 5 : 6-8; 갈 5 : 9). 신명기 16 : 3에서는 무교병을 일컬어 "고난의 떡"이라고 언급한다.

기도

성령의 임재를 위한 기도

사랑의 하나님, 이 시간 나의 죄악 된 삶과 여전한 완악함 가운데에서, 유월절 어린양 되신 주님의 사랑을 진정으로 깨닫게 하시고, 그 사랑 앞에 겸손과 헌신, 그리고 주를 향한 사랑의 열망으로 응답할 수 있는 은혜를 허락해 주옵소서.

본문말씀 읽기와 묵상하기

본문말씀을 천천히 한 번 읽은 후에 다시 본문을 찬찬히 들여다보면서 전체적인 내용과 상황을 파악한다.

> 하나님께서는 열 번째 재앙을 내리시기 전, 출애굽한 달을 한 해의 시작이 되게 하고, 출애굽한 날을 기념하여 유월절과 무교절을 지키게 하신다. 영원히 지킬 규례로 이 절기를 제정하시고 구체적인 규례를 세우신다.

1. 본문에 나오는 말씀의 핵심적인 내용을 마음으로 깨달아 알려고 묵상을 한다.
   - 하나님께서는 모세와 아론에게 이스라엘 백성들이 해방을 앞두고 해야 할 일을 구체적으로 지시하신다. 이것이 후에 유월절이라는 절기로 제도화된 것이다. 이스라엘 백성들은 유월절 명절을 지키며 자신들을 애굽에서 해방시켜 주신 여호와 하나님을 기억한다.
   - 출애굽이 일어나는 달을 일 년의 첫 달로 삼는 것에는 어떤 하나님의 뜻이 들어있는지 헤아려 본다(1-2절). 출애굽 이전과 출애굽 이후를 구별하고, 새롭게 시작하는 이스라엘의 역사를 조명하게 되며, 출애굽의 사건을 대대로 기억하게 하신 것이다.
   - 하나님께서는 모세와 아론에게 유월절을 지키는 방법으로 어떤 지시를 내리셨는가?(1-11절) 양의 피를 집 좌우 문설주와 인방에 바르고 그 죽인 양의 고기를 그 밤에 불로 구워 무교병과

쓴 나물과 함께 먹되, 허리에 띠를 띠고 발에 신을 신고 손에 지팡이를 잡고 급히 먹어야 하며, 아침까지 남겨 두지 말고 남은 것은 불살라야 한다.
- 하나님께서 마지막 재앙을 앞두고 제정하신 유월절 절기에 사용되는 어린양은 어떤 조건을 갖추어야 하는가?(3-6절) 출애굽한 달을 해의 첫 달이 되게 하여 그 달 10일에 흠 없고 일 년 된 수컷으로 취하고, 14일 해질 때 잡은 것이어야 한다.
- 흠 없는 어린양이라는 유월절 어린양은 구속사에서 누구를 예표하는가? 이것은 우리를 위하여 십자가에 온전한 제물로 자신을 드리신 예수 그리스도를 예표한다(참고 히 9 : 14). 어린양의 '흠 없음'은 거룩하신 하나님께 바치기에 적절하고 완벽한 상태를 의미하는 것으로, 흠 없고 순결하신 예수 그리스도의 완전성을 상징한다.
- 유월절 의식은 이스라엘에게 어떤 의미가 되는가?(12-13, 50-51절) 하나님께서 마지막 재앙의 밤에 애굽 땅에 있는 모든 처음 난 것을 치실 때, 흠 없는 양의 피가 표적이 되었는데, 문에 피를 바른 가정에는 죽음의 재앙이 넘어감으로 온 이스라엘은 애굽 땅에서 구원함을 받는다. 이것은 영적으로 무엇을 뜻하는가?
- 이스라엘 백성들뿐만 아니라 할례를 받고 유월절 의식에 참여한 이방인들에게도(48-49절) 출애굽을 통한 하나님 백성의 반열에 들어갈 수 있는 은혜가 주어졌다. 성경은 잡다한 족속이 애굽에서 나왔다고 증거한다(38절). 이것은 영적으로 무엇을 뜻하는가?

2. 다시 한 번 성경본문을 천천히 읽는다. 읽는 동안에 어떤 말씀이 내 마음에 부딪혀 오는지를 살핀다.
   예를 들어, "내가 애굽 땅을 칠 때에 그 피가 너희가 사는 집에 있어서 너희를 위하여 표적이 될지라 내가 피를 볼 때에 너희를 넘어가리니 재앙이 너희에게 내려 멸하지 아니하리라"(13절)라는 말씀이 마음에 다가왔다.

3. 내 마음에 부딪혀 온 말씀이 묵상 가운데 구체적으로 내게 어떤 말씀을 주시는지 또는 내 마음 안에서 어떻게 역사하는지를 살핀다. 그리고 이 말씀에 대해 내가 어떻게 응답하는지를 살펴본다.
   이스라엘 백성이 애굽에서 나오는 그 밤, 하나님의 사자가 애굽을 칠 때, 죽음이 이스라엘 백성의 집을 건너 지나가게 하는 표는 유월절 어린양의 거룩한 피였다. 모든 애굽인의 집에서 첫째 자식과 모든 가축의 첫째 새끼들은 죽었으나 집 대문 양쪽 문설주와 문지방에 어린양의 피를 바른 이스라엘 백성의 집은 건너갔다. 어린양의 피는 이스라엘 백성을 죽음의 저주에서 막아 내는 능력이 된 것이다. 이스라엘 백성들이 죽음을 면하고 해방의 기쁨을 누릴 수 있게 된 것은 수많은 어린양과 염소들이 죽었기 때문이다. 무고한 짐승들이 이스라엘의 구원을 위하여 아주 귀하고 희생적인 피를 흘려준 것이다. 어린양의 죽음으로 이스라엘 백성들이 구원을 얻었듯이 성경은 유월절 어린양이 되신 예수 그리스도의 대속적인 죽음으로 우리가 구원을 얻게 되었다고 증언한다.

우리 인류의 구원은 오직 예수 그리스도의 보혈의 은총으로만 가능하다. 예수님이 유월절 어린양이시기 때문이다. 그렇기에 우리의 믿음의 삶이 예수 그리스도의 보혈의 은총을 체험하지 못한다면 우리는 결코 구원의 삶을 살아갈 수 없다. 그러한 삶은 종교적인 삶이요, 그저 보다 나은 윤리를 추구하는 삶에 불과할 수 있고, 진정한 생명과 구원의 기쁨, 진정한 해방을 가져다주지는 못할 것이다. 유월절 어린양으로 오신 주님 안으로 들어가 그분과 진정한 하나 됨을 체험할 때 진정한 구원과 해방이 우리의 삶에서 이루어질 것이다.

응답기도 및 임재 안에 머물기

각자 깨달은 말씀이나 마음에 부딪혀 오는 은혜에 따라 응답하는 기도를 충분히 드린다. 충분하게 하나님과 대화를 나누는 기도를 드린 이후에 하나님의 선하심과 인자하심을 맛보며 그분의 임재 안에 얼마 동안 머무른다. 하나님의 임재 안에 머무른 후에 기도 안내문에 나와 있는 기도로 마무리한다.

"사랑의 주님! 나에게 구원은 오직 주님께만 있습니다. 주님이 십자가에서 흘리신 그 거룩한 보혈의 사랑과 능력에 있습니다. 주님! 나에게는 해방도 오직 주님께만 있습니다. 나에게 진정한 기쁨과 자유도 오직 당신께만 있습니다. 어떤 신앙의 규율도 나를 안전하게 붙잡아 주지 못합니다. 어떤 세상의 성취도 나에게 평안을 줄 수는 없을 것입니다. 오직 당신 안에서만 나는 진정한 하늘의 평안을 누릴 수 있을 것입니다.

주님! 나를 당신께로 이끌어 주십시오. 나를 당신의 가슴으로 이끌어 주시어 당신의 뜨거운 사랑을 체험하게 해 주십시오. 당신의 가슴에서 당신의 참 사랑을 깨닫게 도와주시고, 그 사랑으로 나의 완고한 마음이 녹아지게 하시며, 나로써는 도무지 불가능해 보이는 용서의 삶을 살아가게 도와주십시오. 십자가를 통해 드러나는 주님의 참 사랑을 체험하면서 주님과 진정으로 하나 되는 삶으로 나아가게 이끌어 주십시오."

반추 및 성찰

가능하면 기도했던 장소에서 자리를 옮긴다. 그리고 기도 시간에 경험한 내용을 돌아보면서 노트에 간단히 적는다. 이때 기도 안에서 하나님과 내 자신에 대한 전체적인 느낌을 적고, 또 영적으로 위로를 받았던 경험과 영적으로 메말랐던 경험을 적는다.

_____

_____

_____

_____

삶으로 나아가기

마음에 와 닿는 한 구절의 말씀을 선택하여 쪽지에 기록한다.
예를 들면 "내가 애굽 땅을 칠 때에 그 피가 너희가 사는 집에 있어서 너희를 위하여 표적이 될지라 내가 피를 볼 때에 너희를 넘어가리니 재앙이 너희에게 내려 멸하지 아니하리라"(13절).
이 말씀을 수시로 꺼내어 읊조리면서 일상 안에서 기도하며 생활한다.

주요내용 설명

열 번째 마지막 재앙을 내리기 전에 유월절와 무교절을 제정하는 본문의 문학적 구조는 다음과 같다. 1) 유월절 제정(12 : 1-14); 2) 무교절 제정(12 : 15-20); 3) 첫 유월절(12 : 21-28); 4) 유월절 규례(12 : 43-51). 첫 번째 단락(12;1-14)은 유월절 규례에 관한 것이다. 여호와를 통하여 모세와 아론에게 전달되는 말이다(1절). 출애굽하는 달을 한 해의 첫 달로 정하라고 명령하신다(2절). 어린양은 "각 가족대로 그 식구를 위하여" 취하지만(3절), 식구가 너무 적으면 그 집의 이웃과 함께 취한다(4절). 어린양은 흠이 없고 일 년 된 수컷으로 해야 하고 염소로도 대신 할 수 있다(5절). 이 어린양을 14일 동안 간직하고(6절), 해 질 때 양을 잡는다. 어린양의 피는 문설주와 인방에 바른다(7절). 이는 열 번째 재앙 때 어린양의 피가 발린 집들이 재앙을 면한 것이 계기가 된다. 어린양의 머리와 다리와 내장을 불에 구워(9절) 무교병과 쓴 나물에 함께(8절) 먹어야 한다. 먹을 때는 언제라도 떠날 수 있게 준비하고 먹어야 한다(11절). 12절에서는 열 재앙의 목표가 "애굽의 모든 신을 심판하려는 것"(12 : 12)임을 보여 준다. 13절에서 이 의식의 이름인 유월절의 유래가 나타나는데, 하나님께서는 "내가 피를 볼 때에 너희를 넘어 가리니 재앙이 너희에게 내려 멸하지 아니하리라" 라고 말한다.

두번째 단락(12 : 15-20)은 무교절에 관한 설명이다. 무교병을 8절에서 이미 언급했지만 절기로서 언급하지는 않았다. 무교절은 유월절 저녁부터 14일 동안을 지킨다(12 : 18). 첫번째 날도 성회고 일곱 번째 날도 성회가 된다. 17절에서 무교병을 먹는 예식도 하나님의 구체적인 구원 사건을 배경으로 하고 있음을 보여 준다. 무교병을 먹지 않는 자는 타국인이든, 본국에서 난 자이든, 이스라엘 회중에서 끊어지게 되어있다.

세 번째 단락(12 : 21-28)은 이스라엘 백성들이 행한 첫 번째 유월절이다. 모세는 장로들을 불러 하나님이 알려 주신 유월절 규례들을 선포한다. 유월절 의식은 앞에서 설명한 대로 말하고 반드시 지켜야 할 것을 명령한다. 이어지는 것은 자식들에게 반드시 이 예식의 의미를 다음과 같이 설명하라는 것이다 : "여호와께서 애굽 사람에게 재앙을 내리실 때에 애굽에 있는 이스라엘 자손의 집을 넘으사 우리의 집을 구원하셨느니라"(출 12 : 27).

네 번째 단락 (12 : 43-51)은 유월절 규례를 보충하는 본문이다. 이방인은 유월절 음식을 먹지 못하고, 돈으로 산 종은 할례 후에 먹을 수 있다. 한 집에서 먹되, 고기를 집 바깥으로 내지 말고, 뼈도 꺾지 말아야 한다. 본토인이나 이방인이나 동일하게 적용되는 법으로서, 타국인이 유월절을 지키려면 할례를 받아야 하고, 할례 받지 못한 자는 먹을 수 없다. 마지막에 여호와께서 이스라엘 자손을 인도하신 것을 요약하고 있다.

15. 초태생 규례, 구름 기둥과 불 기둥 (13 : 1-22)

기도에 임하기

1. 몸과 마음을 가다듬고 하나님의 임재를 기억하며 기도를 준비한다.
2. 찬송을 부른다(259장).

말씀읽기

출애굽기 13 : 1~22

1절 여호와께서 모세에게 일러 이르시되
2절 이스라엘 자손 중에서 사람이나 짐승을 막론하고 태에서 처음 난 모든 것은 다 거룩히 구별하여 내게 돌리라 이는 내 것이니라 하시니라
3절 모세가 백성에게 이르되 너희는 애굽 곧 종 되었던 집에서 나온 그 날을 기념하여 유교병을 먹지 말라 여호와께서 그 손의 권능으로 너희를 그 곳에서 인도해 내셨음이니라
4절 아빕월 이 날에 너희가 나왔으니
5절 여호와께서 너를 인도하여 가나안 사람과 헷 사람과 아모리 사람과 히위 사람과 여부스 사람의 땅 곧 네게 주시려고 네 조상들에게 맹세하신 바 젖과 꿀이 흐르는 땅에 이르게 하시거든 너는 이 달에 이 예식을 지켜
6절 이레 동안 무교병을 먹고 일곱째 날에는 여호와께 절기를 지키라

7절 이레 동안에는 무교병을 먹고 유교병을 네게 보이지 아니하게 하며 네 땅에서 누룩을 네게 보이지 아니하게 하라

8절 너는 그 날에 네 아들에게 보여 이르기를 이 예식은 내가 애굽에서 나올 때에 여호와께서 나를 위하여 행하신 일로 말미암음이라 하고

9절 이것으로 네 손의 기호와 네 미간의 표를 삼고 여호와의 율법이 네 입에 있게 하라 이는 여호와께서 강하신 손으로 너를 애굽에서 인도하여 내셨음이니

10절 해마다 절기가 되면 이 규례를 지킬지니라

11절 여호와께서 너와 네 조상에게 맹세하신 대로 너를 가나안 사람의 땅에 인도하시고 그 땅을 네게 주시거든

12절 너는 태에서 처음 난 모든 것과 네게 있는 가축의 태에서 처음 난 것을 다 구별하여 여호와께 돌리라 수컷은 여호와의 것이니라

13절 나귀의 첫 새끼는 다 어린양으로 대속할 것이요 그렇게 하지 아니하려면 그 목을 꺾을 것이며 네 아들 중 처음 난 모든 자는 대속할지니라

14절 후일에 네 아들이 네게 묻기를 이것이 어찌 됨이냐 하거든 너는 그에게 이르기를 여호와께서 그 손의 권능으로 우리를 애굽에서 곧 종이 되었던 집에서 인도하여 내실새

15절 그 때에 바로가 완악하여 우리를 보내지 아니하매 여호와께서 애굽 나라 가운데 처음 난 모든 것은 사람의 장자로부터 가축의 처음 난 것까지 다 죽이셨으므로 태에서 처음 난 모든 수컷들은 내가 여호와께 제사를 드려서 내 아들 중에 모든 처음 난 자를 다 대속하리니

16절 이것이 네 손의 기호와 네 미간의 표가 되리라 이는 여호와께서 그 손의 권능으로 우리를 애굽에서 인도하여 내셨음이니라 할지니라

17절 바로가 백성을 보낸 후에 블레셋 사람의 땅의 길은 가까울지라도 하나님이 그들을 그 길로 인도하지 아니하셨으니 이는 하나님이 말씀하시기를 이 백성이 전쟁을 하게 되면 마음을 돌이켜 애굽으로 돌아갈까 하셨음이라

18절 그러므로 하나님이 홍해의 광야 길로 돌려 백성을 인도하시매 이스라엘 자손이 애굽 땅에서 대열을 지어 나올 때에

19절 모세가 요셉의 유골을 가졌으니 이는 요셉이 이스라엘 자손으로 단단히 맹세하게 하여 이르기를 하나님이 반드시 너희를 찾아오시리니 너희는 내 유골을 여기서 가지고 나가라 하였음이더라

20절 그들이 숙곳을 떠나서 광야 끝 에담에 장막을 치니

21절 여호와께서 그들 앞에서 가시며 낮에는 구름 기둥으로 그들의 길을 인도하시고 밤에는 불 기둥을 그들에게 비추사 낮이나 밤이나 진행하게 하시니

22절 낮에는 구름 기둥, 밤에는 불 기둥이 백성 앞에서 떠나지 아니하니라

배경설명

13장은 열 재앙의 마지막 재앙인 장자의 죽음을 계기로 세워진 무교절과 초태생을 바치는 절기를 제정하고, 출애굽을 준비하는 과정을 보여 준다. 유월절/무교절에 관한 규례는 이미 12 : 1~20에서 다룬 주제이다. 출애굽기의 저자는 주제가 다름에도 불구하고 유월절/무교절과 초태생에 관한 내용의 모음인 13 : 3~16의 서론으로 13 : 1~2를 위치시킨다(Childs, 202-204). 1~2절의 핵심 주제는 동물이든지 사람이든지 하나님의 것이기 때문에 하나님에게 돌리는 것이 마땅하다는 주장이다. 유교병(하메츠)은 누룩을 넣어서 만든 떡이고, 무교병은 누룩을 넣지 않고 만든 떡이다. 3절에서 "손의 권능"이란 말은 손의 권능은 이스라엘을 출애굽 시킬 때 하나님의 능력을 상징하는 어휘이다(출 13 : 3, 14, 16; 사 40;10). 유사한 어휘로 강한 손과 편 팔도 하나님의 능력을 보여 주는 의미로 사용된다(출 3 : 19; 6 : 1; 32;11; 신 4 : 34; 5 : 15; 7 : 19; 9 : 26; 11;12; 26 : 8). 출애굽했던 달인 아빕월은 니산월이라고도 불리고, 우리의 3월과 4월에 걸쳐 있다.

16절에서 기호(오트)라는 말은 고대 근동 지방에서 악한 영을 격퇴하기 위하여 부적과 같이 사용된 말이지만, 이스라엘에서는 이 기호가 하나님의 말씀을 기억하게 하는 장치가 된다. 17절에서 블레셋 땅의 길은 애굽에서 바벨론으로 이르는 비옥한 초생달 지대를 통하여 가는 주요 도로인 대 간선 도로를 말한다. 이 길은 지중해 연안을 따라가다가 블레셋 영토를 통해 내륙으로 이어져, 갈멜 산맥의 바로 남쪽에서 이스르엘 골짜기를 통과했다(『성경배경주석』, 110). 이스라엘 백성들이 "블레셋 사람의 땅"으로 가는 길은 가장 빠른 여행길이지만, 도처에 강력한 요새들이 있기에 전쟁을 수행해야 했다. 막강한 민족들과 전쟁을 해야 한다면 백성들이 두려워서 다시 마음을 돌이켜 애굽으로 돌아갈 수도 있기에 하나님께서는 이스라엘 백성들을 그쪽으로 인도하지 않으셨다.

18절에서 이스라엘 백성들은 홍해의 광야 길로 돌려서 이스라엘 백성들을 인도하는 것을 하나님의 뜻으로 이해한다. 홍해로 번역된 단어는 원래 칠십인 역(Septuagint)에서는 "에뤼트라 탈라사"(נאססאλα נאאקא נחה, 홍해[紅海], Red Sea)라 번역되었다. 라틴어 역(Vulgata)에는 "마레 루브룸"(Mare Rubrum)과 "마레 에뤼트라이움"(Mare Erythraeum)으로 번역 되었고, 여기서 영역 성서의 "Red Sea"(홍해)가 나오게 되었다. 그러나 이 번역들의 원래 히브리어는 "얌숲"으로 갈대들의 바다라는 뜻이다. 출애굽기 14 : 2에는 얌숲의 위치가 비하히롯(Pihahiroth), 믹돌(Migdol), 및 바알스본(Baal-Zephon)과 관련해 나와 있지만 정확하게 알 길은 없다. 또한 홍해라고 번역되었지만, 실제로 현재의 홍해일 가능성은 없다.

갈대 바다(얌숲)에서, 갈대라는 말은 파피루스를 말하는데, 수에즈 만에서 지중해까지 이르는 늪지를 따라 자라난 식물이다. 홍해의 지리적인 위치에 대하여는 많은 해결되지 않은 논쟁들이 있다.

기도

성령의 임재를 위한 기도

사랑의 하나님, 이 시간 우리를 찾아오시는 성령님을 의지하며 기도의 여정으로 나아가오니 우둔한 저희를 조명해 주시고, 우리와 함께해 주시어 은혜의 여정으로 인도하여 주옵소서. 죽을 수밖에 없었던 자가 받은 한량없는 은혜를 온전히 깨닫게 하시고, 진정한 감격과 감사로 응답하는 은혜를 허락해 주옵소서.

본문말씀 읽기와 묵상하기

본문말씀을 천천히 한 번 읽은 후에 다시 본문을 찬찬히 들여다보면서 전체적인 내용과 상황을 파악한다.
하나님께서는 처음 난 모든 자를 대속하는 초태생에 관한 규례를 제정하시어, 처음 난 모든 자는 하나님께 속한 것임을 기억하게 하셨다. 마침내 출애굽이 시작되고, 하나님께서는 낮에는 구름 기둥으로, 밤에는 불 기둥으로 이스라엘 백성을 인도하신다.

1. 본문에 나오는 말씀의 핵심적인 내용을 마음으로 깨달아 알려고 묵상을 한다.
   - 여호와 하나님께서 그의 능력의 손으로 이스라엘 백성을 애굽 땅의 종살이에서 해방시키셨다. 이스라엘은 가나안 땅에 들어간 후에도 그 해방의 날을 기억해야 한다. 가나안 땅에 들어가서 지킬 무교절은 이스라엘에게 어떤 의미가 되는지 헤아려 본다(3-10절). 이 절기는 출애굽의 역사를 기억하며, 그들의 자손들에게 여호와 하나님께서 그들을 구원하셨음을 가르치고, 여호와 하나님의 능력과 사랑과 은혜를 기억하게 하는 것이다.
   - 구체적으로 어떻게 무교절을 지키도록 명하시는가?(3-10절)
   - 하나님이 제정하신 초태생 규례는 무엇이며, 그것은 영적으로 어떤 의미를 갖는가?(1-2, 12-16절) 이스라엘의 사람이나 짐승을 막론하고 처음 난 모든 것은 다 하나님의 것이기에, 거

룩히 구별하여 하나님께 돌려야 한다. 이는 하나님께서 이스라엘을 애굽에서 인도하여 내실 때, 바로가 완악하므로 애굽 나라의 처음 난 모든 것을 죽이셨으나 이스라엘은 유월시키셨기 때문이다. 그때 죽지 않은 이스라엘의 모든 처음 난 것들에 대한 봉헌으로서, 가축의 처음 난 것은 모두 하나님께 드리고 장남들은 대속해야 하는 것이다.

- 이스라엘을 인도하시는 하나님이 광야에서 어떻게 이스라엘을 인도하시는지 헤아려 본다(17-22절). 하나님께서는 이스라엘 백성을 어떻게 배려하시고, 그들과 어떻게 함께하시는가? 이스라엘 백성들이 전쟁으로 마음이 어려워지지 않도록 블레셋 사람 땅의 길을 피하게 하시고, 낮에는 구름 기둥으로 밤에는 불 기둥으로, 낮이나 밤이나 그들 앞에서 그들을 인도하신다. 이스라엘 백성들에게 구름 기둥과 불 기둥은 그들과 밤낮으로 언제나 함께 하시는 하나님의 현존을 상징한다.

2. 다시 한 번 성경본문을 천천히 읽는다. 읽는 동안에 어떤 말씀이 내 마음에 부딪혀 오는지를 살핀다.

예를 들어, "너는 태에서 처음 난 모든 것과 네게 있는 가축의 태에서 처음 난 것을 다 구별하여 여호와께 돌리라 수컷은 여호와의 것이니라"(12절)라는 말씀이 마음에 다가왔다.

3. 내 마음에 부딪혀 온 말씀이 묵상 가운데 구체적으로 내게 어떤 말씀을 주시는지 또는 내 마음 안에서 어떻게 역사하는지를 살핀다. 그리고 이 말씀에 대해 내가 어떻게 응답하는지를 살펴본다.

하나님께서는 이스라엘 백성이 가나안에 들어가게 될 때 초태생을 구별하여 하나님께 드릴 것을 명령하신다. 이스라엘의 초태생은 출애굽 시 마지막 재앙에서 하나님의 은혜와 능력으로 특별히 구원함을 얻었기 때문에 그것들을 구별하여 하나님께 바치라는 것이다. 이 예식을 거행하면서 백성들은 장자를 하나님의 소유로 생각하고, 그 대신 양을 하나님께 바쳐 감사하며 구원의 은혜를 기억해야 한다.

초태생을 구별하여 하나님께 바치는 것은 오늘날 우리의 신앙생활에서 어떤 의미를 가지는 것인가? 출애굽 하던 날 그 밤에 죽을 수밖에 없었던 초태생이 구원의 은혜를 입었다면, 그래서 초태생이 하나님의 은총으로 살아난 하나님의 소유라면, 오늘날 우리 모두는 다 죄로 인해 죽을 수밖에 없는 존재였다는 사실을 기억해야 한다. 나아가 오늘날 우리에게는 우리의 초태생만이 아니라 우리의 전 존재가 예수 그리스도의 대속의 피로 살아난 것이다. 이제는 우리의 초태생만이 아니라 우리의 전 존재, 우리의 전부가 하나님께 속한 것임을 기억해야 한다. 우리는 온전히 하나님의 소유인 것이다. 우리는 우리의 초태생이 아니라, 우리의 전부를 하나님께 바치는 삶을 살아가야 할 것이다.

응답기도 및 임재 안에 머물기

각자 깨달은 말씀이나 마음에 부딪혀 오는 은혜에 따라 응답하는 기도를 충분히 드린다. 충분하게 하나님과 대화를 나누는 기도를 드린 이후에 하나님의 선하심과 인자하심을 맛보며 그분의 임재 안에 얼마 동안 머무른다. 하나님의 임재 안에 머무른 후에 기도 안내문에 나와 있는 기도로 마무리한다.

"하나님! 주님은 우리 모두를 위해 죽으셨고, 주님은 죽을 수밖에 없는 우리 모두를 살려내셨습니다. 본문에서 하나님께서는 우리의 초태생을 구별하여 바치라고 명령하시지만, 주님은 우리가 죄인 되었을 때에, 우리가 우리의 죄를 깨닫지도 못하고 죄인인지도 알지 못하여 회개의 기도를 드리지도 않을 때에, 죄 가운데서 아무 희망이 없을 때에, 우리를 위해 죽으심으로 우리를 향한 당신의 사랑을 보이시고, 우리 모두를 구원하셨습니다.
주님은 나의 전 존재와 삶을 구원하셨습니다. 이제 나는 어떻게 나의 주님께 봉헌의 삶을 살아가야 하겠습니까?
주님은 나의 무엇을 주님께 드리기를 원하십니까? 지금까지 나의 봉헌은 그저 나의 일부를 드리는 것이었습니다. 나의 일부를 드림으로써 내 마음에 안심과 만족을 느끼면서도, 실제로는 나 중심적인 삶을 아무 거리낌 없이 자유롭게 살아왔습니다. 예수 그리스도의 구속의 은총은 오늘 본문에 나오는 초태생을 바치는 것의 진정한 의미를 깨닫게 해 줍니다. 그리스도께서 우리를 영원한 저주에서 온전히 살리셨으니, 우리는 그 은혜를 받은 자로서, 우리의 전부를 그리스도께 바치는 진정한 성별의 삶이 우리에게 이루어지게 하소서."

반추 및 성찰

가능하면 기도했던 장소에서 자리를 옮긴다. 그리고 기도 시간에 경험한 내용을 돌아보면서 노트에 간단히 적는다. 이때 기도 안에서 하나님과 내 자신에 대한 전체적인 느낌을 적고, 또 영적으로 위로를 받았던 경험과 영적으로 메말랐던 경험을 적는다.

_____

_____

삶으로 나아가기

마음에 와 닿는 한 구절의 말씀을 선택하여 쪽지에 기록한다.
예를 들면 "너는 태에서 처음 난 모든 것과 네게 있는 가축의 태에서 처음 난 것을 다 구별하여 여호와께 돌리라 수컷은 여호와의 것이니라"(12절).
이 말씀을 수시로 꺼내어 읊조리면서 일상 안에서 기도하며 생활한다.

주요내용 설명

본문의 문학적 구조는 다음과 같다. 1) 모세를 향한 하나님의 말씀(1-2절); 2) 백성들을 향한 모세의 말(3-16절); 3) 출애굽의 시작(17-22절) 첫째 단락은 모세를 향한 하나님의 말씀 (1-2절)이다. 초태생에 관한 규례를 서술하는 13 : 1~2는 초태생 절기를 상세히 설명하는 13 : 11~16에 대한 서론이며 13 : 3~10은 이미 12 : 1~20에서 다룬 무교절 절기에 관한 주제이다. 1~2절의 핵심 주제는 동물이든지 사람이든지 하나님의 것이기 때문에 하나님에게 돌리는 것이 마땅하다는 주장이다. 처음 난 것을 모두 하나님께 돌리라는 규례는 민수기 3 : 11~12에 나타난다. 초태생이 하나님의 것이라고 하는 이유는 바로 출애굽 때에 열 번째 재앙인 장자의 죽음에서 하나님이 이스라엘의 모든 초태생을 거룩하게 구별하고 살렸기 때문이다. 또한 그렇게 살린 백성의 초태생을 대신하는 방법은 레위인들을 택하는 것이다.

둘째 단락에서, 무교절 절기 규례(출 13 : 3-10)와 초태생 규례(13 : 11-16)를 다룬다. 두 단락은 유사한 주제와 형식을 담고 있다 : 약속의 땅(5, 11절), 교육(8, 14-15절), 출애굽의 언급(9, 16절). 무교절의 근거는 하나님이 이스라엘을 애굽에서 탈출시킨 출애굽 사건을 기념하여 유교병을 먹지 않는 것이다. 무교절 예식의 기념은 가나안 땅에 도착하여 실천해야 할 일이다. 이 예식을 행함으로 이스라엘은 땅의 정착을 하나님의 약속의 실현으로 이해하는 것이다. 백성들이 지켜야 할 예식은 이레 동안 무교병을 먹고 누룩을 보이지 않으며, 일곱째 날에는 절기를 지키는 것이다. 그들이 예식을 지킬 뿐 아니라 자식들에게 가르쳐야 한다. 이 예식을 행해야 하는 이유는 "이스라엘 백성들이 애굽에서 나올 때 여호와께서 그들을 위하여 행하신 일"로 말미암음이다. 이스라엘 백성들이 해야 할 일은 "여호와의 율법이 네 입에 있도록 하기 위하여 이것이 네 손의 기호와 네 미간의 표가 되게" 하는 것이다.

두번째 지켜야 할 절기는 초태생 절기 규례(11-16절)이다. 이 규례의 내용은 사람의 태에서 처음 난 모든 것과 가축의 태에서 처음 난 것은 구별하여 모두 여호와께 돌려야 한다는 것이다. 모든 수컷의 초태생은 여호와께 바쳐야 하지만 예외로 나귀와 아들이 언급된다. 나귀의 경우에는 첫 새끼 대신 어린양으로 대속하는 것이 허락되었다. 아미도 나귀는 짐을 실어 나르는 중요한 짐승으로 여겼기 때문으로 보인다. 아들 중 처음 난 자도 대속해야 한다. 이러한 규례에 대하여 아들들에게 설명해야 한다. 초태생 규례를 실천하는 이유는 출애굽 때 하나님이 보여 주신 능력을 기억하기 위한 것이다. 바로가 완악하여 이스라엘 백성들을 보내지 않았을 때, 여호와께서 열 번째 재앙으로 "사람의 장자로부터 가축의 처음 난 것까지 다 죽이셨다." 그러나 이스라엘에 속한 장자와 초태생은 죽임을 당하지 않고 구원을 받았기에 "태에서 처음 난 모든 수컷"은 여호와의 것이다. 즉, 이 규례는 바로 "여호와께서 그 손의 권능으로 우리를 애굽에서 인도하여 내셨기 때문에" 이루어진 것이다. 이스라엘 백성들은 이를 손의 기호와 미간의 표로 삼고 하나님의 구원과 율법을 지키겠다고 결심하는 계기로 삼아야 한다.

 셋째 단락에서, 출애굽 여행의 시작(출 13 : 17-18)을 보여 준다. 이스라엘 백성들은 그들이 광야길을 선택하는 것은 하나님의 인도라고 고백하면서, 하나님의 입장에서 설명한다. 그들은 숙곳에서 에담으로의 여행을 선택한다. 이스라엘 백성들에게는 "블레셋 사람의 땅의 길"과 "홍해의 광야 길"을 선택할 수 있었다. 이들이 출애굽하면서 요셉의 유골을 기억하고 취하였다(출 13 : 19). 13 : 17~20에서 이스라엘 백성들은 하나님이 직접 인도하시는 것을 경험하였다면, 13 : 21~22에서는 간접적으로 불 기둥과 구름 기둥으로 인도하시는 모습을 경험하게 된다. 구름 기둥과 불 기둥은 장소에 매이지 않고 이스라엘 백성들을 인도하시는 하나님의 자유를 연상하게 하며, 이스라엘 백성들과 함께하시는 하나님의 현존을 상징한다.

16. 홍해 도하
(14 : 1-31)

기도에 임하기

1. 몸과 마음을 가다듬고 하나님의 임재를 기억하며 기도를 준비한다.
2. 찬송을 부른다(337장).

말씀읽기

출애굽기 14 : 1~31

1절 여호와께서 모세에게 말씀하여 이르시되
2절 이스라엘 자손에게 명령하여 돌이켜 바다와 믹돌 사이의 비하히롯 앞 곧 바알스본 맞은편 바닷가에 장막을 치게 하라
3절 바로가 이스라엘 자손에 대하여 말하기를 그들이 그 땅에서 멀리 떠나 광야에 갇힌 바 되었다 하리라
4절 내가 바로의 마음을 완악하게 한즉 바로가 그들의 뒤를 따르리니 내가 그와 그의 온 군대로 말미암아 영광을 얻어 애굽 사람들이 나를 여호와인 줄 알게 하리라 하시매 무리가 그대로 행하니라
5절 그 백성이 도망한 사실이 애굽 왕에게 알려지매 바로와 그의 신하들이 그 백성에 대하여 마음이 변하여 이르되 우리가 어찌 이같이 하여 이스라엘을 우리를 섬김에서 놓아 보내었는가 하고

6절 바로가 곧 그의 병거를 갖추고 그의 백성을 데리고 갈새
7절 선발된 병거 육백 대와 애굽의 모든 병거를 동원하니 지휘관들이 다 거느렸더라
8절 여호와께서 애굽 왕 바로의 마음을 완악하게 하셨으므로 그가 이스라엘 자손의 뒤를 따르니 이스라엘 자손이 담대히 나갔음이라
9절 애굽 사람들과 바로의 말들, 병거들과 그 마병과 그 군대가 그들의 뒤를 따라 바알스본 맞은편 비하히롯 곁 해변 그들이 장막 친 데에 미치니라
10절 바로가 가까이 올 때에 이스라엘 자손이 눈을 들어 본즉 애굽 사람들이 자기들 뒤에 이른지라 이스라엘 자손이 심히 두려워하여 여호와께 부르짖고
11절 그들이 또 모세에게 이르되 애굽에 매장지가 없어서 당신이 우리를 이끌어 내어 이 광야에서 죽게 하느냐 어찌하여 당신이 우리를 애굽에서 이끌어 내어 우리에게 이같이 하느냐
12절 우리가 애굽에서 당신에게 이른 말이 이것이 아니냐 이르기를 우리를 내버려 두라 우리가 애굽 사람을 섬길 것이라 하지 아니하더냐 애굽 사람을 섬기는 것이 광야에서 죽는 것보다 낫겠노라
13절 모세가 백성에게 이르되 너희는 두려워하지 말고 가만히 서서 여호와께서 오늘 너희를 위하여 행하시는 구원을 보라 너희가 오늘 본 애굽 사람을 영원히 다시 보지 아니하리라
14절 여호와께서 너희를 위하여 싸우시리니 너희는 가만히 있을지니라
15절 여호와께서 모세에게 이르시되 너는 어찌하여 내게 부르짖느냐 이스라엘 자손에게 명령하여 앞으로 나아가게 하고
16절 지팡이를 들고 손을 바다 위로 내밀어 그것이 갈라지게 하라 이스라엘 자손이 바다 가운데서 마른 땅으로 행하리라
17절 내가 애굽 사람들의 마음을 완악하게 할 것인즉 그들이 그 뒤를 따라 들어갈 것이라 내가 바로와 그의 모든 군대와 그의 병거와 마병으로 말미암아 영광을 얻으리니
18절 내가 바로와 그의 병거와 마병으로 말미암아 영광을 얻을 때에야 애굽 사람들이 나를 여호와인 줄 알리라 하시더니
19절 이스라엘 진 앞에 가던 하나님의 사자가 그들의 뒤로 옮겨 가매 구름 기둥도 앞에서 그 뒤로 옮겨
20절 애굽 진과 이스라엘 진 사이에 이르러 서니 저쪽에는 구름과 흑암이 있고 이쪽에는 밤이 밝으므로 밤새도록 저쪽이 이쪽에 가까이 못하였더라
21절 모세가 바다 위로 손을 내밀매 여호와께서 큰 동풍이 밤새도록 바닷물을 물러가게 하시니 물이 갈라져 바다가 마른 땅이 된지라

22절 이스라엘 자손이 바다 가운데를 육지로 걸어가고 물은 그들의 좌우에 벽이 되니

23절 애굽 사람들과 바로의 말들, 병거들과 그 마병들이 다 그들의 뒤를 추격하여 바다 가운데로 들어오는지라

24절 새벽에 여호와께서 불과 구름 기둥 가운데서 애굽 군대를 보시고 애굽 군대를 어지럽게 하시며

25절 그들의 병거 바퀴를 벗겨서 달리기가 어렵게 하시니 애굽 사람들이 이르되 이스라엘 앞에서 우리가 도망하자 여호와가 그들을 위하여 싸워 애굽 사람들을 치는도다

26절 여호와께서 모세에게 이르시되 네 손을 바다 위로 내밀어 물이 애굽 사람들과 그들의 병거들과 마병들 위에 다시 흐르게 하라 하시니

27절 모세가 곧 손을 바다 위로 내밀매 새벽이 되어 바다의 힘이 회복된지라 애굽 사람들이 물을 거슬러 도망하나 여호와께서 애굽 사람들을 바다 가운데 엎으시니

28절 물이 다시 흘러 병거들과 기병들을 덮되 그들의 뒤를 따라 바다에 들어간 바로의 군대를 다 덮으니 하나도 남지 아니하였더라

29절 그러나 이스라엘 자손은 바다 가운데를 육지로 행하였고 물이 좌우에 벽이 되었더라

30절 그 날에 여호와께서 이같이 이스라엘을 애굽 사람의 손에서 구원하시매 이스라엘이 바닷가에서 애굽 사람들이 죽어 있는 것을 보았더라

31절 이스라엘이 여호와께서 애굽 사람들에게 행하신 그 큰 능력을 보았으므로 백성이 여호와를 경외하며 여호와와 그의 종 모세를 믿었더라

배경설명

전체적으로 하나님께서는 홍해 사건을 통하여 깨닫게 하려는 목표가 있다 : "애굽 사람들이 나를 여호와인 줄 알게 하리라"(14 : 4); "내가 바로와 그의 모든 군대와 그의 병거와 마병으로 말미암아 영광을 얻으리니 내가 바로와 그의 병거와 마병으로 말미암아 영광을 얻을 때에야 애굽 사람들이 나를 여호와인 줄 알리라"(14 : 17-18); "이스라엘이 여호와께서 애굽 사람들에게 행하신 그 큰 능력을 보았으므로 백성이 여호와를 경외하며 여호와와 그의 종 모세를 믿었더라"(14 : 31). 14장에 나오는 세 지명의 위치는 확실히 알기 어렵다. 바알스본(렘 44 : 1; 46 : 14)은 지중해 연안에 있었을 것으로 보인다. 이 부근에 진을 쳤다면 가장 가까운 호수는 발라 호로 여겨진다. 이스라엘 백성을 추격한 애굽의 군대는 10~150명으로 이루어져 있기에 600명은 대규모 부대이다.

5절에 보면 "그 백성이 도망한 사실"이라는 표현에서 도망했다는 말은 애굽인의 입장에서 말하는 것으로, 이어지는 "애굽 사람들은 마음이 변하여 우리가 어찌 이스라엘을 우

리를 섬김에서 놓아 보냈는가"라는 표현을 보면 애굽인들이 알아채지 못하게 떠난 것이 아니라, 애굽인들이 허락아래 애굽을 떠났다고 볼 수 있다. 6절에서 바로가 데리고 간 백성은 병거 타는 사람들을 가리킬 것이다. 이스라엘 사람들이 바닷가 앞에서 장막을 치고 있다가 바로의 추격을 알고 불평을 시작한다. 이 불평 주제는 출애굽기와 민수기, 그리고 시편에서 반복하여 등장하는 주제이다(출 15 : 24; 16 : 2-3; 17 : 3; 민 11 : 1, 4-6; 14 : 1-4; 20 : 2-5; 21 : 5; 시 78 : 40-42).

14장에는 홍해의 기적에 대한 두 개의 전통이 나란히 표현되어 있다.
- 모세가 바다 위로 손을 내밀매 여호와께서 큰 동풍이 밤새도록 바닷물을 물러가게 하시니 물이 갈라져 바다가 마른 땅이 된지라(21절)
- 이스라엘 자손이 바다 가운데를 육지로 걸어가고 물은 그들의 좌우에 벽이 되니(22절)
- 모세가 곧 손을 바다 위로 내밀매 새벽이 되어 바다의 힘이 회복된지라(27절)
- 이스라엘 자손은 바다 가운데를 육지로 행하였고 물이 좌우에 벽이 되었더라(29절)

한편으로는 폭풍이 바닷물을 물러가게 하여 바다 바닥을 모조리 마른 땅으로 만들었다고 함으로 기적을 자연 사건으로 묘사하려고 하고, 다른 한편으로는 바닷물이 기적적으로 갈라져 바다를 가로질러 길이 났다고 함으로 사건의 기적적인 성격을 강조한다. 이러한 묘사에는 바다가 갈라지고 물러간 것을 혼돈의 바다를 이기신 하나님의 창조 행위와 관련시킨다.

바울은 홍해를 건넌 사건의 영적 의미를 보여 준다 : "우리 조상들이 다 구름 아래에 있고 바다 가운데로 지나며 모세에게 속하여 다 구름과 바다에서 세례를 받고"(고전 10 : 1-2). 즉, 홍해 도하를 세례 사건으로 해석한다. 즉, 애굽에서 종살이하던 옛 이스라엘은 홍해에서 완전히 장사되었고, 물로 정결케 된 새 이스라엘이 죽음으로부터 다시 새롭게 태어났다고 이해하는 것이다.

기도

성령의 임재를 위한 기도

전능하신 하나님, 오늘도 저를 바라보시고 저의 연약함을 도우시고, 동행하심을 믿습니다. 오늘 제게 닥친 어찌할 수 없는 난관과 낙망 가운데에서도 주님을 바라볼 수 있는 은혜를 허락해 주시옵소서. 나의 기도가 나의 상황이 아닌 주님을 바라보는 기도가 되게 하옵소서.

본문말씀 읽기와 묵상하기

본문말씀을 천천히 한 번 읽은 후에 다시 본문을 찬찬히 들여다보면서 전체적인 내용과 상황을 파악한다.

출애굽한 이스라엘은 바닷가에 장막을 쳤고, 마음이 변한 바로는 군사들을 이끌고 이스라엘을 추격한다. 이스라엘은 심히 두려워하여 여호와께 부르짖고 모세를 원망한다. 하나님께서는 모세를 통해 바다를 가르시고 마른 땅으로 이스라엘을 횡단하게 하신다. 그리고 뒤따라오는 바로의 군대를 바다에 잠기게 하신다.

1. 본문에 나오는 말씀의 핵심적인 내용을 마음으로 깨달아 알려고 묵상을 한다.
   - 홍해 바다 앞에서 멈춘 이스라엘 백성은 뒤에서 구름떼 같은 바로의 군대가 뒤쫓아 오는 것을 보고 어떠한 반응을 보이는가?(10-12절) 그들이 모세에게 한 원망의 말은 무엇인가?(11-12절) 그들은 심히 두려워하여 여호와께 부르짖고, 모세를 원망하며, 애굽을 떠나온 것을 후회한다.
   - 두려워하는 이스라엘 백성에게 모세는 무슨 말로 위로 하는가?(13-14절) 모세는 두려워 떠는 이스라엘을 향하여 두려워하지 말고 가만히 서서 여호와께서 행하시는 구원, 즉 여호와께서 오늘 너희를 위하여 어떻게 싸우는지를 가만히 서서 보라고 선포한다.
   - 홍해 앞에 선 이스라엘을 위해 하나님께서는 어떤 일을 행하시는지를 헤아려 본다. 이 놀라운 하나님의 구원의 역사를 통해 하나님께서는 애굽과 이스라엘 백성들에게 무엇을 가르치시는가?(18, 30-31절) 이스라엘 진 앞에 행하던 하나님의 사자가 옮겨 그 뒤로 행하매 구름 기둥도 이스라엘 진 뒤로 옮겨 흑암으로 애굽 군대를 막아섰다. 모세가 지팡이를 들고 손을 바다 위로 내밀자 하나님께서는 동풍으로 바다를 갈라지게 하시어 이스라엘 백성들이 바다 가운데서 마른 땅으로 행진하게 하신다. 애굽 사람들은 그들을 뒤따라 들어가나 물이 다시 흘러 애굽인들을 덮어버렸다. 여호와께서 애굽 사람들에게 행한 그 큰 능력을 본 이스라엘 백성들이 여호와를 경외하며 여호와와 그의 종 모세를 믿게 되었다(31절).
   - 홍해 사건은 이스라엘에게 영적으로 어떤 의미를 부여하는가? 바울은 홍해를 건넌 사건을 세례 사건으로 연결한다(고전 10 : 1-2). 물로 정결케 된 새 이스라엘은 죽음에서 새롭게 태어남을 경험한 것이다.
2. 다시 한 번 성경본문을 천천히 읽는다. 읽는 동안에 어떤 말씀이 내 마음에 부딪혀 오는지를 살핀다.
   예를 들어, "모세가 백성에게 이르되 너희는 두려워하지 말고 가만히 서서 여호와께서 오늘 너희를 위하여 행하시는 구원을 보라 너희가 오늘 본 애굽 사람을 영원히 다시 보지 아니하리라 여호와께서 너희를 위하여 싸우시리니 너희는 가만히 있을지니라"(13-14절)라는 말씀이 마음에 다가왔다.

3. 내 마음에 부딪혀 온 말씀이 묵상 가운데 구체적으로 내게 어떤 말씀을 주시는지 또는 내 마음 안에서 어떻게 역사하는지를 살핀다. 그리고 이 말씀에 대해 내가 어떻게 응답하는지를 살펴본다.

구름 기둥과 불 기둥이 출애굽한 이스라엘 백성 앞에서 떠나지 않고 가나안을 향한 이스라엘의 길을 인도할 때, 그들 마음의 기쁨은 얼마나 크고, 발걸음은 얼마나 가벼웠을까? 가나안을 향해 가는 길에 수많은 장애물과 어려움들이 있으리라 예상했지만 그들은 담대한 마음으로 여행을 시작했을 것이다. 얼마를 걸어 홍해 앞에 섰을 때, 뒤에서 바로의 군대가 그들을 쫓아오는 것을 목도하게 되었다. 앞에는 홍해 바다가 가로놓여 있고, 뒤에는 바로의 군대가 쫓아와서 그들은 앞으로도 뒤로도 나아갈 수 없는 절대절명의 위기 상황 가운데 빠지게 되었다. 바로의 군대가 가까이 다가오자 이스라엘 백성은 심히 두려워 떨면서 하나님께 부르짖고, 모세를 향하여 원망한다. 반면에 모세는 하나님께서 이스라엘을 바로에게서 영원히 구원해 내실 것을 확신하고 있다. 하나님이 어떤 방법으로 그 일을 행하실지 모르지만, 하나님의 구원의 행위가 있을 것이니 두려워 말고 가만히 서서 하나님이 무슨 일을 하시는지, 하나님이 어떻게 싸우시는지 보라고 이스라엘을 향해 외친다.

어떻게 동일한 상황에서 이스라엘 백성과 모세의 마음과 태도는 이렇게 다를 수 있는가? 조금 전까지 그렇게 기뻐하고 담대했던 이스라엘 백성의 마음이 어떻게 이렇게 빨리 변할 수 있는가? 무엇보다 백성들의 모세를 향한 원망의 소리를 들으면 그들의 몸은 애굽을 나왔지만, 그들의 마음은 여전히 애굽에 묶여 있음을 볼 수 있다. 그들은 해방되었지만 그들의 마음은 여전히 바로의 노예나 다를 바 없다. 모세도 하나님의 소명을 체험할 당시 두려움도 많았고, 자신의 부족함의 문제를 가지고 하나님과 아주 긴 대화를 나누어야 했다. 그러나 지금 모세는 흔들리는 이스라엘 백성 앞에서 하나님의 구원에 대한 확신을 가지고 담대한 마음으로 백성들을 인도하고 있다. 이러한 모세의 담대함은 어디서 온 것인가?

모세의 담대함의 비밀은 모세가 하나님을 바라보는 데 있다고 생각된다. 이것이 모세가 이스라엘 백성들과 완전히 다른 점이다. 모세의 담대함은 달라진 환경에서 나온 것도 아니고, 많은 훈련을 받은 모세 자신에게서 나온 것도 아니다. 모세의 담대함은 하나님을 주목하여 바라보는데 있었다. 그리하여 모세는 이스라엘을 향하여 분명하게 확신을 가지고 외칠 수 있었다. "너희는 두려워하지 말고 가만히 서서 여호와께서 오늘 너희를 위하여 행하시는 구원을 보라 너희가 오늘 본 애굽 사람을 영원히 다시 보지 아니하리라 여호와께서 너희를 위하여 싸우시리니 너희는 가만히 있을지니라"(13-14절).

오늘 우리 모두는 마치 앞으로는 홍해 바다, 뒤로는 애굽 군대에 에워싸인 것 같은 상황에 놓이게 될 때가 있다. 앞으로도 뒤로도 나아갈 수 없는 진퇴양난의 위기에서 완전히 우리 몸이 굳어버릴 때가 있다. 그럴 때 우리는 어떻게 해야 하나? 모세를 통해 주신 말씀처럼 우리는 가만히 서서 주님을 바라보아야 한다. 주님의 말씀을 기다리는 것이다. 우리의 모든 미래를 주님께 온전히 맡기는 것이다. 그리하면 우리는 분명하게 주님의 일하심과 인도하심, 즉 주님의 구원을 체험하게 될 것이다.

응답기도 및 임재 안에 머물기

각자 깨달은 말씀이나 마음에 부딪혀 오는 은혜에 따라 응답하는 기도를 충분히 드린다. 충분하게 하나님과 대화를 나누는 기도를 드린 이후에 하나님의 선하심과 인자하심을 맛보며 그분의 임재 안에 얼마 동안 머무른다. 하나님의 임재 안에 머무른 후에 기도 안내문에 나와 있는 기도로 마무리한다.

"하나님! 나의 인생의 여정 가운데 언제나 주님을 바라보는 삶이 되게 하옵소서. 바로의 군대가 쫓아오고, 홍해가 나를 가로막는 것과 같은 환경 속에서도 인생의 어려움이나 장애물을 바라보는 것이 아니라, 함께하시는 주님을 먼저 바라보게 하옵소서.
아무리 태산이 내 앞을 가로막고 어려움이 닥쳐오더라도, 세상의 눈이 아니라 주님의 마음으로 그것을 바라보게 하옵소서. 내 앞에 놓인 높은 산이 나의 장애물이 아니라, 주님의 임재가 경험되는 곳이 되게 하옵시고, 내가 경험하는 나의 어려움들이 주님께 빨리 나아가는 지름길이 되고, 나의 고난이 주님께 날아오를 수 있는 날개가 되게 하옵소서.
하나님! 모세를 통해 주신 하나님의 말씀처럼, 이것은 오로지 내가 매사에 주님을 바라볼 때에만 그런 은혜가 주어질 수 있음을 믿나이다. 주여! 진정 나의 믿음 없음을 돌아보시고, 성령과 거룩하신 말씀으로 믿음의 불씨를 마음에 간직하게 도와주시옵소서. 어떠한 삶의 순간에도 항상 믿음으로만 한걸음 한걸음씩 나의 영적 여정의 길을 걷게 하옵소서."

반추 및 성찰

가능하면 기도했던 장소에서 자리를 옮긴다. 그리고 기도 시간에 경험한 내용을 돌아보면서 노트에 간단히 적는다. 이때 기도 안에서 하나님과 내 자신에 대한 전체적인 느낌을 적고, 또 영적으로 위로를 받았던 경험과 영적으로 메말랐던 경험을 적는다.

_____
_____
_____
_____

삶으로 나아가기

마음에 와 닿는 한 구절의 말씀을 선택하여 쪽지에 기록한다.
예를 들면 "모세가 백성에게 이르되 너희는 두려워하지 말고 가만히 서서 여호와께서 오늘 너희를 위하여 행하시는 구원을 보라 너희가 오늘 본 애굽 사람을 영원히 다시 보지 아니하리라 여호와께서 너희를 위하여 싸우시리니 너희는 가만히 있을지니라"(13-14절)
이 말씀을 수시로 꺼내어 읊조리면서 일상 안에서 기도하며 생활한다.

주요내용 설명

출애굽기 14장은 다음과 같은 문학적 구조를 보여 준다. A. 바로의 추격(1-9절); B. 이스라엘의 불평과 구원 약속(10-14절); C. 홍해 도하와 애굽 사람의 죽음(15-31절). 첫째 단락(1-8절)은 바로의 추격을 다룬다. 바닷가에 장막을 친 이스라엘 백성들에게 하나님께서는 바로의 추격을 예언하고, 이 모든 목표는 "애굽 사람들이 나를 여호와인줄 알게 하리라"(출 14 : 4)라고 말한다. 이스라엘 백성의 출애굽을 허락한 바로와 신하들이 병거 육백 대와 애굽의 모든 병거를 동원하여 이스라엘 백성을 추격한다.

둘째 단락(9-14절)은 이스라엘의 불평과 구원 약속을 다룬다. 앞으로 광야에서 흔히 들을 수 있는 백성들의 불평 내용은 "왜 출애굽을 해서 광야에서 죽게 하느냐? 차라리 애굽 사람을 섬기는 것이 광야에서 죽는 것보다 낫겠다."(출 14 : 11-12)라는 것이었다. 여기에는 반(反)-출애굽 사상이 나타난다. 이 불평은 모세를 향하여 잔인하게 언급된다. 이에 대한 모세의 반응은 "너희는 가만히 있어서 하나님의 구원을 보라."는 것이다. 즉, 구원은 전적으로 하나님께 속한 것이라는 것이다. 모세는 오늘 본 애굽 사람을 영원히 다시 보지 아니하리라고 말했다.

셋째 단락(15-31절)에서 홍해 도하와 애굽 사람들의 죽음을 보여 준다. 여호와께서는 모세에게 손을 들어 바다를 가르고 백성들을 도하시키고, 바로와 백성들을 수장한다고 하셨다. 이스라엘 진영을 앞서 가던 하나님의 사자가 그 뒤로 옮겨 구름과 흑암으로 애굽인들로부터 이스라엘 사람을 지키는 동안 모세가 손을 들어 바다를 갈라 마른 땅이 되게 하여 이스라엘 백성들이 홍해를 건넜다. 이어서 애굽 사람들이 이스라엘 백성들을 추격하여 바다로 걸어 들어올 때 여호와께서 애굽 군대를 어지럽게 하시고, 다시 모세가 손을 들어 물이 흐르게 하여 병거들과 기병을 덮쳐 하나도 남지 않게 되었다. 여호와께서 말씀하신 대로 그날에 이스라엘 백성들은 바닷가에서 애굽 사람들이 죽어 있는 것을 보았고, 이로 인하여 여호와를 경외하며, 여호와와 그의 종 모세를 믿었다.

17. 모세의 찬양
(15 : 1-21)

기도에 임하기

1. 몸과 마음을 가다듬고 하나님의 임재를 기억하며 기도를 준비한다.
2. 찬송을 부른다(29장).

말씀읽기

출애굽기 15 : 1~21

1절 이 때에 모세와 이스라엘 자손이 이 노래로 여호와께 노래하니 일렀으되 내가 여호와를 찬송하리니 그는 높고 영화로우심이요 말과 그 탄 자를 바다에 던지셨음이로다
2절 여호와는 나의 힘이요 노래시며 나의 구원이시로다 그는 나의 하나님이시니 내가 그를 찬송할 것이요 내 아버지의 하나님이시니 내가 그를 높이리로다
3절 여호와는 용사시니 여호와는 그의 이름이시로다
4절 그가 바로의 병거와 그의 군대를 바다에 던지시니 최고의 지휘관들이 홍해에 잠겼고
5절 깊은 물이 그들을 덮으니 그들이 돌처럼 깊음 속에 가라앉았도다
6절 여호와여 주의 오른손이 권능으로 영광을 나타내시니이다 여호와여 주의 오른손이 원수를 부수시니이다
7절 주께서 주의 큰 위엄으로 주를 거스르는 자를 엎으시니이다 주께서 진노를 발하시니 그 진노가 그들을 지푸라기 같이 사르니이다

8절 주의 콧김에 물이 쌓이되 파도가 언덕 같이 일어서고 큰 물이 바다 가운데 엉기니이다
9절 원수가 말하기를 내가 뒤쫓아 따라잡아 탈취물을 나누리라, 내가 그들로 말미암아 내 욕망을 채우리라, 내가 내 칼을 빼리니 내 손이 그들을 멸하리라 하였으나
10절 주께서 바람을 일으키시매 바다가 그들을 덮으니 그들이 거센 물에 납 같이 잠겼나이다
11절 여호와여 신 중에 주와 같은 자가 누구니이까 주와 같이 거룩함으로 영광스러우며 찬송할 만한 위엄이 있으며 기이한 일을 행하는 자가 누구니이까
12절 주께서 오른손을 드신즉 땅이 그들을 삼켰나이다
13절 주의 인자하심으로 주께서 구속하신 백성을 인도하시되 주의 힘으로 그들을 주의 거룩한 처소에 들어가게 하시나이다
14절 여러 나라가 듣고 떨며 블레셋 주민이 두려움에 잡히며
15절 에돔 두령들이 놀라고 모압 영웅이 떨림에 잡히며 가나안 주민이 다 낙담하나이다
16절 놀람과 두려움이 그들에게 임하매 주의 팔이 크므로 그들이 돌 같이 침묵하였사오니 여호와여 주의 백성이 통과하기까지 곧 주께서 사신 백성이 통과하기까지였나이다
17절 주께서 백성을 인도하사 그들을 주의 기업의 산에 심으시리이다 여호와여 이는 주의 처소를 삼으시려고 예비하신 것이라 주여 이것이 주의 손으로 세우신 성소로소이다
18절 여호와께서 영원무궁 하도록 다스리시도다 하였더라
19절 바로의 말과 병거와 마병이 함께 바다에 들어가매 여호와께서 바닷물을 그들 위에 되돌려 흐르게 하셨으나 이스라엘 자손은 바다 가운데서 마른 땅으로 지나간지라
20절 아론의 누이 선지자 미리암이 손에 소고를 잡으매 모든 여인도 그를 따라 나오며 소고를 잡고 춤추니
21절 미리암이 그들에게 화답하여 이르되 너희는 여호와를 찬송하라 그는 높고 영화로우심이요 말과 그 탄 자를 바다에 던지셨음이로다 하였더라

배경설명

출애굽기 15 : 1~21은 바다의 노래로서 출애굽의 감격에 대한 모세의 노래(15 : 1-18)와 미리암의 노래(15 : 19-21)로 이루어져 있다. 모세의 노래는 순수한 홍해 경험(15 : 1-12)에 가나안 정착과 정복과 관련된 노래(15 : 13-18)가 확장되어 있다. 바다의 노래는 여호와께서 바다에서 바로와 애굽의 백성들로부터 승리한 것으로 멈추지 않는다. 단순히 여호와께서 바다에서 하신 일이나 후에 광야, 가나안이나 예루살렘에서 하신 일만이 아니라, 여호와 하나님 자신을 송축하고 있다. 즉, 이 시는 당신의 백성들과 함께 계시고

당신의 백성들을 위하여 행동하시는 여호와를 송축하고 있다. 이것이 곧 출애굽기 전체의 신학적 기초라고 볼 수 있다(J. Durham, 352-364). 출애굽기 15장의 '바다의 노래'는 전쟁 용사이신 여호와에 대한 신앙고백(출 15 : 3)으로 시작하여 여호와의 유일한 왕권을 선포하는 것(출 15 : 18)으로 끝난다. 즉, 여호와만이 홀로 유일한 전쟁 용사이며, 여호와만이 유일하게 왕이라는 것을 선포하는 것이다. 바로로 대표되는 인간의 왕권은 여호와의 적대자일 뿐이다.

기도

성령의 임재를 위한 기도

사랑의 하나님, 변화시키시는 성령님을 믿으며 기도의 여정으로 나아가오니 굳은 저의 마음을 변화시켜, 지금까지 나를 인도하신 주님을 진정으로 찬양하는 영혼이 되게 하옵소서. 오직 하나님만을 나의 진정한 하나님으로 고백하는 삶으로 나를 이끌어 주옵소서.

본문말씀 읽기와 묵상하기

본문말씀을 천천히 한 번 읽은 후에 다시 본문을 찬찬히 들여다보면서 전체적인 내용과 상황을 파악한다.

> 홍해를 횡단한 후, 모세와 미리암이 하나님을 찬양한다. 여호와만이 유일한 전쟁 용사이시며 신 중의 신이심을 선포하며 노래한다.

1. 본문에 나오는 말씀의 핵심적인 내용을 마음으로 깨달아 알려고 묵상을 한다.
   - 출애굽한 이스라엘 백성들이 무사히 홍해 바다를 건너고, 그들을 뒤쫓아 오던 바로의 군대가 물에 수장되는 것을 목격한 후 모세와 온 이스라엘은 이 노래로 여호와께 노래한다. 모세의 노래는 크게 세 부분으로 나누어진다. 1~6절은 그들이 여호와 하나님을 찬양하는 이유이다. 7~12절은 여호와 하나님께서 바로의 군대를 멸한 놀라운 사건의 전말을 간략히 요약한다. 13~18절은 앞으로 일어날 일을 내다보며 예언적으로 찬미한다.
   - 모세는 하나님을 어떤 분으로 고백하는가? 이스라엘 백성에게 하나님께서는 어떤 분이신가? 하나님께서는 높고 영화로우시고, 군대를 물에 던지신 분이시다. 모세는 하나님을 '나의 힘, 나의 노래, 나의 구원, 나의 하나님'으로 고백한다. 하나님께서는 용사이시며(1-6절), 신 중에 신

이시며, 이스라엘을 거룩한 처소에 들어가게 하시는 분이시며, 유일한 통치자이시다. 하나님께서는 언제나 당신의 백성들과 함께 계시고, 당신의 백성들을 위해 행동하시는 분이시다. 하나님께서는 마침내 이스라엘을 약속의 땅, 주의 거룩한 땅, 주의 처소, 주의 손으로 지으신 성소로 인도하실 것이며, 영원무궁하도록 그들을 다스리실 분이시다(13-18절).

– 20~21절은 모세와 아론의 누이 미리암(참고 민수기 12장; 26 : 29)의 노래이다. 여호와 하나님께서 애굽 군대를 모두 바다에 처넣어 죽이고, 영광스럽게 승리하셨기 때문에 하나님을 찬미하라는 것이다. 홍해 바다를 건넌 모세와 미리암은 이스라엘 백성들에게 어떤 도전을 주고 있는가?(1, 21절)

2. 다시 한 번 성경본문을 천천히 읽는다. 읽는 동안에 어떤 말씀이 내 마음에 부딪혀 오는지를 살핀다.

예를 들어, "여호와여 신 중에 주와 같은 자가 누구니이까 주와 같이 거룩함으로 영광스러우며 찬송할 만한 위엄이 있으며 기이한 일을 행하는 자가 누구니이까"(11절)라는 말씀이 마음에 다가왔다.

3. 내 마음에 부딪혀 온 말씀이 묵상 가운데 구체적으로 내게 어떤 말씀을 주시는지 또는 내 마음 안에서 어떻게 역사하는지를 살핀다. 그리고 이 말씀에 대해 내가 어떻게 응답하는지를 살펴본다.

"여호와여 신 중에 주와 같은 자가 누구니이까." 모세의 노래 가운데 가장 마음에 와 닿는 구절은 여호와 하나님께 '신 중에 주와 같은 분이 없다'는 고백의 찬양이다. 여호와는 세상의 다른 신들과는 다르다는 것이다. 여호와 같은 분은 없다는 고백이다. 애굽에서 이스라엘 백성들은 바로를 신처럼 섬겨 왔다. 이스라엘 백성들은 애굽 사람들이 태양신을 섬기는 것을 보았다. 하지만 이제 그들은 노래한다. 그것들은 여호와 하나님을 상대할 수 없다고. 그것들은 여호와 하나님 앞에서 아무 힘을 발휘하지 못했다. 그것들은 심지어 작은 신도 못되었다. 너무나 무기력하였다. 그것들은 한낱 피조물에 불과한 것이다. 모세는 오직 여호와 하나님만이 참 신이심을 노래한다. 모세는 여호와 하나님이 창조주이시며, 구원의 주요, 역사의 주이심을 찬양한다. 그분은 바로를 무너뜨리고, 출애굽의 놀라운 역사를 이루어 내신 분이시다. 그는 홍해를 육지같이 건너게 하시고, 세상에서 가장 강력하게 여겨졌던 바로의 군대를 한 순간에 물로 삼키신 분이시다. 이제 참 하나님이신 여호와께서는 당신의 인자하심으로 당신 백성들을 주의 손으로 친히 지으신 거룩한 성소로 인도하실 것이다. 이제 구원의 놀라운 역사를 시작하신 분께서 그 일을 온전히 이루어 내실 것이다. 이스라엘 백성의 역사 가운데 놀라운 일을 이루어 내신 하나님께서 이제 나의 삶에서도 동일한 구원과 해방의 은총을 허락해 주셨다. 예수 그리스도를 통해 나에게 새로운 생명과 구원의 은혜를 베풀어 주셨다. 구원의 하나님께서 이제 나의 모든 삶이 하나님으로 충만해질 때까지 나를 당신의 거룩한 뜻과 성령의 능력으로 주장하시며 인도하실 것이다. 이 놀라운 은혜를 받은 자로서 모세와 이스라엘 백성들처럼 나의 마음과 입을 열어 구원의 하나님을 찬미해야 할 것이다. 이제 나는 모세와 온 이스라엘과 함께 나에게 놀라운 구원의 은혜를 베푸신 하나님, 더 나아가 우리의 영원한 통치자가 되실 하나님께 영원토록 찬미의 제사를 바쳐야 할 것이다.

응답기도 및 임재 안에 머물기

각자 깨달은 말씀이나 마음에 부딪혀 오는 은혜에 따라 응답하는 기도를 충분히 드린다. 충분하게 하나님과 대화를 나누는 기도를 드린 이후에 하나님의 선하심과 인자하심을 맛보며 그분의 임재 안에 얼마 동안 머무른다. 하나님의 임재 안에 머무른 후에 기도 안내문에 나와 있는 기도로 마무리한다.

"하나님! 구원의 하나님께 찬양하는 영혼이 되길 원합니다. 저의 온 마음과 작은 입술로 주님께 찬미의 제사를 올려드리기를 원합니다. 제 영혼이 찬양하는 심령이 되길 원합니다. 저는 마치 애굽에 있던 이스라엘 백성들처럼 노예와 같은 마음으로 자유와 감사가 없는 삶을 살아왔습니다. 찬양이 부족한 삶이었고, 그 찬양도 너무나 형식적이었습니다. 이제는 구원의 은혜를 체험한 자로서 나의 영혼의 노래가 한순간도 끊어지지 않길 원합니다. 비록 광야와 같은 인생길을 걸으면서, 혹 나의 삶이 아무리 어렵고 힘들게 느껴지는 순간이 오더라도 내 마음이 돌처럼 굳어지지 않게 하소서. 내가 잠잠하여 하나님을 바라볼 수 있게 하시고, 구원의 하나님께 찬양하는 영혼이 되게 하소서. 내 영혼이 언제나 기쁨으로 노래하게 하소서. 그 어떤 어려움과 역경을 만나더라도 내 영혼은 기쁨과 소망으로 하나님을 찬양하며 걷게 하소서. 찬양함으로 내가 넘어졌던 그 자리에서 일어설 수 있게 도우소서. 찬양으로 나의 어두운 감옥이 무너지는 은혜를 베풀어 주소서. 매일 새 노래로 나의 구원의 하나님을 찬미하게 하소서."

반추 및 성찰

가능하면 기도했던 장소에서 자리를 옮긴다. 그리고 기도 시간에 경험한 내용을 돌아보면서 노트에 간단히 적는다. 이때 기도 안에서 하나님과 내 자신에 대한 전체적인 느낌을 적고, 또 영적으로 위로를 받았던 경험과 영적으로 메말랐던 경험을 적는다.

삶으로 나아가기

마음에 와 닿는 한 구절의 말씀을 선택하여 쪽지에 기록한다.
예를 들면 "여호와여 신 중에 주와 같은 자가 누구니이까 주와 같이 거룩함으로 영광스러우며 찬송할 만한 위엄이 있으며 기이한 일을 행하는 자가 누구니이까"(11절)
이 말씀을 수시로 꺼내어 읊조리면서 일상 안에서 기도하며 생활한다.

주요내용 설명

첫째 부분(15 : 1-21)은 모세의 노래이다. 홍해에서 승리하신 여호와에 대한 묘사가 나타난다. 여호와는 "용사"로 표현된다. 여호와를 이스라엘을 위하여 친히 싸우시는 '용사'라고 한 표현은 '승리하시는 구원자', 즉 애굽 군대를 일거에 무찌르고 승리하신 하나님을 표현하고 있다. 5절의 깊은 물은 큰 물이 일어나 바다 사이 길로 집중적으로 물결이 쏠리면서 바다 깊은 곳에서부터 표면에 이르기까지 발생하게 된 엄청난 물의 혼돈 상태를 말한다. 마치 태초의 혼돈 같은 물로 인하여 애굽 군대가 돌과 같이 쉽게 휩쓸려 바다 깊이 가라앉게 되었다. 8절의 "주의 콧김"은 분노에 찬 여호와의 바람을 뜻한다. 이는 하나님의 능력에 의해 조성된 큰 동풍(14 : 21)이며, 하나님의 역동적인 역사 개입을 표현하고 있다. 즉, 홍해를 가른 바람도 하나님의 콧바람에 불과하다고 말하면서, 크신 하나님의 능력을 찬양하고 있다.

13절 이하는 가나안 땅의 정착과 정복 전승을 반영한다. 13절에서 "주의 성결한 처소"는 가나안 땅에 대한 은유적 표현으로, 그곳은 하나님께서 자기의 이름을 두시려고 특별히 택하신 곳이고, 택하신 언약의 백성 이스라엘이 거할 땅이며, 나아가서 하나님께서 임재하실 거룩한 성전이 세워질 땅을 묘사한다. 17절에서 주의 기업의 산은 족장 때로부터 언약으로 물려주신 약속의 땅 가나안, 나아가서 주의 성소가 있는 시온 산이라고 말할 수 있다. 하나님께서는 시온 산에서 온 우주를 통치하시는 분이다. 18절에서 "여호와께서 영원무궁하도록 다스리시도다"는 말은 영원한 하나님의 통치를 보여 주는데, 애굽에 대한 하나님의 승리가 하나님의 영원한 통치를 보여 주는 전조라는 이해이다.

둘째 부분인 15 : 19~21은 미리암의 노래이다. 미리암은 드보라의 경우(삿 4 : 4)와 마찬가지로 여선지자이다. 19~21절은 홍해의 구원은 이스라엘이 미래에 구원받을 것임을 예표하는 것이다. 구약성서 곳곳에서 홍해의 구원은 반복됨을 보여 주고 있다(신 4 : 32-40; 7 : 17-19; 수 3 : 14-17).

II. 광야에서의 공동체 훈련 (15:22-18:27)

18. 마라와 엘림
(15 : 22-27)

기도에 임하기

1. 몸과 마음을 가다듬고 하나님의 임재를 기억하며 기도를 준비한다.
2. 찬송을 부른다(410장).

말씀읽기

출애굽기 15 : 22~27

22절   모세가 홍해에서 이스라엘을 인도하매 그들이 나와서 수르 광야로 들어가서 거기서 사흘길을 걸었으나 물을 얻지 못하고
23절   마라에 이르렀더니 그 곳 물이 써서 마시지 못하겠으므로 그 이름을 마라라 하였더라
24절   백성이 모세에게 원망하여 이르되 우리가 무엇을 마실까 하매
25절   모세가 여호와께 부르짖었더니 여호와께서 그에게 한 나무를 가리키시니 그가 물에 던지니 물이 달게 되었더라 거기서 여호와께서 그들을 위하여 법도와 율례를 정하시고 그들을 시험하실새
26절   이르시되 너희가 너희 하나님 나 여호와의 말을 들어 순종하고 내가 보기에 의를 행하며 내 계명에 귀를 기울이며 내 모든 규례를 지키면 내가 애굽 사람에게 내린 모든 질병 중 하나도 너희에게 내리지 아니하리니 나는 너희를 치료하는 여호와임이라
27절   그들이 엘림에 이르니 거기에 물 샘 열둘과 종려나무 일흔 그루가 있는지라 거기서

그들이 그 물 곁에 장막을 치니라

배경설명

출애굽기 15 : 21~18 : 27은 홍해를 건넌 후에 시내 산에 이르기까지 광야에서의 여정을 보여 준다. 이제 갓 출애굽한 이스라엘 공동체는 여전히 노예근성을 가지고 있었고, 하나님께서는 시내 산에 이르는 이 기간동안 다양한 공동체 훈련을 행하신다. 본문 15 : 21~27은 짧지만 물의 훈련을 통하여 백성을 연단하시는 장면이다. 이스라엘 백성이 홍해를 건넌 후에 도달한 곳은 수르 광야였다. 수르라는 말은 '벽'이라는 뜻인데, 아마도 애굽의 북동쪽 변방을 보호하는 애굽 성채를 의미하는 것으로, 수르를 통과하는 것은 이제 애굽의 영역을 완전히 벗어난 것으로 볼 수 있다. 마라라는 말은 '쓰다'는 뜻으로 룻의 시어머니인 나오미는 자신의 인생을 마라라고 불렀다 : "나오미가 그들에게 이르되 나를 나오미라 부르지 말고 나를 마라라 부르라 이는 전능자가 나를 심히 괴롭게 하셨음이니라"(룻 1 : 20). 마라 사건은 특히 모세 오경에 등장하는 백성들의 불평 주제를 떠올린다. 이 불평은 광야에서의 끝없는 불평의 시작이다. 하나님께서는 이 불평에 대하여 응답하시기도 하고, 심판하시기도 하셨다 : "이스라엘 자손 온 회중이 그 광야에서 모세와 아론을 원망하여 이스라엘 자손이 그들에게 이르되 우리가 애굽 땅에서 고기 가마 곁에 앉아 있던 때와 떡을 배불리 먹던 때에 여호와의 손에 죽었더라면 좋았을 것을 너희가 이 광야로 우리를 인도해 내어 이 온 회중이 주려 죽게 하는도다"(출 16 : 2-3); "거기서 백성이 목이 말라 물을 찾으매 그들이 모세에게 대하여 원망하여 이르되 당신이 어찌하여 우리를 애굽에서 인도해 내어서 우리와 우리 자녀와 우리 가축이 목말라 죽게 하느냐"(출 17 : 3); "여호와께서 들으시기에 백성이 악한 말로 원망하매 여호와께서 들으시고 진노하사 여호와의 불을 그들 중에 붙여서 진영 끝을 사르게 하시매"(민 11 : 1).

본문에서 특이한 것은 하나님께서 지정하신 나무를 모세가 던져 쓴 물을 단물로 바꾼 후에 갑자기 법도와 율례를 정하시면서 시내 산에서 계명을 받기 전에도 순종해야 할 계명이 있었다는 것을 보여 준다. 이 사건과 여호와의 말씀의 공통점은 치료하는 여호와를 경험하기 위하여 순종을 요구한다는 점이다. 즉, 마라가 단물이 되는 사건을 통하여 순종이 기적을 준비한다는 교훈을 보여 주고 있다. 또한 27절에 등장하는 엘림이라는 단어는 '나무들'이라는 뜻으로서 종려나무가 우거진 곳을 말한다. 본문에서 엘림은 종려나무가 무성할 정도로 물이 많은 오아시스이다. 물샘 열둘이 있어서 생수가 끊이지 않고, 풍성하게 잎사귀와 과실과 가지를 내는 동산을 뜻한다.

기도

성령의 임재를 위한 기도

은혜의 하나님, 우리를 변화시키시고 치유하시는 하나님의 은혜를 구합니다. 변하지 않는 나의 쓴 뿌리와 고약한 상처의 흔적들을 치유하시고, 샘물처럼 흐르는 주의 사랑으로 채워 주시옵소서.

본문말씀 읽기와 묵상하기

본문말씀을 천천히 한 번 읽은 후에 다시 본문을 찬찬히 들여다보면서 전체적인 내용과 상황을 파악한다.

    홍해를 육지처럼 건넌 이스라엘 백성이 삼일 동안 광야를 걸은 후 마라에 도착하였으나 쓴 물로 인하여 마실 물을 찾지 못하자 모세를 원망하고, 그때 하나님께서는 모세에게 한 나무의 가지를 물에 던지게 하시어 쓴 물을 단물로 바꾸어 주신다. 거기서 하나님께서 법도와 율례를 정하시고, 여호와의 말을 듣고 순종하여 모든 규례를 지키면 애굽 사람에게 내린 모든 질병 중 하나도 너희에게 내리지 아니할 것이라 말씀하신다. 이후 그들은 엘림이라는 오아시스에 다다른다.

1. 본문에 나오는 말씀의 핵심적인 내용을 마음으로 깨달아 알려고 묵상을 한다.
   - 홍해를 건넌 이스라엘 백성들이 축제를 마친 후 자신들 앞에 메마른 광야가 펼쳐져 있는 것을 보고 어떤 마음이 들었을까? 그들은 삼 일 동안 수르 광야를 걸었으나 물을 얻지 못했다. 물이 없는 광야 길을 걸을 때 이스라엘 백성들의 마음은 어떠하였을까?
   - 삼 일 길을 걸은 후에 마라에 도착하여 물을 발견하였으나 그것은 쓴 물이었다. 이때 이스라엘은 어떻게 반응하였으며, 그것에 대한 모세의 반응은 어떠한가? 사흘 길을 걸었으나 물을 얻지 못하다가 마라에서 비로소 물을 얻었으나 물이 써서 마시지 못함으로 이스라엘은 모세를 원망한다. 모세는 여호와께 부르짖는다.
   - 모세의 부르짖음을 들은 하나님께서 모세에게 무슨 명령을 주셨으며, 모세의 순종으로 어떤 일이 발생했는가?(25절) 이때 하나님께서는 이스라엘 백성들을 위하여 무엇을 하시는가?(25절) 하나님께서 이스라엘을 위하여 법도와 율례를 정해 주신다.
   - 하나님께서는 이스라엘이 법도와 율례에 순종한다면 어떤 은총이 주어질 것을 약속하시는가?(26절) 하나님께서는 이스라엘이 법도와 율례에 순종한다면 출애굽 여정에서 애굽에 내리

신 질병을 이스라엘에게 내리지 않겠다고 약속하신다. 하나님께서는 이스라엘에게 당신을 어떤 하나님으로 드러내시는가?(26절)
- 왜 하나님께서는 출애굽 여정의 초기에 당신을 치유하시는 하나님으로 계시하시는 것인지 묵상해 보자. 여기에는 우리 하나님의 굉장히 깊은 뜻이 담겨져 있다. 하나님의 말씀에 대한 순종과 질병의 치료 사이에 어떤 관계가 있을까? 하나님께서는 이 가운데서 어떻게 역사하시는가? 치료하는 여호와 하나님의 은총을 체험하기 위해서 우리에게 필요한 것은 무엇일까?
- 마라의 물 기적을 경험한 이스라엘이 그 다음으로 인도된 곳은 물 샘 열둘과 종려나무 일흔 그루가 있는 엘림이라는 오아시스이다. 그들은 그 물 곁에 장막을 쳤다. 마라를 출발한 이스라엘의 다음 도착지가 엘림이었다는 것은 영적으로 무엇을 말씀하는 것일까?

2. 다시 한 번 성경본문을 천천히 읽는다. 읽는 동안에 어떤 말씀이 내 마음에 부딪혀 오는지를 살핀다.

   예를 들어, "이르시되 너희가 너희 하나님 나 여호와의 말을 들어 순종하고 내가 보기에 의를 행하며 내 계명에 귀를 기울이며 내 모든 규례를 지키면 내가 애굽 사람에게 내린 모든 질병 중 하나도 너희에게 내리지 아니하리니 나는 너희를 치료하는 여호와임이라"(26절)라는 말씀이 마음에 다가왔다.

3. 내 마음에 부딪혀 온 말씀이 묵상 가운데 구체적으로 내게 어떤 말씀을 주시는지 또는 내 마음 안에서 어떻게 역사하는지를 살핀다. 그리고 이 말씀에 대해 내가 어떻게 응답하는지를 살펴본다.

   이스라엘 백성이 광야 길을 걸을 때 하나님께서는 제일 먼저 당신을 '치료하는 여호와'로 계시하신다. 이스라엘 백성들에게 법도와 율례를 주시면서 '너희가 너희 하나님 나 여호와의 말을 듣고 청종하고 나의 보기에 의를 행하며 내 계명에 귀를 기울이며 내 모든 규례를 지키면' 애굽 사람에게 내린 질병이 내리지 않을 것이니 '나는 너희를 치료하는 여호와'라고 말씀하신 것이다. 왜 하나님께서 하나님에 대한 첫 번째의 계시로 '치료하시는 하나님'을 말씀하실까? 하나님의 백성들을 향한 우리 하나님의 섬세하고 깊은 마음이 반영되었다고 본다.

   출애굽한 이스라엘 백성에게 주어진 이 계시는 이스라엘이 하나님의 말씀을 순종할 때 하나님께서 애굽에서 받은 모든 상처와 아픔을 치유해 주실 것이라는 하나님의 말씀으로 다가온다. 이스라엘 백성들은 육체적인 해방과 자유뿐만이 아니라 마음의 치유도 필요하다. 그래야 진정으로 자유로운 영혼이 되어 하나님께 신령과 진정으로 예배하는 백성으로 살아갈 수 있을 것이다. 또한 광야의 여정은 서로 상처를 주고받을 수밖에 없는 여정이다. 우리 또한 광야와 같은 인생 길을 걸어가면서 끊임없이 상처를 주고 상처를 받을 수밖에 없는 삶을 살아간다. 이러한 우리의 인생에서 우리를 치유하시는 하나님의 은총이 절대적으로 필요한 것이다.

   우리는 어떻게 우리를 치유하시는 하나님을 만나며, 그분의 치유의 은총을 체험할 수 있을까? 하나님의 말씀처럼 우리가 하나님의 말씀을 듣고 그 말씀을 순종할 때에만 우리의 아픔과 상처가 치유되고, 우리의 존재와 삶은 건강해질 것이다. 하나님께서는 당신의 말씀 가운데 역사하시어 우리의 마음을 고치고, 진정으로 우리가 하나님과 영적으로 교제하는 삶을 살게 하시며 하나님께 진정으로 예배하는 삶으로 우리를 이끌어 주실 것이다.

응답기도 및 임재 안에 머물기

각자 깨달은 말씀이나 마음에 부딪혀 오는 은혜에 따라 응답하는 기도를 충분히 드린다. 충분하게 하나님과 대화를 나누는 기도를 드린 이후에 하나님의 선하심과 인자하심을 맛보며 그분의 임재 안에 얼마 동안 머무른다. 하나님의 임재 안에 머무른 후에 기도 안내문에 나와 있는 기도로 마무리한다.

"하나님! 우리 주 예수 그리스도를 통해 새로운 생명의 삶을 허락하여 주신 것을 감사드립니다. 우리는 이제 그리스도 안에서 새로운 피조물입니다. 그리스도 안에서 자유로운 존재입니다. 하오나 주님! 이미 주님의 십자가의 은총으로 영원한 멸망의 죽음과 사탄의 권세에서 해방되었으나, 여전히 내 안에 남아 있는 쓴 뿌리, 끊임없이 세상에서 상처와 아픔을 경험하는 저의 모습, 제가 받는 상처보다 더 크고 많은 상처와 아픔을 남들에게 주는 저의 모습을 봅니다. 주님! 내 안에 아직 치유되지 않은 상처들이 이토록 다른 이들을 괴롭게 하고 있습니다.

치료하시는 하나님! 어떻게 내 영혼이 깨끗이 치유되어 양털처럼 주님께로 날아오를 수 있겠습니까? 본문에서 주시는 말씀처럼 매사에 주님께 청종할 수 있게 하옵소서. 주님의 말씀을 기다리게 하시고 주신 말씀에 순종하는 은혜와 능력을 주옵소서.

말씀을 의지하여 나의 아픔과 상처가 치유되고, 완고한 마음이 부드러운 마음으로 바뀌어 질 것을 믿고 기대하오니 저의 마음을 치유하여 주셔서 청결한 마음으로 매사에 주님을 바라보며 살아가게 하옵소서. 상처를 주고받는 광야의 여정에서 치유하시는 하나님과 항상 동행하게 하옵소서."

반추 및 성찰

가능하면 기도했던 장소에서 자리를 옮긴다. 그리고 기도 시간에 경험한 내용을 돌아보면서 노트에 간단히 적는다. 이때 기도 안에서 하나님과 내 자신에 대한 전체적인 느낌을 적고, 또 영적으로 위로를 받았던 경험과 영적으로 메말랐던 경험을 적는다.

_____

_____

_____

_____

삶으로 나아가기

마음에 와 닿는 한 구절의 말씀을 선택하여 쪽지에 기록한다.
예를 들면 "이르시되 너희가 너희 하나님 나 여호와의 말을 들어 순종하고 내가 보기에 의를 행하며 내 계명에 귀를 기울이며 내 모든 규례를 지키면 내가 애굽 사람에게 내린 모든 질병 중 하나도 너희에게 내리지 아니하리니 나는 너희를 치료하는 여호와임이라"(26절)
이 말씀을 수시로 꺼내어 읊조리면서 일상 안에서 기도하며 생활한다.

주요내용 설명

이 본문은 홍해를 건넌 직후에 찾아온 물에 대한 어려움들을 보여 준다. 기적으로 홍해를 건넌 후에, 모세는 이스라엘 백성들을 광야길로 인도했고, 수르 광야에서 삼 일 길을 걸었다. 광야 길에서 삼 일 동안 광야 길을 걸으면서 물을 찾았지만, 물을 발견하지는 못했다. 마침내 물을 발견하였지만, 그 물은 써서 마시기 어려운 물이었다. 그래서 그 장소에 '쓰다'라는 뜻의 마라라는 이름을 붙였다. 즉, 쓴 물을 만나서 절망한 백성들의 표현이었다. 먹을 수 있는 단물의 부재는 백성들의 불평을 자아냈고, 모세를 원망하게 된다.
이 위기 속에서 모세가 한 일은 무엇인가? 여호와께 부르짖었다고 말한다. 그러자 여호와께서는 모세에게 한 나무를 가리키셨다. 모세는 이것을 어떻게 해석했는가? 쓴 물에 던지라는 것으로 이해하였다. 그래서 쓴 물에 나무를 던졌을 때 물이 달게 되었다. 이 사건은 단지 쓴 물을 단물로 바꾼 일회적인 사건이 아니고 그 의미를 기억하기를 하나님께서는 원하신다. 즉, 하나님이 가리키신 것은 이스라엘 백성들이 지켜야 할 법도와 율례의 모체가 되는 것이다. 이스라엘 백성들이 시내 산에서 십계명을 받기 이전에 계명이 주어졌음을 의미한다.

　법도와 계명을 통해서 하나님께서는 이스라엘 백성들에게 요청하신다 : "너희가 너희 하나님 나 여호와의 말을 들어 순종하고 내가 보기에 의를 행하며 내 계명에 귀를 기울이며 내 모든 규례를 지키면"(출 15 : 26). 여호와의 말을 순종하고, 의를 행하고, 계명에 귀를 기울이는 것을 요청한다. 한마디로 이는 하나님의 말씀에 대한 순종을 뜻한다. 그럴 때 하나님의 약속은 무엇인가? 하나님이 이스라엘 백성을 위한 치료하는 여호와로서 애굽인들에게 내렸던 어떤 질병도 내리지 않겠다는 것이다. 순종을 통해서 치료하시는 하나님을 경험한다는 것이다. 바로 이것은 쓴 물을 단물로 바꾸는 하나님을 통하여 경험한 사건의 의미이다.

　마라의 사건이 지난 후에 하나님께서는 이스라엘 백성들을 엘림으로 인도했는데, 그곳은 물 샘 열둘과 종려나무 일흔 그루가 있는 곳이었다. 이스라엘 백성들은 이곳에서 쉼을 얻고 다음 장소로 이동할 준비를 하였을 것이다.

19. 메추라기와 만나
(16 : 1-36)

기도에 임하기

1. 몸과 마음을 가다듬고 하나님의 임재를 기억하며 기도를 준비한다.
2. 찬송을 부른다(588장).

말씀읽기

출애굽기 16 : 1~36

1절 이스라엘 자손의 온 회중이 엘림에서 떠나 엘림과 시내 산 사이에 있는 신 광야에 이르니 애굽에서 나온 후 둘째 달 십오일이라
2절 이스라엘 자손 온 회중이 그 광야에서 모세와 아론을 원망하여
3절 이스라엘 자손이 그들에게 이르되 우리가 애굽 땅에서 고기 가마 곁에 앉아 있던 때와 떡을 배불리 먹던 때에 여호와의 손에 죽었더라면 좋았을 것을 너희가 이 광야로 우리를 인도해 내어 이 온 회중이 주려 죽게 하는도다
4절 그 때에 여호와께서 모세에게 이르시되 보라 내가 너희를 위하여 하늘에서 양식을 비 같이 내리리니 백성이 나가서 일용할 것을 날마다 거둘 것이라 이같이 하여 그들이 내 율법을 준행하나 아니하나 내가 시험하리라
5절 여섯째 날에는 그들이 그 거둔 것을 준비할지니 날마다 거두던 것의 갑절이 되리라
6절 모세와 아론이 온 이스라엘 자손에게 이르되 저녁이 되면 너희가 여호와께서 너희

를 애굽 땅에서 인도하여 내셨음을 알 것이요

7절 아침에는 너희가 여호와의 영광을 보리니 이는 여호와께서 너희가 자기를 향하여 원망함을 들으셨음이라 우리가 누구이기에 너희가 우리에 대하여 원망하느냐

8절 모세가 또 이르되 여호와께서 저녁에는 너희에게 고기를 주어 먹이시고 아침에는 떡으로 배불리시리니 이는 여호와께서 자기를 향하여 너희가 원망하는 그 말을 들으셨음이라 우리가 누구냐 너희의 원망은 우리를 향하여 함이 아니요 여호와를 향하여 함이로다

9절 모세가 또 아론에게 이르되 이스라엘 자손의 온 회중에게 말하기를 여호와께 가까이 나아오라 여호와께서 너희의 원망함을 들으셨느니라 하라

10절 아론이 이스라엘 자손의 온 회중에게 말하매 그들이 광야를 바라보니 여호와의 영광이 구름 속에 나타나더라

11절 여호와께서 모세에게 말씀하여 이르시되

12절 내가 이스라엘 자손의 원망함을 들었노라 그들에게 말하여 이르기를 너희가 해 질 때에는 고기를 먹고 아침에는 떡으로 배부르리니 내가 여호와 너희의 하나님인 줄 알리라 하라 하시니라

13절 저녁에는 메추라기가 와서 진에 덮이고 아침에는 이슬이 진 주위에 있더니

14절 그 이슬이 마른 후에 광야 지면에 작고 둥글며 서리 같이 가는 것이 있는지라

15절 이스라엘 자손이 보고 그것이 무엇인지 알지 못하여 서로 이르되 이것이 무엇이냐 하니 모세가 그들에게 이르되 이는 여호와께서 너희에게 주어 먹게 하신 양식이라

16절 여호와께서 이같이 명령하시기를 너희 각 사람은 먹을 만큼만 이것을 거둘지니 곧 너희 사람 수효대로 한 사람에 한 오멜씩 거두되 각 사람이 그의 장막에 있는 자들을 위하여 거둘지니라 하셨느니라

17절 이스라엘 자손이 그같이 하였더니 그 거둔 것이 많기도 하고 적기도 하나

18절 오멜로 되어 본즉 많이 거둔 자도 남음이 없고 적게 거둔 자도 부족함이 없이 각 사람은 먹을 만큼만 거두었더라

19절 모세가 그들에게 이르기를 아무든지 아침까지 그것을 남겨두지 말라 하였으나

20절 그들이 모세에게 순종하지 아니하고 더러는 아침까지 두었더니 벌레가 생기고 냄새가 난지라 모세가 그들에게 노하니라

21절 무리가 아침마다 각 사람은 먹을 만큼만 거두었고 햇볕이 뜨겁게 쬐면 그것이 스러졌더라

22절 여섯째 날에는 각 사람이 갑절의 식물 곧 하나에 두 오멜씩 거둔지라 회중의 모든 지도자가 와서 모세에게 알리매

23절 모세가 그들에게 이르되 여호와께서 이같이 말씀하셨느니라 내일은 휴일이니 여호와께 거룩한 안식일이라 너희가 구울 것은 굽고 삶을 것은 삶고 그 나머지는 다 너희를 위하여 아침까지 간수하라

24절 그들이 모세의 명령대로 아침까지 간수하였으나 냄새도 나지 아니하고 벌레도 생기지 아니한지라

25절 모세가 이르되 오늘은 그것을 먹으라 오늘은 여호와의 안식일인즉 오늘은 너희가 들에서 그것을 얻지 못하리라

26절 엿새 동안은 너희가 그것을 거두되 일곱째 날은 안식일인즉 그 날에는 없으리라 하였으나

27절 일곱째 날에 백성 중 어떤 사람들이 거두러 나갔다가 얻지 못하니라

28절 여호와께서 모세에게 이르시되 어느 때까지 너희가 내 계명과 내 율법을 지키지 아니하려느냐

29절 볼지어다 여호와가 너희에게 안식일을 줌으로 여섯째 날에는 이틀 양식을 너희에게 주는 것이니 너희는 각기 처소에 있고 일곱째 날에는 아무도 그의 처소에서 나오지 말지니라

30절 그러므로 백성이 일곱째 날에 안식하니라

31절 이스라엘 족속이 그 이름을 만나라 하였으며 깟씨 같이 희고 맛은 꿀 섞은 과자 같았더라

32절 모세가 이르되 여호와께서 이같이 명령하시기를 이것을 오멜에 채워서 너희의 대대 후손을 위하여 간수하라 이는 내가 너희를 애굽 땅에서 인도하여 낼 때에 광야에서 너희에게 먹인 양식을 그들에게 보이기 위함이니라 하셨다 하고

33절 또 모세가 아론에게 이르되 항아리를 가져다가 그 속에 만나 한 오멜을 담아 여호와 앞에 두어 너희 대대로 간수하라

34절 아론이 여호와께서 모세에게 명령하신 대로 그것을 증거판 앞에 두어 간수하게 하였고

35절 사람이 사는 땅에 이르기까지 이스라엘 자손이 사십 년 동안 만나를 먹었으니 곧 가나안 땅 접경에 이르기까지 그들이 만나를 먹었더라

36절 오멜은 십분의 일 에바이더라

배경설명

출애굽 직후 광야 훈련중이던 백성들에게 만나와 메추라기를 먹이시는 장면이다. 하나

님께서는 양식의 문제를 통하여 백성들을 다음과 같이 양식의 법칙을 깨닫게 하신다. 1) 만나가 하늘에서 오는 것이다; 2) 백성이 구하는 것은 일용할 양식이며; 3) 하나님께서는 만나를 통하여 율법을 준행하는지 시험하시는 분이다. 본문에 등장하는 신 광야는 반도의 서쪽 중심에 있는 지역이다. 애굽을 정월 15일에 출발했다면 이곳에 도착한 것은 2월 15일이므로 이곳까지는 한 달이 걸렸다. 본문의 사건은 물의 불평에 이어 음식에 관한 불평으로 시작한다. "고기 가마"란 고기로 가득 채워진 커다란 가마이다. 이스라엘 백성들이 먹은 만나는 뜻이 "이것이 무엇이냐"라는 뜻으로 이슬과 함께 내리고, 깟씨 같고 희고 맛은 꿀 섞은 과자 같은 것이다(출 16 : 13, 31). 메추라기는 작고 무리를 지어 다니는 철새인데, 대개 3~4월에 수단에서 북유럽으로 가는 길에 종종 시내 지역을 통과해 간다. 새들이 날다가 지쳐서 날지 못하면 지상에서 낮게 날다가 쉽게 잡힌다. 오멜은 하루분의 떡이나 곡식으로 2리터 정도 된다.

난해 구절 중에 하나는 출애굽기 16 : 16~18이다 : "여호와께서 이같이 명령하시기를 너희 각 사람은 먹을 만큼만 이것을 거둘지니 곧 너희 사람 수효대로 한 사람에 한 오멜씩 거두되 각 사람이 그의 장막에 있는 자들을 위하여 거둘지니라 하셨느니라 이스라엘 자손이 그같이 하였더니 그 거둔 것이 많기도 하고 적기도 하나 오멜로 되어 본즉 많이 거둔 자도 남음이 없고 적게 거둔 자도 부족함이 없이 각 사람은 먹을 만큼만 거두었더라"(출 16 : 16-18). 고린도후서에서 바울이 이 구절을 인용한다 : "이제 너희의 넉넉한 것으로 그들의 부족한 것을 보충함은 후에 그들의 넉넉한 것으로 너희의 부족한 것을 보충하여 균등하게 하려 함이라 기록된 것 같이 많이 거둔 자도 남지 아니하였고 적게 거둔 자도 모자라지 아니하였느니라"(고후 8 : 14-15). 즉, 거둘 때는 능력에 따라 거두고, 취할 때는 필요에 따라 취함으로 남거나 부족하지 않게 됨을 말하고 있다. 물질이 남는 사람이 모자라는 사람들을 도와줌으로 풍족해지는 기독교 공동체의 특징을 고린도 교회에 설명하고 있다. 이후 이스라엘 백성들이 가나안 땅에 정착한 후에 만나는 사라지고, 농사를 통하여 곡식을 얻게 된다. 따라서 만나에서 양식을 얻는 방법은 농사를 짓지 못하고 이동하던 출애굽 시대에 양식을 얻는 방법이라고 볼 수 있다.

기도

성령의 임재를 위한 기도

사랑의 하나님, 늘 우리에게 일용한 것으로 공급하시는 하나님을 깨닫게 하옵시고, 날마다 내려 주시는 성령의 만나를 맛보는 영혼으로 저를 변화시켜 주옵소서. 이 기도의 여정이 일용한 만나를 맛보는 기도가 되게 하여 주옵소서.

본문말씀 읽기와 묵상하기

본문말씀을 천천히 한 번 읽은 후에 다시 본문을 찬찬히 들여다보면서 전체적인 내용과 상황을 파악한다.

이스라엘은 애굽에서 나온 후 둘째 달 십오 일이 된 때에 신 광야에 이르렀고, 먹을 양식이 떨어짐으로 인하여 모세와 아론을 원망한다. 하나님께서는 그들에게 오전에는 만나를 먹이시고 저녁에는 메추라기를 먹이신다. 그리고 양식과 함께 법칙을 주어 이스라엘을 훈련하신다.

1. 본문에 나오는 말씀의 핵심적인 내용을 마음으로 깨달아 알려고 묵상을 한다.
   - 이스라엘 백성들은 출애굽한지 한 달 만에 신 광야에 이르렀다. 신 광야는 엘림과 시내 산 중간에 있는 광야이다. 이곳에서 이스라엘 백성들은 어떠한 불평을 하는가?(1–3절) 마라에서의 물로 인한 불평과 원망에 이어, 애굽에서 가져온 음식이 다 떨어지자, 이스라엘 백성들은 다시 불평과 원망을 하며 고기와 떡을 배불리 먹던 애굽 시절을 그리워한다.
   - 하나님께서는 이렇게 원망하는 이스라엘을 위해 무엇을 행하시는가?(4–12절) 해 질 때에는 메추라기를 주시고, 아침에는 떡으로 배부르게 하신다. 하나님께서는 이 하늘의 양식을 주시며 동시에 어떤 법칙을 정해 주시는가?(4–5절) 결국 하나님께서는 이 법칙으로 이스라엘 백성들에게 무엇을 가르치시려고 하는가?(12절, 참고 신 8 : 2–3) 하나님께서는 만나를 주셔서 매일 일용할 양식을 날마다 거두게 하신다. 한 사람이 한 오멜씩만 거두어 그것을 아침까지 남기지 말도록 하고, 일곱째 날(안식일)에는 거두지 않고 여섯 째 날에 두 배를 거두어야 한다. 하나님께서는 이것으로 당신이 이스라엘의 하나님임을 알게 하신다.
   - 이스라엘 백성들이 경험한 만나의 맛은 어떠하였는가? 하나님께서는 이스라엘로 대대로 만나에 대해 어떻게 여기도록 하시는가?(31–35절) 이스라엘 민족은 만나를 먹어 보고 깟씨 같고 희고 꿀 섞은 과자 같은 맛이라고 흡족해 한다. 아무 맛도 없는 무교병과는 아주 다른 음식이었다. 그런데 하나님께서는 만나 한 오멜을 항아리에 담아 언약궤 앞에 안전하게 보관하게 하셨다. 왜 하나님께서는 이런 일을 시키시는가? 하나님께서는 이스라엘 자손들이 대대로 만나를 보면서 조상들은 광야에서 하나님이 주신 만나를 일용할 양식으로 먹으며 살았다는 것을 상기하고 매일 일용할 양식을 주시는 하나님을 기억하도록 하셨다. 하나님께서는 이스라엘 백성이 가나안 땅 접경에 이르기까지 40년 동안 만나를 먹이셨다.
   - 오늘 나에게 정말 필요한 일용할 양식은 무엇인가? 매일 일용할 양식을 구하라는 하나님의 뜻

가운데 포함된 신앙의 영적 의미는 무엇일까? 나는 오늘 나에게 주어지는 모든 것이 하나님께서 나에게 제공해 주시는 것임을 깨달으며 감사하는가?

2. 다시 한 번 성경본문을 천천히 읽는다. 읽는 동안에 어떤 말씀이 내 마음에 부딪혀 오는지를 살핀다.

예를 들어, "내가 이스라엘 자손의 원망함을 들었노라 그들에게 말하여 이르기를 너희가 해 질 때에는 고기를 먹고 아침에는 떡으로 배부르리니 내가 여호와 너희의 하나님인 줄 알리라 하라 하시니라"(12절)라는 말씀이 마음에 다가왔다.

3. 내 마음에 부딪혀 온 말씀이 묵상 가운데 구체적으로 내게 어떤 말씀을 주시는지 또는 내 마음 안에서 어떻게 역사하는지를 살핀다. 그리고 이 말씀에 대해 내가 어떻게 응답하는지를 살펴본다.

하나님께서는 출애굽한 이스라엘 백성들에게 40년 동안 매일 일용할 양식으로 만나를 내려 주셨다. 그리고 만나와 함께 하나의 법칙을 주셨는데, 그것은 매일 하루의 삶에 필요한 양식만을 거두게 하신 것이다. 이스라엘은 매일 만나를 먹으면서 그것은 하나님이 하늘에서 내려 주시는 일용할 양식으로 감사한 마음으로 받았다. 사실 우리의 매일의 삶에서 내가 취하는 것들을 하나님이 주시는 것으로 받는 것은 쉬운 일이 아니다. 내가 매일 먹는 음식, 내가 입는 옷, 나의 시간, 내가 사는 집, 내가 하는 일 등 내가 매일 사용하고, 먹고, 취하는 모든 것들을 우리는 그저 나의 소유이거나 적어도 내가 아무 부담감 없이 마음껏 사용할 수 있는 것으로 생각하면서, 하나님께 감사하는 마음이 없이 그냥 받아 누린다. 그러나 만나를 통해 하나님이 이스라엘을 훈련하신 것은 우리가 취하는 모든 것을 하나님께서 우리에게 일용할 양식으로 내려 준 것임을 알게 하신 것이다. 내가 취하는 모든 것은 하나님이 주시는 것들이다. 하나님께 감사하는 마음으로 모든 것을 받을 때 일용할 양식과 함께 내 마음에 더 깊은 감사와 행복이 주어질 것이다.

매일 일용할 양식으로 이스라엘 백성들에게 만나를 내려 주신 것을 묵상하면서, 오늘 나에게 가장 필요한 일용할 양식은 무엇일까를 생각해 본다. 내게 주어지는 모든 것이 하나님이 내게 주시는 것들이지만, 나에게 있어 가장 본질적인 일용할 양식은 무엇인가? 내가 매일 먹어야 하는 영원한 생명의 양식은 무엇인가? 나는 오늘 무엇으로 살아갈 것인가? 나에게 참된 생명을 주시는 양식은 무엇인가?

예수님께서는 당신의 몸을 생명의 떡으로 우리에게 내어 주셨다. 예수님의 몸은 바로 우리의 영원한 생명의 양식이다. 우리는 예수님의 몸을 우리의 영원한 양식으로 매일 취해야 한다. 우리는 매일 우리의 생명의 양식이신 예수님을 우리 안에 모셔야 한다. 나는 매일 영원한 생명의 양식이신 예수님을 내 안에 모시는가? 오늘 나에게 일용할 양식을 주옵소서. 하늘 양식이신 주님을 모심으로 내 안에 주님의 나라가 이루어지게 하시고, 하나님의 생명의 삶을 살게 하옵소서.

응답기도 및 임재 안에 머물기

각자 깨달은 말씀이나 마음에 부딪혀 오는 은혜에 따라 응답하는 기도를 충분히 드린다. 충분하게 하나님과 대화를 나누는 기도를 드린 이후에 하나님의 선하심과 인자하심을 맛보며 그분의 임재 안에 얼마 동안 머무른다. 하나님의 임재 안에 머무른 후에 기도 안내문에 나와 있는 기도로 마무리한다.

"생명의 주님! 내가 육신의 만나를 매일 취하며 살아가야 하듯이, 내가 매일 주님을 나의 영원한 생명의 만나로 취하게 하옵소서. 주님은 나를 살리는 생명의 양식입니다. 주님만이 나에게 영원한 생명의 은혜를 공급해 주십니다. 주님과 주님의 삶만이 나에게 참된 생명이 됩니다.

주님! 이 시간에 제가 매일의 삶에서 주님을 영원한 생명의 양식으로 취하는지 돌아봅니다. 제가 매일을 주님으로 살아갑니까? 그렇게 하지 못함을 솔직히 고백합니다. 저는 주님에 대한 관심보다 육신의 양식을 위해서 동분서주하는 삶을 살아갑니다. 주님을 망각하는 삶을 살아가며, 나의 주님을 육신의 양식을 얻기 위한 수단처럼 대할 때가 많습니다. 주님! 나로 매일 주님을 나의 영원한 생명의 양식으로 받아 모시게 하옵소서. 주님만이 나의 유일한 음식이 되고, 나의 유일한 관심이 되게 하옵소서. 이 세상의 것은 오로지 내가 주님을 따르기에 도움이 되는 길이 되게 하옵소서.

주님! 내가 어떻게 매일 주님을 나의 양식으로 취할 수 있나이까? 사람이 떡으로만 살 것이 아니라 하나님의 입에서 나오는 말씀으로 살아야 한다고 주님이 말씀하시오니, 내가 진정 매일 주님의 말씀을 나의 생명의 양식으로 취하게 하소서. 말씀과 함께 오시는 주님을 내 안에 모시게 하옵소서. 내 안에는 오직 주님만 거하게 하옵소서. 주님만이 나를 살리는 유일한 생명의 양식이 되게 하소서."

반추 및 성찰

가능하면 기도했던 장소에서 자리를 옮긴다. 그리고 기도 시간에 경험한 내용을 돌아보면서 노트에 간단히 적는다. 이때 기도 안에서 하나님과 내 자신에 대한 전체적인 느낌을 적고, 또 영적으로 위로를 받았던 경험과 영적으로 메말랐던 경험을 적는다.

삶으로 나아가기

마음에 와 닿는 한 구절의 말씀을 선택하여 쪽지에 기록한다.
예를 들면 "내가 이스라엘 자손의 원망함을 들었노라 그들에게 말하여 이르기를 너희가 해 질 때에는 고기를 먹고 아침에는 떡으로 배부르리니 내가 여호와 너희의 하나님인 줄 알리라 하라 하시니라"(12절)
이 말씀을 수시로 꺼내어 읊조리면서 일상 안에서 기도하며 생활한다.

주요내용 설명

이스라엘 자손이 애굽을 떠난지 한달 후에 신 광야에서 만나와 메추라기 문제가 등장한다. 첫 단락(16 : 1-16)에서는 백성들이 불평이 등장한다(출 16 : 2-3). 이 불평은 광야에서 순조롭지 않은 음식의 문제에 직면한 백성들이 애굽에서 노예로 있던 시절에 먹던 고기와 떡을 사모하는 불평이다. 광야에서 어렵지만 자유인으로서 사는 것보다 배부른 노예가 되기를 선호하고 있다. 이에 대하여 하나님께서는 심판하시지 않고 백성들의 원망을 들으시고 해질 때는 고기로, 아침에는 떡으로 배부르게 할 것을 말씀하신다(16 : 12). 이렇게 백성들의 불평에 응답하시는 이유는 "내가 여호와 너희의 하나님인 줄 알리라"이다. 이제 출애굽의 걸음마를 시작한 백성들을 위로하시는 하나님의 모습이다. 둘째 단락(16 : 17-30)에서는 만나를 거두는 과정에서 드러나는 만나의 법칙을 보여 준다. 첫 번째 만나의 법칙은 능력대로 거두고 필요에 따라 취하는 것이다. 각자 능력에 따라 많이 거두기도 하고, 적게 거두기도 하였다. 능력에 따라 거둔 만나를 그대로 집에 가져가는 것이 아니라, 필요에 따라 오멜로 되어 가져간다. 결과는 많이 거둔 자나 적게 거둔 자나 모두 부족함 없이 먹을 만큼 취하게 되었다. 둘째 만나의 법칙은 일용할 양식을 구하는 것이다. 백성들은 하루가 시작되면 그날 그날 필요한 양식을 취해야 한다. 다음날 양식은 다음날 취해야 한다. 다음날 양식까지 취하려는 사람들은 취한 양식에 벌레가 생기고, 냄새가 나서 먹을 수 없게 되었다. 그래서 백성들은 타율적으로 매일 일용할 양식만을 취해야 함을 배우게 되었다. 셋째 만나의 법칙은 쉬지 않고 일하는 것이 아니라 안식일에 반드시 안식을 취하는 것이다. 이를 위해 육 일 째에 갑절의 양식을 구하고, 칠 일 째는 안식하도록 하셨다. 사람들은 안식일에도 양식을 구하려고 바깥에 나갔지만, 얻지 못하면서 안식일에 쉬는 법을 배우게 되었다. 이스라엘 백성들이 가나안 땅에 오기전 까지 사십 년 동안 만나를 먹었다. 가나안 땅에서 이스라엘 백성들은 만나를 먹지 않고 직접 농사를 지어서 양식을 먹었다. 만나의 법칙이 광야에서 나타난 것은 신명기 기자의 해석을 생각나게

한다 : "네 하나님 여호와께서 이 사십 년 동안에 네게 광야 길을 걷게 하신 것을 기억하라 이는 너를 낮추시며 너를 시험하사 네 마음이 어떠한지 그 명령을 지키는지 지키지 않는지 알려 하심이라 너를 낮추시며 너를 주리게 하시며 또 너도 알지 못하며 네 조상들도 알지 못하던 만나를 네게 먹이신 것은 사람이 떡으로만 사는 것이 아니요 여호와의 입에서 나오는 모든 말씀으로 사는 줄을 네가 알게 하려 하심이니라"(신 8 : 2-3).

20. 맛사와 므리바/아말렉 전투
(17 : 1-16)

기도에 임하기

1. 몸과 마음을 가다듬고 하나님의 임재를 기억하며 기도를 준비한다.
2. 찬송을 부른다(429장).

말씀읽기

출애굽기 17 : 1~16

1절 이스라엘 자손의 온 회중이 여호와의 명령대로 신 광야에서 떠나 그 노정대로 행하여 르비딤에 장막을 쳤으나 백성이 마실 물이 없는지라
2절 백성이 모세와 다투어 이르되 우리에게 물을 주어 마시게 하라 모세가 그들에게 이르되 너희가 어찌하여 나와 다투느냐 너희가 어찌하여 여호와를 시험하느냐
3절 거기서 백성이 목이 말라 물을 찾으매 그들이 모세에게 대하여 원망하여 이르되 당신이 어찌하여 우리를 애굽에서 인도해 내어서 우리와 우리 자녀와 우리 가축이 목말라 죽게 하느냐
4절 모세가 여호와께 부르짖어 이르되 내가 이 백성에게 어떻게 하리이까 그들이 조금 있으면 내게 돌을 던지겠나이다
5절 여호와께서 모세에게 이르시되 백성 앞을 지나서 이스라엘 장로들을 데리고 나일 강을 치던 네 지팡이를 손에 잡고 가라

6절 내가 호렙 산에 있는 그 반석 위 거기서 네 앞에 서리니 너는 그 반석을 치라 그것에서 물이 나오리니 백성이 마시리라 모세가 이스라엘 장로들의 목전에서 그대로 행하니라

7절 그가 그 곳 이름을 맛사 또는 므리바라 불렀으니 이는 이스라엘 자손이 다투었음이요 또는 그들이 여호와를 시험하여 이르기를 여호와께서 우리 중에 계신가 안 계신가 하였음이더라

8절 그 때에 아말렉이 와서 이스라엘과 르비딤에서 싸우니라

9절 모세가 여호수아에게 이르되 우리를 위하여 사람들을 택하여 나가서 아말렉과 싸우라 내일 내가 하나님의 지팡이를 손에 잡고 산 꼭대기에 서리라

10절 여호수아가 모세의 말대로 행하여 아말렉과 싸우고 모세와 아론과 훌은 산 꼭대기에 올라가서

11절 모세가 손을 들면 이스라엘이 이기고 손을 내리면 아말렉이 이기더니

12절 모세의 팔이 피곤하매 그들이 돌을 가져다가 모세의 아래에 놓아 그가 그 위에 앉게 하고 아론과 훌이 한 사람은 이쪽에서, 한 사람은 저쪽에서 모세의 손을 붙들어 올렸더니 그 손이 해가 지도록 내려오지 아니한지라

13절 여호수아가 칼날로 아말렉과 그 백성을 쳐서 무찌르니라

14절 여호와께서 모세에게 이르시되 이것을 책에 기록하여 기념하게 하고 여호수아의 귀에 외워 들리라 내가 아말렉을 없이하여 천하에서 기억도 못 하게 하리라

15절 모세가 제단을 쌓고 그 이름을 여호와 닛시라 하고

16절 이르되 여호와께서 맹세하시기를 여호와가 아말렉과 더불어 대대로 싸우리라 하셨다 하였더라

배경설명

본문에는 맛사와 므리바 사건(출 17 : 1-7)과 아말렉 사람과의 전투 장면(출 17 : 8-16)이 등장한다. 물로 인한 불평 주제는 이곳만 아니라, 민수기 20 : 1~13에도 나타난다. 두 본문 모두 이스라엘 백성들이 하나님과 다투고 시험했다고 결론을 내린다. 출애굽기 17 : 1~7은 백성들의 불평에도 불구하고 성공적으로 하나님께서 물을 공급하시는 장면이며, 민수기 20 : 1~13에서도 백성들의 불평에도 불구하고 성공적으로 하나님이 물을 공급하지만, 이 과정에서 지도자로서 모세가 분노를 발함으로 가나안 땅에 들어가지 못하게 된다. 비록 물이 없어서 백성들이 불평하였지만 하나님께서는 반석에서 물을 내어 백성들을 위기로부터 구원하셨다.

둘째 부분(출 17 : 8-16)에서 적대자는 아말렉 사람이다. 아말렉 사람은 에서의 후손이다(창 36 : 2). 이스라엘이 출애굽할 때 피곤하여 뒤에 떨어진 약한 자들을 괴롭힌 자들이다(신 25 : 17). 이 일로 인하여 사무엘은 사울에게 아말렉 자손을 진멸하라고 명령하였지만(삼상 15 : 2-3), 온전한 순종을 하지 않아서 사울이 버림받는 이유가 된다. 그 후 다윗은 아말렉을 정복한다(삼하 1 : 1). 본문의 전투는 땅 아래에서 이루어지고, 모세는 산꼭대기에서 손을 들고 기도한다. 이 싸움에서 승리하지만 이스라엘 백성들의 힘만으로 싸울 때는 패배하였다(민 14 : 41-45). 9~11절에서 지팡이를 잡은 모세의 손은 단수이고, 12절에서 모세의 손은 복수이다. 즉, 9~11절에서는 지팡이를 든 손을 들었고, 12절에서는 두 손을 든 것으로 볼 수 있다. 모세의 손을 함께 들어 준 훌은 24 : 14에 한 번 더 등장한다.

기도

성령의 임재를 위한 기도

사랑의 하나님, 변화시키시는 성령님을 믿으며 기도의 여정을 나아가오니 우둔한 저희를 조명해 주시고, 우리와 함께해 주시어 우리를 은혜의 여정으로 인도하여 주옵소서. 불평으로 가득 찬 우리의 마음을 감사와 찬송으로 채워 주시옵소서.

본문말씀 읽기와 묵상하기

본문말씀을 천천히 한 번 읽은 후에 다시 본문을 찬찬히 들여다보면서 전체적인 내용과 상황을 파악한다.

이스라엘 민족은 르비딤에서 마실 물이 없자 그들 가운데 하나님이 계신가 계시지 아니한가 시험한다. 또한 아말렉 사람들이 르비딤에 머물던 이스라엘에 싸움을 걸어 오는데, 모세가 손을 들어 기도함으로 이스라엘이 승리한다.

1. 본문에 나오는 말씀의 핵심적인 내용을 마음으로 깨달아 알려고 묵상을 한다.
   - 출애굽한 이스라엘 백성이 시내 산 밑에 있는 르비딤이라는 곳에 이르렀다. 르비딤은 '활기를 돋우다. 붙들어 주다.'라는 뜻을 가진다(참고 욥 41 : 23; 아 2 : 5).
   - 이스라엘이 돌 산인 르비딤에 장막을 쳤으나 마실 물이 없자, 백성들은 모세와 다투기까지 하며 원망한다(2-3절). 그들의 물에 대한 불평은 어떠한 불평으로까지 이어지는가? 그들은 마실

물이 없음으로 인해 하나님이 자신들 가운데 계신가 계시지 아니한가 하며 하나님을 시험한다.
- 모세는 이 난관 앞에서 어떻게 행동하는가?(4절) 하나님께서는 이스라엘의 불평과 모세의 기도를 들으시고 어떻게 응답하시는가?(5-6절) 하나님께서는 모세로 하여금 백성들을 앞질러 장로 몇 사람과 함께 하수를 치던 지팡이를 가지고 호렙 산으로 가라고 명하신다. 하나님께서 호렙 산 바위 위에 모세 앞에 서 있겠다고 말씀하신다. 그리하여 하나님과 장로들 앞에서 반석을 치면, 반석에서 물이 터져 나올 것이고, 이스라엘은 그 물을 마시게 될 것이다. 모세가 하나님의 지시대로 행하니, 반석에서 물이 나와 온 이스라엘이 물을 마실 수 있게 되었고, 모세는 그곳 이름을 맛사 또는 므리바라 불렀다. 맛사 또는 므리바로 이름을 붙인 이유는 무엇인가?(7절) 맛사는 '시험하다'라는 뜻이고, 므리바는 '싸우다'라는 뜻이다. 하나님을 시험하고, 하나님과 싸운 장소라고 이름을 붙인 것이다. 항상 이것을 기억하며 살라는 하나님의 의도일 것이다.
- 반석에서 물이 터져 나오는 놀라운 기적을 체험하여 기뻐하던 이스라엘 백성들에게 새로운 위기가 닥쳐 왔다. 애굽 동쪽 지역(가데스와 네겝)에 살던(참고 창 14 : 7; 민 13 : 29; 삼상 15 : 7) 에서의 후손 아말렉 사람들(참고 창 36 : 12)이 공격해 온 것이다. 아말렉이 이스라엘과 싸우려고 르비딤에 왔을 때, 이스라엘 백성들은 어떻게 그들과 맞서 싸우는가?(8-16절) 모세는 여호수아에게 사람들을 택하여 전투 현장에 나가 싸우도록 하고, 자신은 산꼭대기에 올라 하나님을 향하여 손을 들고 기도한다. 모세의 손이 피곤하여 내려오면 이스라엘이 지고, 손을 들면 이겼다. 결국 모세와 동행한 아론과 훌이 모세의 양 손을 붙들어 줌으로써 전투에 임한 이스라엘이 아말렉을 쳐서 무찌를 수 있었다. 이것은 결국 전쟁의 승리는 현장에서의 전투뿐만 아니라 모세의 기도, 즉 하나님께 달려 있다는 것을 가르쳐 준다.
- 이 전투가 끝난 후에 모세는 제단을 쌓고 그 이름을 '여호와 닛시'라고 이름 붙인다. 여호와 닛시는 '여호와는 나의 깃발'이라는 뜻이다(15절). 모세는 하나님께서 대대로 아말렉과 싸울 것임을 예언한다(16절). 현재 나의 영적 여정에서의 아말렉은 무엇인가? 나는 나의 아말렉과 어떻게 싸우고 있는가?

2. 다시 한 번 성경본문을 천천히 읽는다. 읽는 동안에 어떤 말씀이 내 마음에 부딪혀 오는지를 살핀다.

예를 들어, "모세가 제단을 쌓고 그 이름을 여호와 닛시라 하고 이르되 여호와께서 맹세하시기를 여호와가 아말렉과 더불어 대대로 싸우리라 하셨다 하였더라"(15-16절)라는 말씀이 마음에 다가왔다.

3. 내 마음에 부딪혀 온 말씀이 묵상 가운데 구체적으로 내게 어떤 말씀을 주시는지 또는 내 마음 안에서 어떻게 역사하는지를 살핀다. 그리고 이 말씀에 대해 내가 어떻게 응답하는지를 살펴본다.

이스라엘이 르비딤에 장막을 쳤으나 마실 물이 없자 모세와 다투며 원망한다. 심지어 그들은 마실 물이 없음으로 인해 하나님이 우리 가운데 계신가 계시지 아니한가 하며 하나님을 시험하기까지 한다. 이스라엘의 불평과 원망은 위기와 장애를 만날 때마다 반복적으로 나타나고 심화되며 습관화된다. 이제는 그 원망이 모세에게로, 급기야 하나님께로 전가된다.

우리가 인생을 살아가면서 불평할 수도 있고 원망하는 마음을 가질 수 있으나 이것이 습관이 된다는 것은 무서운 일이다. 습관적으로 불평하고 원망하는 사람이 된다는 것은 슬픈 일이다. 이것은 정말 고치기 힘들다. 불평하는 마음을 가지면 모든 것이 불평거리이다.

하나님의 놀라운 역사를 체험하여 기뻐하다가도 상황이 바뀌어, 환경이나 여건이 조금만 어려워지면 이스라엘 백성들은 다시 불평한다. 그러나 동일한 상황에서도 모세는 불평하지 않는다. 그렇다면 불평은 반드시 환경 탓이라고 말할 수는 없는 것이다.

불평과 원망의 마음에서 감사하는 마음으로 바뀌려면 반드시 우리 자신이 바뀌어야 한다. 내 마음이 바뀌어야 한다. 내 마음의 중심에 하나님이 계시고, 하나님의 말씀이 자리해야 한다. 하나님의 사랑을 느끼는 마음이 없이는 절대로 우리는 우리의 불평과 원망하는 마음과 삶에서 벗어날 수 없다.

모세는 불평하는 마음 대신에 기도 가운데 하나님께 기도하고, 하나님의 말씀을 들으며, 말씀에 의지하여 위기의 상황을 돌파해 나간다. 이스라엘 장로들과 함께 백성을 앞질러, 하수를 치던 지팡이를 들고 하나님 앞에 서서 반석을 친다. 문제의 핵심을 직시하고 그것을 주님의 지팡이로 내리친 것이다. 모세가 하나님의 지팡이로 반석을 칠 때 반석에서 물이 터져 나왔다. 사도 바울은 예수 그리스도를 신령한 반석이라고 부르기도 한다. 우리가 어려움 가운데서 주님께 나아와 간구할 때 신령한 반석이신 주님께서 우리에게 생수를 허락해 주실 것이다. 모세는 르비딤의 이름을 '맛사'와 '므리바'로 부르면서 항상 불평하고 시험하는 우리의 마음과 삶이 감사와 신뢰의 마음과 삶으로 바뀌도록 도전한다.

응답기도 및 임재 안에 머물기

각자 깨달은 말씀이나 마음에 부딪혀 오는 은혜에 따라 응답하는 기도를 충분히 드린다. 충분하게 하나님과 대화를 나누는 기도를 드린 이후에 하나님의 선하심과 인자하심을 맛보며 그분의 임재 안에 얼마 동안 머무른다. 하나님의 임재 안에 머무른 후에 기도 안내문에 나와 있는 기도로 마무리한다.

"하나님! 항상 어려울 때마다 모세에게 불평하고 원망하며, 심지어 하나님을 시험하는 이스라엘 백성의 모습이 그리 생소하지 않습니다. 왜냐하면 그들의 영적인 모습이 나의 모습과 너무나 비슷해 보이기 때문입니다. 아무리 내가 감사한 삶을 살아가야겠다고 굳게 다짐해 보기도 하지만 그것이 그리 오래 가지 않습니다. 어려움이 주어지면 곧 바로 원망하고 불평하며 이스라엘처럼 하나님을 시험하기까지 합니다. 하나님! 나의 변덕과 불평과 시험을 용서하옵소서.

    하나님! 불평과 원망보다는 감사의 삶을 살기를 원합니다. 불신과 시험보다는 신뢰와 확신의 삶을 살아가기를 원합니다. 나의 믿음 없음을 돌아봐 주시고 진정한 믿음의 삶을 살게 도와주소서. 나로 하나님께 늘 감사하며, 신령한 마음으로 찬미하는 삶을 살아갈 수 있게 하옵소서. 하나님! 이를 위하여 먼저 나에게 하나님을 찬미하는 심령을 허락하여 주옵소서. 늘 불평하고 원망하며 살아가는 나의 마음이 주님의 은혜로 새로워지게 하옵소서. 내 마음이 주님의 성령으로 충만하게 하시고, 주님의 말씀을 늘 사모하며 묵상하는 가운데 주님을 체험하여, 나의 완고한 마음이 주님의 사랑과 은혜로 늘 감동하게 하소서. 주의 거룩한 성령이 늘 나의 연약한 마음을 주장하게 하옵소서. 불평하고 원망하는 마음을 늘 감사하는 마음으로 변화시켜 주옵소서. 그것은 오직 주님이 내 마음을 주장할 때에만 가능함을 믿습니다. 나의 주여, 주님만이 내 마음을 다스려 주소서. 내 마음이 주님의 마음을 닮아 가게 하소서."

반추 및 성찰

    가능하면 기도했던 장소에서 자리를 옮긴다. 그리고 기도 시간에 경험한 내용을 돌아보면서 노트에 간단히 적는다. 이때 기도 안에서 하나님과 내 자신에 대한 전체적인 느낌을 적고, 또 영적으로 위로를 받았던 경험과 영적으로 메말랐던 경험을 적는다.

_____

_____

_____

삶으로 나아가기

    마음에 와 닿는 한 구절의 말씀을 선택하여 쪽지에 기록한다.
    예를 들면 "모세가 제단을 쌓고 그 이름을 여호와 닛시라 하고 이르되 여호와께서 맹세하시기를 여호와가 아말렉과 더불어 대대로 싸우리라 하셨다 하였더라"(15-16절).
이 말씀을 수시로 꺼내어 읊조리면서 일상 안에서 기도하며 생활한다.

주요내용 설명

본문은 크게 두 부분으로 나누인다. 첫 부분(출 17 : 1-7)은 맛사와 므리바 사건으로 이스라엘 백성들이 하나님을 시험한 사건이며, 둘째 부분(출 17 : 8-16)은 아말렉 사람과의 전투에서 모세가 손을 들고 기도함으로 승리한 사건이다. 첫 부분(17 : 1-7)에서 불평의 주제가 등장한다. 이 사건의 핵심은 백성들이 물 부족으로 인하여 하나님이 우리 중에 안 계신 것이 아닌가 의심했다는 것이다. 백성들이 부족한 물로 인하여 모세와 다툴 때, 모세는 이 불평이 자신과의 다툼일 뿐만 아니라 여호와를 시험하는 것임을 주지한다. 즉, 물이 없다는 불평은 모세를 향한 불평일 뿐 아니라, 하나님에 대한 불평인 것이다. 백성들은 물이 부족할 때 모세를 원망하고, 출애굽한 것에 대하여 불평하였다. 백성들이 얼마나 거센지 모세에게 돌을 던질 듯한 태도였다. 이에 대한 하나님의 응답은 호렙 산에 있는 반석을 지팡이로 쳐서 물을 내는 것이었다. 하나님께서는 백성들의 불평을 대적하지 않고 물을 내시는 분이심을 증명하였다. 그러나 이곳 장소의 이름을 맛사와 므리바로 부름으로 백성들이 하나님을 시험했던 경험을 기억하는 장소가 되게 하였다.

둘째 부분(출 17 : 8-16)은 아말렉과의 전투에 관한 이야기이다. 홍해에서 구원 사건은 전적인 하나님의 능력으로 이루어지는 데 반하여, 아말렉 전투에서는 이스라엘 백성이 전투에 참여한다. 하지만 승리 여부는 하나님께 달려 있다. 전투는 아말렉의 군대와 여호수아의 군대가 하고 있다. 그런데 이 전투의 승리는 모세가 산꼭대기에 서서 손을 들고 기도할 때 이루어지고, 손을 들고 있지 않으면 패배하였다. 그리하여 모세가 계속 손을 들 수 있도록 돌을 가져다가 그곳에 앉히고, 아론과 훌이 좌우에서 손을 붙들게 함으로 궁극적인 승리를 하였다는 이야기이다. 여호수아의 전투는 모세가 손을 들고 기도하는 것에 그 승패가 달려 있음을 보여 준다. 마침내 아말렉과의 전쟁에서 승리하였는데, 하나님께서는 아말렉을 천하에 기억도 못하게 하겠다고 다짐을 하신다. 그런데 마지막으로 여호와께서 "내가 아말렉과 더불어 대대로 싸우리라"(출 17 : 16)고 맹세하시는 데서 아말렉과의 전투가 한 번의 정복으로 끝난 것이 아니라는 사실과 아말렉이 계속적으로 이스라엘을 괴롭히는 적이 되어 그들과의 전투가 이어질 것임을 알 수 있다.

21. 이드로와 모세
(18 : 1-27)

기도에 임하기

1. 몸과 마음을 가다듬고 하나님의 임재를 기억하며 기도를 준비한다.
2. 찬송을 부른다(420장).

말씀읽기

출애굽기 18 : 1~27

1절 모세의 장인이며 미디안 제사장인 이드로가 하나님이 모세에게와 자기 백성 이스라엘에게 하신 일 곧 여호와께서 이스라엘을 애굽에서 인도하여 내신 모든 일을 들으니라
2절 모세의 장인 이드로가 모세가 돌려 보냈던 그의 아내 십보라와
3절 그의 두 아들을 데리고 왔으니 그 하나의 이름은 게르솜이라 이는 모세가 이르기를 내가 이방에서 나그네가 되었다 함이요
4절 하나의 이름은 엘리에셀이라 이는 내 아버지의 하나님이 나를 도우사 바로의 칼에서 구원하셨다 함이더라
5절 모세의 장인 이드로가 모세의 아들들과 그의 아내와 더불어 광야에 들어와 모세에게 이르니 곧 모세가 하나님의 산에 진 친 곳이라
6절 그가 모세에게 말을 전하되 네 장인 나 이드로가 네 아내와 그와 함께 한 그의 두 아

들과 더불어 네게 왔노라

7절 모세가 나가서 그의 장인을 맞아 절하고 그에게 입 맞추고 그들이 서로 문안하고 함께 장막에 들어가서

8절 모세가 여호와께서 이스라엘을 위하여 바로와 애굽 사람에게 행하신 모든 일과 길에서 그들이 당한 모든 고난과 여호와께서 그들을 구원하신 일을 다 그 장인에게 말하매

9절 이드로가 여호와께서 이스라엘에게 큰 은혜를 베푸사 애굽 사람의 손에서 구원하심을 기뻐하여

10절 이드로가 이르되 여호와를 찬송하리로다 너희를 애굽 사람의 손에서와 바로의 손에서 건져내시고 백성을 애굽 사람의 손 아래에서 건지셨도다

11절 이제 내가 알았도다 여호와는 모든 신보다 크시므로 이스라엘에게 교만하게 행하는 그들을 이기셨도다 하고

12절 모세의 장인 이드로가 번제물과 희생제물들을 하나님께 가져오매 아론과 이스라엘 모든 장로가 와서 모세의 장인과 함께 하나님 앞에서 떡을 먹으니라

13절 이튿날 모세가 백성을 재판하느라고 앉아 있고 백성은 아침부터 저녁까지 모세 곁에 서 있는지라

14절 모세의 장인이 모세가 백성에게 행하는 모든 일을 보고 이르되 네가 이 백성에게 행하는 이 일이 어찌 됨이냐 어찌하여 네가 홀로 앉아 있고 백성은 아침부터 저녁까지 네 곁에 서 있느냐

15절 모세가 그의 장인에게 대답하되 백성이 하나님께 물으려고 내게로 옴이라

16절 그들이 일이 있으면 내게로 오나니 내가 그 양쪽을 재판하여 하나님의 율례와 법도를 알게 하나이다

17절 모세의 장인이 그에게 이르되 네가 하는 것이 옳지 못하도다

18절 너와 또 너와 함께 한 이 백성이 필경 기력이 쇠하리니 이 일이 네게 너무 중함이라 네가 혼자 할 수 없으리라

19절 이제 내 말을 들으라 내가 네게 방침을 가르치리니 하나님이 너와 함께 계실지로다 너는 하나님 앞에서 그 백성을 위하여 그 사건들을 하나님께 가져오며

20절 그들에게 율례와 법도를 가르쳐서 마땅히 갈 길과 할 일을 그들에게 보이고

21절 너는 또 온 백성 가운데서 능력 있는 사람들 곧 하나님을 두려워하며 진실하며 불의한 이익을 미워하는 자를 살펴서 백성 위에 세워 천부장과 백부장과 오십부장과 십부장을 삼아

22절 그들이 때를 따라 백성을 재판하게 하라 큰 일은 모두 네게 가져갈 것이요 작은 일

은 모두 그들이 스스로 재판할 것이니 그리하면 그들이 너와 함께 담당할 것인즉 일이 네게 쉬우리라
23절 네가 만일 이 일을 하고 하나님께서도 네게 허락하시면 네가 이 일을 감당하고 이 모든 백성도 자기 곳으로 평안히 가리라
24절 이에 모세가 자기 장인의 말을 듣고 그 모든 말대로 하여
25절 모세가 이스라엘 무리 중에서 능력 있는 사람들을 택하여 그들을 백성의 우두머리 곧 천부장과 백부장과 오십부장과 십부장을 삼으매
26절 그들이 때를 따라 백성을 재판하되 어려운 일은 모세에게 가져오고 모든 작은 일은 스스로 재판하더라
27절 모세가 그의 장인을 보내니 그가 자기 땅으로 가니라

배경설명

전반부(출 18 : 1-12)는 모세의 장인 이드로가 모세의 가족들을 데리고 모세를 방문한 이야기이고, 후반부(출 18 : 13-27)는 이드로의 도움으로 모세가 돕는 자들을 세운 이야기이다. 이드로는 미디안의 제사장으로 알려져 있다. 하나님의 산이란 모세가 하나님을 만난 시내 산을 말한다. 이드로는 여호와만이 아니라 여러 신들을 전제한다. 다신교를 믿는 이드로가 여호와의 우월성을 인정했다고 해서 여호와 종교로 개종함을 의미하는 것은 아니다. 이방인 제사장인 이드로는 출애굽을 가능하게 하신 하나님을 찬양한다 : "이드로가 이르되 여호와를 찬송하리로다 너희를 애굽 사람의 손에서와 바로의 손에서 건져내시고 백성을 애굽 사람의 손 아래에서 건지셨도다 이제 내가 알았도다 여호와는 모든 신보다 크시므로 이스라엘에게 교만하게 행하는 그들을 이기셨도다 하고"(출 18 : 10-11). 그의 고백은 솔로몬 시대의 스바 여왕이 한 고백과 비견된다 : "당신의 하나님 여호와를 송축할지로다 여호와께서 당신을 기뻐하사 이스라엘 왕위에 올리셨고 여호와께서 영원히 이스라엘을 사랑하시므로 당신을 세워 왕으로 삼아 정의와 공의를 행하게 하셨도다"(왕상 10 : 9). 이드로의 고백은 출애굽에 나타난 하나님의 능력을 이방인이 찬양한 모습이며, 하나님의 구원 사건이 이방인에게도 인정되는 것임을 보여 준다. 그는 모세에게 제사 제도를 소개함으로 이스라엘의 종교 제도에 도움을 주었지만, 이것 때문에 이스라엘 종교가 미디안 종교에 종속된다고 볼 필요는 없다. 이드로는 모세에게 조언한 후에 자기 나라로 떠난다. 이드로가 이스라엘 백성들과 함께 번제물과 희생제물을 드리고 아론과 이스라엘의 장로들과 떡을 먹은 것은(18 : 12), 제사 때 함께 식사하는 감사제라고 볼 수 있다. 이드로가 모세에 조언한 것은 계층적 사법제도의 일환이다.

기도

성령의 임재를 위한 기도

사랑의 하나님, 변화시키시는 성령님을 믿으며 기도의 여정으로 나아가오니 우둔한 저희를 조명해 주시고, 우리와 함께해 주시어 은혜의 여정으로 인도하여 주옵소서. 우리의 분주한 일들 가운데 주님을 향한 것들을 분별하여 거룩히 구별할 수 있는 은혜를 허락해 주옵소서.

본문말씀 읽기와 묵상하기

본문말씀을 천천히 한 번 읽은 후에 다시 본문을 찬찬히 들여다보면서 전체적인 내용과 상황을 파악한다.

모세의 장인 이드로가 모세의 처자식을 데리고 모세가 진 친 하나님의 산으로 찾아온다. 이드로는 모세로부터 출애굽의 모든 이야기를 듣고는 하나님을 찬양하며 제사를 드린다. 이튿날 이드로는 백성을 재판하느라 아침부터 저녁까지 앉아 있는 모세를 보고 부장 제도를 제안한다.

1. 본문에 나오는 말씀의 핵심적인 내용을 마음으로 깨달아 알려고 묵상을 한다.
   - 본문에서 모세의 장인 이드로와 아내 십보라, 그리고 모세의 두 아들 게르솜과 엘리에셀이 모세를 찾아왔다. 원래 아내와 두 아들은 모세와 함께 미디안에서 애굽으로 돌아왔으나, 출애굽이라는 막중한 사명을 앞두고 모세가 가족을 장인 이드로에게 잠시 보냈던 것이다(2절). 모세는 장인을 맞아 절하고 그에게 입 맞추어 서로 문안하고 함께 장막에 들어간다. 그리고 그동안 하나님께서 이스라엘을 위하여 바로와 애굽 사람에게 행하신 모든 일과, 길에서 그들이 당한 모든 고난과, 여호와께서 그들을 구원하신 일을 소상히 장인에게 설명한다(8절).
   - 모세로부터 출애굽 이야기를 들은 이드로는 어떤 반응을 보이는가?(9-12절) 이방인이었던 이드로의 반응은 무엇을 의미하는가? 미디안 제사장이었던 이드로는 여호와를 찬양하고, 번제물과 희생 제물로 하나님께 제사하고 하나님 앞에서 떡을 먹는다. 이방인으로서 출애굽에 나타난 하나님의 능력을 찬양하는 것은 하나님의 구원 사건이 이방인에게도 인정되고 있음을 보여 준다(배경설명 참조).
   - 출애굽한 이스라엘 백성들의 지도자로서 모세가 하는 일은 무엇인가?(19-22절) 장인 이드로를 만나기까지 모세는 종교적인 일부터 민사적인 일까지 거의 모든 일을 홀로 다 처리하고 있

었다. 모세가 지도자로서 어떠한 삶을 살아가는지를 헤아려 보자(13-18절).
- 백성들을 재판하느라 아침부터 저녁까지 자리에 앉아 있는 모세를 본 이드로는 어떤 제안을 하는가?(19-26절) 첫째, 율례와 법도를 가르쳐서 백성들이 스스로 하나님의 말씀을 따라 살도록 하는 것이다(20절). 둘째, 모세와 함께 일할 지도자들을 세우는 것이다(21절). 하나님과 백성 사이에서 지도자로 서게 되는 사람들에게 요구되는 자질은 무엇인가?(21절) 이드로는 백성 가운데서 하나님을 두려워하는 사람, 진실한 사람(믿을만한 사람), 불의한 이익을 미워하는 자를 선택하여 이들을 천부장, 백부장, 오십부장, 십부장으로 세우고 작은 일에 대해 백성을 재판하게 하여, 큰일만 모세가 담당하도록 제안한다.

2. 다시 한 번 성경본문을 천천히 읽는다. 읽는 동안에 어떤 말씀이 내 마음에 부딪혀 오는지를 살핀다.

예를 들어, "이제 내 말을 들으라 내가 네게 방침을 가르치리니 하나님이 너와 함께 계실지로다 너는 하나님 앞에서 그 백성을 위하여 그 사건들을 하나님께 가져오며 그들에게 율례와 법도를 가르쳐서 마땅히 갈 길과 할 일을 그들에게 보이고"(19-20절)라는 말씀이 마음에 다가왔다.

3. 내 마음에 부딪혀 온 말씀이 묵상 가운데 구체적으로 내게 어떤 말씀을 주시는지 또는 내 마음 안에서 어떻게 역사하는지를 살핀다. 그리고 이 말씀에 대해 내가 어떻게 응답하는지를 살펴본다.

아무리 능력 있는 지도자일지라도 과로와 분주함은 영적 분별력을 흐리는 요인이 될 수 있다. 모세의 장인 이드로는 모세의 삶에서 충분히 이런 조짐이 나타날 수 있음을 간파한다. 이드로는 영적인 질서를 정비하기 위해 개선되어야 할 요소들을 찾고, 지혜로운 제안을 하게 된다. 첫째, 지도자로서 하나님의 말씀을 가르치고, 말씀의 본을 보이는 데 가장 우선을 두라는 것이다. 이것은 사도행전에서 예루살렘 교회가 공궤의 문제로 어려움이 생겼을 때, 사도들이 문제의 근원을 자신들이 말씀과 기도에 소홀했던 것으로 진단했던 것과 유사하다고 볼 수 있다. 영적인 지도자가 본질적인 부분에서 소홀해진다면 절대 좋은 지도자가 될 수 없다. 이것은 지도자에 의해 하나님의 말씀으로 가르침을 받는 사람들에게도 동일하게 적용된다. 우리가 지도자로서 사람들을 가장 잘 돕는 길이 무엇일까? 어떤 분쟁이나 문제가 생겼을 때 공평하고 지혜롭게 그것을 잘 해결해 주는 것도 필요하지만, 그보다 더욱 중요한 것은 하나님의 말씀을 제대로 가르쳐서 그들이 스스로 말씀을 깨우치고 자발적으로 하나님의 뜻을 따라 살아가도록 돕는 것이다. 둘째, 함께할 좋은 지도자들을 세우는 것이다. 모세는 지혜로운 장인의 제안을 따라 함께할 사람들을 세우고, 본인은 더욱 본질적인 부분에 충실하였다. 이로써 이스라엘 민족의 훌륭한 지도자로서 자신에게 주어진 막중한 사명을 넉넉히 잘 감당해 낸다.

실제로 이후의 모세의 생애를 볼 때 이드로의 제안이 얼마나 중요했는지를 생각해 볼 수 있다. 엄청나게 많은 일을 감당해야 했지만, 모세는 생애 마지막 순간까지도 놀라운 영적 카리스마와 총명을 잃지 않은 건강한 영적 지도자로서 삶을 마감할 수 있었다. 나이가 들어 120세에 하나님의 부르심을 받는 순간까지 눈(영적인 분별력)이 흐려지지 않았다고 하니 이 얼마나 놀라운 하나님의 은혜인가. 이는 모세가 얼마나 영적인 자기 관리에 있어 철저하였는가를 보여 주는 것이다. 이드로가 제안하는 이 두 가지 가르침은 오늘날 우리에게도 여전히 필요한 소중한 지혜이다.

응답기도 및 임재 안에 머물기

각자 깨달은 말씀이나 마음에 부딪혀 오는 은혜에 따라 응답하는 기도를 충분히 드린다. 충분하게 하나님과 대화를 나누는 기도를 드린 이후에 하나님의 선하심과 인자하심을 맛보며 그분의 임재 안에 얼마 동안 머무른다. 하나님의 임재 안에 머무른 후에 기도 안내문에 나와 있는 기도로 마무리한다.

"하나님! 제가 무슨 일을 하든지, 어떤 상황 가운데 있든지 하나님의 말씀에 깊이 뿌리를 내린 삶을 살아갈 수 있게 해 주소서. 아무리 분주한 공생애의 삶 가운데서도 고요한 곳을 늘 찾아가서 기도하셨던 주님의 삶을 본받게 하소서. 삶이 아무리 분주할지라도 마음만은 고요를 찾을 수 있는 여유와 지혜를 주셔서, 내가 무엇을 하든지 주님의 마음과 지혜로 감당하게 하옵소서. 모세가 엄청난 사역을 감당하면서도 깊은 기도의 삶을 통해 이스라엘을 하나님의 말씀과 지혜로 인도하였듯이, 나에게 주어지는 모든 일을 세상의 지혜가 아니라 하나님의 말씀과 하늘의 지혜로 감당할 수 있게 하옵소서.

하나님! 모세처럼 다른 이들과 합력하여 선을 이루는 자가 되게 하옵소서. 우리 한국 교회가 하나님 안에서 합력하는 교회들이 되게 하옵소서. 내가 속해 있는 모든 공동체의 지체들이 한 마음으로 하나님의 영광을 위하여 하나가 되게 하옵소서. 우리가 주의 이름으로 모인 모든 곳에 하나님의 나라가 임하게 하옵소서. 이를 통해 하나님의 선한 뜻이 온전히 이루어지게 하옵소서."

반추 및 성찰

가능하면 기도했던 장소에서 자리를 옮긴다. 그리고 기도 시간에 경험한 내용을 돌아보면서 노트에 간단히 적는다. 이때 기도 안에서 하나님과 내 자신에 대한 전체적인 느낌을 적고, 또 영적으로 위로를 받았던 경험과 영적으로 메말랐던 경험을 적는다.

삶으로 나아가기

마음에 와 닿는 한 구절의 말씀을 선택하여 쪽지에 기록한다.
예를 들면 "이제 내 말을 들으라 내가 네게 방침을 가르치리니 하나님이 너와 함께 계실지로다 너는 하나님 앞에서 그 백성을 위하여 그 사건들을 하나님께 가져오며 그들에게 율례와 법도를 가르쳐서 마땅히 갈 길과 할 일을 그들에게 보이고"(19-20절).
이 말씀을 수시로 꺼내어 읊조리면서 일상 안에서 기도하며 생활한다.

주요내용 설명

전반부(출 18 : 1-12)에서 출애굽한 이후의 여정 가운데 이드로가 모세의 가족을 데리고 방문한다. 이드로는 소문으로 출애굽 이야기를 전해 들었던 것 같다(18 : 1). 모세는 가족들을 데리고 애굽으로 돌아갔지만(출 4 : 20), 중간에 가족들을 장인에게 돌려보낸 것으로 보인다. 모세의 두 아들의 이름에서 모세의 인생을 엿볼 수 있다. 첫 아들 게르솜의 이름은 "내가 이방에서 나그네가 되었다."라는 뜻으로 미디안에서 나그네로서 겪은 아픔을 담았고(출 2 : 22), 둘째 아들의 이름은 "나의 하나님이 나를 도우서 바로의 손에서 건져 내셨다."라는 뜻으로 출애굽을 도우시는 하나님에 대한 고백이 담겨 있다. 모세는 장인을 반갑게 맞이했고, 이드로는 모세에게 이스라엘을 구원하신 하나님의 능력에 대하여 고백하였다. 모세의 장인 이드로는 번제와 희생 제물을 가지고 와서 아론과 이스라엘의 모든 장로와 함께 떡을 먹었다. 이는 앞으로 모세에 의하여 세워질 제사 제도를 소개하는 장면으로 볼 수 있다.

본문 후반부(출 18 : 13-27)에서 모세는 갓 출애굽한 공동체의 수장으로 아직 미숙한 지도력을 보여 준다. 백성을 재판하기 위하여 아침부터 저녁까지 백성들이 모세 곁에 서 있었다. 모세의 장인은 이것을 보고 위임의 법칙을 적용한 계층적 사법제도를 제안한다. 모세 혼자 이 일을 감당하려 했다가는 필경 기력이 쇠할 것이므로 감당할 수 없는 일이었다(18 : 18). 이드로는 우선 사법권의 수장인 모세를 인정한다 : "하나님이 너와 함께 계실지로다."(출 18 : 19). 그리고 사법권을 위임할 사람으로 "능력 있는 사람들 곧 하나님을 두려워하며 진실하며 불의한 이익을 미워하는 자"(출 18 : 21)를 세우라고 하였다. 일의 경중에 따라 천부장, 백부장, 오십부장, 십부장을 세워 작은 일들을 그들이 하게 하고 큰일은 모세가 하게 한다. 이 일을 통하여 신생 출애굽 공동체는 사법권의 지도력 체계를 완성한다. 마지막 진술에서 모세는 장인 이드로를 자기 땅으로 보낸다. 이는 이드로가 새로운 이스라엘의 제사 제도와 사법권 확립에 공헌했지만, 이를 통해 이스라엘은 이드로의 영향력을 넘어서서 정치적이고 종교적인 제도를 독립적으로 형성했다고 볼 수 있다.

Ⅲ. 언약의 체결과 갱신 (19:1-24:18; 32:1-34:35)

22. 계명 받기를 준비하다
(19 : 1-25)

기도에 임하기

1. 몸과 마음을 가다듬고 하나님의 임재를 기억하며 기도를 준비한다.
2. 찬송을 부른다(267장).

말씀읽기

출애굽기 19 : 1~25

1절 이스라엘 자손이 애굽 땅을 떠난 지 삼 개월이 되던 날 그들이 시내 광야에 이르니라
2절 그들이 르비딤을 떠나 시내 광야에 이르러 그 광야에 장막을 치되 이스라엘이 거기 산 앞에 장막을 치니라
3절 모세가 하나님 앞에 올라가니 여호와께서 산에서 그를 불러 말씀하시되 너는 이같이 야곱의 집에 말하고 이스라엘 자손들에게 말하라
4절 내가 애굽 사람에게 어떻게 행하였음과 내가 어떻게 독수리 날개로 너희를 업어 내게로 인도하였음을 너희가 보았느니라
5절 세계가 다 내게 속하였나니 너희가 내 말을 잘 듣고 내 언약을 지키면 너희는 모든 민족 중에서 내 소유가 되겠고
6절 너희가 내게 대하여 제사장 나라가 되며 거룩한 백성이 되리라 너는 이 말을 이스라엘 자손에게 전할지니라

7절 모세가 내려와서 백성의 장로들을 불러 여호와께서 자기에게 명령하신 그 모든 말씀을 그들 앞에 진술하니

8절 백성이 일제히 응답하여 이르되 여호와께서 명령하신 대로 우리가 다 행하리이다 모세가 백성의 말을 여호와께 전하매

9절 여호와께서 모세에게 이르시되 내가 빽빽한 구름 가운데서 네게 임함은 내가 너와 말하는 것을 백성들이 듣게 하며 또한 너를 영영히 믿게 하려 함이니라 모세가 백성의 말을 여호와께 아뢰었으므로

10절 여호와께서 모세에게 이르시되 너는 백성에게로 가서 오늘과 내일 그들을 성결하게 하며 그들에게 옷을 빨게 하고

11절 준비하게 하여 셋째 날을 기다리게 하라 이는 셋째 날에 나 여호와가 온 백성의 목전에서 시내 산에 강림할 것임이니

12절 너는 백성을 위하여 주위에 경계를 정하고 이르기를 너희는 삼가 산에 오르거나 그 경계를 침범하지 말지니 산을 침범하는 자는 반드시 죽임을 당할 것이라

13절 그런 자에게는 손을 대지 말고 돌로 쳐 죽이거나 화살로 쏘아 죽여야 하리니 짐승이나 사람을 막론하고 살아남지 못하리라 하고 나팔을 길게 불거든 산 앞에 이를 것이니라 하라

14절 모세가 산에서 내려와 백성에게 이르러 백성을 성결하게 하니 그들이 자기 옷을 빨더라

15절 모세가 백성에게 이르되 준비하여 셋째 날을 기다리고 여인을 가까이 하지 말라 하니라

16절 셋째 날 아침에 우레와 번개와 빽빽한 구름이 산 위에 있고 나팔 소리가 매우 크게 들리니 진중에 있는 모든 백성이 다 떨더라

17절 모세가 하나님을 맞으려고 백성을 거느리고 진에서 나오매 그들이 산 기슭에 서 있는데

18절 시내 산에 연기가 자욱하니 여호와께서 불 가운데서 거기 강림하심이라 그 연기가 옹기 가마 연기 같이 떠오르고 온 산이 크게 진동하며

19절 나팔 소리가 점점 커질 때에 모세가 말한즉 하나님이 음성으로 대답하시더라

20절 여호와께서 시내 산 곧 그 산 꼭대기에 강림하시고 모세를 그리로 부르시니 모세가 올라가매

21절 여호와께서 모세에게 이르시되 내려가서 백성을 경고하라 백성이 밀고 들어와 나 여호와에게로 와서 보려고 하다가 많이 죽을까 하노라

22절 또 여호와에게 가까이 하는 제사장들에게 그 몸을 성결히 하게 하라 나 여호와가 그

23절 모세가 여호와께 아뢰되 주께서 우리에게 명령하여 이르시기를 산 주위에 경계를 세워 산을 거룩하게 하라 하셨사온즉 백성이 시내 산에 오르지 못하리이다

24절 여호와께서 그에게 이르시되 가라 너는 내려가서 아론과 함께 올라오고 제사장들과 백성에게는 경계를 넘어 나 여호와에게로 올라오지 못하게 하라 내가 그들을 칠까 하노라

25절 모세가 백성에게 내려가서 그들에게 알리니라

배경설명

19~24장과 32~34장은 언약 체결과 깨어진 언약의 갱신이 나타난다. 19~24장은 이스라엘 백성들이 하나님으로부터 십계명과 언약 법전을 받고 하나님과 언약을 체결하는 장면이다. 19장에서 이스라엘 백성들이 십계명을 받을 준비를 하는 장면이고, 20장은 받은 계시로서 십계명의 내용이다. 15~18장이 시내 산을 향하여 가는 도중 광야에서 있었던 공동체의 훈련 과정이라면, 19장은 마침내 시내 산에 도착하여 계시를 받을 준비를 하는 모습을 보여 준다. 이스라엘 백성들은 애굽 땅을 떠난 지 삼 개월 만에 시내 광야에 도착한다. 시내 산이 어디에 있는지에 관하여 학자들의 견해는 다양하지만 그중 예벨 무사, 예벨 세바, 에벨 신 비살, 그리고 최근에 제기되는 사우디아라비아의 알-라우즈 산 등이 있다. 이 산들 중에 100% 시내 산이라고 확증할 수 있는 산은 없고 나름대로 증거들을 제시할 뿐이다. 알-라우즈 산을 시내 산이라고 주장하는 사람들은 증거로서 모세의 돌 제단, 금송아지 제단, 므리바 반석, 12지파의 12돌, 만나를 찧었던 맷돌, 모세의 성막에서 쓰던 일곱 가지의 촛대가 그려진 메노라의 바위 그림 등의 자료를 제시하지만, 학자들에 의하여 인정되지 않는다. 현재 시내 산으로 인정되는 산은 가장 높은 정상인 에벨 무사로서 주후 4세기 이후부터 시내 산으로 전통적으로 인정받는 지역이다.

19장에는 하나님과 이스라엘이 맺는 언약의 기초가 나타난다(출 19 : 4-8). 첫째로, 교회는 하나님의 구원을 경험한 자들이다(출 19 : 4). 이스라엘 공동체는 하나님의 일방적인 은혜로 애굽 사람의 압제로부터 벗어나고, 열 재앙의 사건과 홍해 도하를 거쳐 시내 산에 이르게 된 것이다. 이는 하나님의 무조건적인 선택을 의미한다(신 7 : 6). 둘째로, 하나님은 교회가 하나님의 사명을 이루게 하신다(출 19 : 5b-6a). 하나님의 소유가 되며, 거룩한 백성이 되는 것은 무조건적인 선택으로 인한 결과이다. 하나님의 제사장 나라란 열방을 하나님께로 인도하는 제사장 나라의 역할을 다하는 것이다. 셋째로, 제사장 나라의 사명을 이루기 위하여 교회가 할 일은 하나님 앞에서 하나님의 언약을 지키는 것이다(출 19

: 5a). 언약을 지키는 것은 순종을 통하여 하나님의 주권을 삶에서 확인하는 것이다. 이스라엘 백성들은 계명을 지킴으로 하나님의 주권을 확인하겠다는 응답을 한다(출 19 : 8). 이 과정에서 중보자로서 모세의 역할이 강조된다(출 19 : 9).

기도

성령의 임재를 위한 기도

세계가 모두 하나님께 속한 줄 알고 하나님의 말씀을 잘 듣고 지킬 수 있는 거룩한 민족이 되게 하소서.

본문말씀 읽기와 묵상하기

본문말씀을 천천히 한 번 읽은 후에 다시 본문을 찬찬히 들여다보면서 전체적인 내용과 상황을 파악한다.

이스라엘 자손이 라암셋에서 애굽을 떠난 후 석 달 만에 숙곳과 에담, 그리고 엘림과 신 광야와 르비딤을 거쳐 시내 광야에 이른다. 그들이 그 광야에 장막을 치고, 그곳에서 정식으로 계약을 통하여 하나님의 백성이 된다. 본문은 그들이 장막을 산 앞에 쳤다고 말하는데, 여기서 산은 아랍인들이 보통 '에벨 무사'(모세의 산)로 부르고 있는 시내 산을 의미한다. 이 산은 오늘날 수에즈 만과 아카바 만 사이의 V자형 반도 남단에 위치해 있다.

이스라엘 자손이 시내 산 앞에 장막을 치자 모세가 하나님의 인도하심을 따라 산 위로 올라간다. 그곳에서 여호와 하나님께서 모세에게 야곱의 집과 이스라엘 자손들에게 하나님의 말씀을 알리라고 말씀하신다. 여기서 모세가 그들에게 알릴 것이 두 가지로 나타나는데, 하나는 출애굽 과정에서 여호와께서 애굽 사람에게 행한 일, 즉 열 가지 재앙과, 홍해 바다에서 몰사한 애굽의 군대와 관련된다. 다른 하나는 출애굽 과정에서 이스라엘 자손을 독수리 날개로 업어 하나님께로 인도하신 하나님의 사랑과 하나님의 은혜와 능력과 관련된다.

1. 본문에 나오는 말씀의 핵심적인 내용을 마음으로 깨닫기 위한 묵상을 한다.
   - 이스라엘 자손이 애굽을 떠난 지 얼마 만에 시내 광야에 이르렀는가?
   - 시내 광야에 이르러 그들이 한 일은?
   - 이스라엘 백성이 시내 광야에 이르기 전에 본 것은?

- 시내 광야에서 모세가 하나님 앞에 올라가니 여호와께서 산에서 그를 불러 하신 말씀은?
- 모세가 내려와서 백성의 장로들을 불러 여호와께서 자기에게 명령하신 그 모든 말씀을 그 앞에 진술하였을 때, 그들의 반응은?
- 여호와께서 빽빽한 구름 가운데서 모세에게 임하시는 까닭은?
- 여호와께서 모세에게 백성에게로 가서 그들을 성결하게 하며 그들에게 옷을 빨게 하고 준비하게 하여 셋째 날을 기다리게 하라고 말씀하신 까닭은?
- 셋째 날 아침에 이스라엘 백성이 다 떨었는데, 그 이유는?
- 모세가 하나님을 맞으려고 백성을 거느리고 진에서 나와 그들이 산기슭에 서 있을 때 그들이 시내 산에서 보고 들은 것은?
- 여호와께서 시내 산 곧 그 산꼭대기에 강림하시고 모세를 그리로 부르신 이유는?

2. 다시 한 번 성경본문을 천천히 읽는다. 읽는 동안에 어떤 말씀이 내 마음에 부딪혀 오는지를 살핀다.

예를 들어, "세계가 다 내게 속하였나니 너희가 내 말을 잘 듣고 내 언약을 지키면 너희는 모든 민족 중에서 내 소유가 되겠고 너희가 내게 대하여 제사장 나라가 되며 거룩한 백성이 되리라 너는 이 말을 이스라엘 자손에게 전할지니라"(5-6절)라는 말씀이 마음에 다가왔다.

3. 내 마음에 부딪혀 온 말씀이 묵상 가운데 구체적으로 내게 어떤 말씀을 주시는지 또는 내 마음 안에서 어떻게 역사하는지를 살핀다. 그리고 이 말씀에 대해 내가 어떻게 응답하는지를 살펴본다.

모세는 이스라엘 자손이 하나님의 말씀을 잘 듣고 여호와의 언약을 지킬 경우 여호와께서 그들에게 약속하신 세 가지를 전한다. 첫째 약속은 모든 민족 중에서 그들이 하나님의 소유가 되는 것인데, 이는 세계가 다 여호와 하나님께 속해 있음에도 불구하고 여호와께서 특별히 그들을 하나님의 백성으로 삼았다는 것을 의미한다. 둘째 약속은 하나님에 대하여 이스라엘이 제사장 나라가 되는 것인데, 이는 세계를 향한 하나님의 구속 계획을 위하여 이스라엘이 하나님과 열방 사이를 중재하는 제사장 나라가 되는 것을 의미한다. 셋째 약속은 거룩한 백성이 되리라는 약속인데, 이는 열방의 다른 민족들과 구별되어 오직 하나님만을 섬기며, 하나님의 뜻을 수행하는 거룩한 백성이 되는 것을 의미한다. 모세가 여호와로부터 들은 말씀을 언약의 당사자가 될 이스라엘 백성과 장로들에게 진술하자, 그들은 일제히 '여호와께서 명령하신 대로 우리가 다 행하리이다.'라고 응답한다. '우리가 다 행하리이다'라는 그들의 응답은 여호와 하나님의 말씀을 잘 듣고, 여호와 하나님의 언약을 지키겠다는 그들의 의지 선언이다. 모세는 이스라엘 백성들의 의지 선언을 여호와 하나님께 전한다. 모세를 통하여 하나님께서 이스라엘 백성과 언약하신 세 가지의 약속이 자신에게 주는 의미 혹은 그 약속들에 대한 자신의 응답은 무엇인가?

모세가 이러한 백성의 말을 여호와께 아뢰자 여호와께서 모세에게 빽빽한 구름 가운데서 임하신다. 하나님께서는 인간이 가까이할 수 없는 영광스러운 빛에 거하시므로(시 104 : 2; 딤전 6 : 16) 우리 인간이 그 빛에 가까이 가면 견딜 수 없어 상하게(행 9 : 3-9) 된다. 그래서 하나님께서 이스라엘 백성들 앞에 임하시기 위하여 그 눈부신 모습을 짙은 구름으로 가리셔야만 한다. 이처럼 하나님께서 빽빽한 구름 가운데서 모세에게 임하신 목적은 두 가지인데, 하나는 이스라엘 백성들이 하나님께서 모세와 말하는 것을 듣게 하기 위해서이다. 다른 하나는 모세를 영영히 믿게 하려 하기 위해서이다. 즉, 이스라엘 백성들로 하여금 모세의 말을 듣고 그것을 하나님의 말씀인 줄 믿고 또한 순종하도록 하기 위해서이다. 여기서 우리는 하나님께서 보내신 하나님의 사람에 대한 우리의 신뢰가 어느 정도인가를 살펴보게 된다.

여호와 하나님께서 이스라엘 백성과 언약을 맺기에 앞서 이틀 동안 그들로 하여금 성결하게 하라고 모세에게 이르신다. 여호와께서는 그들로 하여금 몸을 씻고 옷을 빨게 하고, 준비하게 하시는데, 구약 시대에 이러한 외적 성결의 행위(레 11 : 12, 15 : 5)는 내적 성결을 의미하는 의식적인 행위이다. 여호와께서 이틀 동안 이스라엘 백성들로 하여금 성결하게 하며 준비하게 하신 후, 셋째 날을 기다리게 하신다. 그 이유는 바로 셋째 날에 여호와께서 온 백성의 목전에서 시내 산에 강림할 것이기 때문이다. 비록 이스라엘 백성들이 이틀 동안 그들 자신을 성결하게 하였다 할지라도 당시 그들은 하나님께 가까이 접근할 수 없었다. 그리하여 여호와 하나님께서 백성을 위하여 주위에 경계를 정하고, 삼가 산에 오르거나 그 경계를 침범하지 말게 하라고 모세에게 이르신다. 만약 산을 침범하거나 경계를 침범하는 사람은 반드시 죽임을 당할 것이라고 말씀하신다. 또한 경계를 침범한 사람이나 짐승은 모두 살아남지 못할 것이라고 말씀하시면서, 그런 자에게는 사람의 손을 대지 말고 돌로 쳐 죽이거나 화살로 쏘아 죽이라고 이르신다. 여기서 우리는 지금 우리가 예수 그리스도의 이름으로 하나님을 가까이할 수 있다는 것이 얼마나 크고 놀라운 은혜인지 깨닫게 된다.

여호와께서 모세에게 이르신 대로 이스라엘 백성은 그들의 옷을 빨고 그들 자신을 성결하게 하면서 잘 준비하여 셋째 날을 기다린다. 셋째 날 아침에 여호와 하나님의 영광과 위엄을 상징하는 큰 뇌성과 번쩍이는 번개, 그리고 빽빽한 구름이 산 위에 있고, 나팔 소리가 매우 크게 들린다. 그러자 하나님의 놀라운 영광과 위엄으로 말미암아 이스라엘 백성이 다 두려움에 사로잡힌다. 모세가 백성을 데리고 하나님을 맞으려고 시내 산기슭, 즉 침범 불가의 경계선 바깥과 백성들의 진 사이에 선다. 여호와 하나님께서 불 가운데서 강림하심으로 시내 산 전체가 연기로 자욱하였으며, 또한 그 연기가 옹기 가마 연기 같이 떠오른다. 이때 온 산이 크게 진동하며 나팔 소리가 점점 커지는데, 모세가 하나님께 말한즉 하나님께서 음성으로 모세에게 대답하신다. 그리고 여호와께서 시내 산꼭대기에 강림하시어 모세를 그곳으로 부르신다. 이와 같이 강림하신 여호와께서 그의 백성들과의 교제를 위하여 모세를 중재자로 부르시어 두 가지의 경고를 그들에게 하도록 하신다. 하나는 내려가서 백성들로 하여금 밀고 들어와 여호와에게로 와서 보려고 하지 말라는 경고이다.

만약 그들이 이와 같은 경고를 받아들이지 않을 경우, 그들 가운데 많은 이들이 죽을까 염려된다고 말씀하신다. 다른 하나는 백성의 종교 지도자들에게 그 몸을 성결하게 하라는 경고이다. 만약 그렇지 않을 경우, 여호와가 그들을 칠까 염려된다고 말씀하신다. 모세는 시내 산 주위에 경계를 세워 산을 거룩하게 하라 하신대로 이스라엘 백성에게 이미 경고하였으니 그들이 그 경계를 넘어오지 않을 것이라고 아뢴다. 그러자 여호와께서는 백성에게 내려가서 아론과 함께 올라오고, 제사장들과 백성에게는 그 경계를 넘어 여호와에게로 올라오지 못하게 하라고 말씀하신다. 그들이 그 경계를 넘어 올라오면 내가 그들을 칠까 하노라고 말씀하시니, 모세가 백성에게 내려가 이를 알린다. 여기서 우리는 중재자인 모세가 여호와의 말씀을 듣고, 그 들은 말씀을 그대로 이스라엘 백성들에게 전달하여 그들이 하나님의 말씀에 순종하도록 하는 역할을 충실하게 이행하는 것을 본다. 과연 우리도 하나님의 말씀을 하나님의 백성들에게 전달할 때, 모세처럼 하나님으로부터 말씀을 들은 그대로 전달하고 있는지 성찰할 필요가 있다.

응답기도 및 임재 안에 머물기

각자 깨달은 말씀이나 마음에 부딪혀 오는 은혜에 따라 응답하는 기도를 충분히 드린다. 충분하게 하나님과 대화를 나누는 기도를 드린 이후에 하나님의 선하심과 인자하심을 맛보며 그분의 임재 안에 얼마 동안 머무른다. 하나님의 임재 안에 머무른 후에 기도 안내문에 나와 있는 기도로 마무리한다.

"모든 민족 가운데 우리를 하나님의 소유로 삼아주신 하나님! 감사합니다. 하나님의 소유인 우리가 하나님의 말씀을 잘 듣고 행하게 하시어 하나님에게 대하여 제사장의 역할을 감당하게 하시며 거룩한 하나님의 백성으로 이 땅의 삶을 살게 하소서."

반추 및 성찰

가능하면 기도했던 장소에서 자리를 옮긴다. 그리고 기도 시간에 경험한 내용을 돌아보면서 노트에 간단히 적는다. 이때 기도 안에서 하나님과 내 자신에 대한 전체적인 느낌을 적고, 또 영적으로 위로를 받았던 경험과 영적으로 메말랐던 경험을 적는다.

삶으로 나아가기

마음에 와 닿는 한 구절의 말씀을 선택하여 쪽지에 기록한다.
예를 들면 "세계가 다 내게 속하였나니 너희가 내 말을 잘 듣고 내 언약을 지키면 너희는 모든 민족 중에서 내 소유가 되겠고 너희가 내게 대하여 제사장 나라가 되며 거룩한 백성이 되리라 너는 이 말을 이스라엘 자손에게 전할지니라"(5-6절).
이 말씀을 수시로 꺼내어 읊조리면서 일상 안에서 기도하며 생활한다.

주요내용 설명

이스라엘 백성들이 애굽에서부터 르비딤을 지나 시내 산에 이르게 된다. 하나님이 모세를 불러 이스라엘을 향한 당신의 청사진을 제시하시면서 하나님과 이스라엘간의 언약을 설명하신다(19 : 4-6). 백성들은 명령하신대로 다 행할 것을 다짐한다(19 : 8). 그리고 모세는 하나님과 백성 사이에 중보자로 선다(출 19 : 9). 계시를 받기 위하여 백성들은 하나님의 현현을 맞이할 준비를 해야 한다(19 : 9-15). 먼저 하나님이 "빽빽한 구름가운데 임할 것"을 말씀하시고, 백성들은 신현현을 준비한다. 하나님께서 그들에게 내려오신다고 하였다 : "이는 셋째 날에 나 여호와가 온 백성의 목전에서 시내 산에 강림할 것임이니"(출 19 : 11). 하나님의 현현의 모습은 장엄하게 묘사되었다(출 19 : 16, 18). 우레, 번개, 지진, 연기 등이 신 현현의 특징이다. 신 현현을 위하여 백성들은 정결함으로 준비하여야 했다(출 19 : 10). 우리에게 다가오시는 하나님이 거룩하시기 때문에 사람들은 성결함을 준비하여야 하는 것이다. 나타난 하나님에 대한 백성들의 반응은 "떠는 것"이었다(출 19 : 16). 백성들은 주위에 경계를 정하고 산에 오르거나 경계를 침범하지 말아야 한다. 그러한 자들은 반드시 죽임을 당하기 때문에 조심해야 한다. 백성들이 옷을 빨고, 여인을 가까이하지 않고 셋째 날 하나님을 맞이하게 된다. 모세가 백성들을 거느리고 산 기슭에 서니 하나님이 불 가운데 강림하시고, 연기가 옹기 가마 연기같이 떠올라 온 산이 진동하고 나팔 소리가 커졌다. 여호와께서 산꼭대기에 강림하시고 모세를 그곳으로 부르셨다. 그리고 백성들에게는 산 위에 경계를 세워 산을 거룩하게 하고 시내 산에 오르지 못하도록 하였다. 모세와 아론은 함께 올라오고, 제사장들과 백성에게는 올라오지 못하게 하셨다.

23. 십계명을 받다
(20 : 1-26)

기도에 임하기

1. 몸과 마음을 가다듬고 하나님의 임재를 기억하며 기도를 준비한다.
2. 찬송을 부른다(338장).

말씀읽기

출애굽기 20 : 1~26

1절 하나님이 이 모든 말씀으로 말씀하여 이르시되
2절 나는 너를 애굽 땅, 종 되었던 집에서 인도하여 낸 네 하나님 여호와니라
3절 너는 나 외에는 다른 신들을 네게 두지 말라
4절 너를 위하여 새긴 우상을 만들지 말고 또 위로 하늘에 있는 것이나 아래로 땅에 있는 것이나 땅 아래 물속에 있는 것의 어떤 형상도 만들지 말며
5절 그것들에게 절하지 말며 그것들을 섬기지 말라 나 네 하나님 여호와는 질투하는 하나님인즉 나를 미워하는 자의 죄를 갚되 아버지로부터 아들에게로 삼사 대까지 이르게 하거니와
6절 나를 사랑하고 내 계명을 지키는 자에게는 천 대까지 은혜를 베푸느니라
7절 너는 네 하나님 여호와의 이름을 망령되게 부르지 말라 여호와는 그의 이름을 망령되게 부르는 자를 죄 없다 하지 아니하리라

8절 안식일을 기억하여 거룩하게 지키라
9절 엿새 동안은 힘써 네 모든 일을 행할 것이나
10절 일곱째 날은 네 하나님 여호와의 안식일인즉 너나 네 아들이나 네 딸이나 네 남종이나 네 여종이나 네 가축이나 네 문안에 머무는 객이라도 아무 일도 하지 말라
11절 이는 엿새 동안에 나 여호와가 하늘과 땅과 바다와 그 가운데 모든 것을 만들고 일곱째 날에 쉬었음이라 그러므로 나 여호와가 안식일을 복되게 하여 그 날을 거룩하게 하였느니라
12절 네 부모를 공경하라 그리하면 네 하나님 여호와가 네게 준 땅에서 네 생명이 길리라
13절 살인하지 말라
14절 간음하지 말라
15절 도둑질하지 말라
16절 네 이웃에 대하여 거짓 증거 하지 말라
17절 네 이웃의 집을 탐내지 말라 네 이웃의 아내나 그의 남종이나 그의 여종이나 그의 소나 그의 나귀나 무릇 네 이웃의 소유를 탐내지 말라
18절 뭇 백성이 우레와 번개와 나팔 소리와 산의 연기를 본지라 그들이 볼 때에 떨며 멀리 서서
19절 모세에게 이르되 당신이 우리에게 말씀하소서 우리가 들으리이다 하나님이 우리에게 말씀하시지 말게 하소서 우리가 죽을까 하나이다
20절 모세가 백성에게 이르되 두려워하지 말라 하나님이 임하심은 너희를 시험하고 너희로 경외하여 범죄 하지 않게 하려 하심이니라
21절 백성은 멀리 서 있고 모세는 하나님이 계신 흑암으로 가까이 가니라
22절 여호와께서 모세에게 이르시되 너는 이스라엘 자손에게 이같이 이르라 내가 하늘로부터 너희에게 말하는 것을 너희 스스로 보았으니
23절 너희는 나를 비겨서 은으로나 금으로나 너희를 위하여 신상을 만들지 말고
24절 내게 토단을 쌓고 그 위에 네 양과 소로 네 번제와 화목제를 드리라 내가 내 이름을 기념하게 하는 모든 곳에서 네게 임하여 복을 주리라
25절 네가 내게 돌로 제단을 쌓거든 다듬은 돌로 쌓지 말라 네가 정으로 그것을 쪼면 부정하게 함이니라
26절 너는 층계로 내 제단에 오르지 말라 네 하체가 그 위에서 드러날까 함이니라

배경설명

본문은 십계명(20 : 1-17), 모세의 중보(20 : 18-21), 그리고 올바른 예배(20 : 22-26)로 이루어져 있다. 십계명이라는 말은 본문에 나오지 않지만, 성경에 세 번 나온다(출 34 : 28; 신 4 : 13, 10 : 14). 십계명은 다른 법전과는 달리 하나님이 친히 써서 이스라엘 백성들에게 주신 권위 있는 법전이다. 십계명은 출애굽기 20장만이 아니라 신명기 5 : 6~21에도 기독되어 있는데 안식일 규정의 근거 외에는 내용이 유사하다. 출애굽기 20장에서 안식일은 여호와께서 안식하신 창조신앙(출 20 : 11)에 근거한다면, 신명기는 출애굽 구속신앙(신 5 : 15)에 근거한다. 열 개의 계명을 어떻게 정할 것인가에 대하여 개신교와 가톨릭의 십계명 산정법이 차이가 있다. 가톨릭은 전통적으로 제2계명인 우상에 관한 계명(20 : 4-5)을 제1계명의 일부로 여긴다. 그리고 개신교에서 제10계명으로 여기는 계명을 둘로 나누어 이웃의 아내를 탐내는 것을 제9계명으로, 그리고 이웃의 소유를 탐내는 것에 관한 계명을 제10계명으로 보고 있다. 십계명은 두 개의 돌판에 새긴 것으로 알려진다. 십계명은 특히 조건이 달린 판례법이 아니라 조건이 달리지 않는 필연법이다. 필연법이란 특정한 행동을 금하거나 요구하는 유형의 법인데 고대 근동에서는 거의 발견되지 않는다. 십계명은 법의 범주라기보다는 언약의 범주에 가깝다. 5절에서 삼사 대를 벌한다는 것은 대를 잇는 오랜 세월에 걸친 저주라기보다는 가장의 권위 아래 있는 모든 식구에게 책임을 묻는 것을 말한다. 25절에서 돌로 쌓을 때는 다듬지 않아야 했는데, 연장을 사용할 경우 제단을 부정하게 만든다는 인식이 있었기 때문이다(왕상 6 : 7). 26절에서 하체가 드러나는 것도 부정한 것으로 여겨졌기에 금했다.

기도

성령의 임재를 위한 기도

생명의 삶을 살 수 있도록 우리에게 하나님의 계명을 주신 하나님! 감사합니다. 하나님의 계명을 사랑하고 즐거워하게 하소서.

본문말씀 읽기와 묵상하기

본문말씀을 천천히 한 번 읽은 후에 다시 본문을 찬찬히 들여다보면서 전체적인 내용과 상황을 파악한다.

'하나님이 이 모든 말씀으로 말씀하여 이르시되'라는 말씀으로 시작되는데, 여기서 '이 모든 말씀'이란 출애굽기 20：2~17에 나오는 '열 마디 말씀'을 가리킨다. '열 마디 말씀'은 신명기 4：13과 10：4의 말씀을 가리키는데, 이는 곧 십계명이다. 이러한 십계명을 수여하시는 하나님은 자신을 창조주 하나님의 권위로나 혹은 심판주 하나님의 위엄으로 소개하지 않으신다. 오히려 여기서 율법을 수여하시는 하나님은 애굽의 노예로부터 그들을 구속하신 사랑의 하나님으로 자신을 말씀하신다.

1. 본문에 나오는 말씀의 핵심적인 내용을 마음으로 깨달아 알려고 묵상을 한다.
   하나님께서 십계명을 주시면서 이스라엘 백성들에게 자신을 어떤 하나님으로 소개하는가?
   하나님께서 주신 제 1계명과 그 의미는?
   하나님께서 주신 제 2계명과 그 의미는?
   하나님께서 주신 제 3계명과 그 의미는?
   하나님께서 주신 제 4계명과 그 의미는?
   하나님께서 주신 제 5계명과 그 의미는?
   하나님께서 주신 제 6계명과 그 의미는?
   하나님께서 주신 제 7계명과 그 의미는?
   하나님께서 주신 제 8계명과 그 의미는?
   하나님께서 주신 제 9계명과 그 의미는?
   하나님께서 주신 제 10계명과 그 의미는?
   이스라엘 백성이 모세에게 '당신이 우리에게 말씀하소서 우리가 들으리이다 하나님이 우리에게 말씀하시지 말게 하소서'라고 말한 까닭은? 그리고 이에 대한 모세의 대답은?
   백성은 멀리 서 있고 모세가 하나님이 계신 흑암으로 가까이 가서 이스라엘 백성에게 전달하라고 여호와로부터 받은 말씀은?

2. 다시 한 번 성경본문을 천천히 읽는다. 읽는 동안에 어떤 말씀이 내 마음에 부딪혀 오는지를 살핀다.
   예를 들어, "뭇 백성이 우레와 번개와 나팔 소리와 산의 연기를 본지라 그들이 볼 때에 떨며 멀리 서서 모세에게 이르되 당신이 우리에게 말씀하소서 우리가 들으리이다 하나님이 우리에게 말씀하시지 말게 하소서 우리가 죽을까 하나이다 모세가 백성에게 이르되 두려워하지 말라 하나님이 임하심은 너희를 시험하고 너희로 경외하여 범죄 하지 않게 하려 하심이니라"(18-20절)라는 말씀이 마음에 다가왔다.

3. 내 마음에 부딪혀 온 말씀이 묵상 가운데 구체적으로 내게 어떤 말씀을 주시는지 또

는 내 마음 안에서 어떻게 역사하는지를 살핀다. 그리고 이 말씀에 대해 내가 어떻게 응답하는지를 살펴본다.

'나 외에는'이라는 말의 히브리어 본문을 직역하면, '나의 얼굴(앞)을 넘어서' 혹은 '나의 얼굴(앞) 위에', 그리고 '나의 얼굴과 대립시켜'라는 뜻이라고 한다. 그러므로 본 절의 의미는 하나님을 제외한 그 무엇이나, 아니면 하나님과 대립되는 그 무엇을 하나님보다 더 사랑해서는 안 된다는 것이다. '다른 신들을 두지 말라'는 말씀은 당시 근동 지방에서 널리 행해지던 다신 숭배뿐만 아니라 하나님보다 더 위하고 섬기는 각종 유형 혹은 무형의 존재들을 두지 말라는 말씀이다. 첫 번째 십계명인 '너는 나 외에는 다른 신들을 네게 두지 말라'는 말씀은 여호와 하나님만이 유일한 하나님이시라는 선포이다. 여기서 우리는 이 선포에 합당한 삶을 살고 있는지 성찰해 보자.

당시 팔레스타인에는 부어 만드는 우상도 있었으나(사 41 : 29, 44 : 10) 주로 돌, 금, 은, 그리고 나무 등으로 새긴 것이 많았다고 한다(신 12 : 3; 렘 10 : 14). 이스라엘 백성이 가나안을 점령하기 전, 팔레스타인 땅에 퍼져 있는 새긴 우상을 만들지 말라는 계명을 주시는데, 구체적으로 여호와께서 하늘뿐만 아니라 땅에 있는 것이나 물속에 있는 것의 어떤 형상도 가시적으로 만들어 경배하거나 그것에게 복을 빌지 말라고 명령하신다. 여기서 하늘이란 우주 공간까지 지칭하며, 땅이란 지구 전체를 지칭한다. 그리고 물속이란 넓게는 바다를 지칭하고 좁게는 수로 혹은 샘물까지 지칭한다. 자신에게 있어서 우상은?

하나님께서 새긴 우상들에게 절하지 말라고 하시는데, 이는 우상에 대한 행위적 경배만이 아니라 마음으로 존경하는 것도 금한다. 또한 그것들을 섬기지 말라고 하나님께서 명령하시는데, 이는 우상의 노예가 되지 말라는 경고이다. 하나님께서는 우리가 하나님 아닌 것을 하나님으로 섬기며 우상에게 노예처럼 헌신하는 행위를 원하지 않으신다. 그럼에도 불구하고 우상에게 절하며, 그것들을 섬기는 사람의 죄는 자신의 대에서 끝나는 것이 아니라 아버지로부터 아들에게로 삼사 대까지 이르게 된다고 여호와께서 말씀하신다. 이처럼 부모가 지은 죄의 영향력은 그들의 후손들에게까지 심각하게 미친다는 것을 알 수 있는데, 이와 같은 경험을 직접적으로 혹은 간접적으로 하고 있는지 우리 자신을 살펴보자.

하나님을 '사랑'한다는 히브리어는 '아하브'인데, 이는 특히 남녀 간의 애정과 육체적인 사랑을 뜻하는 단어라고 한다. 이러한 이성 간의 사랑에는 다른 사람이 전혀 개입할 수 없는 특성이 있는 것처럼 하나님을 사랑하는 데 있어서도 우상숭배와 같은 것이 개입될 수 없다. 그래서 하나님을 사랑하는 사람은 하나님의 계명을 마음으로부터 우러나는 사랑으로 지키게 되는데, 이런 사람은 천대까지 은혜를 베푸신다고 하나님께서 말씀하신다. 즉 한 사람이 하나님을 사랑하고 계명을 지키면 그의 후손 천대까지 하나님의 은혜를 입는다. 자신은 이러한 은혜를 입은 자인가? 아니면, 자신이 후손에게 이러한 하나님의 은혜를 받게 하는 사람인가?

히브리인에게 있어서 이름은 한 개인의 존재양태의 총체를 나타내며, 또한 한 개인의 품성과 속성 및 인격이 그 이름에서 드러난다. 뿐만 아니라 이름은 '기억' 혹은 '기념'과 똑같은 개념이므로 사람에게 이름을 부여해 줄 때, 명명자와 피 명명자 사이에 지배 내지 소유 관계가 형성된다. 이런 의미에서 하나님께서 피조물을 창조하신 후, 제일 먼저 이름을 부여하셨는데, 이는 하나님 자신이 바로 만물의 소유자가 되심을 나타내는 것이다. 그런데 이스라엘 백성을 애굽의 노예로부터 구원하신 하나님께서 그들에게 여호와라는 하나님의 이름을 가르쳐 주셨다. 그들에게 여호와라는 하나님의 이름을 가르쳐 주신 하나님께서 '너는 네 하나님 여호와의 이름을 망령되게 부르지 말라'는 계명을 주신다. 그들에게 언약을 지키시는 하나님의 품성과 속성을 나타내는 이름인 여호와의 이름을 망령되게 부르지 말라는 이 계명은 저주나 악담, 그리고 농담이나 희롱 등에 함부로 그 이름을 사용하지 말라는 말씀이다. 또한 이 계명은 기도와 찬양, 그리고 감사 등으로 하나님의 이름에 합당한 영광을 돌리라는 말씀이다. 여기서 우리는 하나님의 이름에 합당한 영광을 돌리며 살고 있는지 우리 자신의 삶을 되돌아보자.

하나님께서는 창조 사역 후 안식하신 바로 그 날을 기억하여 거룩하게 지키라고 말씀하시는데, 이 넷째 계명은 안식일 준수와 관련된다. 구약시대 안식일은 신약시대에 와서 주일로 승화된 것으로 본다. 여호와 하나님께서 엿새 동안 하늘과 땅과 바다와 그 가운데 모든 것을 만드시고 일곱째 날에는 쉬셨다. 여호와께서 안식일을 복되게 하여 그 날을 거룩하게 하셨으므로 우리 인간도 엿새 동안은 힘써 육체적 유익을 위한 모든 종류의 일을 하고, 일곱째 날은 여호와 하나님의 안식일인즉 아무 일도 할지 말라고 하셨다. 넷째 계명은 안식일을 성별하여 하나님께 바침으로 다른 모든 날의 삶 역시도 하나님께 속하였음을 인정하고 고백하는 삶을 살라는 계명이다. 안식일에는 우리뿐만 아니라 우리에게 속한 자녀들이나 종들, 그리고 가축들이나 더 나아가 우리 안에 머무는 객도 아무 일을 하지 말라고 하나님께서 말씀하신다.

하나님의 말씀처럼 우리가 주일을 지키며 살고 있는지?

부모를 공경하라는 계명은 인간 사이의 계명 가운데 으뜸이 되는 계명이다. 여기서 '공경하다'라는 말의 히브리어 '카베드'는 '존경하다 혹은 영광되게 하다'라는 의미라고 한다. 이 단어는 여호와 하나님을 경외하는 것을 가리킬 때도 사용되는데, 부모를 공경하면 하나님께서 주시리라고 약속하신 가나안 땅에서 생명이 길 것이라고 여호와 하나님께서 말씀하신다. 이는 가나안 땅을 차지한 이스라엘 백성들이 그곳에서 장수할 뿐만 아니라 그들의 후손이 대대로 그 땅을 기업으로 차지하게 되는 것을 함께 의미한다. 과연 우리는 부모를 존경하며 영광스럽게 하는 자녀들인가?

살인하지 말라는 계명은 생명의 존엄성과 관련되는 여섯 째 계명이다. 이 계명은 인간의 생명에 위협을 주는 모든 행위를 금지하는 계명이다. 우리는 이 계명의 근거를 두 가지로 볼 수 있는데, 하나는 모든 생명이 하나님께 속해 있다는 데 있고, 다른 하나는 모든 사람이 하나님의 형상대로 지음을 받았다는 데 있다. 이런 의미에서 인간의 생명을 해친다는 것은 하나님께 속한 것을 해치는 것이며, 또한 하나님의 형상을 파괴하는 것이 된다. 그래서 여호와 하나님께서 '살인하지 말라'고 명령하시는데, 예수님께서는 살인하게 하는 모든 원인들, 예를 들면, 형제에게 노하거나 혹은 형제에 대하여 욕설하는 것까지도 금지하신다(마 5 : 21, 22). 다른 사람들과의 관계 속에서 우리는 얼마나 그들의 생명의 존엄성을 하나님과 관련하여 생각하면서 살고 있는지 우리의 삶을 살펴보자.

여호와 하나님께서 주신 일곱 째 계명은 남녀 사이의 성윤리와 관련된다. 하나님께서는 여자와 남자를 창조하시어 남자가 아비 집을 떠나 여자와 연합하여 한 몸을 이루도록 하셨다. 이처럼 하나님께서 일부일처제를 세우셔서 한 남자와 한 여자가 남편과 아내가 되어 연합체로서 살게 하셨다. 그런데 이러한 부부 사이를 파괴하는 간음행위를 하나님께서는 계명으로 금하셨다. 그러므로 모든 종류의 간음 행위는 성범죄 차원을 넘어 하나님의 계명을 범하는 것이 된다. 예수님께서는 이 계명을 더욱 확대하시어 마음으로 범하는 음욕까지 정죄하신다(마 5 : 27-32). 이 계명과 관련하여 우리 자신을 면밀하게 살펴보자.

여호와 하나님께서 주신 제 8계명은 이웃의 재산을 도둑질하지 말라는 것이다. 즉 이웃 재산의 사유권을 인정하고 이웃의 재산권 보호와 관련된 계명인데, 이는 단순히 이웃의 재산을 몰래 가져가는 것으로 국한되지 않는다. 이 계명은 다음의 세 가지 행위와도 관련된다. 첫째 사기 등과 같이 땀 흘리지 않고 재물을 축적하려는 행위, 둘째 부주의 혹은 태만으로 다른 사람의 재산에 피해를 주는 행위, 그리고 셋째 도둑질하지 말라는 범주에는 재물이나 재산 외에도 기술, 지식, 정보 등과 같은 인간의 모든 영역의 행위와 관련된다. 이런 관점에서 하나님의 제 8계명과 관련된 우리의 모습은?

여호와 하나님께서 주신 제 9계명은 거짓 증거 하지 말라는 것인데, 이는 위증에 대한 금지 계명이다. 여기서 '증거'란 '다시 말하다' 혹은 '증거 하다'라는 동사에서 파생된 명사로서 법정에서 증언할 수 있는 증인을 의미한다. 그리고 '거짓'은 '거짓말' 혹은 '허위성'이라는 의미로서 근거 없이 하는 말이나 행위를 가리킨다. 이런 의미에서 '거짓 증거 하지 말라'는 계명은 위증하지 말라는 계명이다. 즉 이 계명은 우리가 믿는 하나님은 진리이시므로 우리 또한 참되고 바른 말과 행동을 하라는 계명이다. 우리의 삶 속에서 제 9계명에 속한 행위는?

하나님께서 주신 제 10계명은 '네 이웃의 소유를 탐내지 말라'는 것이다. 탐심은 우리로 하여금 우상숭배와 간음, 도적질과 그 외 모든 죄를 불러일으키는 근원이다. 우리의 탐심은 하나님보다 다른 것을 더 사랑한다는 것을 드러내며, 다른 사람을 돌볼 마음을 품지 못하게 한다. 또한 우리 자신의 욕심만을 채우려 하는 이기심을 갖게 한다. 이 계명은 네 이웃의 집을 탐내지 말며, 네 이웃의 아내나 그의 남종이나 그의 여종이나 그의 소나 그의 나귀나 무릇 네 이웃의 소유를 탐내지 말라는 여호와 하나님의 명령인데, 우리의 실제 삶 속에서 이 계명과 어긋나는 것들은?

하나님의 강림으로 인한 우레 소리와 번개와 나팔소리, 그리고 산의 연기를 본 이스라엘 백성들이 두려움으로 떤다. 하나님 여호와의 위엄 앞에서 그들은 더 이상 하나님의 음성을 들을 수 없어 멀리 서서 모세에게 '당신이 우리에게 말씀하소서 우리가 들으리이다'라고 말한다. 백성들의 이 말은 모세로 하여금 하나님의 말씀을 그들에게 말하게 하고, 하나님이 그들에게 직접 말씀하지 말게 해달라는 요구이다. 그 이유는 그들이 하나님의 영광의 형상을 직접 대면하여 하나님의 말씀을 들으면, 죽을까 봐 두려웠기 때문이다. 이와 같이 두려워하는 그들에게 모세는 두려워하지 말라고 하면서 하나님께서 임하시는 이유를 두 가지로 말한다. 첫째, 하나님이 임하심은 그들을 시험하시기 위해서이다. 여기서 '시험하다'라는 것은 '증명하다'라는 뜻도 있는데, 이는 하나님께서 그들이 두려워하는지를 시험하시는 것이 아니라 그 두려움이 참된 것인지를 시험을 통해 증명하시는 것이라고 한다. 둘째, 하나님께서 임하시는 것은 그들로 경외하여 범죄 하지 않게 하려는 데 있다. 이 말을 마치고 모세는 하나님이 계신 흑암으로 가까이 간다. 하나님의 영광을 사람이 도무지 감당할 수 없으므로 자비로우신 하나님은 숨어 계시는 하나님으로 인식되었다고 한다(시 18 : 9). 여호와 하나님께서 모세에게 말씀하실 때, 하나님의 백성들 또한 하나님의 음성을 들었다. 그러니 하나님의 모습을 상상하여 금이나 은과 같은 것으로 그들을 위하여 신상을 만들지 말라고 모세를 통하여 하나님께서 명령하신다. 그리고 하나님께서 그들에게 흙으로 제단을 쌓고, 그 위에 그들의 양과 소로 번제와 화목제를 드리라고 명령하신다. 여기서 번제는 하나님과의 정상적인 관계 유지 및 하나님께 대한 온전한 헌신을 상징하는 제사이다. 또한 화목제는 하나님과의 화목과 친교를 상징하는 제사로 감사제와 서원제, 그리고 자원제로 구분된다. 이와 같은 제사로 하나님께서는 자신의 이름을 기념하는 모든 곳에 임하여 그들에게 복을 주실 것이라고 약속하신다. 여기서 우리는 이러한 하나님의 약속 앞에서 다음과 같은 질문들을 우리 자신에게 던져본다. 하나님과의 정상적인 관계를 위하여 우리가 하고 있는 것은? 하나님께 대한 온전한 헌신을 위하여 우리가 하고 있는 것은? 하나님과의 화목과 친교를 위하여 우리가 하고 있는 것은? 하나님의 이름을 기념하게 하기 위하여 돌로 제단을 쌓을 경우, 다듬은 돌로 쌓지 말라고 여호와 하나님께서 말씀하신다. 즉 하나님께 바치는 제단을 돌로 쌓을 경우, 예리한 도구들, 즉 도끼, 칼, 곡괭이 등의 도구들을 사용하여 돌에 구멍을 뚫고, 상처를 입히면 부정하다고 금하셨다. 뿐만 아니라 하나님께서는 제단에 예물을 바치기 위하여 단에 오르내리는 동안 하체가 드러나지 않도록 층계로 하나님의 제단에 오르지 말라고 하신다. 이후에 이러한 하나님의 규례에 따라 성막제도가 완비된 후, 이스라엘의 제사장들은 오늘날의 바지와 같은 것을 착용하게 되었다고 한다(출 28 : 42). 여기서 우리는 하나님께 예배드릴 때 우리의 마음가짐과 옷매무새에까지 세심하게 준비하고 있는지 살펴보게 된다.

응답기도 및 임재 안에 머물기

각자 깨달은 말씀이나 마음에 부딪혀 오는 은혜에 따라 응답하는 기도를 충분히 드린다. 충분하게 하나님과 대화를 나누는 기도를 드린 이후에 하나님의 선하심과 인자하심을 맛보며 그분의 임재 안에 얼마 동안 머무른다. 하나님의 임재 안에 머무른 후에 기도 안내문에 나와 있는 기도로 마무리한다.

"하나님을 가까이 하는 삶을 사모하게 하셔서 우리로 하여금 하나님의 임재를 두려워하지 않게 하시니 감사합니다. 우리의 삶 가운데 늘 함께 하셔서 우리가 하나님을 향하여 '우리에게 말씀하소서 우리가 들으리이다'라고 고백하는 삶을 살게 하소서."

반추 및 성찰

가능하면 기도했던 장소에서 자리를 옮긴다. 그리고 기도 시간에 경험한 내용을 돌아보면서 노트에 간단히 적는다. 이때 기도 안에서 하나님과 내 자신에 대한 전체적인 느낌을 적고, 또 영적으로 위로를 받았던 경험과 영적으로 메말랐던 경험을 적는다.

_____

_____

_____

삶으로 나아가기

마음에 와 닿는 한 구절의 말씀을 선택하여 쪽지에 기록한다.
예를 들면 "뭇 백성이 우레와 번개와 나팔 소리와 산의 연기를 본지라 그들이 볼 때에 떨며 멀리 서서 모세에게 이르되 당신이 우리에게 말씀하소서 우리가 들으리이다 하나님이 우리에게 말씀하시지 말게 하소서 우리가 죽을까 하나이다 모세가 백성에게 이르되 두려워하지 말라 하나님이 임하심은 너희를 시험하고 너희로 경외하여 범죄 하지 않게 하려 하심이니라"(18-20절).
이 말씀을 수시로 꺼내어 읊조리면서 일상 안에서 기도하며 생활한다.

주요내용 설명

첫 부분(출 20 : 1-17)에서는 십계명이 제시된다. 십계명이라는 말을 쓰지 않고 이 모든 말씀이라고 명한다. 십계명이라는 계명의 근거는 바로 출애굽을 통해 보여 준 하나님의 구원이다(출 20 : 2). 구원받은 자들에게 십계명이라는 윤리적인 계명이 주어진다. 십계명은 크게 둘로 나뉘는데 하나님을 향한 네 계명과 사람을 향한 여섯 계명이다. 하나님과 사람을 연결하는 계명은 바로 부모에 대한 계명이다. 십계명 이후에 18절은 19 : 25로 연결되어 이미 전해 내려오던 십계명이 후대에 이곳에 삽입된 것으로 보인다. 20 : 18~21은 하나님의 현현 앞에 서 있는 이스라엘 백성들의 반응을 보여 준다. 십계명을 받기 전의 장면(19 : 16-19)이 18절과 유사하다. 십계명을 선포하신 후에 이스라엘 백성들은 다시 하나님 앞에서 "우레와 번개와 나팔 소리와 산의 연기"를 보고 떤다. 십계명을 받은 이후에 백성들은 중보자를 요청한다 : "당신이 우리에게 말씀하소서, 하나님이 말씀하시지 말게 하소서. 우리가 죽을까 하노라." 이스라엘 백성들의 요청에 따라 이제 모세는 중보자직을 수행한다. 먼저 모세는 백성들에게 "두려워하지 말라"라고 말한다. 죽음을 두려워하는 백성들을 향하여 모세는 신현현의 목적이 하나는 이스라엘 백성을 시험하는 것이며, 다른 하나는 이스라엘 백성들이 여호와를 경외하여 죄를 범하지 않게 하는 것이라고 말한다. 모세는 이제 중보자직을 수행한다. 십계명은 하나님이 직접 백성들에게 주셨다면, 이제부터 언약법전은 모세를 통하여 부여된다. 이후에 주어지는 언약법전(21 : 1-23 : 19)은 하나님이 모세를 통하여 주신 계시이다. 20 : 22~26은 언약을 지키는 데 필요한 바른 예배 지침이다.

24. 언약법전 1
(21 : 1-17)

기도에 임하기

1. 몸과 마음을 가다듬고 하나님의 임재를 기억하며 기도를 준비한다.
2. 찬송을 부른다(503장).

말씀읽기

출애굽기 21 : 1~17

1절   네가 백성 앞에 세울 법규는 이러하니라
2절   네가 히브리 종을 사면 그는 여섯 해 동안 섬길 것이요 일곱째 해에는 몸값을 물지 않고 나가 자유인이 될 것이며
3절   만일 그가 단신으로 왔으면 단신으로 나갈 것이요 장가 들었으면 그의 아내도 그와 함께 나가려니와
4절   만일 상전이 그에게 아내를 주어 그의 아내가 아들이나 딸을 낳았으면 그의 아내와 그의 자식들은 상전에게 속할 것이요 그는 단신으로 나갈 것이로되
5절   만일 종이 분명히 말하기를 내가 상전과 내 처자를 사랑하니 나가서 자유인이 되지 않겠노라 하면
6절   상전이 그를 데리고 재판장에게로 갈 것이요 또 그를 문이나 문설주 앞으로 데리고 가서 그것에다가 송곳으로 그의 귀를 뚫을 것이라 그는 종신토록 그 상전을 섬기리라

7절 사람이 자기의 딸을 여종으로 팔았으면 그는 남종 같이 나오지 못할지며
8절 만일 상전이 그를 기뻐하지 아니하여 상관하지 아니하면 그를 속량하게 할 것이나 상전이 그 여자를 속인 것이 되었으니 외국인에게는 팔지 못할 것이요
9절 만일 그를 자기 아들에게 주기로 하였으면 그를 딸 같이 대우할 것이요
10절 만일 상전이 다른 여자에게 장가 들지라도 그 여자의 음식과 의복과 동침하는 것은 끊지 말 것이요
11절 그가 이 세 가지를 시행하지 아니하면, 여자는 속전을 내지 않고 거저 나가게 할 것이니라
12절 사람을 쳐죽인 자는 반드시 죽일 것이나
13절 만일 사람이 고의적으로 한 것이 아니라 나 하나님이 사람을 그의 손에 넘긴 것이면 내가 그를 위하여 한 곳을 정하리니 그 사람이 그리로 도망할 것이며
14절 사람이 그의 이웃을 고의로 죽였으면 너는 그를 내 제단에서라도 잡아내려 죽일지니라
15절 자기 아버지나 어머니를 치는 자는 반드시 죽일지니라
16절 사람을 납치한 자가 그 사람을 팔았든지 자기 수하에 두었든지 그를 반드시 죽일지니라
17절 자기의 아버지나 어머니를 저주하는 자는 반드시 죽일지니라

배경설명

21:1~23:19는 언약법전이라고 불리는데 서두에 "네가 백성 앞에서 세울 법규"(출 21:1)라고 명명하면서 하나님이 친히 쓰신 십계명과는 달리 모세의 권위 아래 주어진 법임을 보여 준다. 언약법전은 십계명과는 달리 특정한 경우에 어떻게 해야 하는 지를 다루는 판례법으로서, 매우 다양한 상황(노예제, 도적질, 간음 등)을 다루며, 상당히 가혹한 판결을 부과하는 경향이 있다. 이 법은 고대 근동의 법과 유사하지만 이스라엘 고유의 강조점을 보여 준다. 처음 등장하는 법은 히브리 노예법에서 사용된 "히브리"(출 21:1)라는 단어는 민족적 구성원이라기보다는 법적이고 사회적인 위치를 가리키고 있는 것으로 보인다. 즉, 완전한 권리를 지니지 못하고 종속적인 봉사를 하는 사회 밑바닥의 천민들을 가리키는 말이다. 고대 근동에는 사람이 노예로 팔리는 경우가 있었다. 환경이 열악해서 농부들이 빚을 지고, 빚지는 것이 반복 되면, 땅과 재산까지 넘겨주고, 급기야는 가족들과 자신의 몸까지 팔게 될 때가 있었다. 이렇게 빚으로 인하여 종이 된 사람은 육년이 지나서 탕감할 기회를 주었고, 돌아갈 땅이 없는 사람은 그대로 종으로 남는 것을 선호하기도

하였다. 종이 주인의 집에 남기로 결심하면 문설주에 대고 귀를 뚫음으로 종신토록 상전의 종임을 상징하였다. 이스라엘의 노예법은 고대근동의 노예법보다는 인도적이다. 영원한 종이 되려면 종의 승낙이 있어야 했고, 도망친 종은 주인에게 돌아가지 않아도 되었다. 출애굽기의 노예법은 신명기의 노예법(신 15 : 12-18)과 강조점이 약간 다르다. 출애굽기의 노예법은 상전과 노예를 함께 공정하게 다루는 시민법인 반면에, 신명기의 노예법은 약자를 옹호하는 약자 보호법이다. 신명기에서는 특히 노예가 육년 만에 풀려 나갈 때 대우를 잘 해주기를 요청한다 : "그를 놓아 자유하게 할 때에는 빈 손으로 가게 하지 말고 네 양 무리 중에서와 타작마당에서와 포도주 틀에서 그에게 후히 줄지니 곧 네 하나님 여호와께서 네게 복을 주신 대로 그에게 줄지니라"(신 15 : 13-14).

우발적인 살인을 한 중에 무고한 사람들이 도망갈 수 있는 "한 곳"을 정해주었다. 물론 고의가 판명되면 제단에서라도 잡아내어 죽임을 당하지만, 고의가 아닐 경우 그곳에서 숨어 있는 한 생명을 보존할 수 있다. 이는 후에 살인자를 위한 도피성 제도로 발전된다(민 35 : 6-34). 도피성 밖에서 성소의 제단을 잡으면 맹목적인 피의 복수는 면할 수 있지만, 적법한 재판을 피할 수 없다(왕상 1 : 51, 2 : 28).

기도

성령의 임재를 위한 기도

하나님께서 우리에게 주신 부모님과 우리의 이웃을 우리의 몸처럼 사랑하게 하소서.

본문말씀 읽기와 묵상하기

본문말씀을 천천히 한 번 읽은 후에 다시 본문을 찬찬히 들여다보면서 전체적인 내용과 상황을 파악한다.

20장은 하나님 백성의 삶의 근간인 십계명과 계약법전의 종교적 율례가 나타난다. 그러나 21장은 그들의 실생활의 문제들, 특히 제 5계명과 제 6계명의 적용에 대한 구체적인 것이 율례 화 되는데, 모든 규례의 근본정신은 공의와 사랑이다. 구체적으로 우선 노예제도의 규정들이 제시된다. 이스라엘의 동족인 히브리 종을 사게 되는 경우는 대개 빚을 갚지 못했을 때(레 25 : 39)와 도적질한 것을 배상할 능력이 없을 때(출 22 : 3)라고 한다. 이런 경우의 종은 고용된 노동자로서의 대우를 받아 여섯 해 동안 주인을 섬기고, 일곱째 해에는 몸값을 묻지 않고 주인의 집을 나가 자유인이 될 수 있다.

주인이 종을 해방시키는 규례가 세 가지로 나타난다. 첫째, 결혼하지 않고, 단신으로 종이 되었을 경우, 제 칠년에 단신으로 해방된다. 둘째, 종이 되기 전에 결혼하였을 경우, 제 칠년에 그의 아내도 그와 함께 해방된다. 셋째, 단신으로 종이 되었으나 그의 주인이 그에게 아내를 주었을 경우, 그의 아내가 자녀를 낳았으면, 그녀와 그들은 상전에게 속하기 때문에 그는 단신으로 나가게 된다. 종이 그의 주인으로부터 받은 아내와 그녀를 통해 낳은 자식들을 사랑하므로 제 칠년에 종으로부터 자유 얻는 것을 포기 할 경우, 그는 그 주인의 종으로 계속 남아 있을 수 있다. 이러한 경우, 상전은 그 종을 데리고 재판장에게로 가서 그 종의 귀를 뚫도록 되었는데, 이는 고대 근동의 관습으로서 주인에게 완전한 예속과 순종을 나타내는 의식이다. 이런 의미에서 '귀를 뚫는다는 것'은 '자유의 상실'을 상징한다. 이와 같이하여 귀가 뚫린 종은 종신토록 그의 상전을 섬기게 된다.

1. 본문에 나오는 말씀의 핵심적인 내용을 마음으로 깨달아 알려고 묵상을 한다.

   실생활의 문제들, 특히 제 5계명과 제 6계명의 적용에 대한 구체적 규례가 하나님으로부터 제시되는데, 이 모든 규례의 근본정신은?

   히브리 종을 산 경우의 규례는?

   사람이 자기의 딸을 여종으로 팔았을 때의 규례는? 상전이 그녀를 기뻐하지 않을 경우의 규례는? 상전이 다른 여자에게 장가들지라도 그녀에게 시행해야 되는 의무 세 가지는? 상전이 이 의무들을 시행하지 않을 때의 규례는?

   사람을 쳐 죽인 자에 대한 규례는?

   만일 사람이 고의적으로 사람을 죽인 것이 아닐 경우의 규례는?

   자기 아버지나 어머니를 치는 자에 대한 규례는?

   사람을 납치한 자에 대한 규례는?

   자기 아버지나 어머니를 저주하는 자에 대한 규례는?

2. 다시 한 번 성경본문을 천천히 읽는다. 읽는 동안에 어떤 말씀이 내 마음에 부딪혀 오는지를 살핀다.

   예를 들어, "사람을 쳐 죽인 자는 반드시 죽일 것이나 만일 사람이 고의적으로 한 것이 아니라 나 하나님이 사람을 그의 손에 넘긴 것이면 내가 그를 위하여 한 곳을 정하리니 그 사람이 그리로 도망할 것이며 사람이 그의 이웃을 고의로 죽였으면 너는 그를 내 제단에서라도 잡아내려 죽일지니라"(12-14절)라는 말씀이 마음에 다가왔다.

3. 내 마음에 부딪혀 온 말씀이 묵상 가운데 구체적으로 내게 어떤 말씀을 주시는지 또는 내 마음 안에서 어떻게 역사하는지를 살핀다. 그리고 이 말씀에 대해 내가 어떻게 응답하는지를 살펴본다.

당시 사회에서 가난이나 빚으로 아버지가 자식을 파는 경우가 있었는데, 이로 인하여 주인이 여종을 첩으로 취하였다고 한다(신 15 : 12). 이러한 여종은 주인으로부터 그 지위를 보장받을 수 있으므로 제 7년째 되는 해에 남종처럼 해방될 수 없다. 그러나 만일 그 주인이 그 여종이 마음에 들지 않아 첩으로 대우하지 않을 경우, 즉 첩으로서 정당한 대우를 받지 못할 경우, 그녀는 속전을 지불하고 자유의 몸이 될 수 있다. 그러나 이스라엘인 여성노예는 외국인에게 팔지 못하도록 규정되어 있는데, 그 이유는 그녀가 죽기 전까지는 절대로 종으로부터 속전될 수 없기 때문이다. 첩으로 삼기 위하여 산 여종이지만, 그녀를 자기 아들에게 주기를 원할 경우, 그녀를 산 주인은 그녀를 며느리로서 그리고 가족의 일원으로서 대우하는 것이 하나님의 율례이다. 또한 상전이 새로운 여종을 택하여 장가든다 할지라도 그는 이전의 첩으로 취했던 여종에 대한 의무 세 가지를 수행해야 한다. 첫째, 그는 이전의 첩에게 주었던 수준의 음식을 계속 제공해야 될 의무가 있다. 둘째, 그는 그녀에게 전과 같은 수준의 의복을 제공해야 될 의무가 있다. 셋째, 부부의 의무도 있다. 만약, 상전이 이 세 가지 의무를 수행하지 않을 경우, 그녀의 아버지가 그녀를 팔았을 때 받았던 돈을 되돌려 주지 않고도 그녀는 자유인의 몸으로 되돌아 갈 수 있다. 하나님께서는 당시 이스라엘 백성들의 종에 대한 율례를 이와 같이 주시어 부당한 대우를 받지 않도록 하신다. 여기서 우리는 돈을 주고 일을 시키는 사람에게 혹시라도 부당한 대우를 하지 않는지 살피게 된다.

사람을 살해한 자는 반드시 죽일 것이나, 그가 고의적으로 살해한 것이 아닐 경우는 예외가 있다. 즉 고의적 살인이 아니라 과실 치사나 정당방위의 경우, 보복차원의 죽음을 면하도록 되어 있다. 예를 들면, 하나님 여호와께서 국가적 생명이나 혹은 개인적 생명을 그의 손에 넘긴 것이면, 하나님께서 한 곳을 정하여 그 사람이 그곳에 도피하도록 하셨다. 당시 고대 근동에서 복수로 인한 억울한 죽음을 방지하기 위해 마련된 것인데, 처음에는 하나님의 재단이 있는 성소가 유일한 도피처였다고 한다(출 21 : 14). 훗날 보다 효율적이고 공식적인 도피성 제도로 발달 되었다고 한다(민 35 : 5-15; 신 4 : 41-49; 수 20 : 1-9).

'자기 아버지나 어머니를 치는 자는 반드시 죽일지니라'는 말씀은 십계명에서 사람과 관련된 첫 계명이다. 즉 '네 부모를 공경하라 그리하면 네 하나님 여호와가 네게 준 땅에서 네 생명이 길리라'(출 20 : 12)는 계명인데, 이는 효의 중요성을 강조하는 계명이다. 이와 같은 효의 중요성의 근간을 두 가지로 볼 수 있다. 하나는 부모는 자식들에게 생명을 주신 분이며, 혼혈을 기울여 그들을 키워주었다는 데 있고, 다른 하나는 부모는 하나님으로부터 부여 받은 권위를 가지고 가정을 이끌도록 책임을 맡았다는 데 있다. 그렇기 때문에 자기 아버지나 어머니를 치는 자는 반드시 죽이도록 규정되어 있다. 오늘날처럼 부모학대가 빈번한 때에 이 규례가 우리에게 크게 다가온다.

사람을 몰래 도적질한 자, 즉 사람을 유괴하는 행위를 하는 자는 그 사람을 팔았든지, 혹은 자기 수하에 두었든지 간에 반드시 그를 죽이라고 하나님께서 말씀하신다. 이는 사람의 생명을 도적질한 자는 그 자신의 생명으로 배상해야 된다는 규례이다. 고대 세계에서 노예의 매매행위는 일반적인 현상이었다고 한다. 그러나 성경에서는 노예매매는 빚이나 도적질의 배상 같은 경우에만 인정할 뿐 인신매매를 엄격히 금하도록 규정되어 있다. 그래서 그가 유괴한 사람을 팔았을 경우나 혹은 강제로 감금하거나 무력으로 그 사람을 통제하는 경우, 그를 반드시 죽이라고 규정한다. 아버지나 어머니를 저주하는 자는 부모를 가볍게 여기거나 부모를 무시하는 사람을 의미한다. 이처럼 부모를 저주하는 행위는 부모를 중요하게 여기며 또한 부모에게 영광을 돌리라는 계명, 즉 부모를 공경하라는 계명과 반대되는 행위이다. 이런 의미에서 부모를 저주하는 사람은 부모의 권위를 무시하고, 부모의 은혜를 저버리는 행위를 하는 사람이다. 이러한 행위는 부모를 허락해 주신 하나님을 무시하는 행위와 다름없으므로 하나님께서는 우리에게 '자기의 아버지나 어머니를 저주하는 자는 반드시 죽일지니'라는 규례를 주신 것이다.

응답기도 및 임재 안에 머물기

각자 깨달은 말씀이나 마음에 부딪혀 오는 은혜에 따라 응답하는 기도를 충분히 드린다. 충분하게 하나님과 대화를 나누는 기도를 드린 이후에 하나님의 선하심과 인자하심을 맛보며 그분의 임재 안에 얼마 동안 머무른다. 하나님의 임재 안에 머무른 후에 기도 안내문에 나와 있는 기도로 마무리한다.

"하나님, 고의적으로든 무의식적으로든 다른 사람을 말과 행동으로 상하게 하였던 모든 것을 용서하여 주옵소서. 세상의 사랑 없어 방황하며 헤매는 모든 사람들을 하나님의 사랑으로 품고 돌봐 줄 수 있는 사람이 되게 하소서."

반추 및 성찰

가능하면 기도했던 장소에서 자리를 옮긴다. 그리고 기도 시간에 경험한 내용을 돌아보면서 노트에 간단히 적는다. 이때 기도 안에서 하나님과 내 자신에 대한 전체적인 느낌을 적고, 또 영적으로 위로를 받았던 경험과 영적으로 메말랐던 경험을 적는다.

_____
_____
_____

삶으로 나아가기

마음에 와 닿는 한 구절의 말씀을 선택하여 쪽지에 기록한다.
예를 들면 "사람을 쳐 죽인 자는 반드시 죽일 것이나 만일 사람이 고의적으로 한 것이 아니라 나 하나님이 사람을 그의 손에 넘긴 것이면 내가 그를 위하여 한 곳을 정하리니 그 사람이 그리로 도망할 것이며 사람이 그의 이웃을 고의로 죽였으면 너는 그를 내 제단에서라도 잡아내려 죽일지니라"(12-14절).
이 말씀을 수시로 꺼내어 읊조리면서 일상 안에서 기도하며 생활한다.

주요내용 설명

첫째 부분(출 21 : 1-11)은 히브리 노예법을 다루고 있다. 이 법은 신명기의 노예법(신 15 : 12-18)과 유사하다. 히브리 종은 주인을 육년간 섬기다가 칠년 째 되면 해방될 수 있다. 들어올 때와 같이 단신의 경우에는 단신으로, 결혼하고 들어왔으면 아내와 함께 나갈 수 있다. 그러나 들어와서 아내를 얻거나 자식을 얻었으면 아내와 자식들은 상전의 것으로 데리고 나갈 수 없다. 그가 주인의 집에 계속 머물기를 원한다면 송곳으로 귀를 뚫고 종신토록 주인을 섬길 수 있다. 8절에서 "그(녀)를 속량하게 할 것이요"라는 말은 값을 치러서 풀려날 수 있다는 것을 보여 준다. 여종의 경우는 남종과는 달리 7년째가 되어도 자유를 얻지 못하는데, 단지 여자를 비하해서가 아니라 노동력보다도 아마도 작은 부인의 역할을 위해 팔려갔기 때문인 것으로 보인다(7절). 그래서 그 몸값을 부모나 친척이 치르지 않으면 자유의 몸이 되지 않았다. 여종의 인권과 권리를 위해 세 가지 지켜야 할 법이 있다. 주인이 첩으로 데리고 살다가 싫어지면 몸값을 내고 본집으로 돌아갈 수 있다(8절). 여종을 며느리로 삼을 경우 딸과 같이 대우해야 한다(9절). 여종이 아닌 여인을 아내로 삼는다면 주인은 여종에게 의복, 음식을 제공하고 동거의 의무를 다해야 한다. 두번째 부분(출 21 : 12-17)은 사형에 처할 범죄들을 나열한다 : 사람을 고의로 쳐 죽인 자, 부모를 치는 자, 사람을 납치한 자, 부모를 저주하는 자 등이다. 사형은 공동체의 복지와 안전에 위협이 되는 경우에 요구된다. 비록 살인에 대하여 엄한 대가를 치러야 하지만 고의적인 살인과 그렇지 않은 살인을 구분한다는 면에서 인권을 존중하는 법이다. 특별히 무겁게 보는 죄는 부모에 대한 범죄이다. 치거나 저주하는 것 자체는 사형에 해당하는 행위가 아니지만, 부모에 대한 이러한 행위는 사형으로 대가를 치러야 하는 범죄로 여겼다. 16절에서 사람을 납치하는 것은 사람을 살인하는 것과 같은 것으로 여기고 사형에 처한다.

25. 언약법전 2
(21 : 18-36)

기도에 임하기

1. 몸과 마음을 가다듬고 하나님의 임재를 기억하며 기도를 준비한다.
2. 찬송을 부른다(50장).

말씀읽기

출애굽기 21 : 18~36

18절 사람이 서로 싸우다가 하나가 돌이나 주먹으로 그의 상대방을 쳤으나 그가 죽지 않고 자리에 누웠다가

19절 지팡이를 짚고 일어나 걸으면 그를 친 자가 형벌은 면하되 그간의 손해를 배상하고 그가 완치되게 할 것이니라

20절 사람이 매로 그 남종이나 여종을 쳐서 당장에 죽으면 반드시 형벌을 받으려니와

21절 그가 하루나 이틀을 연명하면 형벌을 면하리니 그는 상전의 재산임이라

22절 사람이 서로 싸우다가 임신한 여인을 쳐서 낙태하게 하였으나 다른 해가 없으면 그 남편의 청구대로 반드시 벌금을 내되 재판장의 판결을 따라 낼 것이니라

23절 그러나 다른 해가 있으면 갚되 생명은 생명으로,

24절 눈은 눈으로, 이는 이로, 손은 손으로, 발은 발로,

25절 덴 것은 덴 것으로, 상하게 한 것은 상함으로, 때린 것은 때림으로 갚을지니라

26절 사람이 그 남종의 한 눈이나 여종의 한 눈을 쳐서 상하게 하면 그 눈에 대한 보상으로 그를 놓아 줄 것이며

27절 그 남종의 이나 여종의 이를 쳐서 빠뜨리면 그 이에 대한 보상으로 그를 놓아 줄지니라

28절 소가 남자나 여자를 받아서 죽이면 그 소는 반드시 돌로 쳐서 죽일 것이요 그 고기는 먹지 말 것이며 임자는 형벌을 면하려니와

29절 소가 본래 받는 버릇이 있고 그 임자는 그로 말미암아 경고를 받았으되 단속하지 아니하여 남녀를 막론하고 받아 죽이면 그 소는 돌로 쳐죽일 것이고 임자도 죽일 것이며

30절 만일 그에게 속죄금을 부과하면 무릇 그 명령한 것을 생명의 대가로 낼 것이요

31절 아들을 받든지 딸을 받든지 이 법규대로 그 임자에게 행할 것이며

32절 소가 만일 남종이나 여종을 받으면 소 임자가 은 삼십 세겔을 그의 상전에게 줄 것이요 소는 돌로 쳐서 죽일지니라

33절 사람이 구덩이를 열어두거나 구덩이를 파고 덮지 아니하므로 소나 나귀가 거기에 빠지면

34절 그 구덩이 주인이 잘 보상하여 짐승의 임자에게 돈을 줄 것이요 죽은 것은 그가 차지할 것이니라

35절 이 사람의 소가 저 사람의 소를 받아 죽이면 살아 있는 소를 팔아 그 값을 반으로 나누고 또한 죽은 것도 반으로 나누려니와

36절 그 소가 본래 받는 버릇이 있는 줄을 알고도 그 임자가 단속하지 아니하였으면 그는 소로 소를 갚을 것이요 죽은 것은 그가 차지할지니라

배경설명

본문은 언약법전(21 : 1-23 : 19)의 일부이다. 이스라엘의 법은 고대근동의 법들과 비교된다. 함무라비 법전에는 자기 종을 죽인 종에 대한 처벌이 없고, 주인의 부당한 대우에 대하여 종을 보호하는 법을 찾아볼 수 없다. 종은 철저히 주인의 재산이기 때문이다. 23~25절에서 눈은 눈으로, 이는 이로 갚는 방법을 동태복수법(lex talionis)이라고 한다(레 24 : 20; 신 19 : 21). 동태복수법은 당한 만큼만 갚는 법을 말하는데 원시적인 것이 아니라, 법제도의 발전 과정에서 진일보한 것이다. 사적인 보복을 공적인 법 원리로 대체하여 개인의 자의적인 보복을 억제하게 한 것이다(창 4 : 23-24). 피해의 몇 배로 갚으려고 하는 보복의 악순환을 끊고 피해를 입은 만큼만 갚으라는 것이다. 함무라비 법전은 상류계층

이 피해자일 경우에만 동태복수법을 적용하고, 상류계층이 가해자일 경우에는 금전보상을 원칙으로 하는 면에서 이스라엘의 법과는 다르다. 그러나 이스라엘은 힘 있는 자들의 폭력을 금전보상으로 해결할 수 없고 그만한 대가를 치르게 하였다. 이와 같이 동태복수법은 정의와 형평성의 원리를 표현한 것이다. 이 법은 시대가 지나면서 원래의 의미가 옅어져 원수에게 당한 만큼 보복하는 것을 당연하게 여기는 법이 되었다. 이 복수조차 포기하고 원수에게 선대하라는 예수님의 가르침이 산상수훈에 나타난다 : "또 네 이웃을 사랑하고 네 원수를 미워하라 하였다는 것을 너희가 들었으나 나는 너희에게 이르노니 너희 원수를 사랑하며 너희를 박해하는 자를 위하여 기도하라"(마 5 : 43-44).

기도

성령의 임재를 위한 기도

하나님께서 우리에게 주신 모든 것을 다른 이들에게 아낌없이 주는 즐거움을 누리게 하소서.

본문말씀 읽기와 묵상하기

본문말씀을 천천히 한 번 읽은 후에 다시 본문을 찬찬히 들여다보면서 전체적인 내용과 상황을 파악한다.

21 : 1~23 : 19은 언약법전이라고 불리는데 서두에 "네가 백성 앞에서 세울 법규"(출 21 : 1)라고 명명하면서 하나님이 친히 쓰신 십계명과는 달리 모세의 권위 아래 주어진 법임을 보여 준다. 언약법전은 십계명과는 달리 특정한 경우에 어떻게 해야 하는 지를 다루는 판례법으로서, 매우 다양한 상황을 다루며, 상당히 가혹한 판결을 부과하는 경향이 있다. 이 법은 고대 근동의 법과 유사하지만 이스라엘 고유의 강조점을 보여 준다.

1. 본문에 나오는 말씀의 핵심적인 내용을 마음으로 깨달아 알려고 묵상을 한다.
사람이 서로 싸우다가 하나가 돌이나 주먹으로 그의 상대방을 쳤으나 그가 죽지 않을 경우의 배상은?
사람이 매로 그 남종이나 여종을 쳐서 당장에 그 종이 바로 죽을 경우의 형벌은? 그 종이 하루 이틀 연명하였을 경우는?

사람이 서로 싸우다가 임신한 여인을 쳐서 낙태하게 하였을 경우, 그녀에게 다른 해가 없다면?
　　그러나 그녀에게 해가 있다면?
　　사람이 그 남종의 한 눈이나 여종의 한 눈을 쳐서 상하게 하면?
　　그 남종의 이나 여종의 이를 쳐서 빠뜨리면?
　　소가 남자나 여자를 받아서 죽이면?
　　소가 본래 받는 버릇이 있고 그 임자는 그로 말미암아 경고를 받았으되 단속하지 아니하였다면?
　　소가 만일 남종이나 여종을 받으면?
　　사람이 구덩이를 열어두거나 구덩이를 파고 덮지 아니하므로 소나 나귀가 거기에 빠지면?
　　이 사람의 소가 저 사람의 소를 받아 죽이면? 그 소가 본래 받는 버릇이 있는 줄을 알고도 그 임자가 단속하지 아니하였으면?

2. 다시 한 번 성경본문을 천천히 읽는다. 읽는 동안에 어떤 말씀이 내 마음에 부딪혀 오는지를 살핀다.
　　예를 들어, "사람이 서로 싸우다가 임신한 여인을 쳐서 낙태하게 하였으나 다른 해가 없으면 그 남편의 청구대로 반드시 벌금을 내되 재판장의 판결을 따라 낼 것이니라 그러나 다른 해가 있으면 갚되 생명은 생명으로, 눈은 눈으로, 이는 이로, 손은 손으로, 발은 발로, 덴 것은 덴 것으로, 상하게 한 것은 상함으로, 때린 것은 때림으로 갚을지니라"(22–25절)라는 말씀이 마음에 다가왔다.

3. 내 마음에 부딪혀 온 말씀이 묵상 가운데 구체적으로 내게 어떤 말씀을 주시는지 또는 내 마음 안에서 어떻게 역사하는지를 살핀다. 그리고 이 말씀에 대해 내가 어떻게 응답하는지를 살펴본다.
　　다툼에 관한 규례는 사람이 서로 다투거나 논쟁하다가 하나가 돌이나 주먹으로 상대방을 쳤을 경우와 관련되는 규례이다. 쇠 도구로 사람을 쳤을 경우는 계획적인 살인행위로 보지만, 여기서 돌이나 주먹으로 사람을 쳤을 경우는 우발적으로 사람을 해치는 것으로 본다. 돌과 주먹으로 사람을 쳤으나 그가 죽지 않고 자리에 누웠다가 지팡이를 짚고 일어나 걸으면, 그를 친 자가 형벌을 면하게 된다. 그렇지만 부상으로 인하여 그가 일을 할 수 없을 때, 그에게 그간의 손해를 배상하고, 그를 완치하도록 해야 한다.
　　고대 근동 지역의 법전에서 종은 단순히 주인의 소유물로서 주인의 의하여 팔고 죽이는 등 마음대로 할 수 있었다. 그런데, 여호와 하나님이 주신 규례에 따르면, 주인이 매로 그 남종이나 여종을 쳐서 당장에 죽으면 반드시 형벌을 받으려니와 그가 하루나 이틀을 연명하면 형벌을 면한다. 왜냐하면 그 종은 상전의 재산이기 때문이다. 즉 이는 종의 죽음이 주인의 의도적인 계획일 경우, 그 상전은 반드시 형벌을 받지만, 그렇지 않고, 단순 과실일 경우, 그 상전의 재산인 종의 죽음으로 인하여 그는 형벌을 받지 않게 된다. 이러한 하나님의 규례에서 우리는 종의 인권의 보호와 더불어 주인의 재산권이 인정되고 있음을 알 수 있다.

다툼하다가 임신한 여인을 쳐서 낙태하게 하였을 경우 그녀가 다른 해가 없이 조산하였을 경우 그 남편의 청구대로 가해자는 반드시 벌금을 낸다. 그러나 그 벌금이 과다하다고 생각 되면, 가해자가 재판장에게 호소하여 보상액을 조절할 수 있다. 이로 보아 하나님의 규례는 어느 한 편만의 권익을 고려하는 것이 아니라 쌍방 모두의 기본 권리를 보호하는 데 그 역점을 두고 있다. 임신한 여인이 그녀의 남편과 다른 사람과의 다툼에 끼어들었다가 그녀뿐만 아니라 태아 모두에게 해를 입었을 경우에 관한 하나님의 규례는 동해보복법과 상통한다. 즉 생명은 생명으로, 눈은 눈으로, 이는 이로, 손은 손으로, 발은 발로, 덴 것은 덴 것으로, 상하게 한 것은 상함으로, 때린 것은 때림으로 갚으라는 것이다(신 19 : 21). 당시 히브리인들은 장차 메시야가 자기 가족 가운데서 나오기를 모두 희망하고 있었기 때문에 산모나 아이에 대한 피해는 그들의 희망을 없애는 중대한 범죄로 간주해 엄벌에 처했다고 한다.

상전과 종 사이에 대한 하나님의 규례는 상전이 그 남종 혹은 여종의 한 눈을 쳐서 상하게 하면, 그 눈에 대한 보상으로 그 종을 놓아주도록 되어 있다. 또는 상전이 그 남종 혹은 여종의 이를 쳐서 빠뜨리면, 그 이에 대한 보상으로 그를 놓아주도록 되어 있다. 당시 종은 상전의 소유물과 재산으로 간주되었으므로 일반 자유인과 다른 법이 적용되고 있으나, 이 규례는 한 인격체로서의 종의 기본적인 권리마저 외면하고 있는 것은 아니다. 이런 의미에서 이 규례는 상전의 무분별한 폭력으로부터 종의 신체적 권리를 보장해 주는 규례라고 볼 수 있다.

소가 사람을 받아 죽게 할 경우, 그 소를 돌로 쳐 죽인다. 돌로 맞아 죽은 소는 저주받은 동물로 간주되어 그 고기를 먹지 않았다(레 24 : 16; 민 15 : 35;신 21 : 21). 단순한 사고로 그 소가 사람을 죽였을 경우, 그 소의 주인은 형벌을 면하지만 그 소가 본래 받는 버릇이 있을 뿐만 아니라 그 버릇으로 인하여 그 주인이 경고를 받았음에도 불구하고 단속하지 아니하였을 경우, 그 주인 역시 죽음의 형벌을 받게 된다. 소의 주인은 소가 받아 죽인 생명의 대가로 속죄금을 지불하였는데, 이는 최저 3세겔에서 최고 50세겔까지이다. 이러한 속전제도는 나이와 성별에 따라 세분되었다. 이제까지 생명과 관련된 규례가 다뤄졌다. 33~36절은 재산권과 관련되는 규례가 다뤄진다. 물이 귀한 팔레스타인 지방에서 우물 구덩이를 덮지 않아 소나 나귀가 빠져 죽게 되면, 그 구덩이 주인이 그 짐승의 주인에게 보상하여야 되지만 죽은 것은 구덩이 주인의 몫이 된다. 또한 이 사람의 소가 저 사람의 소를 받아 죽이면, 살아 있는 소를 팔아 그 값을 반으로 나누고, 죽은 것도 서로 반으로 나누어 갖는다. 여기서 우리는 재산권에 대한 하나님의 규례가 양측 사람에게 공평하게 적용되고 있음을 볼 수 있다. 동시에 재산권에 대한 하나님의 규례를 통하여 부주의로 다른 사람의 재산에 피해를 입혔을 경우, 이에 대한 책임을 성실히 져야 한다는 것을 알 수 있다.

응답기도 및 임재 안에 머물기

각자 깨달은 말씀이나 마음에 부딪혀 오는 은혜에 따라 응답하는 기도를 충분히 드린다. 충분하게 하나님과 대화를 나누는 기도를 드린 이후에 하나님의 선하심과 인자하심을 맛보며 그분의 임재 안에 얼마 동안 머무른다. 하나님의 임재 안에 머무른 후에 기도 안내문에 나와 있는 기도로 마무리한다.

"다툼과 상해로 얼룩진 세상 속에서 악을 악으로 갚으려는 유혹에 빠지지 않도록 도와주시는 하나님의 은혜를 간절히 사모합니다. 우리의 재판장이신 주님께 모든 판단을 맡겨드리는 믿음을 주옵소서. 더 나아가 악을 선으로 이길 수 있는 능력인 하나님의 사랑을 우리에게 물 붓듯이 늘 부어 주소서."

반추 및 성찰

가능하면 기도했던 장소에서 자리를 옮긴다. 그리고 기도 시간에 경험한 내용을 돌아보면서 노트에 간단히 적는다. 이때 기도 안에서 하나님과 내 자신에 대한 전체적인 느낌을 적고, 또 영적으로 위로를 받았던 경험과 영적으로 메말랐던 경험을 적는다.

_____
_____
_____
_____

삶으로 나아가기

마음에 와 닿는 한 구절의 말씀을 선택하여 쪽지에 기록한다.
예를 들면 "사람이 서로 싸우다가 임신한 여인을 쳐서 낙태하게 하였으나 다른 해가 없으면 그 남편의 청구대로 반드시 벌금을 내되 재판장의 판결을 따라 낼 것이니라 그러나 다른 해가 있으면 갚되 생명은 생명으로, 눈은 눈으로, 이는 이로, 손은 손으로, 발은 발로, 덴 것은 덴 것으로, 상하게 한 것은 상함으로, 때린 것은 때림으로 갚을지니라"(22-25절).
이 말씀을 수시로 꺼내어 읊조리면서 일상 안에서 기도하며 생활한다.

주요내용 설명

첫째 부분(출 21 : 18-27)은 신체 상해 관련 규정이다. 우발적으로 상해를 입힐 경우, 낙태, 그리고 동태 복수법이 있다. 첫째 상해 규정은 우발적으로 상대방에게 상해를 입힌 경우이다. 상해를 입은 쪽은 의료비를 보상받을 수 있다. 특히 회복의 판단은 지팡이를 잡고 일어서는 경우를 기준으로 한다. 인간은 기본적인 생명권이 있기 때문에 사람을 죽일 경우 처벌을 받지 않고 넘어갈 수 없다. 상해를 입고 당장에 죽을 경우 형벌을 받는 이유는 아마도 죽인 자에 대한 극도의 학대를 막기 위함일 것이다. 그러나 종이 상전에게 매를 맞고 회복되면 벌을 받을 필요가 없다. 종은 상전의 재산이기 때문에 상전이 적절하게 징계할 권리는 인정해 준다. 임신한 여인을 낙태하게 만들었을 경우에, 남편의 청구에 따라 재판장이 결정한 대로 벌금을 내야 한다. 아마도 벌금의 목적은 태아의 죽음보다도 어머니의 상해에 대한 보상일 것이다. 동태복수법은 '눈에는 눈, 이에는 이'의 원리로 보복하는 것인데, 원래 이 법은 가해자에게 그가 가한 손상을 넘지 않는 범위 내에서 보복하게 함으로 보복을 최소화하는 데 목표가 있다. 마지막(출 21 : 26-36)에는 종이나 짐승의 상해에 대하여 서술한다. 주인이 종을 상하게 하였다면(눈이나 이), 그 보상으로 종을 자유하게 하여야 한다. 짐승으로 인하여 사람이 죽는다면 상황에 따라 그 짐승의 주인이 보상해야 한다. 소가 본래 위험한 짐승이었는데 주인이 단단한 주의를 하지 않았다면 소와 주인이 모두 죽임을 당해야 한다. 귀한 짐승이 해를 당하거나 죽임을 당할 경우 책임이 있는 주인은 똑같은 것으로 보상해야 한다. 주인이 위험을 예기하지 못하고 손해에 대하여 전적인 책임이 없다면 법적인 관용이 허락된다(성경배경 주석, 126).

26. 언약법전 3
(22 : 1-17)

기도에 임하기

1. 몸과 마음을 가다듬고 하나님의 임재를 기억하며 기도를 준비한다.
2. 찬송을 부른다(218장).

말씀읽기

출애굽기 22 : 1~17

1절 사람이 소나 양을 도둑질하여 잡거나 팔면 그는 소 한 마리에 소 다섯 마리로 갚고 양 한 마리에 양 네 마리로 갚을지니라
2절 도둑이 뚫고 들어오는 것을 보고 그를 쳐죽이면 피 흘린 죄가 없으나
3절 해 돋은 후에는 피 흘린 죄가 있으리라 도둑은 반드시 배상할 것이나 배상할 것이 없으면 그 몸을 팔아 그 도둑질한 것을 배상할 것이요
4절 도둑질한 것이 살아 그의 손에 있으면 소나 나귀나 양을 막론하고 갑절을 배상할지니라
5절 사람이 밭에서나 포도원에서 짐승을 먹이다가 자기의 짐승을 놓아 남의 밭에서 먹게 하면 자기 밭의 가장 좋은 것과 자기 포도원의 가장 좋은 것으로 배상할지니라
6절 불이 나서 가시나무에 댕겨 낟가리나 거두지 못한 곡식이나 밭을 태우면 불 놓은 자가 반드시 배상할지니라

7절 사람이 돈이나 물품을 이웃에게 맡겨 지키게 하였다가 그 이웃 집에서 도둑을 맞았는데 그 도둑이 잡히면 갑절을 배상할 것이요

8절 도둑이 잡히지 아니하면 그 집 주인이 재판장 앞에 가서 자기가 그 이웃의 물품에 손 댄 여부의 조사를 받을 것이며

9절 어떤 잃은 물건 즉 소나 나귀나 양이나 의복이나 또는 다른 잃은 물건에 대하여 어떤 사람이 이르기를 이것이 그것이라 하면 양편이 재판장 앞에 나아갈 것이요 재판장이 죄 있다고 하는 자가 그 상대편에게 갑절을 배상할지니라

10절 사람이 나귀나 소나 양이나 다른 짐승을 이웃에게 맡겨 지키게 하였다가 죽거나 상하거나 끌려가도 본 사람이 없으면

11절 두 사람 사이에 맡은 자가 이웃의 것에 손을 대지 아니하였다고 여호와께 맹세할 것이요 그 임자는 그대로 믿을 것이며 그 사람은 배상하지 아니하려니와

12절 만일 자기에게서 도둑 맞았으면 그 임자에게 배상할 것이며

13절 만일 찢겼으면 그것을 가져다가 증언할 것이요 그 찢긴 것에 대하여 배상하지 아니할지니라

14절 만일 이웃에게 빌려온 것이 그 임자가 함께 있지 아니할 때에 상하거나 죽으면 반드시 배상하려니와

15절 그 임자가 그것과 함께 있었으면 배상하지 아니할지니라 만일 세 낸 것이면 세로 족하니라

16절 사람이 약혼하지 아니한 처녀를 꾀어 동침하였으면 납폐금을 주고 아내로 삼을 것이요

17절 만일 처녀의 아버지가 딸을 그에게 주기를 거절하면 그는 처녀에게 납폐금으로 돈을 낼지니라

배경설명

이 본문은 언약법전(출 21:1-23:19)의 일부이다. 고대 근동에서 도둑질은 법적 동의 없이 물품이나 부동산을 착복하는 것을 말한다. 도둑질에 대한 처벌은 주인의 신분과 훔친 재산의 가치에 따라 달라진다. 출애굽기 22:3에서는 도둑질한 사람을 종으로 팔아 손실을 보존하도록 한다. 함무라비 법전에서는 성전이나 왕궁에서 도둑질한 사람에게 사형이 부과된다. 희생자가 정부나 성전 관리이면 훔친 물건의 30배, 시민의 물건이면 훔친 물건의 10배를 보상하고, 벌금을 내지 못할 경우 사형에 처한다. 강도의 경우 밤에 들어오면 정당방위로 죽일 수 있지만, 낮에는 위험의 정도를 보고 도움을 청할 수 있다.

8절에서 재판장 앞에 가서라는 말의 원어는 하나님 앞에서이다. 소유권 분쟁이 일어나면 하나님 앞에서 판결하지만, 실제로는 하나님으로부터 권한을 위임받은 재판장이 판결을 한다. 15절 마지막은 번역하기 어려운 본문이다; "그 짐승이 세를 낸 것이면, 그 셋돈을 계산해서 주어야 한다."(출 22 : 15, 표준새번역) 가족들이 결혼을 결정하면 신랑가족이 내는 신부 값과 신부가족이 내는 지참금이 정해졌다. 강간에 관한 처벌은 여인이 처녀인지, 결혼서약을 했는지에 따라 달라진다. 구약에서 약혼하거나 결혼한 여자를 범할 경우 간음으로 간주하여 사형에 처하지만(신 22 : 23-30), 처녀를 범할 경우 처녀의 생애를 책임지도록 한다. 혼전 성관계를 금하는 이유는 신부 값을 떨어뜨려 결혼계약을 체결하는 아버지의 권위를 빼앗고, 남편이 첫 아이가 자신의 아이인줄 확신하지 못하게 한다. 성폭행을 한 남자에게 벌금을 물거나 여자를 책임지게 함으로써 성폭행을 통제하였다.

기도

성령의 임재를 위한 기도

우리를 미워 해치는 사람을 너그럽게 사랑하고 신실한 마음으로 그 사람을 위하여 기도하게 하소서.

본문말씀 읽기와 묵상하기

본문말씀을 천천히 한 번 읽은 후에 다시 본문을 찬찬히 들여다보면서 전체적인 내용과 상황을 파악한다.

22 : 1~17은 소유권 침해에 관한 배상법을 다룬다. 제 8계명과 관련된 절도행위로 인한 손해배상에 관한 규례인데, 1~4절은 절도에 관한 배상, 5~6절은 밭이나 포도원에 관한 배상, 7~15절은 물품에 관한 배상, 16~17절은 처녀의 성폭행에 관련된 배상이다.

1. 본문에 나오는 말씀의 핵심적인 내용을 마음으로 깨달아 알려고 묵상을 한다.
   사람이 소나 양을 도둑질하여 잡거나 팔면?
   도둑이 뚫고 들어오는 것을 보고 그를 쳐 죽이면?
   사람이 밭이나 포도원에서 짐승을 먹이다가 자기의 짐승을 놓아 남의 밭에서 먹게 하면? 불이 나서 가시나무에 댕겨 낟가리나 거두지 못한 곡식이나 밭을 태우면?

사람이 돈이나 물품을 이웃에게 맡겨 지키게 하였다가 그 이웃집에서 도둑을 맞았는데 그 도둑이 잡히면? 도둑이 잡히지 아니하면?

어떤 잃은 물건 즉 소나 나귀나 양이나 의복이나 또는 다른 잃은 물건에 대하여 어떤 사람이 이르기를 이것이 그것이라 하면?

사람이 나귀나 소나 양이나 다른 짐승을 이웃에게 맡겨 지키게 하였다가 죽거나 상하거나 끌려가도 본 사람이 없으면?

만일 이웃에게 빌려온 것이 그 임자가 함께 있지 아니할 때에 상하거나 죽으면?

사람이 약혼하지 아니한 처녀를 꾀어 동침하였으면?

2. 다시 한 번 성경본문을 천천히 읽는다. 읽는 동안에 어떤 말씀이 내 마음에 부딪혀 오는지를 살핀다.

예를 들어, "사람이 약혼하지 아니한 처녀를 꾀어 동침하였으면 납폐금을 주고 아내로 삼을 것이요 만일 처녀의 아버지가 딸을 그에게 주기를 거절하면 그는 처녀에게 납폐금으로 돈을 낼지니라"(16-17절)라는 말씀이 마음에 다가왔다.

3. 내 마음에 부딪혀 온 말씀이 묵상 가운데 구체적으로 내게 어떤 말씀을 주시는지 또는 내 마음 안에서 어떻게 역사하는지를 살핀다. 그리고 이 말씀에 대해 내가 어떻게 응답하는지를 살펴본다.

소 한 마리를 도둑질하면, 소 다섯 마리로 갚고, 양 한 마리를 도둑질하면, 양 네 마리로 갚는다. 당시 근동 지방에서는 소는 가족의 일원처럼 여겼으며, 양에 비해 길들이는 데 보다 오랜 시간이 걸렸다고 한다. 야간에 도둑을 쳐 죽이면 살인죄로 여기지 않으나 주간에는 살인죄가 성립된다. 왜냐하면 주간에는 이웃의 사람들이나 그 외의 다른 방법으로 도둑을 잡거나 내 쫓을 수 있기 때문이다. 도둑은 반드시 배상해야 하며, 배상할 것이 없으면, 그 몸을 팔아 도둑질 한 것을 배상한다. 만약 도둑질한 것이 아직도 도둑질한 사람의 손에 있으면, 소나 나귀나 양을 막론하고 갑절을 배상한다.

짐승을 놓아먹이다가 남의 밭이나 포도원의 것을 먹게 된 경우, 그 짐승의 주인은 자기 밭과 포도원의 가장 좋은 것으로 배상한다. 유목민인 히브리인이 농사를 지을 시 일종의 농사법의 하나가 가시나무 울타리로 된 밭을 태운다. 이때 낟가리나 거두지 못한 곡식과 밭을 태우면 불 놓은 사람 당사자가 반드시 배상한다. 여기서 우리는 이러한 세세한 것의 배상까지 성경에 나타나 있는 것을 볼 수 있다.

사람이 그릇, 가구, 혹은 의류 등의 재물들을 위탁하였다가 도둑을 맞았을 때, 그 위탁물을 훔쳐 간 사람이 잡힐 경우, 그 도둑은 갑절을 배상한다. 그러나 도둑이 잡히지 않을 경우, 그 위탁물을 수탁 받은 사람이 재판장에게 가서 그 이웃의 물품에 손 댄 여부를 조사받는다. 이때 수탁자가 위탁자의 물건을 착복하지 않았음을 여호와의 이름으로 정직하게 맹세하면, 그는 무혐의이다. 그런데 위탁자가 수탁자의 재산 가운데 일부를 자기의 것이라고 주장하게 되면, 두 사람 모두가 재판장에게 가는데, 이때 어느 편이든 죄가 있다고 판결을 받은 사람이 그 상대편에게 갑절을 배상한다. 여기서 우리는 오늘날 모든 법의 근간이 성경에 있다는 것을 알 수 있다.

고대 유목사회는 많은 가축을 스스로 관리할 수 없을 때, 타인에게 가축관리를 위탁하였다(창 47 : 3, 6). 위탁받은 사람이 살아있는 짐승을 관리하다가 죽거나 도난당하는 경우가 자주 일어나는데, 이럴 때 수탁자에게 일방적으로 모든 책임을 물을 수 없도록 규정되어 있다. 예를 들면, 수탁자가 위탁자에게 그의 짐승들에게 손을 대지 않았다고 여호와께 맹세하면 수탁자가 배상을 하지 않는다. 그러나 수탁인의 집에서 도둑맞았음이 확실하면, 수탁인은 관리 소홀이란 책임을 져야 하므로 위탁인에게 배상한다. 그러나 맹수에게 짐승이 물려서 찢겼으면, 그것을 가져다가 증언하고 그 찢긴 것에 대하여 배상하지 않는다.

이웃으로부터 짐승이나 물건을 빌려 올 때, 빌려 준 그것들의 주인과 함께 있지 않을 경우, 그것들이 상하거나 죽으면 반드시 배상한다. 그러나 그것들의 주인이 그것과 함께 있었을 경우는 배상하지 않는다. 또한 그것들의 주인으로부터 세를 내었을 경우, 임대료를 받고 그것들을 내어 주었기 때문에 이미 그 속에 예상되는 손해까지도 포함된 것으로 본다. 그러므로 이런 경우에는 배상하지 않는다. 남자와 동침한 그 처녀가 정혼한 처녀인 경우, 그 처녀와 동침한 그와 그녀는 둘 다 돌로 쳐 죽임을 당한다(신 22 : 23-29). 그러나 약혼하지도 않은 처녀와 동침하였으면, 그 남자는 결혼지참금 50세겔을 내고 그녀를 아내로 삼아 결혼해야 되는데, 그는 평생 그녀와 이혼할 수 없다. 그런데, 그 처녀의 아버지가 그의 딸을 그 남자에게 주기를 거절할 경우, 그 남자는 처녀의 부모에게 결혼지참금을 지불해야 된다. 왜냐하면, 당시 자식은 부모의 소유물로 간주되었으므로 자식에게 해를 입힌 것은 결과적으로 부모의 재산에 해를 입힌 것이기 때문이다.

응답기도 및 임재 안에 머물기

각자 깨달은 말씀이나 마음에 부딪혀 오는 은혜에 따라 응답하는 기도를 충분히 드린다. 충분하게 하나님과 대화를 나누는 기도를 드린 이후에 하나님의 선하심과 인자하심을 맛보며 그분의 임재 안에 얼마 동안 머무른다. 하나님의 임재 안에 머무른 후에 기도 안내문에 나와 있는 기도로 마무리한다.

"남의 것을 손해 보게 한 일이나 다른 사람의 소유에 손을 댄 모든 일들을 하나님께 고백합니다. 주여 용서하시어 우리를 있는 그대로 받아 주소서. 이제 후부터는 주님의 속죄의 큰 사랑을 받은 사람답게 우리를 미워하고 해치는 사람들을 너그럽게 사랑하게 하소서."

반추 및 성찰

가능하면 기도했던 장소에서 자리를 옮긴다. 그리고 기도 시간에 경험한 내용을 돌아보면서 노트에 간단히 적는다. 이때 기도 안에서 하나님과 내 자신에 대한 전체적인 느낌을 적고, 또 영적으로 위로를 받았던 경험과 영적으로 메말랐던 경험을 적는다.

_____

_____

_____

_____

삶으로 나아가기

마음에 와 닿는 한 구절의 말씀을 선택하여 쪽지에 기록한다.
예를 들면 "사람이 약혼하지 아니한 처녀를 꾀어 동침하였으면 납폐금을 주고 아내로 삼을 것이요 만일 처녀의 아버지가 딸을 그에게 주기를 거절하면 그는 처녀에게 납폐금으로 돈을 낼지니라"(16-17절).
이 말씀을 수시로 꺼내어 읊조리면서 일상 안에서 기도하며 생활한다.

주요내용 설명

이 단락(22 : 1-17)은 소유권 침해에 관한 배상법을 다루고 있다. 첫째 단락은 배상법을 다루고 있는데, 절도에 관한 배상(1-4절), 밭이나 포도원에 관한 배상(5-6절), 물품에 관한 배상(7-15절), 처녀의 성폭행에 관련된 배상(16-17절)이다. 남의 소유물을 훔칠 경우 처벌의 원칙은 배상이다. 당대의 중요한 재산인 양과 소에 대해서는 양 한 마리에 양 네 마리로, 그리고 소 한 마리에 소 다섯 마리로 갚아야 한다. 도둑질한 것이 살아 있으면 갑절을 배상한다. 도둑질한 사람을 밤에는 죽여도 되지만, 날이 밝았을 때는 피 흘리게 한 것에 대한 대가를 지불해야 한다. 짐승을 먹이다가 남의 밭에서 먹게 하면, 자기 밭과 포도원에서 가장 좋은 것을 배상함으로 진심을 보여야 한다. 7~15절은 남의 물건을 맡아 두었다가 문제가 발생한 경우에 관한 법이다. 도둑이 잡히면 갑절을 갚으면 된다(7절). 도둑이 잡히지 않으면 재판장 앞에서 조사를 받아 손대지 않았다는 것을 증명해야 했다(8절). 가축을 맡았을 경우 죽거나 상하거나 끌려가도 손대지 않았다고 여호와께 맹세하면 배상하지 않아도 된다. 도둑을 맞았으면 임자에게 배상해야 하지만, 짐승에게 찢겼으면 배상할 필요가 없다. 이웃에게 빌려왔는데 임자가 없을 때 상하거나 죽으면 배상하고, 임자가 함께 있었으면 배상하지 않고 세냈으면 세로 족하다. 16~17절은 처녀의 성폭행에 관한 배상법이다. 처녀를 보호하기 위하여 겁탈한 남자가 해야 할 일은 그녀의 아버지에게 몸값(납폐금)을 지불하고 처녀를 아내로 맞이해야 한다. 아버지가 사위 삼기를 거절하면 남자는 처녀의 몸값을 지불해야 한다.

27. 언약법전 4
(22 : 18-31)

기도에 임하기

1. 몸과 마음을 가다듬고 하나님의 임재를 기억하며 기도를 준비한다.
2. 찬송을 부른다(383장).

말씀읽기

출애굽기 22 : 18~31

18절	너는 무당을 살려두지 말라
19절	짐승과 행음하는 자는 반드시 죽일지니라
20절	여호와 외에 다른 신에게 제사를 드리는 자는 멸할지니라
21절	너는 이방 나그네를 압제하지 말며 그들을 학대하지 말라 너희도 애굽 땅에서 나그네였음이라
22절	너는 과부나 고아를 해롭게 하지 말라
23절	네가 만일 그들을 해롭게 하므로 그들이 내게 부르짖으면 내가 반드시 그 부르짖음을 들으리라
24절	나의 노가 맹렬하므로 내가 칼로 너희를 죽이리니 너희의 아내는 과부가 되고 너희 자녀는 고아가 되리라
25절	네가 만일 너와 함께 한 내 백성 중에서 가난한 자에게 돈을 꾸어 주면 너는 그에게

	채권자 같이 하지 말며 이자를 받지 말 것이며
26절	네가 만일 이웃의 옷을 전당 잡거든 해가 지기 전에 그에게 돌려보내라
27절	그것이 유일한 옷이라 그것이 그의 알몸을 가릴 옷인즉 그가 무엇을 입고 자겠느냐 그가 내게 부르짖으면 내가 들으리니 나는 자비로운 자임이니라
28절	너는 재판장을 모독하지 말며 백성의 지도자를 저주하지 말지니라
29절	너는 네가 추수한 것과 네가 짜낸 즙을 바치기를 더디하지 말지며 네 처음 난 아들들을 내게 줄지며
30절	네 소와 양도 그와 같이 하되 이레 동안 어미와 함께 있게 하다가 여드레 만에 내게 줄지니라
31절	너희는 내게 거룩한 사람이 될지니 들에서 짐승에게 찢긴 동물의 고기를 먹지 말고 그것을 개에게 던질지니라

배경설명

이 본문은 언약법전(출 21 : 1-23 : 19)의 일부이다. 18절에 등장하는 무당은 여자 마술사이다. 마술사는 하나님에 대하여 적대적인 힘이나 이방신들의 힘과 교통하는 사람을 의미하였다. 여자 마술사 중에는 공인되지 않은 제의 처소에서 은밀하게 신접하는 자들이 있다(삼상 28 : 7-25; 겔 13 : 17-23). 짐승과 간음하는 수간은 동성애와 마찬가지로 생육하고 번성하라는 기본 명령을 범하며, 생물의 종류를 뒤섞어 놓음으로써 피조물의 범주를 모호하게 만드는 죄로서 죽음으로 대가를 치러야 하는 가증한 일이었다(레 18 : 23; 20 : 15-16; 신 27 : 21). 이러한 구약의 조항은 근동의 법들과 달리 엄격하였다. 보호받아야 할 약자 중에 이방 나그네(게르)는 고향이나 친척으로부터 멀리 떠나 살기 때문에 자기 토지를 갖지 못하고 본토인들이 갖는 권리를 갖지 못하는 사람들을 가리킨다. 고대에는 전쟁과 기근과 질병으로 인하여 수많은 고아가 생겼다. 이들이 재산을 상속받으려면 입양되어야 했다. 과부도 자선에 의지해서 살아야 했는데, 밭과 과수원과 포도밭에서 이삭을 줍는 것이 허용되었다(신 24 : 19-21). 또한 수혼 제도가 그들을 보호하는 법이었다(신 25 : 5-10). 이자를 금지하는 것은 오늘날 정서에 맞지 않지만, 성서 시대에는 모든 이스라엘 사람들이 평등하고 농촌과 도시 사람의 대립을 예방하는 대책이었다(성서배경주석, 128). 재판장과 유사를 무시하는 것은 그들을 선택한 장로들과 하나님의 권위를 무시하는 것이므로 금지되었다. 다른 짐승에게 죽임을 당한 짐승은 피를 확실히 뺐는지 불확실하여 부정의 여지가 있기 때문에 먹지 못하게 하였다.

기도

성령의 임재를 위한 기도

가난하고 홀로 사는 노인과 부모 없는 아이들 그리고 남편 없는 여인들을 그리스도의 사랑으로 품고 돌보게 하소서.

본문말씀 읽기와 묵상하기

본문말씀을 천천히 한 번 읽은 후에 다시 본문을 찬찬히 들여다보면서 전체적인 내용과 상황을 파악한다.

이 본문 역시 언약법전(출 21 : 1~23 : 19)의 일부로서 22 : 18~20은 우상숭배 금지법, 22 : 21~27은 약자 보호법, 그리고 22 : 28~31은 종교상의 의무규정을 다룬다.

1. 본문에 나오는 말씀의 핵심적인 내용을 마음으로 깨달아 알려고 묵상을 한다.
   무당을 살려두지 말라고 규례를 주셨는데, 그 이유는?
   수간하는 자에 대한 규례는?
   여호와 외에 다른 신에게 제사를 드리는 자는?
   이방 나그네를 압제하지 말며 그들을 학대하지 말라고 하는데, 그 까닭은?
   과부나 고아에 대한 규례는?
   자기 백성 가운데 가난한 자에게 돈을 꾸어 주면?
   이웃의 옷을 전당 잡거든?
   너는 재판장을 모독하지 말며 백성의 지도자를 저주하지 말아야 되는 까닭은?
   처음 난 아들들을 하나님께 드리는 까닭은?
   들에서 짐승에게 찢긴 동물의 고기를 먹지 말고 그것을 개에게 던져야 되는 까닭은?
2. 다시 한 번 성경본문을 천천히 읽는다. 읽는 동안에 어떤 말씀이 내 마음에 부딪혀 오는지를 살핀다.
   예를 들어, "너는 과부나 고아를 해롭게 하지 말라 네가 만일 그들을 해롭게 하므로 그들이 내게 부르짖으면 내가 반드시 그 부르짖음을 들으리라 나의 노가 맹렬하므로 내가 칼로 너희를 죽이리니 너희의 아내는 과부가 되고 너희 자녀는 고아가 되리라"(22-24절)라는 말씀이 마음에 다가왔다.

3. 내 마음에 부딪혀 온 말씀이 묵상 가운데 구체적으로 내게 어떤 말씀을 주시는지 또는 내 마음 안에서 어떻게 역사하는지를 살핀다. 그리고 이 말씀에 대해 내가 어떻게 응답하는지를 살펴본다.

'무당'은 요술을 부리거나 마법을 쓰는 사람이라는 뜻을 가진 명사인데, 이는 장래 일과 특별한 사정에 대해 알기 위해 특정한 물건이나 영적인 존재를 교묘한 방법으로 다루는 사람이다. 성경에서는 모압이나 바벨론, 애굽 등에서 오래 전부터 성행하였던 이러한 복술행위를(출 7 : 8-13; 민 23 : 23; 삼상 6 : 2; 사 44 : 25) 엄히 금하였다(레 19 : 26; 신 18 : 9-14; 사 8 : 16-20). 이러한 복술행위는 사람들을 영적 무지에 빠지게 할 뿐만 아니라 하나님을 멀리하게 하며 더 나아가 우상숭배를 하게 하므로 이런 행위를 하는 사람들을 살려 두지 말라는 규례가 있다.

짐승과 행음하는 자는 곧 수간(獸姦)을 지칭하는데, 이는 애굽에서 종교의식의 하나로 실시되었다고 한다. 이 영향으로 출애굽한 이스라엘 백성들 가운데 짐승과 변태적인 행위를 하는 사람이 있었던 것 같다고 한다. 수간행위는 하나님의 형상대로 창조된 인간의 존엄성을 스스로 부인할 뿐만 아니라 자연의 질서를 파괴하는 행위이므로 이러한 행위를 하는 사람은 반드시 죽임을 당하도록 규정되어 있다(레 18 : 23, 20 : 15, 16; 신 27 : 21).

십계명에서 우상숭배 금지 명령이 반복되고 있는데, 여기서는 여호와 외에 다른 신에게 희생 제사를 지내는 자를 멸하라고 말씀하신다. 이스라엘 백성들이 가나안에 들어간 후에도 계속하여 이방신을 섬기는 것이 '이제 너희 중에 있는 이방 신들을 치워 버리고 너희의 마음을 이스라엘의 하나님 여호와께로 향하라'(수 24 : 23)는 말씀에서 잘 나타난다. 복술행위자와 수간하는 자와 그리고 여호와 외에 다른 신에게 제사 드리는 자를 멸하라는 규례는 하나님 앞에서 거룩하고 순결한 삶을 강조하는 데 그 특성이 있다.

이방 나그네란 이스라엘 사회에 거주하는 외국인들이다. 동족이 아니라는 이유만으로 외국인들이 차별받기 쉬운데, 하나님께서는 이들을 압제하지 말며 학대하지 말라는 규례를 이스라엘에게 주신다. 나그네를 향하여 이러한 배려의 말씀을 하신 하나님께서는 이스라엘도 애굽 땅에서 나그네였음을 상기시키신다. 하나님은 이스라엘로 하여금 애굽에서의 나그네 시절의 설움을 회상하게 함으로 이스라엘 땅에 거주하는 외국인들의 어려움을 헤아리게 하신다. 동시에 애굽에서 나그네였던 이스라엘을 출애굽하게 하신 하나님의 사랑을 회상하게 하심으로 그들로 하여금 이방인에게 그 사랑의 빚을 갚도록 하신다.

과부나 고아와 같이 소외된 사람들을 해롭게 하지 말라고 하나님께서 말씀하시는데, 고대 근동 지방, 특히 도시에서는 고아와 과부가 가부장적인 사회에서 소외되어 외곽지대에 거주하였다. 외부에 노출된 그들은 특별한 보호가 필요한 사람들이었으므로 이러한 과부와 고아가 하나님께 부르짖으면 하나님께서 반드시 그 부르짖음을 들으신다고 약속하신다. 이들의 부르짖음을 들으신 하나님의 노가 맹렬하여 칼로 그들을 해롭게 하는 이들의 아내는 과부가 되며, 이들의 자녀는 고아가 될 것이라고 하나님께서 말씀하신다. 여기서 우리는 소외된 사람들을 향한 하나님의 사랑과 배려를 볼 수 있으며, 또한 하나님께서는 우리에게 이들을 향한 돌봄과 배려를 요구하고 계심을 알 수 있다.

하나님께서는 함께한 하나님의 백성 가운데 가난한 자에게 돈을 꾸어 주고 이자를 받지 말라고 하신다. 이 규례는 의식주 문제와 질병으로 고통 받는 가난한 하나님의 백성으로부터 빌려준 돈에 대한 이자를 받지 말라는 규례이다. 하나님께서는 오히려 그들을 도와주라고 말씀하신다(레 25 : 36-38; 신 15 : 7, 8; 잠 28 : 8; 겔 18 : 13, 22 : 12). 성경에 보면, 의인은 이자를 받지 않는 것으로 나타난다(시 15 : 5; 겔 18 : 8). 그렇지만 타국인과의 금전거래는 상업적 이윤추구를 위한 정당한 무역행위이기 때문에 타국인과의 거래 시 이 규정이 적용되지 않는다(신23 : 20). 팔레스타인 지방은 일교차가 커서 해진 후에는 모포 없이 잠자기가 어렵다. 그래서 가난하여 겉옷이 한 벌밖에 없는 사람의 옷이 전당잡혔을 경우, 해가 지기 전에 그에게 옷을 돌려보내라고 하나님께서 말씀하신다. 고대 히브리인들은 넓고 긴 천을 가지고 온 몸을 감싸는 의복을 입었으므로 가난한 이들은 밤에 이것을 이불로 사용하였다. 즉 그것이 밤에 잘 때 그들의 알몸을 가릴 옷이다. 그리하여 자비로우신 하나님께서 하나뿐인 그 옷을 전당잡거든 그들이 무엇을 입고 자겠느냐고 말씀하시면서 그 옷을 해가 지기 전에 돌려보내라는 것이다.

종교의 지도자인 재판장과 정치의 지도자는 하나님의 권위를 위임받아 통치권을 행사하는 사람들이다. 이처럼 백성들을 위하여 세움을 입은 사람들은 하나님의 뜻에 따라 통치행위를 수행하는 이들이므로 하나님께서는 이러한 사람들을 모독하지 말며, 또한 백성의 지도자를 저주하지 말라고 말씀하신다. 만약 이 말씀을 어긴다면, 이는 하나님의 뜻을 거역하는 것이 된다.

하나님께서 이스라엘 백성을 애굽으로부터 구원하신 것은 그들을 거룩한 백성을 삼기 위함이다. 하나님께서 거룩하시므로 하나님의 백성도 거룩한 사람이 될지니라고 말씀하신다. 하나님께서 그의 백성들에게 이 규례를 주시는 것 또한 거룩한 하나님의 백성으로 삶을 살도록 하려는 데 있다. 거룩한 하나님의 백성에게 수확물을 주시는 그 수확한 것을 하나님께 드리라고 말씀하시며, 또한 처음 난 아들들을 하나님께 드리라고 말씀하시는데, 이는 하나님이 모든 것의 주인이시며, 동시에 구원자이심을 뜻한다.

하나님께서 주신 일상의 규례를 통하여 우리는 모든 것이 하나님의 것이며, 거룩하신 하나님의 백성답게 거룩하고 사랑과 정의를 행하도록 요구하시는 것을 알 수 있다.

응답기도 및 임재 안에 머물기

각자 깨달은 말씀이나 마음에 부딪혀 오는 은혜에 따라 응답하는 기도를 충분히 드린다. 충분하게 하나님과 대화를 나누는 기도를 드린 이후에 하나님의 선하심과 인자하심을 맛보며 그분의 임재 안에 얼마 동안 머무른다. 하나님의 임재 안에 머무른 후에 기도 안내문에 나와 있는 기도로 마무리한다.

"과부와 고아, 홀로 사는 가난한 노인들의 그늘이 되시며 보호자가 되시는 하나님! 하나님의 사랑과 관심이 그들에게 계심을 늘 자각하고 그들을 해하지 않게 하소서. 더 나아가 우리의 마음과 생각이 그들에게 향하여 하나님의 사랑으로 그들의 도우미 역할을 즐겁게 감당할 수 있도록 도와주옵소서."

반추 및 성찰

가능하면 기도했던 장소에서 자리를 옮긴다. 그리고 기도 시간에 경험한 내용을 돌아보면서 노트에 간단히 적는다. 이때 기도 안에서 하나님과 내 자신에 대한 전체적인 느낌을 적고, 또 영적으로 위로를 받았던 경험과 영적으로 메말랐던 경험을 적는다.

_____

_____

_____

_____

삶으로 나아가기

마음에 와 닿는 한 구절의 말씀을 선택하여 쪽지에 기록한다.
예를 들면 "너는 과부나 고아를 해롭게 하지 말라 네가 만일 그들을 해롭게 하므로 그들이 내게 부르짖으면 내가 반드시 그 부르짖음을 들으리라 나의 노가 맹렬하므로 내가 칼로 너희를 죽이니 너희의 아내는 과부가 되고 너희 자녀는 고아가 되리라"(22-24절).
이 말씀을 수시로 꺼내어 읊조리면서 일상 안에서 기도하며 생활한다.

주요내용 설명

첫째 단락(22 : 18-20)은 우상숭배 금지법, 둘째 단락(22 : 21-27)은 약자 보호법, 그리고 마지막 단락(22 : 28-31)은 종교상의 의무규정을 다루고 있다. 첫째 단락(22 : 18-20)에는 세 가지 금지가 나타나는데, 이는 무당을 살려 두지 말라, 수간하는 자를 살려 두지 말라. 그리고 여호와 외에 다른 신에게 예배드리는 자를 멸하라는 것이다. 본문은 이 세 가지 범죄를 모두 우상숭배 죄에 포함하고 있다. 무당은 은밀하게 신접하는 우상숭배의 죄이며, 수간은 예전에 주술 관행의 방법으로 여겨졌기에 우상숭배의 죄이다. 다른 신들에게 예배드리는 것도 역시 우상숭배 죄이다. 둘째 단락의 약자보호법에서 약자는 이방 나그네, 과부, 그리고 고아가 포함된다. 이방 나그네를 억압하지 말아야 할 이유는 이스라엘 백성들도 애굽에서 나그네였기 때문이다. 과부나 고아에 대한 경고에서 과부나 고아를 해롭게 하는 자들에게 주어질 형벌은 그들의 아내가 과부가 되고 그들의 아이가 고아가 되는 것이다. 이어서 가난한 자들에게 돈을 빌려주었을 경우의 태도를 제시한다. 그들은 서로 형제이기 때문에 이자 받는 것이 금지되었다. 당대 주변국에서 이자율이 높았던 것과 대조된다. 가난한 자를 가족처럼 대해야 한다. 이웃의 겉옷을 담보로 잡았다면, 해지기 전에 돌려주어야 한다. 왜냐하면 가난한 자들에게 겉옷은 마지막 남은 소유물이며, 밤에 이불로 사용되었다 : "그것이 유일한 옷이라. 그것이 그의 알몸을 가릴 옷인즉 그가 무엇을 입고 자겠느냐?"(22 : 27). 마지막 단락(출 22 : 28-31)에서, 종교상의 의무규정을 제시한다. 재판장을 모독하거나 백성의 지도자를 저주해서는 안 된다. 29~30절에는 예물로 드려야 할 것을 말하는데, 추수한 것, 과일즙, 맏아들, 그리고 짐승의 맏배를 제시한다. 소와 양의 경우에도 8일째 하나님께 바쳐야 한다. 마지막으로 짐승에게 찢긴 고기를 먹지 말라고 말한다. 아마도 이러한 고기는 피가 제대로 빠지지 않아서 정결하지 않기 때문일 것이다.

28. 언약법전 5
(23 : 1-19)

기도에 임하기

1. 몸과 마음을 가다듬고 하나님의 임재를 기억하며 기도를 준비한다.
2. 찬송을 부른다(463장).

말씀읽기

출애굽기 23 : 1~19

1절 너는 거짓된 풍설을 퍼뜨리지 말며 악인과 연합하여 위증하는 증인이 되지 말며
2절 다수를 따라 악을 행하지 말며 송사에 다수를 따라 부당한 증언을 하지 말며
3절 가난한 자의 송사라고 해서 편벽되이 두둔하지 말지니라
4절 네가 만일 네 원수의 길 잃은 소나 나귀를 보거든 반드시 그 사람에게로 돌릴지며
5절 네가 만일 너를 미워하는 자의 나귀가 짐을 싣고 엎드러짐을 보거든 그것을 버려두지 말고 그것을 도와 그 짐을 부릴지니라
6절 너는 가난한 자의 송사라고 정의를 굽게 하지 말며
7절 거짓 일을 멀리 하며 무죄한 자와 의로운 자를 죽이지 말라 나는 악인을 의롭다 하지 아니하겠노라
8절 너는 뇌물을 받지 말라 뇌물은 밝은 자의 눈을 어둡게 하고 의로운 자의 말을 굽게 하느니라

9절 너는 이방 나그네를 압제하지 말라 너희가 애굽 땅에서 나그네 되었었은즉 나그네의 사정을 아느니라
10절 너는 여섯 해 동안은 너의 땅에 파종하여 그 소산을 거두고
11절 일곱째 해에는 갈지 말고 묵혀두어서 네 백성의 가난한 자들이 먹게 하라 그 남은 것은 들짐승이 먹으리라 네 포도원과 감람원도 그리할지니라
12절 너는 엿새 동안에 네 일을 하고 일곱째 날에는 쉬라 네 소와 나귀가 쉴 것이며 네 여종의 자식과 나그네가 숨을 돌리리라
13절 내가 네게 이른 모든 일을 삼가 지키고 다른 신들의 이름은 부르지도 말며 네 입에서 들리게도 하지 말지니라
14절 너는 매년 세 번 내게 절기를 지킬지니라
15절 너는 무교병의 절기를 지키라 내가 네게 명령한 대로 아빕월의 정한 때에 이레 동안 무교병을 먹을지니 이는 그 달에 네가 애굽에서 나왔음이라 빈 손으로 내 앞에 나오지 말지니라
16절 맥추절을 지키라 이는 네가 수고하여 밭에 뿌린 것의 첫 열매를 거둠이니라 수장절을 지키라 이는 네가 수고하여 이룬 것을 연말에 밭에서부터 거두어 저장함이니라
17절 네 모든 남자는 매년 세 번씩 주 여호와께 보일지니라
18절 너는 네 제물의 피를 유교병과 함께 드리지 말며 내 절기 제물의 기름을 아침까지 남겨두지 말지니라
19절 네 토지에서 처음 거둔 열매의 가장 좋은 것을 가져다가 너의 하나님 여호와의 전에 드릴지니라 너는 염소 새끼를 그 어미의 젖으로 삶지 말지니라

배경설명

이 본문은 언약법전(출 21 : 1-23 : 19)의 일부이다. 23 : 1~9의 대상은 온전한 시민권을 가지고 재판에 참여하는 자유민들이다. 여기에서 금하는 것은 소문을 퍼뜨리는 것 자체가 아니라, 검증되지 않은 증거를 법정에 내어 놓는 것이다. 이러한 규정들은 특히 사법제도에서 정직함을 유지하게 하려는 일련의 조치들이다. 고대 근동 지방에서는 가난한 자가 부당한 대우를 받곤 하였다. 함무라비는 자신을 "그 땅에 정의를 가져오고 약한 자를 보호하는 독실하고 신을 경외하는 군주"라고 표현한다. 애굽의 아메네모프의 가르침에는 가난한 자의 소유를 훔치는 것, 불구자를 속이는 것, 과부의 밭에 침입하는 것을 경고하는 훈계가 있다. 뇌물이란 정부 관리와 재판관이 불법적인 수단으로 획득하는 모든 수입이 포함된다. 함무라비 법전에서는 봉인된 판결을 바꾼 재판관을 법조계에서 퇴

출하며 뇌물 받은 관원을 처벌한 예를 언급한다(성경배경주석, 130). 안식년은 원래 지력을 회복하기 위하여 땅을 휴경하는 법이다. 이스라엘의 세 절기는 무교절, 맥추절, 수장절로서 농경절기인데 다양한 이름들로 불렸다. 무교절은 보리 축제제의 시작으로 유월절과 관련된다. 맥추절은 이른 곡식의 추수 후 7주를 말하는데 칠칠절과 오순절로도 불려지며, 시내산에서 율법을 받은 것과 관련하며 신구약 중간사 시기에 유대인의 율법갱신일로 여겨졌다. 수장절은 우기가 시작되기 이전의 새로운 농업력의 시작을 표시한다. 초막절이라고도 하며, 광야의 방랑을 기념하고, 솔로몬이 성전을 봉헌한 때이기도 하다. 가나안의 농경문화에서 시작된 절기들이 이스라엘 신앙의 중요한 요소로 변형되었다. 염소새끼를 어미의 젖으로 삶지 않는다는 것은 가나안이나 이방 종교의 관행에 대한 저항으로 여겨진다. 이 규정 때문에 유대교에서는 고기와 젖을 구별하여 요리한다. 이를 카쉬룻, 또는 코셔라고 부른다.

기도

성령의 임재를 위한 기도

신실하고 거룩한 신자가 되게 하소서.

본문말씀 읽기와 묵상하기

본문말씀을 천천히 한 번 읽은 후에 다시 본문을 찬찬히 들여다보면서 전체적인 내용과 상황을 파악한다.

본문은 언약법전(출 21 : 1–23 : 19)의 일부로서 1~9절은 공정한 재판에 관한 규례, 10~13절은 안식년과 안식일에 관한 규례(23장), 그리고 14~19절은 명절과 희생규정에 대한 규례이다. 하나님께서 그의 백성에게 주시는 규례는 근본적으로 거룩한 삶을 살게 하는데 목적이 있다.

1. 본문에 나오는 말씀의 핵심적인 내용을 마음으로 깨달아 알려고 묵상을 한다.
공정한 재판에서 하지 말아야 할 다섯 가지 규례는? 원수의 길 잃은 소나 나귀를 보면? 자신을 미워하는 자의 나귀가 짐을 싣고 엎드러짐을 보면? 멀리 해야 되는 일은? 하나님께서 악인을 의롭다 하지 아니하겠노라고 말씀하시면서 하지 말라고 한 것은? 뇌물을 받지 말아야 되는 까닭은? 이방 나그네에 대한 규례는? 여섯 해 동안은 땅에 파종하여 그 소산을 거두고 일곱째 해에는 갈지 않고 묵혀 두는 까닭은? 엿새 동안에 일을 하고 일곱째 날에는 쉬고, 이날 우리의 소유물에 대한 규례는? 매년 세 번 하나님께 지키는 절기는?

2. 다시 한 번 성경본문을 천천히 읽는다. 읽는 동안에 어떤 말씀이 내 마음에 부딪혀 오는지를 살핀다.

예를 들어, "다수를 따라 악을 행하지 말며 송사에 다수를 따라 부당한 증언을 하지 말며 가난한 자의 송사라고 해서 편벽되이 두둔하지 말지니라"(2–3절)라는 말씀이 마음에 다가왔다.

3. 내 마음에 부딪혀 온 말씀이 묵상 가운데 구체적으로 내게 어떤 말씀을 주시는지 또는 내 마음 안에서 어떻게 역사하는지를 살핀다. 그리고 이 말씀에 대해 내가 어떻게 응답하는지를 살펴본다.

거룩하신 하나님의 백성들이 하지 말아야 되는 일이 다섯 가지로 제시된다. 거짓된 풍설을 퍼뜨리지 말라는 것, 악인과 연합하여 위증하는 증인이 되지 말라는 것, 다수를 따라 악을 행하지 말라는 것, 송사에 다수를 따라 부당한 증언을 하지 말라는 것, 그리고 가난한 사람의 송사라고 해서 편벽되이 두둔하지 말라는 것이다. 이 다섯 가지 가운데 자신에게 있어서 가장 취약한 것은? 하나님께서 그의 백성에게 주시는 규례는 근본적으로 거룩한 삶을 살게 하는 데 그 목적이 있으므로 원수의 소나 나귀가 길을 잃고 헤매는 것을 보면, 반드시 그것들을 그 원수에게 돌려야 된다. 뿐만 아니라 우리를 미워하는 사람의 나귀가 짐을 싣고 엎드러진 것을 보거든, 그것을 버려두지 말며, 그것을 도와 그 짐을 부리라고 하나님께서 말씀하신다. 이 규례에 비쳐볼 때, 자신이 거룩한 삶을 살고 있다고 생각하는가?

율법시대 이전에는 주로 장로들이 재판관이었고, 율법시대 이후는 주로 제사장들이 재판관이었다. 하나님께서는 재판관들에게 네 가지 규례를 주신다. 하나는 가난한 사람의 송사라고 정의를 굽게 하지 말라는 것이다. 이는 가난하다고 하여 편을 들어주거나 가난하다고 하여 부당하게 판단하지 말라는 것이다. 둘째는 거짓 일을 멀리하라는 것인데, 이는 올바른 판단을 하라는 의미이다. 셋째는 무죄한 사람과 의로운 사람을 죽이는 판단을 하지 말라는 것이다. 왜냐하면, 하나님께서는 악인을 의롭다 하지 아니하시기 때문이다. 넷째는 뇌물을 받고 판단하지 말라는 것이다. 왜냐하면, 뇌물은 재판관의 눈을 어둡게 하여 재판을 바르게 할 수 없기 때문이다. 이 네 가지 규례 가운데 자신이 잘 지키고 있는 규례는?

하나님께서는 이스라엘 중에 거주하는 외국인들을 압제하지 말라는 규례를 주셨다. 이 규례의 근거는 두 가지이다. 하나는 과거에 이스라엘도 애굽 땅에서 외국인으로 살았던 경험이 있다. 그러므로 그들은 누구보다도 나그네의 사정을 잘 알고 있다는 것이다. 다른 하나는 애굽에서 이방 나그네로 살면서 고역을 하였던 그들을 구원하신 하나님의 은혜와 사랑에 근거된다. 요즈음과 같은 다문화사회 속에서 외국인에 대한 자신의 태도는?

안식에 대한 첫 번째 규례가 땅에 파종하여 그 소산을 거두는 것과 관련되어 나온다. 여섯 해 동안은 땅에 파종하여 그 소산을 거두고, 일곱째 되는 해에는 땅을 갈지 말고 묵혀 두라고 하나님께서 말씀하신다. 이와 같은 규례는 포도원과 감람원도 똑같은데, 그 이유를 두 가지로 말할 수 있다. 하나는 가난한 이웃들과 들짐승들에게 그 남은 것을 먹게 하는 데 있고, 다른 하나는 땅의 휴식으로 토질을 회복시키는 데 있다. 땅에 파종하고, 그 소산을 거두고, 일곱째 되는 해에 땅을 쉬게 하여 가난한 이웃과 들짐승에게 그 남을 것을 먹게 하라는 이 규례는 오늘날 우리에게도 절실하게 요구된다.

'안식일을 기억하여 거룩하게 지키라'(출 20 : 8)에 이어 안식일에 관한 규례가 또 나오는데, 안식일 규례의 목적은 하나님께서 창조주이심을 기억하는 것이다. 그렇지만 본문말씀에서는 엿새 동안 하던 일을 쉬며, 소와 나귀도 쉬게 하며, 여종의 자식과 고된 일을 하는 이방인도 숨을 돌리게 하는 데 그 목적이 있다. 이러한 하나님의 규례를 세심하게 주의하면서 지키고, 또한 다른 신들의 이름은 부르지도 말며, 네 입에서 들리게 하지도 말라고 하나님께서 말씀하신다. 이로 보아 안식일의 규례는 무엇보다도 먼저 창조주 하나님과의 관계를 바로 수립하고, 그 안에서 육체적으로도 평온한 휴식을 누리는 데 그 목적이 있겠다.

하나님께서 이스라엘 백성들에게 매년 무교절, 맥추절, 그리고 수장절을 하나님 앞에서 지키라고 말씀하신다.

무교병의 절기는 그들이 출애굽 직전 하나님의 명령에 따라 다급한 상황 속에서 무교병을 구워 먹은 것을 기념하는 절기다. 이 절기는 7일 동안 지켜지는데, 이때는 아빕월, 즉 유대 종교력의 제1월이며, 유대 민간력의 제 7월, 후대 바벨론식 이름인 '니산월'로 불려졌고, 오늘날의 양력으로는 3, 4월에 해당된다. 이처럼 애굽에서 나왔던 그 달에 이레 동안 무교병을 먹는 절기인 무교절에 하나님 앞에 빈손으로 나오지 말라고 하나님께서 말씀하신다. 이는 공허하게 혹은 헛되이 절기의 형식을 지키기보다는 그들을 애굽에서 구원하신 하나님 앞에 감사의 예물을 드리며 그 절기를 지키라는 말씀이다.

맥추절은 수고하여 밭에 뿌린 밀의 첫 수확을 기념하여 드리는 추수 감사제인데, 이는 무교절 기간 중 첫 수확한 봄 작물 보릿단을 하나님께 바치는 날로부터 제 50일째 되는 날에 지키는 절기다. 그래서 맥추절을 오순절이라고도 한다. 수장절은 수고하여 이룬 것을 가을에 밭에서부터 거두어 저장하면서 일주일간 지키는 절기이다. 이때 초막을 짓고 생활하면서 출애굽 이후 이스라엘이 40년간 광야방랑생활을 하였던 것을 기억하므로 일명 초막절이라고도 한다.

유월절의 제물인 어린양의 피를 유교병과 함께 드리지 말라고 하나님께서 말씀하신다. 성경에서 누룩이 죄와 악을 상징하기도(16 : 6; 고전 5 : 6; 갈 5 : 9) 하므로 이는 아마도 거룩한 것과 부정한 것을 함께 드리지 말라는 의미가 아닌가 생각된다. 또한 어린양을 구워 하나님께 제물로 드릴 때 그것으로부터 흘러나오는 기름을 아침까지 남겨두지 말라고 하나님께서 말씀하신다. 출애굽기 12 : 10에 보면, 남은 것은 소각하도록 되어 있다.

토지에서 처음 거둔 열매의 가장 좋은 것이란 단순한 첫 열매가 아니라 그 가운데서도 제일 좋은 것을 가리킨다. 이는 앞으로 수확할 모든 소산물의 대표인데, 이를 하나님 여호와의 전에 드리라고 하나님께서 말씀하신다. 성경에서 '여호와의 전'은 여호와께서 자기 이름을 두시려고 택하신 곳이다(신 12 : 5, 16 : 2, 26 : 2 등). 이어서 염소 새끼를 그 어미의 젖으로 삶지 말라고 하나님께서 말씀하시는데, 당시 고대 가나안사람들은 맛있는 요리를 위하여 혹은 주술적 목적을 위하여 어미의 젖에 새끼를 삶았다. 이방인들의 이러한 잔인한 관습을 하나님께서는 단호하게 금지하시는데, 이는 생명의 존엄성을 강조하는 규례이다.

이러한 절기들과 관련하여 우리를 구원하신 하나님께 드리고 있는 감사제는?

응답기도 및 임재 안에 머물기

각자 깨달은 말씀이나 마음에 부딪혀 오는 은혜에 따라 응답하는 기도를 충분히 드린다. 충분하게 하나님과 대화를 나누는 기도를 드린 이후에 하나님의 선하심과 인자하심을 맛보며 그분의 임재 안에 얼마 동안 머무른다. 하나님의 임재 안에 머무른 후에 기도 안내문에 나와 있는 기도로 마무리한다.

"다른 사람을 거짓말로 속이며 다수를 따라 부당한 증언을 하지 않는 신실한 하나님의 사람이 되기를 원합니다. 거룩한 하나님의 사람으로 많은 무리와 더불어 악을 행하지 않도록 우리 주님을 닮기 원합니다. 거룩한 신자로서 일상의 삶을 구별되게 살 수 있도록 성령으로 우리를 충만하게 하소서."

반추 및 성찰

가능하면 기도했던 장소에서 자리를 옮긴다. 그리고 기도 시간에 경험한 내용을 돌아보면서 노트에 간단히 적는다. 이때 기도 안에서 하나님과 내 자신에 대한 전체적인 느낌을 적고, 또 영적으로 위로를 받았던 경험과 영적으로 메말랐던 경험을 적는다.

_____

_____

_____

삶으로 나아가기

마음에 와 닿는 한 구절의 말씀을 선택하여 쪽지에 기록한다.
예를 들면 "다수를 따라 악을 행하지 말며 송사에 다수를 따라 부당한 증언을 하지 말며 가난한 자의 송사라고 해서 편벽되이 두둔하지 말지니라"(2-3절).
이 말씀을 수시로 꺼내어 읊조리면서 일상 안에서 기도하며 생활한다.

주요내용 설명

본문은 공정한 재판(23 : 1-9), 안식년과 안식일(23 : 10-13), 그리고 명절과 희생규정(23 : 14-19)에 대하여 묘사한다. 1~9절은 재판제도가 확립되기 이전에 공정한 재판을 위한 규정을 제시하고 있다. 1~3절은 증인의 역할을 다루는데, 거짓된 풍설에 기초한 위증, 다수결에 의한 증언, 그리고 약자라고 편드는 재판을 모두 비판한다. 약자건 강자건 공정한 재판을 주문한다. 4~5절은 원수의 가축법에 관한 것인데, 여기에서 원수라는 말은 자신과 다투는 소송 상대자를 말하는 듯하다. 소송 중에 있는 상대자의 곤란한 형편을 즐거워하지 말고 상대와 화해할 수 있는 기회로 삼을 것을 요청한다. 그리하여 원수의 길 잃은 소나 나귀를 그 사람에게 돌려보내고, 그의 나귀가 엎드러지면 그것을 도와 그 짐을 부리라고 말한다. 6~9절은 재판관의 역할을 다룬다. 재판할 때 가난한 사람의 권리를 무시하면 안 된다(6절). 죄 없는 자와 의로운 자를 죽여서는 안 된다(7절). 뇌물은 눈을 멀게 하므로 뇌물을 받아서는 안 된다(8절). 이방 나그네를 압제해서는 안 된다. 안식년과 안식일에 관한 규정(10-13절)에서 안식년은 여섯 해 동안 땅에 파종하여 소산을 거두지만, 일곱 째 해는 땅을 묵혀서 가난한 이들과 짐승들이 먹도록 내버려두는 것이다. 안식일의 정신은 주인만이 아니라, 주인에게 속한 모든 사람, 그리고 땅과 짐승에까지 연결됨을 보여 준다. 또 안식일은 6일 동안 일하고 일곱 째 날에는 본인만이 아니라, 소와 나귀, 여종의 자식과 나그네까지 쉬도록 하는 것이다. 이는 하나님의 창조에 근거한 안식일을 제시하는 십계명과 다른 사회학적인 근거를 제시한다. 쉰다는 말은 멈추는 것인데 곧 자신의 육체를 위하여 일하는 것을 멈추고, 사람과 짐승이 함께 회복되는 시간이다. 명절과 희생규정(23 : 14-19)에서 이스라엘 백성들이 지켜야 할 절기는 무교절, 칠칠절, 수장절이다. 무교절은 애굽에서 나온 날을 기념한다. 맥추절은 첫 열매를 거두며, 수장절은 수고하여 이룬 것을 거두는 절기이다. 유교병을 짐승제사에 드리는 것은 금지되었는데, 이는 누룩이 부패와 부정을 상징하기 때문이다.

29. 언약법전 6
(23 : 20-33)

기도에 임하기

1. 몸과 마음을 가다듬고 하나님의 임재를 기억하며 기도를 준비한다.
2. 찬송을 부른다(15장).

말씀읽기

출애굽기 23 : 20~33

20절   내가 사자를 네 앞서 보내어 길에서 너를 보호하여 너를 내가 예비한 곳에 이르게 하리니
21절   너희는 삼가 그의 목소리를 청종하고 그를 노엽게 하지 말라 그가 너희의 허물을 용서하지 아니할 것은 내 이름이 그에게 있음이니라
22절   네가 그의 목소리를 잘 청종하고 내 모든 말대로 행하면 내가 네 원수에게 원수가 되고 네 대적에게 대적이 될지라
23절   내 사자가 네 앞서 가서 너를 아모리 사람과 헷 사람과 브리스 사람과 가나안 사람과 히위 사람과 여부스 사람에게로 인도하고 나는 그들을 끊으리니
24절   너는 그들의 신을 경배하지 말며 섬기지 말며 그들의 행위를 본받지 말고 그것들을 다 깨뜨리며 그들의 주상을 부수고
25절   네 하나님 여호와를 섬기라 그리하면 여호와가 너희의 양식과 물에 복을 내리고 너

희 중에서 병을 제하리니

26절 네 나라에 낙태하는 자가 없고 임신하지 못하는 자가 없을 것이라 내가 너의 날 수를 채우리라

27절 내가 내 위엄을 네 앞서 보내어 네가 이를 곳의 모든 백성을 물리치고 네 모든 원수들이 네게 등을 돌려 도망하게 할 것이며

28절 내가 왕벌을 네 앞에 보내리니 그 벌이 히위 족속과 가나안 족속과 헷 족속을 네 앞에서 쫓아내리라

29절 그러나 그 땅이 황폐하게 됨으로 들짐승이 번성하여 너희를 해할까 하여 일 년 안에는 그들을 네 앞에서 쫓아내지 아니하고

30절 네가 번성하여 그 땅을 기업으로 얻을 때까지 내가 그들을 네 앞에서 조금씩 쫓아내리라

31절 내가 네 경계를 홍해에서부터 블레셋 바다까지, 광야에서부터 강까지 정하고 그 땅의 주민을 네 손에 넘기리니 네가 그들을 네 앞에서 쫓아낼지라

32절 너는 그들과 그들의 신들과 언약하지 말라

33절 그들이 네 땅에 머무르지 못할 것은 그들이 너를 내게 범죄하게 할까 두려움이라 네가 그 신들을 섬기면 그것이 너의 올무가 되리라

배경설명

언약법전을 마감하는 이 단락은 언약법전의 시작(20 : 22-23)처럼 여호와를 향한 절대적인 충성을 강조한다. 언약법전을 마감하면서도 성결법전이나 신명기 법전과는 달리 방금 언급한 율법에 대한 순종을 강요하는 내용이 없고, 여호와의 임재, 약속의 땅, 그리고 그곳에서 생기는 유혹에 관하여 언급한다. 즉, 이 단락은 율법의 모음이 아니라 율법을 형성하는 뼈대를 제시하는데, 율법을 주시고 전적인 충성을 요구하시며 그들을 인도하시는 여호와를 강조하는 것이다. 언약서의 첫 부분(20 : 22-23)과 마지막 부분(22 : 20-33)은 십계명의 둘째 부분을 강조하고 있다. 본문에서 여호와의 사자는 여호와 자신을 말한다. 특히 이 본문 중에 이스라엘 백성들의 가나안 정복이 한 번에 이루어지지 않는다는 것을 보여 준다 : "그러나 그 땅이 황폐하게 됨으로 들짐승이 번성하여 너희를 해할까 하여 일 년 안에는 그들을 네 앞에서 쫓아내지 아니하고 네가 번성하여 그 땅을 기업으로 얻을 때까지 내가 그들을 네 앞에서 조금씩 쫓아내리라"(출 23 : 29-30). 이는 중요한 정복 신학을 보여 주는데, 땅의 정복을 통하여 이스라엘 백성들이 가나안 땅에 정착하지만(여호수아서), 그 정복은 계속적인 순종을 통하여 이루어질 것을 계획하였으나, 백성들의 불

순종으로 인하여 지연되고(사사기) 다윗 시대에 완성될 것을 예언하는 셈이다. 왕벌은 애굽에 임했던 재앙처럼 신적인 두려움을 자아내는 것이다. 애굽과 앗수르 문헌과 부조들을 보면 신은 날개를 가진 원반으로서 자신의 군대가 도착하기 전, 적들을 두려움에 떨게 하였다(성경배경주석, 132).

기도

성령의 임재를 위한 기도

전능하신 하나님의 능력의 위엄으로 우리를 해치는 모든 것을 소멸하시는 하나님을 항상 바라보게 하소서.

본문말씀 읽기와 묵상하기

본문말씀을 천천히 한 번 읽은 후에 다시 본문을 찬찬히 들여다보면서 전체적인 내용과 상황을 파악한다.

여호와 하나님으로부터 시내 산에서 십계명과 기타 율법들을 받은 모세를 통하여 이스라엘 백성에게 하나님의 명령과 약속, 즉 하나님의 언약의 결론부분들이 여기서 언급된다. 언약법전을 마감하는 본문에서는 언약법전의 시작(20:22-23)처럼 여호와를 향한 절대적인 충성을 강조한다. 마감부분에서 여호와의 임재, 약속의 땅, 그리고 그곳에서 생기는 유혹에 관한 언급이 있다.

1. 본문에 나오는 말씀의 핵심적인 내용을 마음으로 깨달아 알려고 묵상을 한다.
   가나안에 입성하는 이스라엘 백성들에게 주신 약속은?
   하나님께서 이스라엘 백성의 원수에게 원수가 되시고 그들의 대적에게 대적이 될 것이라고 하시면서 그들에게 명령하신 것은?
   하나님께서 가나안에 이스라엘 앞서 가셔서 하시는 일은?
   가나안에서 이스라엘이 하지 말아야 할 것은?
   여호와를 섬기면 하나님께서 그들에게 주시는 복은?
   하나님께서 가나안의 족속들을 일 년 안에는 쫓아내지 아니하시는 이유는?
   이스라엘이 가나안 신들과 언약하지 말아야 되는 이유는?
2. 다시 한 번 성경본문을 천천히 읽는다. 읽는 동안에 어떤 말씀이 내 마음에 부딪혀

오는지를 살핀다.

예를 들어, "내가 내 위엄을 네 앞서 보내어 네가 이를 곳의 모든 백성을 물리치고 네 모든 원수들이 네게 등을 돌려 도망하게 할 것이며 내가 왕벌을 네 앞에 보내리니 그 벌이 히위 족속과 가나안 족속과 헷 족속을 네 앞에서 쫓아내리라 그러나 그 땅이 황폐하게 됨으로 들짐승이 번성하여 너희를 해할까 하여 일 년 안에는 그들을 네 앞에서 쫓아내지 아니하고 네가 번성하여 그 땅을 기업으로 얻을 때까지 내가 그들을 네 앞에서 조금씩 쫓아내리라"(27–30절)라는 말씀이 마음에 다가왔다.

3. 내 마음에 부딪혀 온 말씀이 묵상 가운데 구체적으로 내게 어떤 말씀을 주시는지 또는 내 마음 안에서 어떻게 역사하는지를 살핀다. 그리고 이 말씀에 대해 내가 어떻게 응답하는지를 살펴본다.

하나님의 약속은 '내가 사자를 네 앞서 보내어 길에서 너를 보호하여 너를 내가 예비한 곳에 이르게 하신다'는 것이다. 이 약속을 주신 하나님께서 그들에게 '삼가 그의 목소리를 청종하고, 또한 그를 대항하여 반역하지 말라'고 명령하시는데, 그 이유는 하나님의 이름이 그에게 있기 때문이다. 여기서 '하나님의 이름이 그에게 있다'는 말씀은 하나님께서 보내신 그에게는 하나님께서 함께 임재 하여 계시므로 그를 하나님처럼 대하여야 함을 뜻한다. 하나님께서 아브라함에게 '너를 축복하는 자에게는 내가 복을 내리고 너를 저주하는 자에게는 내가 저주하리니……'라고 약속하신 바 있다. 이와 같은 약속이 가나안 전쟁을 앞두고 있는 아브라함의 후손에게 그들이 하나님의 목소리를 잘 청종하고 하나님의 모든 말씀대로 행하면 '내가 네 원수에게 원수가 되고 네 대적에게 대적이 될지라'라는 말씀으로 다시 확인된다. 이처럼 하나님의 백성의 원수에게 하나님께서 원수가 되신다는 약속은 오늘날도 하나님의 말씀을 청종하고 그대로 행하는 하나님의 백성에게는 하나님의 원수에 대해 원수가 되어야 한다는 것을 암시한다(시 139 : 21, 22). 과연 우리가 하나님의 원수에 대하여 원수가 되는가?

출애굽기 3 : 8에서 이미 여호와 하나님께서는 노예로 애굽에 있는 이스라엘 백성들을 건져내어 젖과 꿀이 흐르는 땅 가나안 족속, 헷 족속, 아모리 족속, 브리스 족속, 히위 족속, 여부스 족속의 지방에 이르게 하신다고 약속하셨다. 이 약속대로 출애굽하게 된 이스라엘 백성들에게 여호와 하나님께서 '내 사자가 네 앞서 가서 너를 이 여섯 족속의 사람에게로 인도하고, 나는 그들을 끊으리니'라고 말씀하신다. 여기서 핵심적인 것은 이스라엘의 출애굽 과정이나 또는 위의 여섯 족속의 지방에 이르는 과정 모두 여호와 하나님께서 앞서 가시어 가능하였다는 것이다. 여호와 하나님의 이러한 구원의 역사를 경험한 그들이 반드시 하지 말아야 될 것과 해야 될 것이 네 가지로 제시된다. 첫째, 위의 여섯 족속의 신을 경배하지 말라는 것. 둘째, 그들의 신을 섬기지 말라는 것. 셋째, 그들의 행위를 본받지 말라는 것. 넷째, 당시 가나안 사람들은 바알 아스다롯, 몰록, 림몬 등과 같은 각종 신들의 형상들을 다 깨뜨리며, 또한 그들의 주상을 부수라는 것이다. 오늘날 하나님의 구원의 역사를 경험한 우리들이 반드시 하지 말아야 될 것과 해야 될 것은?

가나안 입성 바로 전에 하나님께서 이스라엘 백성에게 우상숭배를 철저하게 금하시면서 또한 그들의 하나님 여호와를 섬기라고 명령하신다. 그들이 여호와를 섬긴다면, 다음과 같은 복을 내리실 것이라고 약속 하시는데, 구체적으로 하나님 여호와께서는 그들에게 양식과 물에 복을 내리시며, 병을 제하시며, 낙태하는 자가 없으며, 임신하지 못하는 자가 없으며, 일찍 죽는 일 없이 주어진 수명을 누릴 것이라고 약속하신다. 이러한 복은 다른 어떤 것 보다 당시 팔레스타인 지방에서 필요한 것이다. '내 위엄을 네 앞서 보내어'라는 말씀은 이스라엘 백성이 가나안에 들어가기 전에 가나안 족속들 모두가 두려움에 떨 것을 의미한다. 구체적으로 이는 여호와 하나님께서 이스라엘 백성이 가나안에 이르기 전에 그곳의 모든 백성을 물리치시고, 결국 그곳의 백성들이 이스라엘에게 등을 돌려 도망하게 할 것이라는 말씀이다. 또한 여호와 하나님께서 왕벌을 이스라엘 앞에 보내어 그곳의 히위 족속과 가나안 족속과 헷 족속을 이스라엘 앞에서 쫓아내리라고 말씀하시는데, 이는 이스라엘의 가나안 정복전쟁의 승리는 하나님의 모든 자연적 혹은 초자연적인 통치를 지칭한다. 하나님 여호와께서 가나안 족속들을 이스라엘 앞에서 일 년 안에는 쫓아내지 아니하실 것이라고 약속하신다. 이러한 약속의 배경에는 이스라엘 백성을 향한 하나님의 사랑과 배려가 있다. 구체적으로 이는 단기전쟁으로 가나안 땅이 황폐하여 들짐승이 번성하게 되면, 이스라엘 백성들이 해함을 당할 수 있기 때문이다. 그리하여 하나님께서는 이스라엘이 번성하여 가나안 땅을 기업으로 얻을 때까지 가나안 족속을 그들 앞에서 조금씩 쫓아내실 것이라고 말씀하신다. 여기서 우리는 하나님의 세심한 배려를 느끼는데, 오늘날 우리의 삶에서 이러한 하나님의 배려를 감지하는가?

여호와 하나님께서 이스라엘에게 그들이 차지할 가나안 땅의 경계를 말씀하시는데, 이는 창세기 15:18에서 이미 아브라함에게 약속하셨던 바 있다. 그 경계는 아카바 만을 가리키는 홍해에서부터 지중해를 가리키는 블레셋 바다까지다. 이는 당시의 동쪽과 서쪽 경계를 지칭한다. 그리고 그 경계는 또한 수르에서부터 유프라테스 강까지이다. 이는 당시의 남쪽과 북쪽 경계를 지칭한다. 이와 같이 이스라엘이 차지할 동서남북의 경계를 말씀하신 후, 여호와 하나님께서 그들에게 가나안 땅의 주민을 그들의 손에 넘긴다고 약속하시면서, 동시에 이스라엘이 그 땅의 주민을 쫓아내라고 명령하신다. 당시 가나안 지역의 조약방법은 서로의 신을 인정하고 그 신들에게 경배하는 의식이 포함되어 있었다. 그래서 여호와 하나님께서 가나안에 입성하려는 이스라엘에게 가나안에 들어가거든 그 땅의 사람들과 그 땅의 신들과 언약하지 말라고 명령하신다. 그리고 하나님께서 이스라엘에게 가나안 족속들을 네 앞에 머무르지 못하게 쫓아내라고 명령하시는데, 그 이유는 그들이 이스라엘을 하나님의 거룩한 백성이 되지 못하도록 할 수 있기 때문이다. 뿐만 아니라 그들은 이스라엘로 하여금 가나안 족속의 신들을 섬기게 함으로 멸망에 이르게 할 수 있기 때문이다. 여기서 우리는 하나님께서 우리에게 하시는 명령에는 우리를 위한 하나님의 사랑과 배려가 있다는 것을 느끼게 된다.

응답기도 및 임재 안에 머물기

각자 깨달은 말씀이나 마음에 부딪혀 오는 은혜에 따라 응답하는 기도를 충분히 드린다. 충분하게 하나님과 대화를 나누는 기도를 드린 이후에 하나님의 선하심과 인자하심을 맛보며 그분의 임재 안에 얼마 동안 머무른다. 하나님의 임재 안에 머무른 후에 기도 안내문에 나와 있는 기도로 마무리한다.

"하나님의 사자를 우리 앞서 보내시어 하나님께서 우리를 위하여 예비한 곳에 이르게 하시는 하나님 감사합니다. 항상 삼가 하나님의 목소리를 청종하고 하나님을 즐거워하게 하옵소서. 하나님의 섭리에 따라 우리의 삶과 우리의 주변 환경을 다스리시어 하나님의 뜻을 세우시는 데 우리를 거룩한 도구로 사용해 주옵소서."

반추 및 성찰

가능하면 기도했던 장소에서 자리를 옮긴다. 그리고 기도 시간에 경험한 내용을 돌아보면서 노트에 간단히 적는다. 이때 기도 안에서 하나님과 내 자신에 대한 전체적인 느낌을 적고, 또 영적으로 위로를 받았던 경험과 영적으로 메말랐던 경험을 적는다.

_____

_____

_____

_____

삶으로 나아가기

마음에 와 닿는 한 구절의 말씀을 선택하여 쪽지에 기록한다.

예를 들면 "내가 내 위엄을 네 앞서 보내어 네가 이를 곳의 모든 백성을 물리치고 네 모든 원수들이 네게 등을 돌려 도망하게 할 것이며 내가 왕벌을 네 앞에 보내리니 그 벌이 히위 족속과 가나안 족속과 헷 족속을 네 앞에서 쫓아내리라 그러나 그 땅이 황폐하게 됨으로 들짐승이 번성하여 너희를 해할까 하여 일 년 안에는 그들을 네 앞에서 쫓아내지 아니하고 네가 번성하여 그 땅을 기업으로 얻을 때까지 내가 그들을 네 앞에서 조금씩 쫓아내리라"(27-30절).

이 말씀을 수시로 꺼내어 읊조리면서 일상 안에서 기도하며 생활한다.

주요내용 설명

여호와의 사자가 이스라엘을 보호하고 예비한 곳으로 인도할 것을 약속한다. 그러므로 백성들이 할 일은 그의 목소리를 청종하고, 노엽게 하지 않고, 순종하는 것이다. 또한 사자는 앞서 가서 백성을 그 땅으로 인도하신다. 약속의 땅에서 그들을 향한 경고는 가나안 사람들이 섬겼던 신들을 섬기지 않아야 한다는 것이다. 이방신을 거부하고 여호와만을 섬긴다면 양식과 물이 풍부해지고, 질병이 없으며, 유산하거나 임신을 못하는 여인이 없으며, 누구나 자신의 수명대로 살 것이라는 말이다. 하나님은 당신의 위엄과 왕벌을 통하여 가나안 정복을 가능하게 할 텐데, 위엄과 왕벌이 무엇인지는 모르지만 이스라엘 백성의 힘이 아니라 하나님의 능력으로 이루어질 가나안 정복을 보여 주고 있다. 또한 이 정복은 한 번에 이루어지지 않고 점진적이라고 말한다. 또한 정복으로 이루어지는 땅의 경계를 제시한다 : "홍해(아카바만)에서부터 블레셋 바다까지, 광야에서부터 강까지"(출 23 : 31)가 경계이다. 이 본문은 다른 신과 언약을 맺지 말라는 경고로 끝난다(32절). 신들을 섬기는 것은 그들에게 올무가 되리라는 경고를 하는데 이는 사사기에서 실현된다 : "너희는 이 땅의 주민과 언약을 맺지 말며 그들의 제단들을 헐라 하였거늘 너희가 내 목소리를 듣지 아니하였으니 어찌하여 그리하였느냐 그러므로 내가 또 말하기를 내가 그들을 너희 앞에서 쫓아내지 아니하리니 그들이 너희 옆구리에 가시가 될 것이며 그들의 신들이 너희에게 올무가 되리라 하였노라"(삿 2 : 2-3).

30. 언약의 체결
(24 : 1-18)

기도에 임하기

1. 몸과 마음을 가다듬고 하나님의 임재를 기억하며 기도를 준비한다.
2. 찬송을 부른다(252장).

말씀읽기

출애굽기 24 : 1~18

1절 또 모세에게 이르시되 너는 아론과 나답과 아비후와 이스라엘 장로 칠십 명과 함께 여호와께로 올라와 멀리서 경배하고
2절 너 모세만 여호와께 가까이 나아오고 그들은 가까이 나아오지 말며 백성은 너와 함께 올라오지 말지니라
3절 모세가 와서 여호와의 모든 말씀과 그의 모든 율례를 백성에게 전하매 그들이 한 소리로 응답하여 이르되 여호와께서 말씀하신 모든 것을 우리가 준행하리이다
4절 모세가 여호와의 모든 말씀을 기록하고 이른 아침에 일어나 산 아래에 제단을 쌓고 이스라엘 열두 지파대로 열두 기둥을 세우고
5절 이스라엘 자손의 청년들을 보내어 여호와께 소로 번제와 화목제를 드리게 하고
6절 모세가 피를 가지고 반은 여러 양푼에 담고 반은 제단에 뿌리고
7절 언약서를 가져다가 백성에게 낭독하여 듣게 하니 그들이 이르되 여호와의 모든 말

말씀을 우리가 준행하리이다

8절 모세가 그 피를 가지고 백성에게 뿌리며 이르되 이는 여호와께서 이 모든 말씀에 대하여 너희와 세우신 언약의 피니라

9절 모세와 아론과 나답과 아비후와 이스라엘 장로 칠십 인이 올라가서

10절 이스라엘의 하나님을 보니 그의 발 아래에는 청옥을 편 듯하고 하늘 같이 청명하더라

11절 하나님이 이스라엘 자손들의 존귀한 자들에게 손을 대지 아니하셨고 그들은 하나님을 뵙고 먹고 마셨더라

12절 여호와께서 모세에게 이르시되 너는 산에 올라 내게로 와서 거기 있으라 네가 그들을 가르치도록 내가 율법과 계명을 친히 기록한 돌판을 네게 주리라

13절 모세가 그의 부하 여호수아와 함께 일어나 모세가 하나님의 산으로 올라가며

14절 장로들에게 이르되 너희는 여기서 우리가 너희에게로 돌아오기까지 기다리라 아론과 훌이 너희와 함께 하리니 무릇 일이 있는 자는 그들에게로 나아갈지니라 하고

15절 모세가 산에 오르매 구름이 산을 가리며

16절 여호와의 영광이 시내 산 위에 머무르고 구름이 엿새 동안 산을 가리더니 일곱째 날에 여호와께서 구름 가운데서 모세를 부르시니라

17절 산 위의 여호와의 영광이 이스라엘 자손의 눈에 맹렬한 불 같이 보였고

18절 모세는 구름 속으로 들어가서 산 위에 올랐으며 모세가 사십 일 사십 야를 산에 있으니라

배경설명

출애굽기 19장에서 시작된 언약은 24장에서 마무리 상태에 들어간다. 19장에서 나타난 신현현, 도전, 임재 등의 주제가 24장에 다시 나타난다. 그리하여 19장과 24장은 20 : 1~17과 21 : 1~23 : 19의 법을 싸고 있다. 이 장은 두 개의 주제가 있는데, 하나는 하나님의 현존 안에서 성례전, 다른 하나는 모세가 이스라엘을 하나님과 연결하는 언약 체결이 있다. 이 두 주제들은 상호 배타적인 것이 아니지만, 다른 형태를 가지고 있다. 70장로는 민수기 11 : 16, 24~25 그리고 에스겔 8 : 11에 등장한다. 본문에서 피를 반은 제단에 부리고, 반은 백성들에게 뿌렸는데 피 뿌림의 의미는 무엇일까? 첫째로, 언약을 위반할 때 벌을 받을 것이라는 하나님의 경고이다. 둘째, 피는 속죄하는 기능이 있으므로 속죄의 의미가 있다. 셋째, 하나님과 인간의 혈족 관계 형성이라는 뜻이 있다. 양쪽에 피를 뿌림으로 서로가 긴밀한 관계를 형성하게 된다. 언약의 공동식사는 하나님의 현존 앞에서 공동체의 일치와 친교를 경험하는 순간이다. 결국 출애굽기 24장은 피의 언약, 공

동식사를 연결하면서 예수의 몸과 피를 나누며 하늘의 신비를 맛보는 성찬식을 예표한다. 모세는 여호수아를 동반하고 산에 오른다. 그런데 시내산에는 홀로 오른다. 여호수아는 아말렉과의 싸움에 처음 등장하고(출 17 : 8-16), 모세의 시종으로 여러 번 나온다(출 24 : 13, 33 : 11; 민 11 : 28; 수 1 : 1).

기도

성령의 임재를 위한 기도

예수 그리스도의 피로 우리의 죄를 씻기시는 하나님의 구속의 은총에 늘 깊이 묻혀 살게 하소서.

본문말씀 읽기와 묵상하기

본문말씀을 천천히 한 번 읽은 후에 다시 본문을 찬찬히 들여다보면서 전체적인 내용과 상황을 파악한다.

출애굽기 19장에서 시작된 언약에서 나타난 신의 현현, 도전, 임재 등의 주제가 24장에서 다시 나타나면서 마무리 된다. 출애굽기 19장과 24장은 20 : 1~17와 21 : 1~23 : 19의 법을 싸고 있다. 이 장은 두 개의 주제가 있다. 하나는 하나님의 현존 안에서 성례전이고, 다른 하나는 모세가 이스라엘을 하나님과 연결하는 언약 체결이다. 이 두 주제들은 상호 배타적인 것이 아니지만, 다른 형태를 가진다.

1. 본문에 나오는 말씀의 핵심적인 내용을 마음으로 깨달아 알려고 묵상을 한다.
모세가 와서 여호와의 모든 말씀과 그의 모든 율례를 백성에게 전할 때, 그들의 반응은?
모세가 여호와의 모든 말씀을 기록하고 이른 아침에 일어나 산 아래에 제단을 쌓고 이스라엘 열두 지파대로 열두 기둥을 세우고 수행한 언약예식은?
언약서란?
언약의 피란?
모세와 아론과 나답과 아비후와 이스라엘 장로 칠십 인이 올라가서 이스라엘의 하나님을 보고 난 후, 그들이 본 하나님에 대한 표현은?
'하나님이 이스라엘 자손들의 존귀한 자들에게 손을 대지 아니하셨고 그들은 하나님을 뵙고 먹고 마셨더라'고 하는데, 이 말씀의 의미는?

여호와께서 모세에게 너는 산에 올라 내게로 와서 거기 있으라 말씀하시면서 그에게 율법과 계명을 친히 기록한 돌판을 주리라고 하신 이유는?

모세가 그의 부하 여호수아와 함께 일어나 모세가 하나님의 산에 오르매 구름이 산을 가리며 여호와의 영광이 시내 산 위에 머무렀는데, 몇 일만에 여호와께서 모세를 부르십니까?

산 위의 여호와의 영광이 이스라엘 자손의 눈에 맹렬한 불 같이 보였는데, 구름 속으로 들어가서 산 위에 올라가 사십 일 사십 야를 산에 있었던 모세를 상상해 보자.

2. 다시 한 번 성경본문을 천천히 읽는다. 읽는 동안에 어떤 말씀이 내 마음에 부딪혀 오는지를 살핀다.

예를 들어, "모세가 피를 가지고 반은 여러 양푼에 담고 반은 제단에 뿌리고 언약서를 가져다가 백성에게 낭독하여 듣게 하니 그들이 이르되 여호와의 모든 말씀을 우리가 준행하리이다 모세가 그 피를 가지고 백성에게 뿌리며 이르되 이는 여호와께서 이 모든 말씀에 대하여 너희와 세우신 언약의 피니라"(6–8절)라는 말씀이 마음에 다가왔다.

3. 내 마음에 부딪혀 온 말씀이 묵상 가운데 구체적으로 내게 어떤 말씀을 주시는지 또는 내 마음 안에서 어떻게 역사하는지를 살핀다. 그리고 이 말씀에 대해 내가 어떻게 응답하는지를 살펴본다.

시내 산에서 주어진 '언약의 말씀'(출 20 : 22–23, 33)에 이어 모세에게 들려진 말씀은 '너는 아론과 아론의 아들, 나답과 아비후, 그리고 이스라엘 장로 칠십 명과 함께 여호와께 올라오라는' 것이다. 모세를 포함한 이들 모두가 여호와께로 올라와 멀리서 경배하고, 모세만 여호와께 가까이 나아오라고 여호와께서 말씀하시는데, 이는 하나님께서 모세를 그들과 이스라엘 백성의 중보자로 삼으셨다는 것을 의미한다. 십계명은 백성들도 하나님으로부터 들었지만, 여호와의 모든 말씀과 그의 모든 율례는 모세만이 하나님으로부터 들었으므로 그는 하나님으로부터 24 : 1~2에서 받은 하나님의 말씀대로 시내 산에서 내려와 백성들에게 여호와의 이 모든 말씀과 그의 모든 율례(출 20 : 22–23 : 33)를 전달한다. 하나님의 모든 말씀과 그의 모든 율례를 모세로부터 들은 이스라엘 백성이 한 소리로 그 말씀에 '여호와께서 말씀하신 모든 것을 우리가 준행 하리이다'라고 응답한다. 이와 같이 그들 모두는 한 사람도 빠짐없이 한 소리로 하나님의 모든 율례를 준행하겠다고 하나님 앞과 사람 앞에서 다짐한다. 모세가 전해준 여호와의 모든 말씀을 다 준행하겠다고 이스라엘 백성이 응답하자, 그는 여호와의 모든 말씀을 기록한다. 그리고 이른 아침에 일어난 모세는 산 아래에 제단을 쌓는데, 당시 제단은 여호와께서 그의 백성을 축복하기 위하여 강림하는 장소(출 20 : 24)이다. 즉 이는 여호와 하나님의 현존과 임재를 의미한다. 또한 모세가 여호와 하나님과 계약을 맺는 당사자인 이스라엘 열두 지파대로 열두 기둥을 세운다. 당시 이와 같이 돌기둥을 세우거나 돌무더기를 쌓는 것은 계약자 쌍방 간에 계약체결을 기념하는 것이었다. 시내 산에서 내려와 모세가 이스라엘 백성에게 하나님 여호와로부터 들은 모든 말씀을 전달하자, 한 소리로 '우리가 여호와께서 말씀하신 모든 것을 준행 하리이다.'라고 응답하는 당시 상황을 상상하면서 모세가 여호와의 모든 말씀을 기록하고 이른 아침에 일어나 산 아래에 제단을 쌓고 이스라엘 열두 지파대로 열두 기둥을 세우는 그 의미는? 이러한 당시 상황을 상상하면서 하나님과 자신 사이의 관계를 상상해 보자.

모세가 시내 산에서 단독으로 이스라엘을 대표하여 하나님으로부터 말씀과 율례를 받고, 받은 하나님의 모든 말씀을 기록하였고, 이와 같이하여 기록된 하나님의 말씀이 바로 언약서이다. 그리고 난 후, 모세가 단을 쌓고, 이스라엘 자손의 청년들을 보내어 소로 번제와 화목제를 여호와께 드리게 하고, 또한 피를 단과 백성들에게 각각 반씩 뿌린다. 이는 그 피를 나눈 하나님과 이스라엘이 연합되었음을 의미한다. 그리고는 모세가 언약서를 가져다가 백성에게 낭독하여 듣게 하는데, 그들이 모두 '여호와의 모든 말씀을 우리가 준행하리이다'라고 응답한다. 이와 같이하여 하나님은 언약서를 근거로 하여 이스라엘과 피 언약이 체결된다. 이는 여호와 하나님께서 모세에게 주신 말씀과 율례에 대하여 이스라엘 백성과 세우신 언약의 피이다. 이는 하나님과 이스라엘 백성 사이에 체결된 언약을 정식적으로 성립시키는 피다. 여기 첫 언약의 중보자는 모세이고, 희생물은 짐승이나 '새 언약'(눅 22 : 20)의 중보자는 예수 그리스도이시며, 또한 희생물 역시 예수 그리스도 자신이시다. 이스라엘 백성들은 모세를 통한 언약예식을 통하여 여호와 하나님이 단지 '조상의 하나님'만이 아니라 '이스라엘의 하나님'으로 알게 된다. 언약체결 후, 모세와 아론과 그의 아들 나답과 아비후, 그리고 이스라엘 장로 칠십 인이 시내 산에 올라가서 이스라엘의 하나님을 본다. 시내 산 정상에서 하나님과 모세가 가까이 40일간 있었을 때에도 그는 하나님의 등을 보았다고(출 33 : 23) 기록된 것으로 보아 영이신 하나님의 얼굴을 그들이 직접 볼 수는 없다. 그들이 하나님을 보고 '그의 발아래에는 청옥을 편 듯하고 하늘 같이 청명하더라'고 표현하는데, 이는 하나님의 영광의 형상을 청옥(사파이어)으로 아름답게 포장한 것과 같다는 표현이다. 하나님의 발아래의 영광을 이처럼 표현하였으니 이는 하나님 주변의 아름다움은 말로 표현하기가 어려울 정도로 성스럽고 근접할 수 없었다는 것을 암시한다. 이스라엘 자손들의 존귀한 자들이란 모세와 아론, 나답과 아비후, 그리고 이스라엘 장로들 70인을 가리킨다. 계약 체결 후 시내 산에 오른 이들에게 하나님께서 손을 대지 아니하셨다는 것은 이들을 죽이지 않으셨다는 의미이다. 그리하여 그들은 하나님 앞에서 먹고 마셨는데, 이는 계약 체결 후의 공동식사로서 계약을 체결한 데 대한 상호 신뢰의 교제를 나타내는 증거이다(창 24 : 32-54). 이는 또한 하나님과 이스라엘 사이의 교제가 회복되고 실제적인 관계가 확립되었음을 나타낸다. 이와 같이 모세를 통한 언약예식으로 이스라엘 백성들은 여호와 하나님이 단지 '조상의 하나님'만이 아니라 '이스라엘의 하나님'으로 알게 되는데, 오늘 우리 그리스도인들은 '새 언약'(눅 22 : 20)의 중보자이신 예수 그리스도의 피로 하나님을 구속주와 창조주이심을 알게 되며, 그리스도 예수로 말미암아 하나님과의 교제에 회복되고 우리의 일상의 삶 속에서 하나님과의 실제적인 관계를 누리고 있다.

산에 올라 하나님께로 와서 거기 있으라는 말씀과 이스라엘 백성들을 가르치도록 율법과 계명을 친히 거룩한 돌판을 그에게 주실 것이라는 말씀을 들은 모세가 그의 부하 여호수아와 함께 시내 산에 오른다. 여기서 거룩한 돌판을 모세에게 주는 이유는 율법과 계명, 즉 십계명 전문(출 34 : 1, 28)을 이스라엘 백성에게 가르치도록 하기 위해서이다. 이 돌판은 두 개로 되어 있고, 각각 앞뒤로 글이 새겨져 있다(출 32 : 15). 첫 번째 돌판은 이스라엘 백성의 금송아지 숭배로 깨뜨려졌고, 후일 법궤 안에 보관된 십계명 돌판은 하나님께서 다시 만들어 주신 두번째 돌판이다. 그 내용은 성격상 증거판(출 31 : 18) 혹은 언약의 돌판(신 9 : 9)이다. 출애굽 과정에서 구름 기둥이 하나님의 임재를 상징하였던 것처럼 모세가 시내 산에 오르자 구름이 산을 가리며 여호와 하나님의 영광이 그 산 위에 머문다. 여호와의 영광이란 구름, 불, 뇌성 등 백성이 가까이 하기를 두려워했던 장엄한 광경 그 자체이다(출 24 : 17, 19 : 16, 18). 여호와의 영광이 시내 산 위에 구름으로 엿새 동안 산을 가린다. 모세가 산에 이른 지 일곱째 날에야 하나님의 세부적인 지시와 계명을 새긴 돌판을 그에게 주시려고 여호와께서 구름 가운데서 그를 부르신다. 시내 산 위의 여호와의 영광이 이스라엘 자손의 눈에 맹렬한 불같이 보였다고 하는데, 이는 하나님의 임재와 능력을 '사르는 불'로 표현한 것이다(왕상 19 : 12; 시 50 : 3, 97 : 3; 사 66 : 15; 말 3 : 2). 빽빽한 구름 가운데서도 이를 뚫고 그들에게 하나님의 영광의 광채 가운데서도 모세는 구름 속으로 들어가서 산 위에 올랐으며, 게다가 그는 사십일 사십 야를 산에 머문다. 여호와 하나님께서 모세를 시내 산에 올라 하나님에게로 와서 거기 있으라고 명령하신 이유와 그에게 거룩한 돌판을 주려 하신 이유는? 모세가 시내 산에 오르매 구름이 산을 가리며 여호와의 영광이 시내 산 위에 머무르고 구름이 엿새 동안 산을 가리더니 일곱째 날에 여호와께서 구름 가운데서 그를 부르시는 당시 상황과 산 위의 여호와의 영광이 이스라엘 자손의 눈에 맹렬한 불같이 보였는데, 이러한 가운데 구름 속으로 들어가 산 위에 올라 사십 일 사십 야를 머무는 모세를 상상해 보자.

응답기도 및 임재 안에 머물기

각자 깨달은 말씀이나 마음에 부딪혀 오는 은혜에 따라 응답하는 기도를 충분히 드린다. 충분하게 하나님과 대화를 나누는 기도를 드린 이후에 하나님의 선하심과 인자하심을 맛보며 그분의 임재 안에 얼마 동안 머무른다. 하나님의 임재 안에 머무른 후에 기도 안내문에 나와 있는 기도로 마무리한다.

"예수 그리스도의 피로 우리 죄를 사하시고 우리를 하나님으로부터 임하는 평안과 소망 안에서 살게 하시는 하나님 감사합니다. 하나님 이제 우리 모두는 우리에게 주신 생명의 양식인 하나님의 말씀을 듣고 준행하는 삶을 살 수 있기를 원합니다. 이러한 삶을 즐거워하면서 능력 있는 이 땅의 삶을 살 수 있도록 도와주소서."

반추 및 성찰

가능하면 기도했던 장소에서 자리를 옮긴다. 그리고 기도 시간에 경험한 내용을 돌아보면서 노트에 간단히 적는다. 이때 기도 안에서 하나님과 내 자신에 대한 전체적인 느낌을 적고, 또 영적으로 위로를 받았던 경험과 영적으로 메말랐던 경험을 적는다.

_____

_____

_____

_____

삶으로 나아가기

마음에 와 닿는 한 구절의 말씀을 선택하여 쪽지에 기록한다.
예를 들면 "모세가 피를 가지고 반은 여러 양푼에 담고 반은 제단에 뿌리고 언약서를 가져다가 백성에게 낭독하여 듣게 하니 그들이 이르되 여호와의 모든 말씀을 우리가 준행하리이다 모세가 그 피를 가지고 백성에게 뿌리며 이르되 이는 여호와께서 이 모든 말씀에 대하여 너희와 세우신 언약의 피니라"(6-8절).
이 말씀을 수시로 꺼내어 읊조리면서 일상 안에서 기도하며 생활한다.

주요내용 설명

1~2절에서 하나님은 모세에게 아론과 나답, 아비후, 칠십 명의 장로들과 함께 산으로 올라오라고 명령하신다. 세 종류의 하나님과의 만남이 나타난다. 맨 아래에는 올라오지 못한 백성들이 있다. 둘째 층에는 아론 제사장, 나답, 아비후, 그리고 칠십 장로들이 백

성들보다는 더 올라오지만, 그들도 멀리서 경배하라고 명령한다(1절). 셋째로, 모세는 가까이 나아오라고 명령한다(2절). 그리하여 모세의 권위가 강조된다. 이는 성막의 3중 구조를 암시한다.

3~8절에서, 모세는 산 위에 있지 않고 백성들과 함께 있다. 24:3~8은 20:17이나 20:21를 연결한다. 모세가 여호와의 말씀과 규례를 백성에게 전하고 그들이 여호와의 말씀을 준행하겠다고 고백하자 모세는 여호와의 모든 말씀을 기록한다. 이 말씀은 십계명과 언약법전을 가리킨다. 이어서 제단을 쌓고 열두 기둥을 세운다(4절). 이어서 모세가 청년들을 보내어 번제와 화목제를 드리게 했다. 모세는 희생의 피를 절반씩 나누어 반은 하나님을 상징하는 제단에 뿌리고(6절), 절반은 백성에게 뿌린다(8절). 백성에게 피를 뿌리기 전에 언약서를 가져다가 백성에게 낭독하게 하고 백성들이 준행하겠다고 응답하게 한다(7절). 피뿌림의 의식은 말씀을 지키겠다는 결심과 함께 하였다.

9~11절은 하나님과 이스라엘의 지도자들 간의 언약 식사를 보여 준다. 이 식사에는 1~2절에서 본대로 모세, 아론, 나답, 아비후, 장로 70인이 참여하게 된다. 그들은 하나님을 보았다고 말한다(10-11절). 그러나 그들이 말하거나 움직이지 않았다. 세 가지 주목할 만한 것은 다음과 같다. 첫째, 그들이 본 것을 말하는데 거룩한 모습에 대한 간접적인 진술이다. 둘째, 하나님이 이스라엘을 접촉하지 않으셨다. 즉, 하나님을 대면하였지만, 죽음을 당하지 않았다. 셋째, 그들은 먹고 마셨다. 이것은 제의적인 표현으로 경외의 순간이다. 12~14절에서 모세가 홀로 남아 하나님으로부터 계명을 받기 위하여 시내산에 올랐다. 15~18절에서 하나님이 구름 가운데 모세를 부르셨다. 산 위의 여호와의 영광이 맹렬한 불 같고, 모세는 구름 속으로 들어가 40일 40야를 산에 있었다.

31. 금송아지 숭배
(32 : 1-14)

기도에 임하기

1. 몸과 마음을 가다듬고 하나님의 임재를 기억하며 기도를 준비한다.
2. 찬송을 부른다(251장).

말씀읽기

출애굽기 32 : 1~14

1절	백성이 모세가 산에서 내려옴이 더딤을 보고 모여 백성이 아론에게 이르러 말하되 일어나라 우리를 위하여 우리를 인도할 신을 만들라 이 모세 곧 우리를 애굽 땅에서 인도하여 낸 사람은 어찌 되었는지 알지 못함이니라
2절	아론이 그들에게 이르되 너희의 아내와 자녀의 귀에서 금 고리를 빼어 내게로 가져오라
3절	모든 백성이 그 귀에서 금 고리를 빼어 아론에게로 가져가매
4절	아론이 그들의 손에서 금 고리를 받아 부어서 조각칼로 새겨 송아지 형상을 만드니 그들이 말하되 이스라엘아 이는 너희를 애굽 땅에서 인도하여 낸 너희의 신이로다 하는지라
5절	아론이 보고 그 앞에 제단을 쌓고 이에 아론이 공포하여 이르되 내일은 여호와의 절일이니라 하니

6절 이튿날에 그들이 일찍이 일어나 번제를 드리며 화목제를 드리고 백성이 앉아서 먹고 마시며 일어나서 뛰놀더라

7절 여호와께서 모세에게 이르시되 너는 내려가라 네가 애굽 땅에서 인도하여 낸 네 백성이 부패하였도다

8절 그들이 내가 그들에게 명령한 길을 속히 떠나 자기를 위하여 송아지를 부어 만들고 그것을 예배하며 그것에게 제물을 드리며 말하기를 이스라엘아 이는 너희를 애굽 땅에서 인도하여 낸 너희 신이라 하였도다

9절 여호와께서 또 모세에게 이르시되 내가 이 백성을 보니 목이 뻣뻣한 백성이로다

10절 그런즉 내가 하는 대로 두라 내가 그들에게 진노하여 그들을 진멸하고 너를 큰 나라가 되게 하리라

11절 모세가 그의 하나님 여호와께 구하여 이르되 여호와여 어찌하여 그 큰 권능과 강한 손으로 애굽 땅에서 인도하여 내신 주의 백성에게 진노하시나이까

12절 어찌하여 애굽 사람들이 이르기를 여호와가 자기의 백성을 산에서 죽이고 지면에서 진멸하려는 악한 의도로 인도해 내었다고 말하게 하시려 하나이까 주의 맹렬한 노를 그치시고 뜻을 돌이키사 주의 백성에게 이 화를 내리지 마옵소서

13절 주의 종 아브라함과 이삭과 이스라엘을 기억하소서 주께서 그들을 위하여 주를 가리켜 맹세하여 이르시기를 내가 너희의 자손을 하늘의 별처럼 많게 하고 내가 허락한 이 온 땅을 너희의 자손에게 주어 영원한 기업이 되게 하리라 하셨나이다

14절 여호와께서 뜻을 돌이키사 말씀하신 화를 그 백성에게 내리지 아니하시니라

배경설명

25~31장은 성막 건립에 대한 지시이며 35~40장은 성막 건립 명령에 대한 이행을 다루므로 함께 다루기로 하고, 먼저 32~34장에서 언약의 파기와 갱신에 대하여 살펴보기로 한다. 고대 근동에서 송아지 상은 많이 발굴되었다. 송아지를 숭배하는 이유는 송아지가 다산과 풍요의 상징이기 때문이었다. 그러나 송아지가 처음부터 숭배의 대상이 아니라 예루살렘 성전의 그룹처럼 신의 받침대 역할을 하다가 숭배의 대상으로 바뀌었다는 주장도 있다. 여로보암이 섬긴 송아지 형상은 받침대로 시작하여 숭배하였다고 볼 여지가 있지만, 아론의 금송아지의 경우에는 애굽에서 전래된 풍요와 다산의 상징인 송아지를 하나님의 형상으로 숭배한 것으로 보인다. 즉, 형식은 여호와 종교이지만, 내용은 풍요와 다산을 내용으로 하는 송아지 숭배라고 볼 수 있다. 우상의 제작(32 : 1-6)은 성막의 제작과정(25 : 1-9, 35 : 4-29)과 대비된다. 아론은 스스로 백성들에게 무엇인가 보여 주

기 위하여 지시를 하였다. 금송아지를 만드는 그의 방법은 성막을 만들 때와 대비된다. 그들은 하나님을 위한 것이 아니라 그들을 위하여 금송아지를 만들었다. 그리고 하나님이 주도한 것이 아니라 사람들이 주도한 것이었다. 금송아지 제작에 필요한 재료들은 자발적으로 감동을 받아 가져온 것이 아니라 아론의 명에 의해 강제적으로 가져온 것이다.

모세의 중보기도는 아브라함의 중보기도(창 18장)에 이어 하나님과 백성 사이에 중보기도의 역할을 보여 준다. 즉, 하나님은 중보기도에 의하여 역사를 바꾸시기도 한다. 모세의 중보기를 통하여 멸망을 바꾸신다. 하나님이 뜻을 돌이키심은 인간의 후회와는 다르다. 잘못하여 후회하는 것이 아니라, 백성들을 향한 사랑의 동기에 의하여 뜻을 돌이키시는 것이다. 그것은 하나님의 실수를 증명하는 근거가 아니라 정의에 근거한 하나님의 행동이 하나님의 사랑이라는 이유로 인하여 지연되거나 돌이킬 수 있음을 의미한다.

기도

성령의 임재를 위한 기도

하나님이시여 그 큰 권능과 강한 손으로 우리를 불신 가운데서 끌어내시어 구속하신 하나님의 은총을 잊지 않게 하소서.

본문말씀 읽기와 묵상하기

본문말씀을 천천히 한 번 읽은 후에 다시 본문을 찬찬히 들여다보면서 전체적인 내용과 상황을 파악한다.

모세가 백성들을 떠나 시내 산에 들어간 지 40일이 되도록 그들에게 내려오지 않자 그들은 당황하였다. 모세가 산에서 내려오지 않자 그들은 아론에게 '일어나라 우리를 위하여 우리를 인도할 신을 만들라'고 요구한다. 애굽에서 가시적인 우상들을 접했던 그들은 그들을 인도할 눈에 보이는 신을 요구한 것이다. 이는 애굽 땅에서 우리를 구원하여 여기까지 인도한 모세는 어찌 되었는지 우리가 알지 못하니, 이제 우리를 인도할 눈에 보이는 신을 만들라는 것이다. 이로보아 이스라엘 백성은 그들을 애굽에서 인도하여 내신 분은 아브라함과 언약관계를 맺으신 하나님이라고 믿기보다는 모세라고 믿었던 것으로 보인다.

1. 본문에 나오는 말씀의 핵심적인 내용을 마음으로 깨달아 알려고 묵상을 한다.

이스라엘백성이 모세가 산에서 내려옴이 더딤을 보고 그들이 한 것은?

그들이 금송아지 형상을 만든 과정은? 금송아지를 만들고 난 후 그들이 행한 것은?

'여호와께서 모세에게 이르시되 너는 내려가라 네가 애굽 땅에서 인도하여 낸 네 백성이 부패하였도다'라고 말씀하신 까닭은?

여호와께서 금송아지를 만든 이스라엘 백성에 대하여 모세에게 하신 말씀은? 이 말씀을 들은 모세의 반응은? 모세의 반응에 대한 하나님의 응답은? 하나님의 응답을 듣고 난 후, 모세가 하나님께 간구한 내용은? 모세의 이러한 기도를 들으시고 하나님께서 하신 일은?

2. 다시 한 번 성경본문을 천천히 읽는다. 읽는 동안에 어떤 말씀이 내 마음에 부딪혀 오는지를 살핀다.

예를 들어, "여호와여 어찌하여 그 큰 권능과 강한 손으로 애굽 땅에서 인도하여 내신 주의 백성에게 진노하시나이까 어찌하여 애굽 사람들이 이르기를 여호와가 자기의 백성을 산에서 죽이고 지면에서 진멸하려는 악한 의도로 인도해 내었다고 말하게 하시려 하나이까 주의 맹렬한 노를 그치시고 뜻을 돌이키사 주의 백성에게 이 화를 내리지 마옵소서 주의 종 아브라함과 이삭과 이스라엘을 기억하소서 주께서 그들을 위하여 주를 가리켜 맹세하여 이르시기를 내가 너희의 자손을 하늘의 별처럼 많게 하고 내가 허락한 이 온 땅을 너희의 자손에게 주어 영원한 기업이 되게 하리라 하셨나이다 여호와께서 뜻을 돌이키사 말씀하신 화를 그 백성에게 내리지 아니하시니라"(11b-14절)라는 말씀이 마음에 다가왔다.

3. 내 마음에 부딪혀 온 말씀이 묵상 가운데 구체적으로 내게 어떤 말씀을 주시는지 또는 내 마음 안에서 어떻게 역사하는지를 살핀다. 그리고 이 말씀에 대해 내가 어떻게 응답하는지를 살펴본다.

이스라엘 백성의 아내와 자녀가 지니고 있던 금 고리는 출애굽 할 당시 애굽인들로부터 받아낸 것이다. 하나님께서 애굽사람들로부터 얻게 하신 이 금 고리들은 광야에서 성막과 그 기구를 만드는 데 쓰기 위한 것인데, 그들은 모든 금 고리를 아론에게로 가져간다. 이것을 가지고 그가 송아지 형상을 만든다. 이와 같이 만든 송아지 형상의 신을 보고, 그들은 '이스라엘아 이는 너희를 애굽 땅에서 인도하여 낸 너희의 신이로다'라고 말한다. 사실 송아지 형상은 애굽의 우상을 본뜬 것인데, 이스라엘 백성은 이 송아지를 여호와의 형상으로 알았던 것으로 본다(출 32 : 5). 결과적으로 이스라엘 백성은 하나님을 눈에 보이는 송아지의 차원으로 격하시킨다. 아론이 그 앞에 제단을 쌓고 '내일은 여호와의 절일'이라고 공포한다. 이는 그들의 눈에 보이는 여호와, 즉 금송아지에 대한 축제의 날을 의미한다. 이튿날 그들이 일찍이 일어나 그 제단에서 번제와 화목제를 드리고, 백성이 앉아서 먹고 마시며 일어나서 뛰논다. 이는 이방종교의 전형적인 축제의 모습이라고 한다. 특별히 '뛰 놀더라'는 것은 흥겹게 육체적인 환락을 가리키는 말이라고 하는데, 당시 이방종교에서 황소신은 힘과 생산의 상징으로서 인식되었기에 그 형상 앞에서 '뛰노는' 것은 곧 성적으로 타락한 행동을 의미한다. 여기서 우리는 출애굽 과정에서 하나님의 능력을 경험하였던 이스라엘 백성의 이와 같은 행동에서 우리 인간의 완악함과 불신을 느낄 수밖에 없다.

여호와 하나님께서 모세에게 시내 산에서 내려가라고 말씀하시면서 이스라엘 백성을 네 백성이라고 말씀하시는데, 이는 여호와 하나님과 맺은 언약을 일방적으로 깬 그들을 향한 호칭이다. 그들의 부패성이 다섯 가지로 나타난다. 첫째, 그들이 하나님 여호와께서 명령한 길을 속히 떠나 외면하였고, 둘째, 그들을 위하여 송아지 우상을 부어 만들었고, 셋째, 그 우상을 예배하였으며, 넷째, 그 우상에게 제물을 드렸고, 마지막 다섯째는 그 우상이 바로 그들을 애굽 땅에서 인도하여 낸 그들의 신이라고 한 것이다. 여기서 우리는 우리의 부패성을 감찰할 수 있겠다.

이스라엘 백성과 이제까지 함께 하셨던 여호와 하나님께서 송아지 형상 앞에 예배드리는 그들을 보시고, 그들은 목이 뻣뻣한 백성이라고 탄식하신다. 그들은 애굽에서 그들을 인도하신 하나님의 뜻을 거역하며, 따르지 않는 백성으로서 마치 농부의 말을 듣지 않는 소나 말과 같다고 하나님께서 말씀하신다. 그런즉 내가 하는 대로 두라고 여호와께서 모세에게 말씀하시는데, 이는 이제까지 그들과 함께 하셨던 하나님께서 이제부터는 그들과의 관계를 끊으시겠다는 선언이다. 이어서 하나님께서는 모세에게 '내가 그들에게 진노하여 그들을 진멸하고 너를 큰 나라가 되게 하리라'고 말씀하신다. 이는 하나님께서 아브라함에게 하셨던 '내가 너로 큰 나라가 되게 하리라'는 약속인데, 이와 동일한 약속을 여기서 모세에게 하신다. 사실 이는 하나님과의 약속을 깨뜨린 목이 뻣뻣한 이스라엘과의 약속을 철회하시고, 그 대신 모세와 새 계약을 맺으시겠다는 하나님의 의지 선언이다. 부패한 이스라엘 백성을 진멸하시겠다는 여호와 하나님의 말씀을 들은 모세가 다음의 세 가지 기도를 드리면서 주의 맹렬한 노를 그치시기를 간구한다. 첫째 간구는 '여호와여 어찌하여 그 큰 권능과 강한 손으로 출애굽 시킨 주의 백성에게 진노 하시나이까' 이고, 둘째 간구는 '어찌하여 애굽 사람들이 여호와가 자기백성을 산에서 죽이고 지면에서 진멸하려는 악한 의도로 인도해 내었다고 말하게 하시려하나이까' 이며, 마지막 셋째로 '이스라엘 조상 아브라함과 이삭과 야곱에게 하였던 약속을 지키시기를 간구한다. 모세는 부패하고 범죄 한 이스라엘 백성이 주의 백성임을 강조하면서 그들을 진멸시키시려는 여호와의 뜻을 돌이키시도록 이와 같이 간절하게 기도드린다. 모세는 연이어서 '이 언약은 여호와께서 친히 여호와 하나님을 가리켜 그들을 위하여 하신 것 아닙니까'라고 간구하면서, 구체적으로 여호와께서 그들의 조상에게 약속한 하나님의 말씀, 즉 '내가 너희의 자손을 하늘의 별처럼 많게 하고 내가 허락한 이 온 땅을 너희의 자손에게 주어 영원한 기업이 되게 하리라'는 언약의 내용 자체를 놓고 하나님께 기도한다. 이는 하나님께서 부패한 이스라엘 백성을 진멸하신다면, 그 땅은 이방인의 소유가 될 것이라는 것을 의미하는데, 여기서 모세는 하나님의 언약의 말씀에 근거하여 부패한 이스라엘을 위하여 간구한다. 이와 같은 그의 기도를 들으신 하나님께서 뜻을 돌이켜 그에게 말씀하신 화를 그 백성에게 내리지 아니하신다. 범죄한 자기 백성들을 위하여 드리는 하나님의 약속의 말씀에 근거한 모세의 중보기도가 그들을 향한 하나님의 진노를 돌이킨 사실을 기억하면서 오늘 북한으로부터 핵위협을 받아 온 세계의 주목을 받고 있는 나라를 위하여 더 간절히 계속하여 기도해야겠다.

응답기도 및 임재 안에 머물기

각자 깨달은 말씀이나 마음에 부딪혀 오는 은혜에 따라 응답하는 기도를 충분히 드린다. 충분하게 하나님과 대화를 나누는 기도를 드린 이후에 하나님의 선하심과 인자하심을 맛보며 그분의 임재 안에 얼마 동안 머무른다. 하나님의 임재 안에 머무른 후에 기도 안내문에 나와 있는 기도로 마무리한다.

"우리 죄를 속하시려 십자가 위에서 피 흘리신 놀라운 주님의 큰 은혜를 입게 하신 하나님 감사합니다. 헤아릴 수 없는 주님의 은혜를 맛 본 우리로 하여금 하나님의 그 크신 구속의 은총을 늘 찬양하게 하소서. 죄악은 성난 파도같이 우리를 위협하지만, 그럼에도 불구하고 우리를 하나님의 큰 권능과 강한 손으로 죄로부터 구속하신 이 놀라운 사건을 잊지 않게 하소서."

반추 및 성찰

가능하면 기도했던 장소에서 자리를 옮긴다. 그리고 기도 시간에 경험한 내용을 돌아보면서 노트에 간단히 적는다. 이때 기도 안에서 하나님과 내 자신에 대한 전체적인 느낌을 적고, 또 영적으로 위로를 받았던 경험과 영적으로 메말랐던 경험을 적는다.

_____
_____
_____
_____

삶으로 나아가기

마음에 와 닿는 한 구절의 말씀을 선택하여 쪽지에 기록한다.

예를 들면 "여호와여 어찌하여 그 큰 권능과 강한 손으로 애굽 땅에서 인도하여 내신 주의 백성에게 진노하시나이까 어찌하여 애굽 사람들이 이르기를 여호와가 자기의 백성을 산에서 죽이고 지면에서 진멸하려는 악한 의도로 인도해 내었다고 말하게 하시려 하나이까 주의 맹렬한 노를 그치시고 뜻을 돌이키사 주의 백성에게 이 화를 내리지 마옵소서 주의 종 아브라함과 이삭과 이스라엘을 기억하소서 주께서 그들을 위하여 주를 가리켜 맹세하여 이르시기를 내가 너희의 자손을 하늘의 별처럼 많게 하고 내가 허락한 이 온 땅을 너희의 자손에게 주어 영원한 기업이 되게 하리라 하셨나이다 여호와께서 뜻을 돌이키사 말씀하신 화를 그 백성에게 내리지 아니하시니라"(11b-14절).

이 말씀을 수시로 꺼내어 읊조리면서 일상 안에서 기도하며 생활한다.

주요내용 설명

첫 단락(1-6절)은 타락의 발단을 다룬다. 모세가 내려옴이 더디므로 백성들은 불안하기 시작했다. 모세가 보이지 않자, 자신들을 애굽에서 탈출시킨 자를 여호와로 보지 않고 모세로 이해하고 모세의 부재를 견디지 못한다. 그리하여 보이지 않는 모세를 대신하는 신을 만들기를 아론에게 요청한다. 아론은 거부하지 않고, 백성들의 금고리를 모아 조각칼로 금송아지 형상을 만들어 신으로 섬길 것을 요청한다. 아론이 요구하는 것은 새로운 종교가 아니라 그들이 알고 있는 여호와의 종교라고 부르며, 백성들의 두려움을 없애기 위한 형상으로 사이비 종교를 만들게 된다. 사이비 종교에서 새 신은 그들을 애굽에서 인도한 신이 되고, 그들이 즐기는 축제는 여호와의 절일이 된다.

둘째 단락(7-14절)은 여호와의 분노와 모세의 중보기도를 다룬다. 여호와 앞에 있는 모세를 향하여 여호와는 사이비 종교의 실체를 규정하신다. 백성들이 여호와가 명한 길을 떠났다. 그들이 하나님을 위해서가 아니라 자기들을 위하여 금송아지를 만들었다. 금송아지를 이스라엘을 애굽에서 인도한 신이라고 명했다. 이러한 행위로 인하여 백성은 한 편으로 목이 곧은 백성(9절), 또는 부패한 백성으로 서술된다. 여호와께서 이스라엘 백성을 향하여 네 백성, 모세의 백성이라고 부르신다(7절). 왜냐하면 백성들은 눈에 보이지 않는 하나님이 아니라 눈에 보이는 모세가 자신들을 애굽에서 인도했다고 믿었기 때문이다. 10절에 보면 여호와는 모세의 중보를 기대하시면서 "나대로 하게 하라"고 말씀하신다. 이 말은 이스라엘 백성의 패역에 대한 대가로 멸망시키고, 모세를 아브라함처럼 새로운 민족의 시조로 삼겠다는 것이다. 하나님은 모세의 중보를 기대하였는데, 모세는 백성을 위하여 하나님께 나아가 중보한다. 중보기도의 이유는 두 가지인데, 하나는 사람들을 향한 여호와의 명예를 위해서이며(11-12절), 다른 하나는 족장들에게 한 약속에 대한 기억을 상기하는 것이다(13절). 아브라함을 향한 무조건적인 약속(창 15장)은 이스라엘이 민족적인 위기를 당할 때마다 기억하고 하나님을 의지하게 만드는 신뢰의 기초가 되었다. 이 중보기도를 들으시고 여호와께서 뜻을 돌이키사 말씀하신 화를 백성에게 내리지 않기로 하셨다(14절).

32. 언약이 깨어짐
(32 : 15-35)

기도에 임하기

1. 몸과 마음을 가다듬고 하나님의 임재를 기억하며 기도를 준비한다.
2. 찬송을 부른다(426장).

말씀읽기

출애굽기 32 : 15~35

15절 모세가 돌이켜 산에서 내려오는데 두 증거판이 그의 손에 있고 그 판의 양면 이쪽 저쪽에 글자가 있으니
16절 그 판은 하나님이 만드신 것이요 글자는 하나님이 쓰셔서 판에 새기신 것이더라
17절 여호수아가 백성들의 요란한 소리를 듣고 모세에게 말하되 진중에서 싸우는 소리가 나나이다
18절 모세가 이르되 이는 승전가도 아니요 패하여 부르짖는 소리도 아니라 내가 듣기에는 노래하는 소리로다 하고
19절 진에 가까이 이르러 그 송아지와 그 춤 추는 것들을 보고 크게 노하여 손에서 그 판들을 산 아래로 던져 깨뜨리니라
20절 모세가 그들이 만든 송아지를 가져다가 불살라 부수어 가루를 만들어 물에 뿌려 이스라엘 자손에게 마시게 하니라

21절 모세가 아론에게 이르되 이 백성이 당신에게 어떻게 하였기에 당신이 그들을 큰 죄에 빠지게 하였느냐

22절 아론이 이르되 내 주여 노하지 마소서 이 백성의 악함을 당신이 아나이다

23절 그들이 내게 말하기를 우리를 위하여 우리를 인도할 신을 만들라 이 모세 곧 우리를 애굽 땅에서 인도하여 낸 사람은 어찌 되었는지 알 수 없노라 하기에

24절 내가 그들에게 이르기를 금이 있는 자는 빼내라 한즉 그들이 그것을 내게로 가져왔기로 내가 불에 던졌더니 이 송아지가 나왔나이다

25절 모세가 본즉 백성이 방자하니 이는 아론이 그들을 방자하게 하여 원수에게 조롱거리가 되게 하였음이라

26절 이에 모세가 진 문에 서서 이르되 누구든지 여호와의 편에 있는 자는 내게로 나아오라 하매 레위 자손이 다 모여 그에게로 가는지라

27절 모세가 그들에게 이르되 이스라엘의 하나님 여호와께서 이렇게 말씀하시기를 너희는 각각 허리에 칼을 차고 진 이 문에서 저 문까지 왕래하며 각 사람이 그 형제를, 각 사람이 자기의 친구를, 각 사람이 자기의 이웃을 죽이라 하셨느니라

28절 레위 자손이 모세의 말대로 행하매 이 날에 백성 중에 삼천 명 가량이 죽임을 당하니라

29절 모세가 이르되 각 사람이 자기의 아들과 자기의 형제를 쳤으니 오늘 여호와께 헌신하게 되었느니라 그가 오늘 너희에게 복을 내리시리라

30절 이튿날 모세가 백성에게 이르되 너희가 큰 죄를 범하였도다 내가 이제 여호와께로 올라가노니 혹 너희를 위하여 속죄가 될까 하노라 하고

31절 모세가 여호와께로 다시 나아가 여짜오되 슬프도소이다 이 백성이 자기들을 위하여 금 신을 만들었사오니 큰 죄를 범하였나이다

32절 그러나 이제 그들의 죄를 사하시옵소서 그렇지 아니하시오면 원하건대 주께서 기록하신 책에서 내 이름을 지워 버려 주옵소서

33절 여호와께서 모세에게 이르시되 누구든지 내게 범죄하면 내가 내 책에서 그를 지워 버리리라

34절 이제 가서 내가 네게 말한 곳으로 백성을 인도하라 내 사자가 네 앞서 가리라 그러나 내가 보응할 날에는 그들의 죄를 보응하리라

35절 여호와께서 백성을 치시니 이는 그들이 아론이 만든 바 그 송아지를 만들었음이더라

배경설명

본문은 백성의 우상숭배에 대한 반응으로서 모세의 분노와 백성의 치리(15-29절), 그리고 모세의 또 다른 중보기도(30-35절)를 다룬다. 모세가 돌판을 던져서 언약이 파기된 것이 아닌가라는 질문이 있다. 백성들의 우상숭배로 인하여 이미 깨어진 언약에 대한 확인으로서 돌판을 던진 것이다. 모세와 아론은 서로 다른 지도자의 모습을 보여 준다. 하나님의 부재로 보이는 모세의 부재를 잘 견디도록 회중들을 돕지 못하고, 백성들의 불안한 마음에 야합하고, 그들의 악한 뜻에 저항하는 것이 아니라 타협하여 금송아지를 만들어 지도자로 서는 아론의 모습이 나타난다. 모세는 회중의 악함에 굴복하지 않고, 하나님이 보여 주는 길을 향하여 백성들을 위해 목숨을 건다. 중보의 핵심은 바로 중보자 자신의 목숨 건 이익의 포기로 나타난다. 모세는 자신이 백성의 시조가 되는 유혹을 이기고 백성을 위해 중보한다. 모세가 수행한 중보자의 역할은 그리스도의 사역을 예표한다. 그리스도인의 중보기도는 바로 그리스도인이 중보자 자체는 될 수 없지만, 그리스도의 중보사역에 동참함을 의미할 것이다. 본문에서 우상숭배의 중요한 수행자인 아론을 벌하지 않은 이유는 무엇인가? 하나님의 치리는 우상숭배에 대한 치리가 아니라, 우상숭배자들 중에 돌아오기를 거절하는 자들에 대한 심판이다. 모세는 말한다 : "누구든지 여호와의 편에 있는 자는 내게로 나아오라."(출 32 : 26).

기도

성령의 임재를 위한 기도

하나님을 대신하여 다른 것을 사랑하고 섬기는 죄를 범하지 않게 하소서.

본문말씀 읽기와 묵상하기

본문말씀을 천천히 한 번 읽은 후에 다시 본문을 찬찬히 들여다보면서 전체적인 내용과 상황을 파악한다.

하나님과 대면하여 이스라엘 백성을 진멸하지 않으시겠다는 여호와 하나님의 말씀을 듣고, 산에서 내려와 그들을 다시 보게 될 모세는 그의 손에 두 증거판, 즉 십계명이 기록된 두 돌판을 갖고 있었다. 당시 판의 한 면에 글이 새겨졌던 돌판과는 달리 그 돌판의 양면에 하나님께서 제정하신

법이 있다. 그 돌판은 하나님이 만드신 것이며, 글자는 하나님이 쓰셔서 판에 새기신 것이다. 이후의 모든 법과 사상이 성경에서 출발되는데, 성경 가운데 최초로 기록된 형태가 바로 하나님께서 제정해 주신 '십계명'이다.

산중턱까지 모세를 수행하였던 일행 가운데 그가 산으로 들어갈 때까지 계속 그를 수행하였고, 그가 돌아오기까지 산에서 그를 기다렸던 여호수아가 산에서 내려오는 그(모세)를 맞는다. 이때 백성들의 요란한 소리를 들은 여호수아는 진중에서 전쟁이 난줄 알고, 이를 모세에게 보고한다. 이 보고를 들은 모세는 이는 승전가나 혹은 패전가도 아니며, 노래하는 소리라고 여호수아에게 말한다. 모세와 여호수아가 진에 가까이 이르러 그 송아지와 그 춤추는 것을 본다. 이를 보고, 모세가 크게 노하여 하나님으로부터 받은 , 백성들이 지키고 따라야 할 언약의 법이 기록된 그 증거판들을 산 아래로 던져 깨뜨린다. 산에서 내려오기 전, 부패한 이스라엘 백성 편에 서서 중보기도로 그들을 진멸하시려는 하나님의 뜻을 돌이키게 하였던 모세가 실제로 부패한 그들의 현장을 보자, 그는 하나님의 편에 서서 그들을 향하여 크게 노한다.

1. 본문에 나오는 말씀의 핵심적인 내용을 마음으로 깨달아 알려고 묵상을 한다.
    모세가 산에서 가지고 내려온 두 증거판이란? 그 두 증거판의 출처는?
    모세가 백성이 있는 진에 이르러 그 송아지와 그 춤추는 것을 보자 이에 대한 반응은?
    모세가 그들이 만든 송아지를 가져다가 불살라 부수어 가루를 만들어 물에 뿌려 이스라엘 자손에게 마시게 하는데, 이것의 의미는?
    모세가 아론에게 이 백성이 당신에게 어떻게 하였기에 당신이 그들을 큰 죄에 빠지게 하였느냐고 묻자, 이에 대한 아론의 대답은? 아론의 대답을 듣고 난 모세의 반응은?
    모세가 진문에 서서 누구든지 여호와의 편에 있는 자는 내게로 나아오라 하자, 그 앞으로 나온 이들은? 모세가 그의 앞에 나온 이들에게 이른 여호와의 말씀은? 모세가 전한 여호와의 말씀을 들은 그들의 반응은?
    모세가 백성에게 너희가 큰 죄를 범하였도다 내가 이제 여호와께로 올라가노니 혹 너희를 위하여 속죄가 될까 하노라 하고, 다시 여호와께로 가서 모세가 한 말은? 모세의 말을 들으신 하나님의 반응은?
2. 다시 한 번 성경본문을 천천히 읽는다. 읽는 동안에 어떤 말씀이 내 마음에 부딪혀 오는지를 살핀다.
    예를 들어, "모세가 여호와께로 다시 나아가 여짜오되 슬프도소이다 이 백성이 자기들을 위하여 금신을 만들었사오니 큰 죄를 범하였나이다 그러나 이제 그들의 죄를 사하시옵소서 그렇지 아니하시오면 원하건대 주께서 기록하신 책에서 내 이름을 지워 버려 주옵소서 여호와께서 모세에게 이르시되 누구든지 내게 범죄하면 내가 내 책에서 그를 지워 버리리라 이제 가서 내가 네게 말한

곳으로 백성을 인도하라 내 사자가 네 앞서 가리라 그러나 내가 보응할 날에는 그들의 죄를 보응하리라"(31-34절)라는 말씀이 마음에 다가왔다.

3. 내 마음에 부딪혀 온 말씀이 묵상 가운데 구체적으로 내게 어떤 말씀을 주시는지 또는 내 마음 안에서 어떻게 역사하는지를 살핀다. 그리고 이 말씀에 대해 내가 어떻게 응답하는지를 살펴본다.

산에서 내려온 모세가 이스라엘 백성이 만든 송아지를 불살라 부수어 가루를 만들어 물에 뿌려 그들에게 마시게 하는데, 이 물은 그들에게 저주가 되게 하는 쓴 물을 의미한다(민 5 : 24). 그리고 그는 형 아론에게 그들이 당신에게 어떻게 하였기에 이토록 그들을 큰 죄에 빠지게 하였느냐고 다그친다. 여기서 모세는 금송아지를 만든 죄의 책임을 그들에게 묻지 않고 아론에게 묻는다. 그러자 아론이 모세에게 '내 주여 노하지 마소서 이 백성의 악함을 당신이 아나이다.'라고 말한다. 이와 같은 말에서 우리는 아론이 그 죄에 대한 책임이 백성에게 있다는 것을 은근히 표현하고 있는 것을 느낄 수 있다. 우리의 삶 속에서도 아론처럼 함께 잘못해 놓고, 그 잘못에 대한 책임은 다른 사람에게 전가시킬 때가 있다.

백성이 어떻게 하였기에 그들을 큰 죄에 빠지게 하였느냐는 모세의 질문에 아론은 '그들이 자신에게 우리를 위하여 우리를 인도할 신을 만들라'는 제의를 했고, 그들이 우리를 애굽 땅에서 인도하여 낸 사람, 곧 모세는 어찌되었는지 알 수 없다고 하기에 그들에게 금을 가져오라 하였고, 그들이 그것을 자기에게 가져왔기에 그것을 불에 던졌더니 이 송아지가 나왔다고 대답한다. 아론의 모든 대답을 들은 모세가 백성이 방자한데, 이러한 그들의 방자는 아론으로 말미암았고, 이로 인하여 원수에게 조롱거리가 되게 하였다고 말한다. 이는 여호와 하나님을 섬기겠다고 출애굽한 이스라엘 백성이 출애굽한 후 애굽 사람들이 섬기는 금송아지 앞에서 이처럼 광란의 축제를 벌이니 이것이 바로 이방인들에게 조롱거리가 된다는 것이다. 모세가 시내 산 앞에 야영하고 있던 백성들의 진영의 문에 서서 여호와의 편에 있는 자는 누구든지 자기에게로 나아오라고 말한다. 그러자 레위 자손이 다 모여 모세에게로 가자 그는 그들에게 각각 허리에 칼을 차고 진 이 문에서 저 문까지 왕래하여 각 사람이 자기의 친구와 자기의 이웃을 죽이라는 여호와 하나님의 말씀을 전달한다. 이와 관련된 말씀이 모세가 죽기 전에 레위에 대하여 '그는 그의 부모에게 대하여 이르기를 내가 그들을 보지 못하였다 하며 그의 형제들을 인정하지 아니하며 그의 자녀를 알지 아니한 것은 주의 말씀을 준행하고 주의 언약을 지킴으로 말미암음이로다.'라는 축복의 말씀에도 나타난다. 우상 숭배한 형제와 친구, 그리고 이웃의 사람을 죽이라는 하나님 여호와의 말씀을 모세를 통하여 전해들은 레위 자손이 그의 말대로 행한다. 그리하여 이 날에 백성 중에 삼천 명 가량이 죽임을 당한다. 모세의 말대로 행한 레위 자손에게 그는 너희 각 사람이 자기의 아들과 자기의 형제를 쳤으니 오늘 여호와께 헌신하게 되었다고 말한다. 이는 레위인들이 오늘 그들을 희생 제물로 삼아 하나님께 바친 것이므로 이에 참여한 레위 자손의 각 사람에게 하나님께서 복을 내리시리라는 말이다. 여기서 말하는 복이란 하나님께서 레위인들을 아론과 그 아들들에게 주어 하나님을 섬기게 하신 축복을 의미한다(민 1 : 47-54). 여기서 레위인들의 복이란 우상 숭배한 형제와 친구와 이웃을 죽이는 것인데, 이러한 행위 자체가 여호와 편에 있는 자란 말씀을 우리는 잘 새겨들어야 한다.

레위 자손들을 통하여 하나님의 말씀대로 범죄 한 백성들을 삼천 명 가량 죽이고 난 다음날 모세가 그들에게 큰 죄를 범하였다고 말하고, 다시 시내 산으로 올라간다. 산에 오른 모세가 슬픈 마음으로 여호와 하나님께 그들을 위하여 금신을 만든 그들의 죄를 고하며, 동시에 그들의 죄를 사해 주시기를 기도한다. 이어서 모세는, 만약 그렇지 아니하시오면, 원하건대 주께서 기록하신 생명책에서 자신의 이름을 지워 버려 주시기를 간구한다. 모세는 이와 같은 큰 값을 지불하고라도 그들의 죄를 온전히 사해 주시기를 여호와 하나님께 간구하는데, 백성들의 죄를 대신하여 자신의 이름을 생명책에서 지워달라고 간구하는 이러한 모세의 기도를 들으신 여호와 하나님께서 누구든지 내게 범죄 하면 내가 내 책에서 그를 지워버리리라고 말씀하신다. 그리고 여호와 하나님께서 모세에게 세 가지 말씀을 주신다. 첫째는 '이제 가서 내가 네게 말한 곳, 즉 가나안 땅으로 백성을 인도하라'는 말씀이다. 이는 그의 기도를 들으시고 백성들의 죄를 용서하셨음을 암시하는 말씀이다. 둘째는 '내 사자가 네 앞서 가리라'는 약속의 말씀이다. 셋째는 '내가 보응할 날에는 백성들이 아론이 만든 그 송아지를 섬겼던 그들의 죄를 보응하리라'는 말씀이다. 여기서 우리는 자신과 하나님을 배신한 이스라엘 백성에 대해 분노하는 모세와 더불어 하나님 앞에서 그들의 죄를 사해 주시기를 기도하는 모세, 그리고 그 백성을 가나안 땅을 인도해야 하는 모세를 상상해 볼 수 있다.

응답기도 및 임재 안에 머물기

각자 깨달은 말씀이나 마음에 부딪혀 오는 은혜에 따라 응답하는 기도를 충분히 드린다. 충분하게 하나님과 대화를 나누는 기도를 드린 이후에 하나님의 선하심과 인자하심을 맛보며 그분의 임재 안에 얼마 동안 머무른다. 하나님의 임재 안에 머무른 후에 기도 안내문에 나와 있는 기도로 마무리한다.

"우리를 죄로부터 구속하신 하나님의 크신 은총을 잊고 우리를 위하여 다른 것을 만들거나 섬기는 죄를 범하지 않게 하소서. 우리를 완전하게 하시어 하나님을 알고 하나님 안에서 하나님을 기쁘게 하는 사람들 되게 하소서. 그리하여 우리 죄를 대속하여 주신 주님께 우리 몸과 맘을 드려 구속하신 주를 증언하고 찬양하는 사람들로 남은 삶을 살게 하소서."

반추 및 성찰

가능하면 기도했던 장소에서 자리를 옮긴다. 그리고 기도 시간에 경험한 내용을 돌아보면서 노트에 간단히 적는다. 이때 기도 안에서 하나님과 내 자신에 대한 전체적인 느낌을 적고, 또 영적으로 위로를 받았던 경험과 영적으로 메말랐던 경험을 적는다.

_____

_____

_____

_____

삶으로 나아가기

마음에 와 닿는 한 구절의 말씀을 선택하여 쪽지에 기록한다.
예를 들면 "모세가 여호와께로 다시 나아가 여짜오되 슬프도소이다 이 백성이 자기들을 위하여 금 신을 만들었사오니 큰 죄를 범하였나이다 그러나 이제 그들의 죄를 사하시옵소서 그렇지 아니하시오면 원하건대 주께서 기록하신 책에서 내 이름을 지워 버려 주옵소서 여호와께서 모세에게 이르시되 누구든지 내게 범죄하면 내가 내 책에서 그를 지워 버리리라 이제 가서 내가 네게 말한 곳으로 백성을 인도하라 내 사자가 네 앞서 가리라 그러나 내가 보응할 날에는 그들의 죄를 보응하리라"(31-34절).
이 말씀을 수시로 꺼내어 읊조리면서 일상 안에서 기도하며 생활한다.

주요내용 설명

첫째 단락(15-29절)은 백성들이 언약을 파괴한 현장에서 보여 주는 모세의 분노와 백성의 치리이다. 언약을 체결하고 돌판 두 개를 들고 내려온 모세는 그들의 우상숭배의 현장을 보고 돌판을 던져 깨뜨린다. 이미 금송아지 숭배를 통하여 이스라엘의 반역으로 인하여 이미 깨어진 언약을 확인하는 절차인 것이다. 모세는 지도자 아론과 백성을 치리한다. 아론은 자신의 잘못을 인정하기 보다는 백성의 악함(32 : 21)이 불가피한 원인이라고 주장하고, 송아지 형상을 주도적으로 만든 책임을 회피한다(32 : 24). 모세는 백성의 죄를 인정하여 그들에 대한 치리에 나서지만, 이 모든 책임이 아론에게 있음을 확인한다(32 : 21, 25). 모세는 근본적인 책임을 아론에게 묻고, 이로 인하여 백성들이 방자해졌으며 이는 원수들에 의한 조롱거리가 되게 하였다고 다그쳤다(25절; 삼하 12 : 25 참조). 백성들에게는 우상숭배 죄를 묻기보다는 다시 여호와께 돌아오기를 촉구하면서 어느 편에 설 것인지를 요청하자 레위인들이 앞장서서 개혁을 시도하고 심판은 3,000명의 죽임으로 완료된다.

둘째 단락(30-35절)은 모세의 또 다른 중보기도이다. 모세는 백성들의 죄를 지고 다시 여호와 앞으로 나아간다. 그들의 죄를 사해 달라는 기도를 드린다 : "그러나 이제 그들의 죄를 사하시옵소서 그렇지 아니하시오면 원하건대 주께서 기록하신 책에서 내 이름을 지워 버려 주옵소서"(출 32 : 32). 여호와는 모세의 기도를 들으시고 백성들이 가나안으로 가는 것을 허락하시지만, 그 기도가 개별적인 범죄자를 치리하는 것은 무효화하지는 못한다. 하나님이 이스라엘 민족을 멸하기를 포기하시지만, 그들에 대한 형벌은 남아있기에 보응할 것을 선포하신다.

33. 회막과 모세의 하나님 대면
(33 : 1-23)

기도에 임하기

1. 몸과 마음을 가다듬고 하나님의 임재를 기억하며 기도를 준비한다.
2. 찬송을 부른다(96장).

말씀읽기

출애굽기 33 : 1~23

1절 여호와께서 모세에게 이르시되 너는 네가 애굽 땅에서 인도하여 낸 백성과 함께 여기를 떠나서 내가 아브라함과 이삭과 야곱에게 맹세하여 네 자손에게 주기로 한 그 땅으로 올라가라

2절 내가 사자를 너보다 앞서 보내어 가나안 사람과 아모리 사람과 헷 사람과 브리스 사람과 히위 사람과 여부스 사람을 쫓아내고

3절 너희를 젖과 꿀이 흐르는 땅에 이르게 하려니와 나는 너희와 함께 올라가지 아니하리니 너희는 목이 곧은 백성인즉 내가 길에서 너희를 진멸할까 염려함이니라 하시니

4절 백성이 이 준엄한 말씀을 듣고 슬퍼하여 한 사람도 자기의 몸을 단장하지 아니하니

5절 여호와께서 모세에게 이르시기를 이스라엘 자손에게 이르라 너희는 목이 곧은 백성인즉 내가 한 순간이라도 너희 가운데에 이르면 너희를 진멸하리니 너희는 장신구를 떼어 내라 그리하면 내가 너희에게 어떻게 할 것인지 정하겠노라 하셨음이라

6절 이스라엘 자손이 호렙 산에서부터 그들의 장신구를 떼어 내니라
7절 모세가 항상 장막을 취하여 진 밖에 쳐서 진과 멀리 떠나게 하고 회막이라 이름하니 여호와를 앙모하는 자는 다 진 바깥 회막으로 나아가며
8절 모세가 회막으로 나아갈 때에는 백성이 다 일어나 자기 장막 문에 서서 모세가 회막에 들어가기까지 바라보며
9절 모세가 회막에 들어갈 때에 구름 기둥이 내려 회막 문에 서며 여호와께서 모세와 말씀하시니
10절 모든 백성이 회막 문에 구름 기둥이 서 있는 것을 보고 다 일어나 각기 장막 문에 서서 예배하며
11절 사람이 자기의 친구와 이야기함 같이 여호와께서는 모세와 대면하여 말씀하시며 모세는 진으로 돌아오나 눈의 아들 젊은 수종자 여호수아는 회막을 떠나지 아니하니라
12절 모세가 여호와께 아뢰되 보시옵소서 주께서 내게 이 백성을 인도하여 올라가라 하시면서 나와 함께 보낼 자를 내게 지시하지 아니하시나이다 주께서 전에 말씀하시기를 나는 이름으로도 너를 알고 너도 내 앞에 은총을 입었다 하셨사온즉
13절 내가 참으로 주의 목전에 은총을 입었사오면 원하건대 주의 길을 내게 보이사 내게 주를 알리시고 나로 주의 목전에 은총을 입게 하시며 이 족속을 주의 백성으로 여기소서
14절 여호와께서 이르시되 내가 친히 가리라 내가 너를 쉬게 하리라
15절 모세가 여호와께 아뢰되 주께서 친히 가지 아니하시려거든 우리를 이 곳에서 올려 보내지 마옵소서
16절 나와 주의 백성이 주의 목전에 은총 입은 줄을 무엇으로 알리이까 주께서 우리와 함께 행하심으로 나와 주의 백성을 천하 만민 중에 구별하심이 아니니이까
17절 여호와께서 모세에게 이르시되 네가 말하는 이 일도 내가 하리니 너는 내 목전에 은총을 입었고 내가 이름으로도 너를 앎이니라
18절 모세가 이르되 원하건대 주의 영광을 내게 보이소서
19절 여호와께서 이르시되 내가 내 모든 선한 것을 네 앞으로 지나가게 하고 여호와의 이름을 네 앞에 선포하리라 나는 은혜 베풀 자에게 은혜를 베풀고 긍휼히 여길 자에게 긍휼을 베푸느니라
20절 또 이르시되 네가 내 얼굴을 보지 못하리니 나를 보고 살 자가 없음이니라
21절 여호와께서 또 이르시기를 보라 내 곁에 한 장소가 있으니 너는 그 반석 위에 서라
22절 내 영광이 지나갈 때에 내가 너를 반석 틈에 두고 내가 지나도록 내 손으로 너를 덮었다가
23절 손을 거두리니 네가 내 등을 볼 것이요 얼굴은 보지 못하리라

배경설명

사자가 쫓아낼 민족에 대한 언급은 출애굽기에서 여섯 족속으로 나오는데(출 3 : 8, 17, 23 : 23, 33 : 2, 34 : 11), 신명기 7 : 11에서는 한 족속이 추가 된다. 출애굽기에서 쫓아낼 백성들과 신명기 7장에서 쫓아낼 백성들은 약간 다르다. 출애굽기에서 언급되는 백성은 모두 여섯 족속이고 신명기는 일곱 족속으로 기르가스 족속이 추가된다. 약속의 땅을 "젖과 꿀이 흐르는 땅"으로 묘사하는 일은 창세기에서 족장들을 향한 약속에는 한 번도 나타나지 않고, 출애굽기에서부터 나타난다(출 3 : 8, 17, 13 : 5, 33 : 3; 레 20;24; 민 13 : 27, 14 : 8, 16 : 13-14; 신 6 : 3, 11 : 9, 26 : 9, 15, 27 : 3, 31 : 20). 이스라엘 백성을 목이 곧은 백성으로 묘사하는 일은 금송아지 사건 직후에 처음 나타나며(출 32 : 9, 33 : 3, 5, 34 : 9), 신명기에서 반복 된다(신 9 : 6, 13, 31 : 27).

33장에서 회막과 성막이 구별된다. 회막은 진 바깥에 있는 장막으로 법궤나 제사 또는 번제와 무관하게 하나님이 현현(theophany)하시는 장소이다. 이에 반해 성막은 진 안에 있으면서 제사장에 의하여 합법적인 제사가 드려질 때 하나님이 나타나시는 곳이며, 하나님이 현존하신다(Divine Presence). 진 안에 성막이 만들어지기 전에 하나님은 시내산에서 현현하셨다. 그리고 금송아지 숭배로 인하여 진이 타락하였을 때, 출애굽기 33장에서 모세는 현현하시는 하나님을 만난다. 물론 진 안에 성막을 계획하거나 완성한 후에도 성막과 회막이 혼동되어 사용된다(성막, 회막, 또는 성막 곧 회막). 진 바깥의 회막에서 하나님의 현현은 특별히 모세의 지도력과 관련하여 등장한다(출 33 : 9; 민 11 : 24-25, 12 : 5; 신 31 : 15).

기도

성령의 임재를 위한 기도

여호와여! 여호와의 이름에 합당한 영광을 올릴 수 있도록 우리에게 은혜를 베푸소서.

본문말씀 읽기와 묵상하기

본문말씀을 천천히 한 번 읽은 후에 다시 본문을 찬찬히 들여다보면서 전체적인 내용과 상황을 파악한다.

여호와 하나님께서 모세에게 네가 애굽 땅에서 인도하여 낸 백성과 함께 시내 산을 떠나 이스라엘 조상에게 약속한 그 땅으로 올라가라고 말씀하시지만 여호와 하나님은 그 곳으로 그들과 함께 올라가지 아니하신다고 말씀하신다. 그 이유는 그들이 목이 곧아 하나님 여호와의 말씀에 순종하지 아니하므로 길에서 그들을 진멸할까 염려하셔서이다. 그럼에도 불구하고 신실하신 여호와 하나님께서 모세보다 앞서 사자를 보내어 가나안 사람과 아모리 사람과 헷 사람과 브리스 사람과 히위 사람과 여부스 사람을 쫓아내신다고 약속하신다. 그리하여 결국 여호와 하나님께서 목이 곧은 그들을 그들의 조상에게 약속한 그 땅에 이르게 하실 것이라고 약속하신다.

목이 곧은 이스라엘 백성을 진멸할까봐 그들과 함께 그들의 조상에게 약속하였던 그 땅으로 올라가지 아니하신다는 여호와 하나님의 말씀을 듣고, 그들이 슬퍼한다. 슬픔으로 인하여 그들은 몸도 단장하지 않았는데, 이는 그들의 금송아지 숭배에 대한 죄를 통회하는 외적인 행위이다. 이를 보시고, 여호와 하나님께서 그들에게 장신구를 떼어 내라고 명령하신다. 당시 고대 근동에서 장신구는 우상숭배를 위한 일종의 신상이었다고 한다. 그들이 출애굽 시 애굽 사람들로부터 받았던(출 12 : 35–36) 장신구를 떼어버리면, 하나님 여호와께서 그들에게 어떻게 할 것인지를 정하시겠다고 말씀하신다.

1. 본문에 나오는 말씀의 핵심적인 내용을 마음으로 깨달아 알려고 묵상을 한다.
    여호와께서 모세에게 너는 네가 애굽 땅에서 인도하여 낸 백성과 함께 여기를 떠나서 내가 아브라함과 이삭과 야곱에게 맹세하여 네 자손에게 주기로 한 그 땅으로 올라가라고 하시면서 말씀하신 두 가지는? 이 두 가지의 말씀을 모세로부터 전해 들은 이스라엘 백성의 반응은?
    이스라엘 자손이 호렙 산에서부터 그들의 장신구를 떼어 낸 까닭은?
    모세가 항상 장막을 취하여 진 밖에 쳐서 진과 멀리 떠나게 하고 회막이라 이름하였는데, 누가 이 회막에 나아오는가?
    모세가 회막으로 나아갈 때에 백성이 하는 것은?
    모세가 회막에 들어갈 때에 어떻게 여호와께서 말씀하시는가?
    모든 백성이 예배드릴 때는?
    사람이 자기의 친구와 이야기함 같이 여호와께서는 모세와 대면하여 말씀하시며 모세는 진으로 돌아오지만, 누가 그 회막을 떠나지 아니하는가?
    모세가 주의 목전에 은총을 입었사오면 원하건대 주의 길을 내게 보이사 내게 주를 알리시고 나로 주의 목전에 은총을 입게 하시며 이 족속을 주의 백성으로 여기소서라고 한 까닭은? 그리고 이에 대한 여호와 하나님의 응답은?
    여호와께서 모세에게 네가 말하는 이 일도 내가 하리니 너는 내 목전에 은총을 입었고 내가 이름으로도 너를 앎이니라고 말씀하시는데, 여기서 이 일이란?

모세가 여호와께 원하건대 주의 영광을 내게 보이소서라고 간구하자, 이에 대한 여호와의 응답의 말씀은?

2. 다시 한 번 성경본문을 천천히 읽는다. 읽는 동안에 어떤 말씀이 내 마음에 부딪혀 오는지를 살핀다.

예를 들어, "여호와께서 모세에게 이르시되 네가 말하는 이 일도 내가 하리니 너는 내 목전에 은총을 입었고 내가 이름으로도 너를 앎이니라 모세가 이르되 원하건대 주의 영광을 내게 보이소서 여호와께서 이르시되 내가 내 모든 선한 것을 네 앞으로 지나가게 하고 여호와의 이름을 네 앞에 선포하리라 나는 은혜 베풀 자에게 은혜를 베풀고 긍휼히 여길 자에게 긍휼을 베푸느니라"(17-19절)라는 말씀이 마음에 다가왔다.

3. 내 마음에 부딪혀 온 말씀이 묵상 가운데 구체적으로 내게 어떤 말씀을 주시는지 또는 내 마음 안에서 어떻게 역사하는지를 살핀다. 그리고 이 말씀에 대해 내가 어떻게 응답하는지를 살펴본다.

시내 산상에서 여호와 하나님으로부터 계시 받은 성막을 짓기 전, 모세가 항상 장막을 취하여 이스라엘 진 밖에 쳐서 회막이라 이름을 붙인다. 이스라엘 백성 가운데 여호와를 앙모하는 사람은 다 진 바깥 회막으로 나아간다. 이런 의미에서 회막은 하나님과 백성이 만나는 장막인데, 모세가 이곳으로 나아갈 때, 그들이 다 일어나 자기 장막 문에 서서 모세가 회막에 들어가기까지 바라본다. 이는 존경과 경외를 나타내는 행위이다. 그가 회막에 들어갈 때에 하나님께서 임시로 지은 회막 가운데에도 임재하심을 상징하는 구름기둥이 내려 회막 문에 선다. 여기서 여호와 하나님께서 모세와 말씀하신다. 출애굽 시 이스라엘 백성 앞에 가며 인도하던 구름 기둥이 회막 문에 서 있는 것을 보고, 그들은 각기 장막 문에서 서서 예배드린다. 백성들이 회막으로 나가지 못하고, 이처럼 멀리 각기 자기 장막 문에 서서 바라보기만 하며 예배드리는 것은 금송아지 숭배로 인하여 하나님과 그들 사이의 거리감이 있기 때문으로 본다(출 33 : 7). 그러나 이때 여호와께서는 친구와 이야기함 같이 모세와 대면하여 친밀하고 밀접히 말씀하신다. 이와 같이 모세가 여호와 하나님과의 친밀한 교제를 마친 후 진으로 돌아오지만 모세의 후계자이며, 에브라임 사람인 여호수아는 회막을 떠나지 않고 봉사한다. 하나님께서 이처럼 모세의 후계자를 준비하여 이스라엘의 백성의 사역을 여호수아를 통하여 이어가시는 것을 보면서 범사에서 섭리하고 계시는 하나님에 대하여 민감하기를 원한다.

모세는 하나님께 이스라엘 백성을 인도하여 약속하신 그 땅으로 올라가라 하시면서 그와 함께 보낼 자를 그에게 지시하지 않으셨다고 말씀드린다. 이는 아마도 여호와 하나님께서 33 : 3에서 목이 곧은 이스라엘 백성을 중로에서 진멸할까 염려하여 그들과 함께 그 땅으로 올라가지 아니하리라고 말씀하신 것 때문이 아닌가 싶다. 이렇기 때문에 모세는 '내가 참으로 주의 목전에 은총을 입었다면, 이 족속을 주의 백성으로 여겨달라고 간구한다. 모세의 이러한 간구를 들으신 여호와 하나님께서 그에게 '내가 친히 가리라 내가 너를 쉬게 하리라'고 응답하신다. 여기서 '내가 너를 쉬게 하리라'는 말씀은 하나님 여호와께서 직접 백성들을 인도해 주심으로 모세의 수고를 덜어 주겠다는 말씀이다. 그렇다! 우리의 사역 속에 하나님께서 우리와 함께 친히 가셔야만 우리의 수고를 덜어 주시므로 쉴 수 있다.

모세는 '주께서 친히 가지 아니하시려거든 우리를 이곳에서 약속의 땅, 가나안으로 올려 보내지 마옵소서.'라고 여호와께 말씀드린다. 계속하여 그는 '자기와 주의 백성이 주의 목전에서 은총 입은 줄을 무엇으로 알겠습니까?'라고 여호와께 말씀드리고, 동시에 이에 대하여 그는 '주께서 우리와 함께 행하심으로 자기와 주의 백성을 천하 만민 중에 구별하심이 아닙니까'라는 확신에 찬 대답을 여호와께 말씀드린다. 여기서 모세는 14절의 '내가 친히 가리라'는 여호와 하나님의 약속에 근거하여 두 가지 증표를 여호와께 말씀드리는데, 하나는 여호와께서 친히 가시는 것은 모세와 주의 백성 모두를 확신시킬 수 있는 증표이며, 다른 하나는 천하 만민 가운데 모세와 주의 백성을 여호와께서 구별하셨다는 증표이다. 이 두 가지 증표가 우리와도 함께 하기를 하나님께 간구하자.

'우리와 함께 행하심으로 우리를 천하 만민 중에 구별하소서'라는 모세의 간청대로 여호와 하나님께서 '이 일도 내가 하리라'고 응답하신다. 그러자 그는 '주의 영광을 내게 보이소서'라고 여호와 하나님께 말씀드리는데, 이는 하나님의 신성과 본체의 모든 것이 표출되어 나타나는 영광된 모습을 의미한다. 이러한 모세의 간청대로 여호와께서 '내가 내 모든 선한 것을 네 앞으로 지나가게 하고 여호와의 이름을 네 앞에 선포하시겠다'고 말씀하신다. 이 역시 하나님의 자신의 거룩성 또는 속성을 그에게 드러내시겠다는 말씀이다. 이어서 여호와께서는 자발적으로 은혜 베풀 자에게 은혜를 베풀고 긍휼히 여길 자에게 긍휼을 베푸신다고 그에게 말씀하신다. 이 말씀 속에는 하나님의 백성들과 맺고 있는 하나님의 강한 결속력과 무조건적인 사랑이 내포되어 있다. 여기서 우리는 모세의 간구대로 응답하시는 하나님을 보면서 우리의 간구에 응답하시는 하나님과 우리 사이의 강한 결속력과 무조건적인 사랑이 감지된다.

'주의 영광을 내게 보이소서'라는 모세의 간청에 따라 그에게 '여호와 하나님 곁에 한 장소, 곧 본래 의미는 절벽이며, 일반적 의미는 바위인 그 반석 위에 서라'고 말씀하신다. 반석은 하나님께서 자기 백성을 보호하는 피난처이자 구원하는 능력으로서 성경에서 하나님을 가리키는 말로도 사용된다(신 32 : 15; 삼상 2 : 2; 시 89 : 26). 하나님의 영광이 지나갈 때, 하나님께서 모세를 그 반석 틈에 두고 하나님께서 지나도록 하나님의 손으로 그를 덮었다가 손을 거두신다고 말씀하신다. 이는 하나님의 영광의 형체를 보고 살 자가 없기 때문에 바위틈에 있는 그를 보호하시고 돌보셨다가 그 영광의 반영인 하나님의 등을 볼 수 있도록 하신 것이다.

응답기도 및 임재 안에 머물기

각자 깨달은 말씀이나 마음에 부딪혀 오는 은혜에 따라 응답하는 기도를 충분히 드린다. 충분하게 하나님과 대화를 나누는 기도를 드린 이후에 하나님의 선하심과 인자하심을 맛보며 그분의 임재 안에 얼마 동안 머무른다. 하나님의 임재 안에 머무른 후에 기도 안내문에 나와 있는 기도로 마무리한다.

"은혜 베풀 자에게 은혜를 베푸시고 긍휼히 여길 자에게 긍휼을 베푸시는 하나님 우리 민족을 불쌍히 여겨 주옵소서. 우리 민족이 하나님의 은총을 입은 하나님의 거룩한 백성이 되게 하옵소서. 주의 길을 우리와 우리 민족에게 보이시어 그 길을 따르게 하시며 우리와 우리 민족과 함께 행하시므로 우리와 우리 민족이 주의 백성임을 천하 만민 중에 알게 하소서."

반추 및 성찰

가능하면 기도했던 장소에서 자리를 옮긴다. 그리고 기도 시간에 경험한 내용을 돌아보면서 노트에 간단히 적는다. 이때 기도 안에서 하나님과 내 자신에 대한 전체적인 느낌을 적고, 또 영적으로 위로를 받았던 경험과 영적으로 메말랐던 경험을 적는다.

_____
_____
_____
_____

삶으로 나아가기

마음에 와 닿는 한 구절의 말씀을 선택하여 쪽지에 기록한다.
예를 들면 "여호와께서 모세에게 이르시되 네가 말하는 이 일도 내가 하리니 너는 내 목전에 은총을 입었고 내가 이름으로도 너를 앎이니라 모세가 이르되 원하건대 주의 영광을 내게 보이소서 여호와께서 이르시되 내가 내 모든 선한 것을 네 앞으로 지나가게 하고 여호와의 이름을 네 앞에 선포하리라 나는 은혜 베풀 자에게 은혜를 베풀고 긍휼히 여길 자에게 긍휼을 베푸느니라"(17-19절). 이 말씀을 수시로 꺼내어 읊조리면서 일상 안에서 기도하며 생활한다.

주요내용 설명

본문의 문학적 구조는 다음과 같다. A. 동행을 거절하시는 하나님(33 : 1-6); B. 회막의 기원 : 모세의 특별한 위치(33 : 7-11); C. 하나님의 동행에 대한 모세의 간구와 여호와의 응답(33 : 12-17); D. 하나님의 영광을 보려는 모세의 간구와 여호와의 응답(33 : 18-23). 첫 단락(출 33 : 1-6)에서 하나님은 임재를 거절하신다. 1절에서 하나님이 "올라가라"고 명령하신 곳은 "내가 네게 말한 곳"(32;34)이며, "여호와께서 아브라함과 이삭과 야곱에게 맹세하시기를 네 자손에게 주마 한 그 땅"이다. 2~3절에서 사자에 대한 파견약속이 나타난다. 사자를 여호와에 앞서 약속의 땅으로 보낸다는 진술은 출애굽기에 여러 번 나타나지만(출 3 : 2, 14 : 19, 23 : 20, 23 : 23), 여호와는 그들과 함께 올라가지 않을 것이라고 선포함으로 이스라엘 백성들은 다시는 하나님의 현존에 대한 기대 없이 그 땅으로 올라가야 하는 것이다. 4~6절에서 하나님의 현존을 어떻게 회복할 것인가에 대한 이야기로 바뀐다. 4절에서 슬픔의 표시로 단장하지 않았고, 5절에서 여호와께서 장식품을 제거하라고 명령하셨고, 6절에는 이 명령에 따라 장식품을 제거하였다.

두번째 단락(33 : 7-11)은 모세의 특별한 위치를 드러내는 회막의 기원이다. 하나님의 현현은 회막의 입구에 나타났다(출 33 : 9; 민 11 : 24-25, 12 : 5). 7절에서 회막을 만든 이는 모세이다. 회막은 진 바깥에 있어야 하며 진으로부터 멀리 떨어져 있는 것이었다. 여호와를 앙망하는 자들은 모세가 회막으로 나아갈 때를 주목하여야 한다. 모세가 회막 앞에 서면, 하나님의 현현의 상징으로 구름 기둥이 내려와 서고 하나님은 모세와 얼굴을 맞대고 이야기 하신다. 백성들은 모세가 회막으로 나아갈 때 그를 주목하고, 모세가 회막 앞에 서 있을 때 구름기둥이 나타나면 현현하신 하나님께 경배를 드린다. 모세가 회막을 떠난 후에는 회막 안에서, 수종드는 여호수아가 떠나지 않는다. 백성들은 자신들에게 다가 오시는 하나님을 만나는 것이 아니라, 그들의 중보자인 모세 곁에 현현하시는 하나님을 멀리서 목격하고 경배하는 것이다.

세 번째 단락(33 : 12-17)에서 하나님의 동행에 대한 모세의 간구와 여호와의 응답이 나타난다. 12절에서 모세는 동행을 거부하신 하나님이 직접 동행하기를 간구한다. 14절에서 모세의 말에 대하여 하나님은 "내가 친히 가리라 내가 너를 쉬게 하리라"라고 응답하신다. 모세는 중보기도의 근거로서 하나님께서 "이름으로 모세를 알고, 모세가 주님 앞에서 은총을 입었음"을 강조한다. 모세는 두 가지 중요한 기도 내용을 제시한다. 첫 번째는 '함께 보낼 자를 알려 주지 않으셨는데, 누가 갈 것입니까' 하는 질문을 통하여 여호와께서 "내가 친히 가리라"라고 대답하게 만든다. 두 번째 13절에 "이 족속은 주님의 백성입니다."라는 말을 통해 여호와께서 백성을 용서하시고 백성들과 함께 가나안 땅에 이르시기를 간청한다. 여호와께서는 결국 "이 일도 행한다"고 하시면서 모세의 간구를 완전히 들어 주신다.

네 번째 단락(33 : 18-23)은 하나님의 영광을 보려는 모세의 간구과 여호와의 응답이다. "하나님의 영광"을 보여 달라는 모세의 요청에 대하여 하나님이 부분적으로 응답하신다. 모세는 하나님의 영광을 보여 달라면서, 하나님이 구름이 가려진 간접적인 형태가 아닌 직접 하나님을 경험하기를 간구한다. 하나님은 "나를 보고도 살 자가 없다"라고 하시면서 거부하신다. 세 번째로, 하나님은 모세를 반석 위에 서게 하고, 하나님의 영광이 그곳을 지나면서 하나님의 손으로 모세를 덮음으로 모세가 하나님의 등은 보지만 얼굴을 보지 못하게 된다.

34. 새로운 돌판과 하나님의 자기 계시
(34 : 1-9)

기도에 임하기

1. 몸과 마음을 가다듬고 하나님의 임재를 기억하며 기도를 준비한다.
2. 찬송을 부른다(435장).

말씀읽기

출애굽기 34 : 1~9

1절 여호와께서 모세에게 이르시되 너는 돌판 둘을 처음 것과 같이 다듬어 만들라 네가 깨뜨린 처음 판에 있던 말을 내가 그 판에 쓰리니
2절 아침까지 준비하고 아침에 시내 산에 올라와 산 꼭대기에서 내게 보이되
3절 아무도 너와 함께 오르지 말며 온 산에 아무도 나타나지 못하게 하고 양과 소도 산 앞에서 먹지 못하게 하라
4절 모세가 돌판 둘을 처음 것과 같이 깎아 만들고 아침에 일찍이 일어나 그 두 돌판을 손에 들고 여호와의 명령대로 시내 산에 올라가니
5절 여호와께서 구름 가운데에 강림하사 그와 함께 거기 서서 여호와의 이름을 선포하실새
6절 여호와께서 그의 앞으로 지나시며 선포하시되 여호와라 여호와라 자비롭고 은혜롭고 노하기를 더디하고 인자와 진실이 많은 하나님이라

7절 인자를 천대까지 베풀며 악과 과실과 죄를 용서하리라 그러나 벌을 면제하지는 아니하고 아버지의 악행을 자손 삼사 대까지 보응하리라
8절 모세가 급히 땅에 엎드려 경배하며
9절 이르되 주여 내가 주께 은총을 입었거든 원하건대 주는 우리와 동행하옵소서 이는 목이 뻣뻣한 백성이니이다 우리의 악과 죄를 사하시고 우리를 주의 기업으로 삼으소서

배경설명

이 본문은 34 : 10~28에서 언약갱신의 준비를 서술한다. 십계명이 담긴 돌판이 여러 번 언급된다. 하나님이 직접 두 돌판에 친히 계명을 쓰셨는데(출 31 : 18, 32 : 16), 이 돌판이 모세에 의하여 깨어졌다고 말한다(출 32 : 19). 언약의 갱신을 위하여 하나님은 새로운 돌판에 "처음 판에 있던 말"을 쓰실 것이다(출 34 : 28). 이제 모세는 돌판 둘을 들고 올라가 하나님이 쓰시도록 준비하라고 명령을 받았다. 모세는 구름 가운데 강림하시는 하나님으로부터 계시를 받는데, 여호와의 이름을 선포하신다고 표현된다. 여호와께서 당신의 이름을 여호와라고 두 번 반복하시면서 이름의 뜻대로 "언제나 스스로 계시는 분"이신 여호와의 본질을 규정하는 다섯 어구를 보여 준다. 이 고백에 나타난 하나님의 속성은 구약에서 여덟 번 더 나타난다(시 86 : 15, 103 : 8, 145 : 8; 민 14 : 18; 욜 2 : 13; 나 1 : 3; 느 9 : 17; 욘 4 : 2). 출애굽기 34 : 6~7에 나오는 신앙고백 문구에 나타난 하나님의 속성은 금송아지 사건 속에서도 보인다. 하나님의 속성의 계시가 본문에서 중요한 이유는 모세가 하나님의 모습을 보여 달라는 요청에 대하여 하나님은 등만을 보여 주면서 하나님을 보는 경험의 제한성에 대하여 알려주시면서 하나님에 대하여 접근하는 길은 오직 하나님의 속성을 통하여서라고 가르치신다. 마치 바울이 삼층천에 올라간 경험이 있음에도 불구하고 자신의 경험보다 십자가를 강조한 것처럼(고후 12 : 1-10), 경험을 하나님의 속성 아래 두는 것이다.

기도

성령의 임재를 위한 기도

노하기를 더디 하시며 인자와 진실이 많으신 하나님께서 우리의 악과 죄를 사하시고

우리를 주의 기업으로 삼으소서.

본문말씀 읽기와 묵상하기

본문말씀을 천천히 한 번 읽은 후에 다시 본문을 찬찬히 들여다보면서 전체적인 내용과 상황을 파악한다.

이스라엘 백성의 금송아지 사건으로 모세에 의하여 파기된 처음 두 돌판은 하나님께서 친히 준비하셨던 것이다. 그런데 여호와께서 모세에게 돌판 둘을 처음 것과 같이 다듬어 만들라고 말씀하신다. 이는 처음 판에 있던 말을 하나님께서 친히 쓰시기 위해서이다. 여기서 처음 판에 있던 말은 십계명을 가리킨다. 이와 더불어 여호와께서 그에게 시내 산에 올라와 산꼭대기에서 그 돌판을 하나님께 보이되 아무도 함께 오지 말라고 말씀하신다. 사람뿐만 아니라 온 산에 아무도 나타나지 말며, 산 앞에서 양과 소도 먹지 말라고 하신다. 왜냐하면 이 산은 하나님께서 강림하시는 하나님의 성소이기 때문이다.

1. 본문에 나오는 말씀의 핵심적인 내용을 마음으로 깨달아 알려고 묵상을 한다.
   여호와께서 모세에게 돌판 둘을 처음 것과 같이 다듬어 만들어 시내 산에 올라 산꼭대기에서 하나님께 보이라고 하신 까닭은?
   모세가 돌판 둘을 처음 것과 같이 깎아 만들고 아침에 일찍이 일어나 그 두 돌판을 손에 들고 여호와의 명령대로 시내 산에 올라갔을 때, 모세가 보고 들은 것은? 그리고 모세가 하나님께 간구한 것은?

2. 다시 한 번 성경본문을 천천히 읽는다. 읽는 동안에 어떤 말씀이 내 마음에 부딪혀 오는지를 살핀다.
   예를 들어, "여호와께서 그의 앞으로 지나시며 선포하시되 여호와라 여호와라 자비롭고 은혜롭고 노하기를 더디하고 인자와 진실이 많은 하나님이라 인자를 천대까지 베풀며 악과 과실과 죄를 용서하리라 그러나 벌을 면제하지는 아니하고 아버지의 악행을 자손 삼사 대까지 보응하리라 모세가 급히 땅에 엎드려 경배하며 이르되 주여 내가 주께 은총을 입었거든 원하건대 주는 우리와 동행하옵소서 이는 목이 뻣뻣한 백성이니이다 우리의 악과 죄를 사하시고 우리를 주의 기업으로 삼으소서"(6-9절)라는 말씀이 마음에 다가왔다.

3. 내 마음에 부딪혀 온 말씀이 묵상 가운데 구체적으로 내게 어떤 말씀을 주시는지 또는 내 마음 안에서 어떻게 역사하는지를 살핀다. 그리고 이 말씀에 대해 내가 어떻게 응답하는지를 살펴본다.
   여호와의 말씀대로 모세가 돌판 둘을 처음 것과 같이 깎아 만들어 손에 들고 시내 산에 올라가니 여호와께서 구름 가운데 강림하신다. 구름은 하나님의 임재를 상징하는데, 하나님께서는 불과 연기(창 15 : 17), 폭풍우(욥 38 : 1), 세미한 음성(왕상 19 : 12) 등을 통해서도 하나님의 임재를 나타내신다. 구름 가운데 여호와께서 모세와 함께 서서 그의 앞으로 지나시며 자신의 이름을 여호와라고 선포하시는데, 이 이름은 하나님의 존재와 행동을 함께 나타내는 것으로(출 3 : 14) 하나님이 세상의 통치자이시며 구원자 되심을 가리킨다(출 3 : 15). 그리고 연이어서 여호와 하나님은 자신을 자비롭고 은혜롭고 노하기를 더디 하시고, 인자와 진실이 많은 하나님으로 모세에게 알리신다. 인자가 풍성하신 여호와 하나님께서 인자를 천대까지 베풀며 악과 과실과 죄를 용서하리라고 모세에 말씀하신다. 그렇지만 습관적으로 죄를 짓는 자손은 삼사 대까지 보응하신다고 여호와 하나님께서 말씀하시는데, 모세가 경배하며 주께 '내가 주께 은총을 입었거든 주는 우리와 동행하옵소서.'라고 간구한다. 이어서 그는 이스라엘이 목이 뻣뻣한 백성이니 우리의 악과 죄를 사하시고 우리를 주의 기업으로 삼아달라고 여호와께 간구한다. 여기서 주의 기업으로 삼아달라는 간구는 우리를 주의 소유로 삼아달라는 간구이다. "여호와께서 그의 앞으로 지나시며 선포하시되 여호와라 여호와라 자비롭고 은혜롭고 노하기를 더디하고 인자와 진실이 많은 하나님이라 인자를 천대까지 베풀며 악과 과실과 죄를 용서하리라 그러나 벌을 면제하지는 아니하고 아버지의 악행을 자손 삼사 대까지 보응하리라 모세가 급히 땅에 엎드려 경배하며 이르되 주여 내가 주께 은총을 입었거든 원하건대 주는 우리와 동행하옵소서 이는 목이 뻣뻣한 백성이니이다 우리의 악과 죄를 사하시고 우리를 주의 기업으로 삼으소서"(6-9절).

응답기도 및 임재 안에 머물기

각자 깨달은 말씀이나 마음에 부딪혀 오는 은혜에 따라 응답하는 기도를 충분히 드린다. 충분하게 하나님과 대화를 나누는 기도를 드린 이후에 하나님의 선하심과 인자하심을 맛보며 그분의 임재 안에 얼마 동안 머무른다. 하나님의 임재 안에 머무른 후에 기도 안내문에 나와 있는 기도로 마무리한다.

"인자와 진실이 많으신 하나님, 세상의 통치자이시며 구원자 되시는 여호와 하나님, 하나님께서 우리에게 인자를 천대까지 베풀며, 우리의 악과 과실과 죄를 용서하시며, 우리와 동행하시며, 또한 우리를 주의 기업, 즉 주의 소유로 삼아주시니 감사드립니다."

반추 및 성찰

가능하면 기도했던 장소에서 자리를 옮긴다. 그리고 기도 시간에 경험한 내용을 돌아보면서 노트에 간단히 적는다. 이때 기도 안에서 하나님과 내 자신에 대한 전체적인 느낌을 적고, 또 영적으로 위로를 받았던 경험과 영적으로 메말랐던 경험을 적는다.

_____

_____

_____

_____

삶으로 나아가기

마음에 와 닿는 한 구절의 말씀을 선택하여 쪽지에 기록한다.
예를 들면 "여호와께서 그의 앞으로 지나시며 선포하시되 여호와라 여호와라 자비롭고 은혜롭고 노하기를 더디하고 인자와 진실이 많은 하나님이라 인자를 천대까지 베풀며 악과 과실과 죄를 용서하리라 그러나 벌을 면제하지는 아니하고 아버지의 악행을 자손 삼사 대까지 보응하리라 모세가 급히 땅에 엎드려 경배하며 이르되 주여 내가 주께 은총을 입었거든 원하건대 주는 우리와 동행하옵소서 이는 목이 뻣뻣한 백성이니이다 우리의 악과 죄를 사하시고 우리를 주의 기업으로 삼으소서"(6-9절).
이 말씀을 수시로 꺼내어 읊조리면서 일상 안에서 기도하며 생활한다.

주요내용 설명

본문은 언약갱신을 준비하는 장면이다. 모세는 여호와께서 명하신대로 순종하여 직접 깎아 만든 돌판을 들고 아침 일찍 산에 오른다. 34장에서의 두드러진 특징은 모세의 중보자 직책을 강화하는 것이다. 언약을 위하여 모세가 그 산에 오를 때 아무와 동행하지 않고 혼자 올라야 하며, 인적을 금하며, 소와 양을 산 앞에서 먹지 못하게 해야 한다(출 34 : 3). 하나님은 계명을 주시기 위하여 구름 가운데 임하신다(19 : 9, 34 : 5). 이번에는 전과 달리 모세가 돌판을 깎아 만들어 준비하여야 한다(34 : 1).

여호와의 명령에 따라 시내산에서 준비하는 모세 앞에 여호와께서 나타나신다(6절). 계시의 절정인 이름의 계시는 제의 장소에 개인적으로 볼 수 있는 모습으로 현현하시는 하나님의 초월성과는 구별된다. 언약의 갱신은 신명기에서 보이는 것처럼 우상숭배의 위험으로부터 보호하는 것이다. 그 첫 단계가 계시를 신명기처럼 여호와의 이름의 계시로 이해하는 것이다. 여호와는 두 가지 면에서 응답하신다. 한편으로 그분은 "자비롭고 은혜롭고 노하기를 더디하고 인자와 진실이 많은 하나님이라 인자를 천대까지 베풀며 악과 과실과 죄를 용서하리라"라고 진술하며, 동시에 그분은 "벌은 면제하지 아니하고 아버지의 악행을 자녀손 삼사 대까지 보응하시는" 분이시다(출 34 : 6-7). 본문에서는 하나님의 속성인 자비와 용서와 인내심을 강조하고 있는데, 벌을 면제하지 않는다는 표현은 용서의 맥락에서 공의로운 심판을 무시하지는 않는다는 의미로 볼 수 있다. 이러한 고백에 근거하여 여호와는 백성들과 언약을 다시 세우신다(출 34 : 8-28). 이에 대해 모세는 백성들의 죄를 용서해 달라고 기도한다. 회개를 했다 할지라도 여전히 자신을 목이 뻣뻣한 존재로 부르고, 방금 언급한 하나님의 용서하시는 속성에 따라 용서를 간구한다. 그리고 그 용서를 통하여 다시금 계약의 처음으로 돌아가(19 : 5-6) 주의 소유된 백성으로 삼기를 간구하는 것이다.

35. 제의적 십계명과 모세의 얼굴에서 나는 광채 (34 : 10-35)

기도에 임하기

1. 몸과 마음을 가다듬고 하나님의 임재를 기억하며 기도를 준비한다.
2. 찬송을 부른다(217장).

말씀읽기

출애굽기 34 : 10~35

10절 여호와께서 이르시되 보라 내가 언약을 세우나니 곧 내가 아직 온 땅 아무 국민에게도 행하지 아니한 이적을 너희 전체 백성 앞에 행할 것이라 네가 머무는 나라 백성이 다 여호와의 행하심을 보리니 내가 너를 위하여 행할 일이 두려운 것임이니라

11절 너는 내가 오늘 네게 명령하는 것을 삼가 지키라 보라 내가 네 앞에서 아모리 사람과 가나안 사람과 헷 사람과 브리스 사람과 히위 사람과 여부스 사람을 쫓아내리니

12절 너는 스스로 삼가 네가 들어가는 땅의 주민과 언약을 세우지 말라 그것이 너희에게 올무가 될까 하노라

13절 너희는 도리어 그들의 제단들을 헐고 그들의 주상을 깨뜨리고 그들의 아세라 상을 찍을지어다

14절 너는 다른 신에게 절하지 말라 여호와는 질투라 이름하는 질투의 하나님임이니라

15절 너는 삼가 그 땅의 주민과 언약을 세우지 말지니 이는 그들이 모든 신을 음란하게 섬

	기며 그들의 신들에게 제물을 드리고 너를 청하면 네가 그 제물을 먹을까 함이며
16절	또 네가 그들의 딸들을 네 아들들의 아내로 삼음으로 그들의 딸들이 그들의 신들을 음란하게 섬기며 네 아들에게 그들의 신들을 음란하게 섬기게 할까 함이니라
17절	너는 신상들을 부어 만들지 말지니라
18절	너는 무교절을 지키되 내가 네게 명령한 대로 아빕월 그 절기에 이레 동안 무교병을 먹으라 이는 네가 아빕월에 애굽에서 나왔음이니라
19절	모든 첫 태생은 다 내 것이며 네 가축의 모든 처음 난 수컷인 소와 양도 다 그러하며
20절	나귀의 첫 새끼는 어린 양으로 대속할 것이요 그렇게 하지 아니하려면 그 목을 꺾을 것이며 네 아들 중 장자는 다 대속할지며 빈 손으로 내 얼굴을 보지 말지니라
21절	너는 엿새 동안 일하고 일곱째 날에는 쉴지니 밭 갈 때에나 거둘 때에도 쉴지며
22절	칠칠절 곧 맥추의 초실절을 지키고 세말에는 수장절을 지키라
23절	너희의 모든 남자는 매년 세 번씩 주 여호와 이스라엘의 하나님 앞에 보일지라
24절	내가 이방 나라들을 네 앞에서 쫓아내고 네 지경을 넓히리니 네가 매년 세 번씩 여호와 네 하나님을 뵈려고 올 때에 아무도 네 땅을 탐내지 못하리라
25절	너는 내 제물의 피를 유교병과 함께 드리지 말며 유월절 제물을 아침까지 두지 말지며
26절	네 토지 소산의 처음 익은 것을 가져다가 네 하나님 여호와의 전에 드릴지며 너는 염소 새끼를 그 어미의 젖으로 삶지 말지니라
27절	여호와께서 모세에게 이르시되 너는 이 말들을 기록하라 내가 이 말들의 뜻대로 너와 이스라엘과 언약을 세웠음이니라 하시니라
28절	모세가 여호와와 함께 사십 일 사십 야를 거기 있으면서 떡도 먹지 아니하였고 물도 마시지 아니하였으며 여호와께서는 언약의 말씀 곧 십계명을 그 판들에 기록하셨더라
29절	모세가 그 증거의 두 판을 모세의 손에 들고 시내 산에서 내려오니 그 산에서 내려올 때에 모세는 자기가 여호와와 말하였음으로 말미암아 얼굴 피부에 광채가 나나 깨닫지 못하였더라
30절	아론과 온 이스라엘 자손이 모세를 볼 때에 모세의 얼굴 피부에 광채가 남을 보고 그에게 가까이 하기를 두려워하더니
31절	모세가 그들을 부르매 아론과 회중의 모든 어른이 모세에게로 오고 모세가 그들과 말하니
32절	그 후에야 온 이스라엘 자손이 가까이 오는지라 모세가 여호와께서 시내 산에서 자기에게 이르신 말씀을 다 그들에게 명령하고
33절	모세가 그들에게 말하기를 마치고 수건으로 자기 얼굴을 가렸더라
34절	그러나 모세가 여호와 앞에 들어가서 함께 말할 때에는 나오기까지 수건을 벗고 있

다가 나와서는 그 명령하신 일을 이스라엘 자손에게 전하며

35절 이스라엘 자손이 모세의 얼굴의 광채를 보므로 모세가 여호와께 말하러 들어가기까지 다시 수건으로 자기 얼굴을 가렸더라

배경설명

　34장의 중요한 주제는 출애굽기 20장에 나오는 십계명과의 관계에 관한 것이다. 34장의 여러 곳에서 34장이 처음 십계명을 대신하는 것이라고 해석한다 : "네가 깨뜨린 처음 판에 있던 말을 내가 그 판에 쓰리니"(34 : 1); "모세가 돌판 둘을 처음 것과 같이 깎아 만들고……그 두 돌판을 손에 들고 여호와의 명령대로 시내 산에 올라가니"(34 : 4); "여호와께서는 언약의 말씀 곧 십계명을 그 판들에 기록하셨더라"(34 : 28b). 그렇지만 34장은 원래 출애굽기 28장에 있는 십계명을 반복하지 않고, 언약법전에 있는 예배에 관한 계명을 담고 있다. 신명기는 계약갱신인 이 사건에 근거하여 십계명을 다시 받았다고 이해하고 있다 : (신 4 : 13, 10 : 4). 신명기와는 달리 출애굽기는 십계명과 언약법전을 언약의 준비(19 : 9-25)-십계명(20 : 1-17)-준비(20 : 18-21)-계약법전(20 : 22-23 : 19)의 형식으로 배치함으로 십계명과 언약법전 모두 시내산에서 받은 것으로 이해하고 십계명과 언약법전을 "여호와의 모든 말씀과 그 모든 율례"(24 : 3)라고 명명하거나, 율법과 계명이라고 부른다(24 : 12). 그러나 34 : 28은 34장의 내용을 십계명과 관련시키고 있다.
　출애굽기 저자가 34장을 십계명과 관련시키는 의도는 무엇일까? 34장에서 모세의 위치는 19~24장과는 다르게 묘사된다. 19~24장에서 모세는 언약식에서 하나님과 백성들 사이에서 계약을 치르는 중보자로 나타나지만, 34장에서는 어떤 계약 의식 없이 모세와 단독으로 계약을 맺는다. 그래서 중보자의 위치를 강조하는 특성은 34장의 마지막에 나타나는 모세의 모습을 통하여 더 강조된다. 출애굽기의 저자는 34장에 나타나는 계명의 내용을 새로 받은 십계명으로 보려고 하지 않는다. 출애굽기 19~24장에서 받은 십계명과 계약법전에 이어 이 계명들을 보완하는 계명을 34장에서 다시 받은 것으로 이해하는 것이다. 그것은 금송아지 숭배로 인하여 부족한 계명을 보충하는 형식이다. 이렇게 배열하면서 언약 갱신을 통해 깨어진 돌판을 다시 받았다고 강조하는 것이다. 출애굽기 저자는 34장의 계명이 새로운 십계명임이 아니라, 새로운 계명을 받음과 동시에 이전에 받은 십계명을 담은 돌판 두 개를 다시 받았다는 것을 강조한다. 다시 말해 34장은 새로운 십계명이 아니라 이전에 받은 십계명을 새로운 돌판에 기록하고 그 계명을 더 잘 지킬 수 있는 언약법전의 보완인 올바른 예배문제 만을 강조하는 것이다.
　이 단락은 34장 전체와 관련된다. 출애굽기 34장은 처음 주어진 십계명을 다시 쓴 것

이 아니라 십계명을 더 잘 지키기 위하여 주어진 제의법이다. 이 단락은 두번째 단락인 새 언약에 관한 계명의 연장을 보여 준다. 둘째 단락(10-28절)은 새 언약에 관한 것이다. 갱신된 언약은 새로운 십계명을 제시하는 것이 아니라 백성들이 십계명을 잘 지킬 수 있도록 십계명과 언약법전에서 나오는 자료들을 다시 배치하여 금송아지 숭배와 같은 우상숭배가 나타나지 않도록 하는 것이다. 10절에서 전형적인 언약체결형식인 "내가 언약을 세우나니"라고 서술한다. 언약의 내용은 어떤 땅에서도 행하지 않은 이적을 행하는 것이다. 10절에서 하나님께서 언약을 세우시면서 이스라엘 백성을 위하여 이적을 행하시기로 하셨다면, 11~16절은 그 하나님에 대한 이스라엘의 응답으로서 금송아지를 숭배한 경험을 염두에 둔 결단이 나타난다. 이 응답은 여호와께서 가나안 족속들을 다 쫓아냄으로 시작되는 가나안 정착을 전제하고 있다(34 : 11). 즉, 가나안 땅에서 순종해야 할 계명으로서 신명기의 상황과 유사하게 나타난다. 이 계명의 중심에는 십계명이 있는데, 11~16절에서는 새로운 십계명을 제시하는 것이 아니라, 이미 주어진 십계명을 금송아지 숭배와 같은 죄악의 위험 앞에서 넘어지지 않고 지킬 수 있도록 경고하는 데 목표가 있다. 다른 신에게 절하지 못하게 명령한다(14절). 그 땅에서 지켜야 할 계명은 바로 그 땅의 거민과 언약을 세우지 않음으로 유일신을 지키는 것이다(12, 15절). 그 이유는 거민과 언약을 세움으로 인하여 다른 신을 섬기고, 희생을 드리고, 그 희생을 먹음으로 우상을 숭배하고, 이방여인과 결혼을 용납하고 다시 이방 신을 섬길 위험이 있기 때문이다. 그러므로 11~16절에 나타난 계명의 중심에는 우상숭배의 위험으로부터 그들이 스스로 삼가 지켜야 하는 것이 있다. 그리하여 그들에게 요구하는 것은 다른 신들의 단을 헐고, 주상을 깨뜨리고, 그들의 아세라 상을 찍음으로(13절), 우상을 섬기는 모든 기회를 차단하는 것이다.

기도

성령의 임재를 위한 기도

하나님께서 우리를 위하여 행할 일이 두려운 것임을 우리 주변나라의 민족들이 알게 하소서.

본문말씀 읽기와 묵상하기

본문말씀을 천천히 한 번 읽은 후에 다시 본문을 찬찬히 들여다보면서 전체적인 내용과 상황을 파악한다.

출애굽 과정에서 하나님이 행하신 놀라운 기적들을 경험하였던 이스라엘 백성에게 온 땅. 아무 국민에게도 행하지 아니한 이적을 그들 앞에서 행할 것이라고 여호와 하나님께서 말씀하신다. 이는 앞으로 가나안 정복 시 하나님 여호와께서 베풀어 주실 놀라운 이적들을 가리킨다. 여호와께서 그들 앞에서 가나안의 여러 족속들을 쫓아내신다고 약속하면서 너희는 스스로 삼가 그 족속의 주민과 언약을 세우지 말라고 명령하시는데, 이는 그 언약이 그들의 올무가 될 것을 염려하셔서이다. 다른 말로 표현하면, 여호와 하나님께서 그들에게 우상숭배하지 말라는 경고이다.

1. 본문에 나오는 말씀의 핵심적인 내용을 마음으로 깨달아 알려고 묵상을 한다.
   여호와께서 이스라엘 백성에게 행하신 이적은?
   여호와께서 이스라엘 백성에게 가나안에 들어가서 그 땅의 주민과 언약을 세우지 말라고 하신 까닭은? 그곳에서 그들이 해야 할 것과 하지 말아야 할 것은?
   이스라엘 백성이 무교절을 지켜야 되는 까닭은?
   여호와께서 모든 첫 태생은 다 내 것이라고 하시는데, 그 까닭은?
   이스라엘 백성이 지켜야 되는 절기들은?
   이스라엘의 모든 남자가 일 년에 세 번씩 주 여호와 이스라엘의 하나님 앞에 보이라고 하시면서 그들에게 약속하신 것은?
   여호와께서 언약의 말씀 곧 십계명을 그 판들에 기록하셨을 때 모세가 거기 있으면서 한 것은?
   모세가 그 증거의 두 판을 손에 들고 시내 산에서 내려왔을 때, 아론과 온 이스라엘 자손이 그에게 가까이 하기를 두려워한 까닭은?
   모세가 그들 앞에서는 수건으로 그의 얼굴을 가리우고 여호와 앞에 들어가서 나오기까지 수건을 벗었는데, 그 까닭은?

2. 다시 한 번 성경본문을 천천히 읽는다. 읽는 동안에 어떤 말씀이 내 마음에 부딪혀 오는지를 살핀다.
   예를 들어, "여호와께서 이르시되 보라 내가 언약을 세우나니 곧 내가 아직 온 땅 아무 국민에게도 행하지 아니한 이적을 너희 전체 백성 앞에 행할 것이라 네가 머무는 나라 백성이 다 여호와의 행하심을 보리니 내가 너를 위하여 행할 일이 두려운 것임이니라"(10절)라는 말씀이 마음에 다가왔다.

3. 내 마음에 부딪혀 온 말씀이 묵상 가운데 구체적으로 내게 어떤 말씀을 주시는지 또

는 내 마음 안에서 어떻게 역사하는지를 살핀다. 그리고 이 말씀에 대해 내가 어떻게 응답하는지를 살펴본다.

여호와 하나님께서 이스라엘 백성들에게 가나안 족속들의 제단을 부숴버리고, 우상에게 봉헌된 기념비인 그들의 주상을 깨뜨리며 가나안 족속의 풍요의 신으로 알려진 아세라 여신상을 찍어 없애라고 명령하신다. 금송아지 사건으로 애굽 종교를 본받아 성적타락의 죄를 지었던 이스라엘에게 이와 같은 경고를 하신 여호와 하나님께서는 그들에게 다른 신에게 절하지 말라고 다시 한번 더 경고하신다. 이 경고와 더불어 여호와는 질투라 이름하는 질투의 하나님이라고 말씀하시는데, 이는 하나님께서 택하시고 사랑하시는 하나님의 백성이 하나님의 피조물인 다른 대상을 숭배하며 그것에게 영광을 돌리는 것을 결코 용납하시지 않으신다는 말씀이다. 이는 또한 하나님의 백성의 영혼이 헛된 우상에게 빠져있는 것을 하나님께서 용납할 수 없으시다는 말씀이다. 여기서 우리는 하나님 아닌 어떤 것에 영광을 돌리는 경향이 있으며, 이로 인하여 어떤 헛된 우상에게 빠져 있는가를 성찰해 볼 수 있겠다.

여호와 하나님께서 이미 여호와와 언약을 맺은 이스라엘에게 가나안 족속과 언약을 체결하지 말라고 경고하신다. 언약을 맺게 되면, 서로의 신을 인정하고, 함께 예배를 드리는 것이 당대의 관례였기 때문에 여호와께서 우상숭배와 직결되는 언약체결을 그들에게 금지하신 것이다. 이와 더불어 여호와께서 또한 그들에게 다음의 세 가지를 하지 말라고 경고하신다. 첫째, 이방신에게 바친 제물을 먹지 말라고 경고하시는데, 그들은 이미 광야 싯딤에서 모압 여인들의 초청에 응하여 우상제물을 먹고, 신들에 절하며, 행음까지 하였다(민 25 : 1-3). 둘째, 가나안 족속의 딸들을 그들의 아들들의 아내로 삼지 말라고 경고하시는데, 후대에 솔로몬의 타락도 이방여자와의 결혼으로 말미암은 것이다. 셋째, 신상들을 부어 만들지 말라고 경고하시는데, 이미 그들은 금송아지를 부어 만든 바 있다. 여기서 우리가 다른 사람 혹은 다른 단체와의 약속으로 인하여 하나님을 예배하고 하나님의 말씀을 준행하는 데 걸림돌이 되는 것이 있는가 살펴볼 수 있겠다.

여호와께서 이스라엘에게 애굽에서 구원 받은 것을 기념하는 절기, 즉 일주일 간 누룩 넣지 않은 떡을 먹는 무교절을 지키라고 하신다. 이어서 여호와께서 모든 첫 태생은 다 내 것이라고 말씀하시는데, 이는 출애굽 직전 하나님께서 이스라엘 백성에게 초 태생을 거룩하게 구별하여 하나님의 소유로 돌릴 것을 명령하신 것과 맥락을 같이 한다(출 13 : 2). 이는 출애굽 직전에 열 번째 재앙인 애굽의 모든 초 태생을 여호와께서 죽이신 것과 대조된다(출 12 : 29-30). 여기서 여호와께서 이스라엘의 모든 첫 태생이 다 여호와 하나님의 것이라고 반복하여 명령하시는 것은 아마도 그들로 하여금 하나님의 구원사역의 의미를 되새기게 하시려는 데 그 목적이 있는 것으로 본다. 하나님의 것을 하나님께로 돌리는 신앙생활을 우리 자신이 하고 있는지?

나귀는 부정한 것으로 규정된 동물 목록에 들어 있지 않으나(레 11 : 2-7) 일반적으로 하나님께 제물로 들릴 수 없는 짐승이다. 그래서 나귀는 부정을 면하기 위하여 어린 양으로 대속하거나,

그렇지 않으면, 그 목을 꺾어 죽여야 했다. 이와 같이 제사에 부적절한 나귀는 어린 양으로 그 값을 대신하였지만, 이스라엘 아들 중 장자는 다 돈으로 대속한다(출 30 : 12-16). 그리하여 여호와께서 이스라엘 백성에게 빈손으로 내 얼굴을 보지 말라고 말씀하시는데, 이는 하나님의 축복을 받은 대로 정성껏 예물을 가지고 하나님 앞에 나타나라는 말씀이다. 과연 우리는 하나님으로부터 받은 복을 세어보면서 감사함으로 축복받은 대로 정성껏 하나님께 예물을 드리고 있는지 살펴보아야 한다.

엿새 동안 일하고 일곱째 날에는 밭 가는 때와 거두는 때라도 쉬라고 여호와께서 말씀하시는데, 이는 파종기와 수확기에도 안식일을 지키라는 말씀이다. 뿐만 아니라 농작물의 수확을 감사하는 맥추절 혹은 오순절과 이스라엘의 광야생활을 기념하는 절기인 수장절을 지키라고 여호와께서 말씀하시고 이어서 여호와께서 모든 남자는 매년 세 번씩 즉 무교절, 오순절, 그리고 장막절에 주 여호와 이스라엘의 하나님 앞에 보이라고 하신다. 여기서 '하나님 앞에 보이라'는 말씀은 이스라엘로 하여금 하나님의 택한 백성으로서 하나님중심으로 생활하라는 말씀인데, 우리가 실제로 이와 같은 생활을 하고 있는가?

이스라엘이 가나안 정복 시, 여호와 하나님께서 그들 앞에서 이방 나라들을 쫓아내시고, 그들의 지경을 넓히신다. 가나안 정복 이후, 여호와께서 자기 이름을 두시려고 택하신 곳인 그 거하실(예루살렘 성전) 곳으로 찾아가 제사를 드리라고 하신다(신 12 : 1-14). 그리하여 일 년에 세 번, 무교절, 오순절, 그리고 장막절 때 이스라엘 전 지경의 남자들이 하나님을 뵈려고 예루살렘으로 간다. 여호와께서 이때 그들의 지역 방위를 위하여 약속하시기를 아무도 그들의 땅을 탐내지 못하게 하신다 하셨다. 이어서 여호와께서 하지 말아야 할 것 두 가지와 해야 할 것 한 가지를 말씀하신다. '두 가지 하지 말아야 할 것은' 죄를 속하는 제물의 피를 죄악의 상징인 누룩이 들어 있는 유교병과 함께 드리지 말고, 그리고 가나안 풍습에 따라 염소새끼를 그 어미의 젖으로 삼지 말라는 것이다. '한 가지 해야 될 것은' 그들의 토지소산의 처음 익은 것을 가져다가 여호와의 전에 드리라는 것이다. 여기서 하나님께서 우리를 위하여 우리의 지경을 넓혀주신 것을 회상하면서 또한 성전에서의 우리의 예배생활을 살펴보자.

'이 말들의 뜻대로'라는 말씀 가운데 '이 말들'은 출애굽기 20~31장의 첫 번째 언약을 가리킨다. 이는 첫 번째 언약을 따라 동일한 내용으로 두번째 언약을 맺으신다는 말씀인데, 이 언약을 여호와께서 모세와 이스라엘과 세우신다. 비록 모세가 이스라엘과 하나님 여호와 사이의 언약체결의 중재자이지만 그는 이 언약에 포함되어 있다. 첫 번째 언약을 맺을 때와 같이 모세는 사십 일 사십 야를 금식하였으며 여호와께서는 언약의 말씀 곧 십계명을 모세가 친히 다듬어 시내 산에 가지고 올라간 그 판들에 기록하신다. 모세가 그것을 손에 들고 하산한다. 하산하는 그의 얼굴 피부에 광채가 나는 것을 보고 백성들이 두려워 그를 가까이 하지 못한다. 모든 것과의 관계를 단절한 모세가 시내 산에서 하나님과의 교제에만 집중함으로 인하여 하나님의 영광 혹은 거룩함이 자연스럽게 모세 얼굴피부에 광채로 나타난다. 얼굴 피부에 광채를 입은 모세가 그들을 부르자, 먼저 아론과 장로들이 그에게 온다. 모세가 이들에게 말한 후에야 온 이스라엘 자손이 그에게 가까이 오니, 그제야 모세는 시내 산에서 그에게 이르신 여호와의 말씀을 다 그들 모두에게 명령한다. 모세가 그들에게 말하기를 마치고 수건으로 자기 얼굴을 가리지만 그가 여호와 앞에 들어가서 함께 말할 때에는 수건을 벗고, 여호와 앞에서 나와서는 그 명령하신 일을 그들에게 전한다. 이와 같이하여 그는 여호와께 말하러 들어가기까지는 다시 수건으로 자기 얼굴을 가린다. 당시 하나님으로부터 들은 말씀을 이스라엘 백성에게 그 말씀 그대로 말하는 전하는 광채나는 그의 얼굴을 상상해 보십시오.

응답기도 및 임재 안에 머물기

각자 깨달은 말씀이나 마음에 부딪혀 오는 은혜에 따라 응답하는 기도를 충분히 드린다. 충분하게 하나님과 대화를 나누는 기도를 드린 이후에 하나님의 선하심과 인자하심을 맛보며 그분의 임재 안에 얼마 동안 머무른다. 하나님의 임재 안에 머무른 후에 기도 안내문에 나와 있는 기도로 마무리한다.

"여호와께서 우리에게 명령하신 것을 삼가 지키라, 그리하면 하나님께서 우리 앞길을 가로막는 사람들과 장애되는 일을 쫓아내실 것이라고 약속하신 것을 믿습니다. 이를 지켜보는 우리 주변 사람들이 여호와께서 우리를 위하여 행하신 일로 두려워하게 하소서."

반추 및 성찰

가능하면 기도했던 장소에서 자리를 옮긴다. 그리고 기도 시간에 경험한 내용을 돌아보면서 노트에 간단히 적는다. 이때 기도 안에서 하나님과 내 자신에 대한 전체적인 느낌을 적고, 또 영적으로 위로를 받았던 경험과 영적으로 메말랐던 경험을 적는다.

_____

_____

_____

삶으로 나아가기

마음에 와 닿는 한 구절의 말씀을 선택하여 쪽지에 기록한다.
예를 들면 "여호와께서 이르시되 보라 내가 언약을 세우나니 곧 내가 아직 온 땅 아무 국민에게도 행하지 아니한 이적을 너희 전체 백성 앞에 행할 것이라 네가 머무는 나라 백성이 다 여호와의 행하심을 보리니 내가 너를 위하여 행할 일이 두려운 것임이니라"(10절)
이 말씀을 수시로 꺼내어 읊조리면서 일상 안에서 기도하며 생활한다.

주요내용 설명

17~26절은 언약법전의 계명을 언급하되, 한 하나님 여호와만을 섬길 수 있도록 계명을 제시한다. 이 계명의 제시는 금송아지 숭배와 같은 실수를 경험한 공동체가 계명을 잘 지킬 수 있도록 조정된 것들이다. 그러므로 17~26절은 금송아지 숭배를 상기하는 계명으로 신상을 부어 만들지 말라는 계명(17절)으로 시작한다. 첫째로 유월절에 대한 규정은(18절) 출애굽기 23 : 15와 유사하다. 둘째로, 초태생에 관한 규정은(19-20절) 출애굽기 13 : 12~13과 유사하다. 셋째로, 육일 동안 일하고 일곱째 날 쉬는 것은(21절) 밭 갈거나, 거둘 때도 쉬는 것으로 이웃 백성들과 이스라엘을 차별화시킨다. 넷째, 이스라엘의 모든 남자들이 하나님 앞에서 지켜야 하는 세 개의 절기에 관한 규정은 출애굽기 23 : 14~16과 평행을 이루는데, 그들이 절기를 지키는 동안 지경이 넓혀지고 아무도 탐내어 오지 못하도록 여호와께서 지키심이 강조된다(34 : 24). 다섯째, 유월절 희생의 거룩함을 보존하기 위하여 모든 유교병을 그것과 분리하고, 아침이 되기 전에 태워버리는 규정은 출애굽기 23 : 18과 유사하다. 여섯째, 토지 소산의 처음 익은 것을 여호와께 바치는 것은 출애굽기 23 : 19a와 유사하다. 일곱째, 염소 새끼를 어미의 젖으로 삶지 말라는 명령은(26b절) 출애굽기 23 : 19b와 유사한데 우가릿 문헌에서 재건된 본문에 따르면 가나안의 풍요제의와 관련된다. 그리하여 이 계명 역시 야훼만을 섬기라는 계명을 위태롭게 만드는 풍습에 대한 정황과 관련된다.

마지막 단락(29-35절)은 모세의 중보자직의 시작(29-33절)과 모세의 중보자직의 형성(34-35절)으로 이루어진다. 29~33절은 구체적인 역사적인 현장에서 어떻게 모세가 중보자 직책을 수행했는지를 보여 준다. 모세는 시내산에 올라가서 백성에게 전하는 말씀을 받았다. 본문에서 그것은 십계명을 담은 돌판을 받았고, 십계명을 잘 지킬 수 있도록 계명을 모세가 기록하였다. 그리고 모세는 백성들에게 하나님의 말씀을 전한다. 모세가 하나님과 백성사이에 중보자로서의 권위를 부여받았음을 보여 주는 증거는 얼굴의 광채이다. 19절에서 모세는 하나님과 대화하는 동안, 얼굴 꺼풀에 광채가 났다. 모세가 하나님을 대면하였기 때문에 그의 얼굴 꺼풀에 변화가 있었다는 것을 표현하기 위하여 카란이라는 동사를 사용했다. 이렇게 변화된 모세는 자연인인 모세와 구별되어 하나님이 중보자로 인정하여 준 권위를 보여 주는 증거로 얼굴의 광채를 사용하는 것이다. 그런데 아론과 이스라엘 백성들은 변화된 모세를 가까이 하기를 두려워했다. 그래서 백성들이 모세 앞에 나왔을 때 수건을 쓰지 않고, 얼굴 꺼풀이 광채가 나는 것을 그대로 말씀을 전하였다. 모세는 중보자의 직책에서 벗어나 평범한 백성의 자리로 돌아갈 때 수건으로 얼굴을 가렸고, 중보자의 직책을 수행할 때는 수건을 벗었다. 모세는 오직 하나님으로부터 받은 계시를 전할 때만 중보자로서 권위를 드러내기 위하여 수건을 사용하지 않은 채 얼굴의 광채를 드러낸다.

이와 같이 모세의 중보자직이 보편적인 직책으로 형성된다. 모세는 수건을 벗고 하나님과 백성 사이의 중보자의 역할을 하게 된다. 수건을 벗고 하나님을 대면하여 계시를 받고, 백성에게 받은 말씀을 전한다. 그리고 일상생활로 돌아 온 이후에는 수건으로 얼굴을 가림으로 백성들을 놀라게 하지 않는다. 고린도후서 3장에서는 이 문맥을 조금 다르게 사용한다 : "우리는 모세가 이스라엘 자손들에게 장차 없어질 것의 결국을 주목하지 못하게 하려고 수건을 그 얼굴에 쓴 것 같이 아니하노라 그러나 그들의 마음이 완고하여 오늘까지도 구약을 읽을 때에 그 수건이 벗겨지지 아니하고 있으니 그 수건은 그리스도 안에서 없어질 것이라"(고후 3 : 13-14). 고린도후서에서 모세의 얼굴에 비친 영광은 장차 그리스도의 얼굴에 있을 영원한 영광을 예표하는 역할을 한다. 모세가 얼굴을 가린 것은 없어질 제한된 영광을 가리기 위함이며, 예수의 얼굴의 영광은 사라지지 않는 영원한 것으로 차이가 있다. 그리스도 안에서는 모세와 달리 제한되지 않는 영원한 주의 영광을 볼 수 있을 것이다.

Ⅳ. 성막의 지시와 건립 (25-31장; 35-40장)

36. 예물을 드림
(25 : 1-9, 36 : 2-7; 참조 35 : 4-29)

기도에 임하기

1. 몸과 마음을 가다듬고 하나님의 임재를 기억하며 기도를 준비한다.
2. 찬송을 부른다(208장).

말씀읽기

출애굽기 25 : 1~9, 36 : 2~7

25 : 1 여호와께서 모세에게 말씀하여 이르시되
2절 이스라엘 자손에게 명령하여 내게 예물을 가져오라 하고 기쁜 마음으로 내는 자가 내게 바치는 모든 것을 너희는 받을지니라
3절 너희가 그들에게서 받을 예물은 이러하니 금과 은과 놋과
4절 청색 자색 홍색 실과 가는 베 실과 염소 털과
5절 붉은 물들인 숫양의 가죽과 해달의 가죽과 조각목과
6절 등유와 관유에 드는 향료와 분향할 향을 만들 향품과
7절 호마노며 에봇과 흉패에 물릴 보석이니라
8절 내가 그들 중에 거할 성소를 그들이 나를 위하여 짓되
9절 무릇 내가 네게 보이는 모양대로 장막을 짓고 기구들도 그 모양을 따라 지을지니라

36:2 모세가 브살렐과 오홀리압과 및 마음이 지혜로운 사람 곧 그 마음에 여호와께로부터 지혜를 얻고 와서 그 일을 하려고 마음에 원하는 모든 자를 부르매
3절 그들이 이스라엘 자손의 성소의 모든 것을 만들기 위하여 가져온 예물을 모세에게서 받으니라 그러나 백성이 아침마다 자원하는 예물을 연하여 가져왔으므로
4절 성소의 모든 일을 하는 지혜로운 자들이 각기 하는 일을 중지하고 와서
5절 모세에게 말하여 이르되 백성이 너무 많이 가져오므로 여호와께서 명령하신 일에 쓰기에 남음이 있나이다
6절 모세가 명령을 내리매 그들이 진중에 공포하여 이르되 남녀를 막론하고 성소에 드릴 예물을 다시 만들지 말라 하매 백성이 가져오기를 그치니
7절 있는 재료가 모든 일을 하기에 넉넉하여 남음이 있었더라

배경설명

출애굽기의 마지막 부분은 성소 건립에 대한 지시(25-31장)와 건립(35-40장)이다. 성소의 건립(35-40장)은 성소의 건립 지시(25-31장)를 그대로 따르고 있다. 성소는 하나님의 지상 거주지로서 하늘의 모형에 따라 지어졌다. 성소의 전체적인 구조는 큰 뼈대를 갖춘 텐트와 그 안에 성소와 지성소로 이루어진 조그마한 성막으로 이루어져 있다. 그리고 성막 주변의 뜰과 뜰을 둘러싼 담장, 그리고 뜰 안의 큰 제단과 손을 씻는 물두멍으로 이루어져 있다. 성막의 뼈대는 네 겹의 각각 다른 재료와 실과 염소의 털과 두 종류의 가죽으로 이루어져 있다. 성막 안은 지성소와 성소로 이루어진다. 지성소 안에 있는 언약궤는 십계명 돌판을 담는 용기와 하나님의 보좌의 기능을 하는데, 언약궤의 덮개인 "시은소"(mercy seat)에서 대속죄일 의식이 진행되었다. 시은소 위에 동물 형상을 한 두 그룹이 서 있다. 성소에는 분향단, 12개의 진설병 상, 그리고 7개의 등대가 있다. 성막 바깥 뜰에는 번제를 드리는 번제단이 있다. 그밖에도 성막을 돌보는 제사장들과 분향단, 성소에 드릴 속전, 놋 물두멍, 관유와 향, 회막을 만들 기술자에 대한 추가 명령들이 있다

출애굽기 25~31장은 성막의 건축과 제사장 임직에 관한 지시가 담겨 있고, 35~40장은 이 지시에 대한 이행을 서술하고 있다. 출애굽기 25장 이전에도 제사 제도와 제사장 제도에 관한 언급이 있지만 다른 모습을 보여 준다. 이 지시를 근거로 해서 이스라엘의 희생제사 제도와 제사장 전통이 확립된다. 제사장 전승 중에서 할례는 창세기 17장에서, 안식일은 출애굽기 16장에서 시행되고 성막과 제사장 제도에 대한 지시와 이행이 출애굽기 25~31장에서 서술된다.

본문은 출애굽기 25~31장과 35~40장을 어떻게 이해해야 할지에 대한 지침을 준다.

25 : 1 앞에서 모세는 여호와로부터 계시를 받기 위하여 시내 산으로 올라가고 있다. 그리고 25 : 40에서 여호와는 이 산에서 보이는 대로 성막을 지을 것을 명령하고 있다. 그러므로 성막에 관한 계시는 십계명과 언약법전과는 다른 방법으로 여호와께 받은 계시로 이해해야 한다. 성막에 관한 지침을 받기 위하여 모세는 더 높이 올라오라고 명령을 받았다. 본문에서 성소와 성막이 다르게 사용된다. 성막(미슈칸/הַמִּשְׁכָּן)은 지성소(코데쉬하코데쉼/קֹדֶשׁ הַקֳּדָשִׁים)와 성소(하코데쉬/הַקֹּדֶשׁ)가 담긴 천막을 말하고, 성소(믹다쉬/מִקְדָּשׁ)는 성막과 뜰을 포함한 더 큰 범위를 말한다. 하나님의 현현이 이루어지는 어디든 거룩한 장소가 된다.

본문(25 : 1-9)에서 하나님의 요청과 백성의 응답이 두드러진다. 성소의 건립이라는 사역을 위하여 하나님은 기쁜 마음으로 예물을 내라하고, 백성들은 예물 드리는 것을 중단할 정도로 모든 백성들이 차고 넘치도록 예물을 드렸다.

기도

성령의 임재를 위한 기도

여호와께서 보여 주시고 명령하신 대로 성막을 짓기 위하여 기쁜 마음으로 하나님께 예물을 올려드리게 하소서.

본문말씀 읽기와 묵상하기

본문말씀을 천천히 한 번 읽은 후에 다시 본문을 찬찬히 들여다보면서 전체적인 내용과 상황을 파악한다.

여호와 하나님께서는 이제부터 중앙 성소인 성막과 성막에서의 제사장의 직무에 대한 규례를 31 : 18까지 말씀하신다. 먼저 여호와께서 모세에게 '이스라엘 자손에게 여호와께 예물을 가져오라'고 명령하시고, 이어서 그에게 예물을 자발적으로 즐겁고 기쁜 마음으로 여호와께 가져오는 사람들의 모든 것을 받으라고 하신다.

1. 본문에 나오는 말씀의 핵심적인 내용을 마음으로 깨달아 알려고 묵상을 한다.
   모세는 이스라엘 자손에게 하나님께 드릴 예물을 가져오라 한 이유는? 여호와께서 모세에게 어떤 경우의 예물을 받으라고 명령하시는가?
   모세가 백성들에게서 받을 예물들은? 또한 그 예물들의 용도는?
   하나님께서 거할 성소를 이스라엘 자손들이 지을 때의 규례들은?

이스라엘 백성이 아침마다 자원하는 예물을 가져왔는데, 그 양은?

2. 다시 한 번 성경본문을 천천히 읽는다. 읽는 동안에 어떤 말씀이 내 마음에 부딪혀 오는지를 살핀다.

예를 들어, "여호와께서 모세에게 말씀하여 이르시되 이스라엘 자손에게 명령하여 내게 예물을 가져오라 하고 기쁜 마음으로 내는 자가 내게 바치는 모든 것을 너희는 받을지니라"(1–2절)라는 말씀이 마음에 다가왔다.

3. 내 마음에 부딪혀 온 말씀이 묵상 가운데 구체적으로 내게 어떤 말씀을 주시는지 또는 내 마음 안에서 어떻게 역사하는지를 살핀다. 그리고 이 말씀에 대해 내가 어떻게 응답하는지를 살펴본다.

여호와 하나님께서 모세에게 이스라엘 백성들로부터 받을 예물들은 구체적으로 우선 금과 은과 놋이다. 이는 귀금속과 은전과 동전 혹은 그 제품들 모두를 총칭하는 것인데, 이러한 것들은 이스라엘 백성이 출애굽 시 하나님께서 그들에게 애굽 사람들을 통하여 주신 것이다(출 12 : 35–36). 위의 예물들 가운데 금은 법궤(출 25 : 11)와 그룹(출 25 : 18)과 등대(출 25 : 31), 그리고 불집게, 불똥 그릇(출 25 : 38)을 만드는 데 사용된다. 그리고 은으로는 성막 받침(출 26 : 19)과 가름대와 갈고리(출 27 : 10)를, 놋으로는 단의 그릇(출 27 : 3)과 성막의 기구, 말뚝(출 27 : 10)을 만든다. 여호와 하나님께서 이스라엘 백성으로부터 받을 예물은 또한 청색, 자색, 홍색 실과 가는 베 실이다. 당시 유목민들은 양털을 실로 사용하였으므로 이를 염색하여 색깔 있는 실로 만들었을 것으로 본다. 자색은 지중해 조개에서 취한 염료에서 나온 붉은 보랏빛이고, 홍색은 개똥벌레유충에서 취한 염료에서 얻은 색이라고 한다. 가는 베실은 애굽의 아마(flax)에서 뽑아 낸 고급 실이며, 매끄럽고 아름다운 흰색이라고 한다. 이 실들은 성막 앙장(출 26 : 1)과 제사장의 옷을 만드는 데 사용되었다고 한다(출 27 : 6–30). 염소 털은 방습효과가 뛰어나 성막의 제2앙장을 만드는 데 사용되었다(출 26 : 7).

여호와 하나님께 드릴 예물은 또한 바다짐승의 가죽인데, 이것은 성막의 옷 덮개 곧 제4앙장을 만드는 데 사용된다(출 26 : 14). 하나님께 드릴 예물인 조각 목은 시내 반도에 많은 아카시아 나무(싯딤 나무)로 만들었다. 이것은 재질이 단단하고 나무결이 고와 건축자재나 가구로 사용되었는데, 성소에서는 이것으로 주로 법궤와 채, 그리고 떡 상을 만들었다고 한다. 여기서 우리는 하나님 여호와께 드릴 예물들이 주로 하나님의 성전에 필요한 것들이라는 알 수 있다. 오늘날 우리가 하나님의 성전에 필요한 것들을 드릴 때에 감사하고 소중한 마음으로 드리고 있는지 살펴보자.

하나님 여호와께 드릴 예물로서 등유는 성소에 늘 켜있는 등불에 사용되었고, 관유에 드는 향료는 성막과 법궤, 그 외의 모든 성막기구들을 성별하는 데와 또한 아론과 그 아들들에게 제사장 직분을 수여할 때 사용되었다(출 30 : 26–30). 분향할 향품은 하나님께 바치는 향으로서 특별한 향기가 나도록 소합향, 나감향, 풍자향을 사용하여 만들고, 또한 이에 소금을 쳐서 성결하게 했다(30 : 34, 35). 호마노는 빨강, 검정, 흰색이 겹겹으로 줄이 진 보석인데, 대제사장의 에봇(출 28 : 9-12)과 흉패(출 28 : 20-22)장식에 사용되었다. 여기서 에봇은 제사장의 겉옷인데, 두 개의 호마노로 장식되었으며, 흉패는 에봇 앞가슴에 달린 일종의 주머니인데, 이스라엘 12지파를 상징하는 12개의 보석으로 장식되었다(출 28 : 10, 21).

하나님께서 백성들 중에 거할 성소를 지으라고 하시는데, 성막, 증거의 장막 등으로도 불리는 성소는 한곳에 고정된 집이 아니라 이동할 수 있는 텐트였다. 그러므로 하나님께서 백성들 중에 거할 성소를 짓는다는 것은 단순히 하나님께서 성소에 머무시겠다는 말씀이라기보다는 하나님께서 그 백성들과 함께 하시며 그들을 돌봐주시겠다는 말씀이다. 하나님께서는 이스라엘 백성들이 하나님을 위하여 성소를 지으라고 명령하시는데, 여기서 우리는 하나님께 예물을 드린 그들이 또한 하나님의 성소를 지을 사람들임을 알 수 있다. 그리고 그들이 성소를 짓되 여호와 하나님께서 명하신 그 모양대로 짓고, 성소의 기구들도 그 모양을 따라 짓도록 하시는데, 이는 하나님께서 그의 백성들과 함께 하시어 돌봐주시기 위해서임을 알 수 있다.

여호와께서는 지혜와 총명을 부으사 하나님의 뜻을 분별하고 그 뜻을 바로 수행할 수 있게 한 사람들이 바로 여호와의 영으로 충만한 브살렐과 오홀리압과 및 마음이 지혜로운 사람들이다. 모세는 그들에게 모두 여호와께서 명령하신 대로 하라고 부르는데, 그들 모두는 여호와께로부터 그 마음에 지혜를 얻은 사람들이다. 여호와 하나님으로부터 지혜를 얻은 이들 모두는 성막과 그에 속한 모든 것들을 처음부터 끝까지 하나님께서 계획하신대로 일을 하려고 그 마음에 원하는 사람들이다. 여호와 하나님으로부터 지혜를 얻은 브살렐과 오홀리압과 같은 이들이 모세로부터 이스라엘 자손이 가져온 예물들을 받는다. 이스라엘 자손이 아침마다 자원하여 예물을 가져오자 성소의 모든 일을 하는 지혜로운 사람들이 각각 일을 중지하고 와서 백성이 너무 많이 가져오므로 여호와께서 명령하신 일을 하고도 남는다고 모세에게 보고한다. 그리하여 모세가 이제 더 이상 예물을 가져오지 말라고 백성에게 공포한다. 광야생활 가운데서도 이처럼 하나님의 일에 넘치도록 예물을 가져온 것은 하나님을 향한 그들의 헌신과 희생을 드러내는 행위인데, 그들이 가져온 재료가 넉넉하여 하나님의 모든 일을 하고도 남았다. 이러한 역사가 하나님의 명에 따라 오늘날 우리가 짓고 있는 하나님의 전 건축에도 있다는 것을 잊지 말자.

응답기도 및 임재 안에 머물기

각자 깨달은 말씀이나 마음에 부딪혀 오는 은혜에 따라 응답하는 기도를 충분히 드린다. 충분하게 하나님과 대화를 나누는 기도를 드린 이후에 하나님의 선하심과 인자하심을 맛보며 그분의 임재 안에 얼마 동안 머무른다. 하나님의 임재 안에 머무른 후에 기도 안내문에 나와 있는 기도로 마무리한다.

"하나님의 백성인 우리에게 하나님의 전을 짓는 축복을 허락하시니 감사드립니다. 지혜와 총명을 부으시어 하나님의 뜻을 분별하고 그 뜻을 바로 수행할 수 있도록 하나님의 영으로 충만하게 하소서. 여호와 하나님으로부터 그 마음에 지혜를 얻어 하나님께서 계획하신대로 주의 성전을 세울 수 있도록 각종 예물을 하나님께 기쁜 마음으로 가져오는 축복을 허락하소서."

반추 및 성찰

가능하면 기도했던 장소에서 자리를 옮긴다. 그리고 기도 시간에 경험한 내용을 돌아보면서 노트에 간단히 적는다. 이때 기도 안에서 하나님과 내 자신에 대한 전체적인 느낌을 적고, 또 영적으로 위로를 받았던 경험과 영적으로 메말랐던 경험을 적는다.

_____
_____
_____
_____

삶으로 나아가기

마음에 와 닿는 한 구절의 말씀을 선택하여 쪽지에 기록한다.
예를 들면 "여호와께서 모세에게 말씀하여 이르시되 이스라엘 자손에게 명령하여 내게 예물을 가져오라 하고 기쁜 마음으로 내는 자가 내게 바치는 모든 것을 너희는 받을지니라"(1-2절).
이 말씀을 수시로 꺼내어 읊조리면서 일상 안에서 기도하며 생활한다.

주요내용 설명

25 : 1~9는 성소 제작이 백성들의 예물로 이루어짐을 전제하고, 이를 위하여 모든 백성들이 기쁜 마음으로 예물을 바치기를 요청한다. 성소를 위한 재료는 예물, 즉 예배의

행위로 드려야 하고, 마음에서 우러나오는 기쁘고 감사함의 표시로 드려야 한다. 이러한 요청이 얼마나 성공적이었는지는 36장에 나타난다. 백성들이 너무 많이 가져와서 재료가 넉넉하므로 예물을 가져오는 것을 중지할 정도였다. 예물로 드린 천연 생산물은 성소를 지을 때 쓰이는 재료들이다. 성소를 만드는 데 사용된 재료로서 색실은 가장 귀중한 품목인데, 청색, 자색, 홍색의 색들은 값과 선호도 순으로 되어 있다.

  베는 여러 종류가 있는데 거친 베는 모자 겉옷을 만들 때 사용하고, 가는 베 실은 애굽산으로 성막에 사용되었다. 가공하지 않은 염소털이나 가격이 싼 천들도 있다. 해달은 돌고래를 말한다. 조각목(아카시아 나무)은 단단하고 내구성이 있는 나무여서 조각이나 덧대는 작업에 적합했을 것이다. 7절에 호마노는 보석이름이다. 물린 보석들이란 흉패 위에 고정시키는 보석이다. 규빗은 손에서 팔까지의 길이로 0.45미터정도 된다. 성소는 백성들 중에 하나님께서 거하실 곳이다. 장소를 짓는 방법은 하늘의 모형을 따라 "여호와께서 모세에게 보이는 모양대로" 지었다.

37. 언약궤
(25 : 10-22, 37 : 1-9)

기도에 임하기

1. 몸과 마음을 가다듬고 하나님의 임재를 기억하며 기도를 준비한다.
2. 찬송을 부른다(210장).

말씀읽기

출애굽기 25 : 10~22, 37 : 1~9

25 : 10 그들은 조각목으로 궤를 짜되 길이는 두 규빗 반, 너비는 한 규빗 반, 높이는 한 규빗 반이 되게 하고
11절 너는 순금으로 그것을 싸되 그 안팎을 싸고 위쪽 가장자리로 돌아가며 금 테를 두르고
12절 금 고리 넷을 부어 만들어 그 네 발에 달되 이쪽에 두 고리 저쪽에 두 고리를 달며
13절 조각목으로 채를 만들어 금으로 싸고
14절 그 채를 궤 양쪽 고리에 꿰어서 궤를 메게 하며
15절 채를 궤의 고리에 꿴 대로 두고 빼내지 말지며
16절 내가 네게 줄 증거판을 궤 속에 둘지며
17절 순금으로 속죄소를 만들되 길이는 두 규빗 반, 너비는 한 규빗 반이 되게 하고
18절 금으로 그룹 둘을 속죄소 두 끝에 쳐서 만들되
19절 한 그룹은 이 끝에, 또 한 그룹은 저 끝에 곧 속죄소 두 끝에 속죄소와 한 덩이로 연

	결할지며
20절	그룹들은 그 날개를 높이 펴서 그 날개로 속죄소를 덮으며 그 얼굴을 서로 대하여 속죄소를 향하게 하고
21절	속죄소를 궤 위에 얹고 내가 네게 줄 증거판을 궤 속에 넣으라
22절	거기서 내가 너와 만나고 속죄소 위 곧 증거궤 위에 있는 두 그룹 사이에서 내가 이스라엘 자손을 위하여 네게 명령할 모든 일을 네게 이르리라

배경설명

 속죄소는 그룹들의 보호를 맡은 여호와의 보좌를 상징하고, 언약궤는 돌판을 통해 말씀하시는 하나님의 내재성을 보여 준다. 언약궤와 속죄소는 하나님의 임재에 대한 두 가지 상징이 담겨 있다. 구약의 역사에서 언약궤는 하나님이 자기 백성과 함께 계신다는 사실을 보증하는 것이었다. 언약궤의 이동은 하나님의 임재의 이동으로 이해되었다. 언약궤는 메고 다닐 수 있는 상자로서 그 안에 율법 돌판을 넣어 두도록 했다. 언약궤를 두는 장소는 지성소를 가리는 휘장 뒤였다. 16절에 증거판이란 모세에게 주어진 율법판을 말한다. 법전을 궤에 담아 보관하였다 : "그 궤 안에는 두 돌판 외에 아무것도 없으니 이것은 이스라엘 자손이 애굽 땅에서 나온 후 여호와께서 저희와 언약을 맺으실 때에 모세가 호렙에서 그 안에 넣은 것이더라"(왕상 8 : 9). 17절에 나타나는 속죄소의 뜻은 덮개로서, 궤의 뚜껑 역할을 하는 순금으로 만든 판이다. 속죄소 위에는 두 그룹이 마주 보고 있는데, 그들의 날개는 거의 궤 위에서 만나며 하나님의 보이지 않는 보좌를 떠받들고 있다. 모세 오경에는 보좌라는 단어가 나오지 않기 때문에 하나님이 그룹 위에 앉아 계신다고 표현한다. 그러므로 궤는 발판이 되고, 속죄소가 보좌를 받들어 보좌에 앉으신 하나님의 임재를 상징한다. 그룹은 여러 짐승의 합성 짐승으로 왕과 신들의 보좌를 지키는 역할을 한다. 궤는 여호와의 보이지 않는 보좌 역할을 하는 것으로 알려졌다.

기도

성령의 임재를 위한 기도

 언약궤와 속죄소를 통하여 하나님께서 임재 하시어 하나님의 백성과 만나주시며 하나님의 백성의 죄를 덮어주시는 그 크신 은혜를 알게 하소서.

본문말씀 읽기와 묵상하기

본문말씀을 천천히 한 번 읽은 후에 다시 본문을 찬찬히 들여다보면서 전체적인 내용과 상황을 파악한다.

여호와 하나님께서 성소에서 가장 중요한 궤를 짜라고 말씀하신다. 이 궤는 법궤(레 16 : 2), 언약궤(민 10 : 33, 14 : 44; 신 31 : 9; 히 9 : 4) 혹은 증거궤(출 26 : 33)라고도 부른다. 왜냐하면, 그 궤 안에는 하나님의 증거의 판이며, 언약의 판인 십계명 두 돌판을 보관하였기 때문이다. 일 규빗(cubit)이 45.6cm이므로 법궤의 크기는 가로 약 114cm, 세로와 높이가 각각 68.4cm인 직사각형 조각목 상자이다. 그 법궤의 안팎은 순금으로 싸고, 법궤의 위쪽 가장자리로 돌아가며 금테를 두른다.

1. 본문에 나오는 말씀의 핵심적인 내용을 마음으로 깨달아 알려고 묵상을 한다.
   언약궤의 크기와 자료는?
   언약궤 안팎을 순금으로 싸고 위쪽 가장자리로 돌아가며 금테를 두르고 금고리 넷을 만들어 그 네 발에 달되 이쪽에 두 고리 저쪽에 두 고리를 달며 조각목으로 채를 만들어 금으로 싸고 그 채를 궤 양쪽 고리에 꿰어서 궤를 메게 하는 까닭은?
   채를 궤의 고리에 꿴 대로 두고 빼내지 말며 하나님께서 모세에게 준 증거판을 궤 속에 두는데, 이것이 의미하는 것은?
   속죄소의 크기와 자료는?
   금으로 그룹 둘을 속죄소 두 끝에 쳐서 만들되 한 그룹은 이 끝에, 또 한 그룹은 저 끝에 곧 속죄소 두 끝에 속죄소와 한 덩이로 연결하는데, 여기서 말하는 그룹이란?
   그룹들은 그 날개를 높이 펴서 그 날개로 속죄소를 덮으며 그 얼굴을 서로 대하여 속죄소를 향하게 하는데, 이처럼 그룹 둘이 하나님의 임재의 장소인 속죄소 위에서 마주 대하고 있는 것의 의미는?
   속죄소를 궤 위에 얹고 하나님께서 모세에게 줄 증거판을 궤 속에 넣는데, 거기서 하나님께서 모세와 만나고 속죄소 위 곧 증거궤 위에 있는 두 그룹 사이에서 하나님께서 하시는 일은?
2. 다시 한 번 성경본문을 천천히 읽는다. 읽는 동안에 어떤 말씀이 내 마음에 부딪혀 오는지를 살핀다.
   예를 들어, "속죄소를 궤 위에 얹고 내가 네게 줄 증거판을 궤 속에 넣으라 거기서 내가 너와 만나고 속죄소 위 곧 증거궤 위에 있는 두 그룹 사이에서 내가 이스라엘 자손을 위하여 네게 명령할 모든 일을 네게 이르리라"(21-22절)라는 말씀이 마음에 다가왔다.
3. 내 마음에 부딪혀 온 말씀이 묵상 가운데 구체적으로 내게 어떤 말씀을 주시는지 또

는 내 마음 안에서 어떻게 역사하는지를 살핀다. 그리고 이 말씀에 대해 내가 어떻게 응답하는지를 살펴본다.

　금 고리 넷을 만들어 법궤의 네 발, 즉 네 구석에 달고, 법궤 자체에 손을 대지 않고 법궤를 운반하기 위하여 긴 장대, 즉 조각목으로 만든 채를 만들어 금으로 싸고, 이를 궤 양쪽 고리에 꿰어서 궤를 멘다. 당시 이스라엘은 아직 가나안에 정착하지 못하였기 때문에 그들이 움직일 때마다 법궤를 자주 이동하기 위하여 긴 장대가 필요하였다. 여호와 하나님의 말씀대로 증거판, 즉 십계명 두 돌판을 궤 속에 넣어 두었다.

　'속죄하다' 혹은 '용서하다'라는 뜻을 가진 속죄소는 법궤를 덮고 있는 법궤뚜껑을 가리킨다. 또한 '칠하다' 혹은 '제거하다'라는 뜻을 가진 속죄소라는 말은 죄를 덮어 보이지 않게 한다는 의미가 있다. 이런 의미에서 속죄소란 인간의 죄를 덮어주는 혹은 용서하는 장소라는 뜻이다. 그러므로 가로와 세로가 각각 114cm와 68.4cm인 속죄소는 인간의 죄를 용서하기 위하여 하나님이 강림하시는 자리로도 언급된다(출 25 : 22; 레 16 : 2; 민 7 : 89). 구약의 이런 의미의 속죄소는 우리의 죄를 도말하시는 예수의 보혈을 예표 한다.

　그룹은 하나님의 보좌를 둘러싸고 있는 영적 존재, 곧 천사의 일종으로서 하나님의 거룩과 영광을 선포하고 지키는 역할을 한다. 이 그룹은 날개를 가졌으며 사람과 비슷한 모습을 띠고 있을 것으로 추정할 뿐이다(겔 1, 10장; 계 4 : 6-8). 금으로 그룹 둘을 속죄소 두 끝에 쳐서 만들라고 여호와 하나님께서 말씀하신다. 이처럼 그룹 둘이 하나님의 임재의 장소인 속죄소 위에서 마주 대하고 있다는 것은 그룹이 하나님의 영광과 거룩을 선포하고 또한 증거하고 있다는 것을 뜻한다. 이 그룹들은 그 날개를 높이 펴서 그 날개로 속죄소를 덮으며, 그 얼굴을 서로 대하여 속죄소를 향하게 하고, 속죄소를 궤위에 얹고 궤 속에 증거판을 넣으라고 하나님께서 명령하신다. 법궤 위에 속죄소를 얹고, 궤 속에 하나님께서 주신 증거판을 넣으라고 말씀하신 후, 바로 거기서 하나님께서 이스라엘과 만나신다고 약속하신다. 이는 성막제도에 관한 것을 알려주신 것이며 또한 그들에게 알려주신 그대로 그것을 만들게 하셨다. 이는 하나님께서 그 백성들에게 하나님의 신성과 영광을 드러내 보이시며, 그들과 교통하시기 위해서이다. 이어서 하나님께서는 증거궤 곧 법궤 위에 있는 두 그룹 사이에서 이스라엘에게 명령할 모든 일을 말씀하여 주시겠다고 약속하시는데, 이는 하나님의 명령은 십계명과 관련하여 주어진다는 것을 암시한다. 여기서 우리는 하나님께서 그의 백성들에게 하나님의 속성을 보여 주시고, 우리와 교통하시기를 원하시는 것을 알 수 있다.

　하나님의 지혜로 충만한 브살렐이 항상 이스라엘과 함께 하시는 하나님의 임재를 상징하는 법궤를 만든다. '주의 권능의 궤'(시 132 : 8)라고도 하는 법궤는 가로 약 114cm, 세로와 높이가 각각 68.4cm의 조각목으로 만들어 순금으로 안팎을 싸고 위쪽 가장자리로 돌아가며 금테를 두른다. 그리고 법궤의 아랫부분 모서리에 법궤를 운반하기 위한 긴 장대, 즉 채를 꿰기 위한 금 고리 넷을 단다. 이와 같이하여 법궤를 운반할 때, 법궤 고리에 이 채를 꿴 후, 어깨에 메고 운반한다(삼하 6 : 15).

법궤와 같이 속죄소는 길이 114cm, 넓이 68.4cm이며, 순전히 정금으로만 만드는데, 이것은 법궤의 뚜껑 역할을 한다. 속죄소는 하나님께서 임재 하셔서 이스라엘과 만나 주시는 직접적인 장소이며, 또한 인간의 죄를 덮어 주시는 은혜의 장소이다. 속죄판과 그룹을 따로 만든 후, 속죄판 양쪽의 금을 망치로 두드려 늘여 그룹 둘을 양쪽 끝으로 연결하여 속죄소와 그룹을 한 덩이로 만든다. 그리하여 그룹들이 그 날개를 높이 펴서 그 날개로 속죄소를 덮으며 그 얼굴은 서로 대하여 속죄소를 향하게 한다. 이는 하나님께서 속죄소를 늘 주시하시며 지키고 계심을 상징하는 이중적 장식이라고 한다. 여기서 우리는 언약궤는 돌판을 통해 말씀하시는 하나님의 내재성과 언약궤와 속죄소를 통하여 우리와 함께 하시는 하나님의 임재를 감지할 수 있다.

응답기도 및 임재 안에 머물기

각자 깨달은 말씀이나 마음에 부딪혀 오는 은혜에 따라 응답하는 기도를 충분히 드린다. 충분하게 하나님과 대화를 나누는 기도를 드린 이후에 하나님의 선하심과 인자하심을 맛보며 그분의 임재 안에 얼마 동안 머무른다. 하나님의 임재 안에 머무른 후에 기도 안내문에 나와 있는 기도로 마무리한다.

"언약궤와 속죄소를 통해 그의 백성들과 함께 계시며 그들의 죄를 덮어 주셨던 하나님의 그 크신 은혜와 사랑에 감사를 드립니다. 지금도 하나님께서는 하나님의 말씀을 통하여 우리와 만나주시며 성령하나님을 통하여 그 말씀을 믿게 하시며 하나님의 임재를 감지하게 하시니 감사드립니다. 우리 주 예수 그리스도의 보혈로 우리의 죄를 속해 주시어 죄로부터 자유하게 하시고 우리를 하나님의 자녀로 의롭게 하시니 감사를 드립니다. 우리 하나님의 구속하시는 그 사랑과 늘 함께 하시는 그 큰 사랑을 온 맘과 영으로 찬양하게 하소서."

반추 및 성찰

가능하면 기도했던 장소에서 자리를 옮긴다. 그리고 기도 시간에 경험한 내용을 돌아보면서 노트에 간단히 적는다. 이때 기도 안에서 하나님과 내 자신에 대한 전체적인 느낌을 적고, 또 영적으로 위로를 받았던 경험과 영적으로 메말랐던 경험을 적는다.

삶으로 나아가기

마음에 와 닿는 한 구절의 말씀을 선택하여 쪽지에 기록한다.
예를 들면 "속죄소를 궤 위에 얹고 내가 네게 줄 증거판을 궤 속에 넣으라 거기서 내가 너와 만나고 속죄소 위 곧 증거궤 위에 있는 두 그룹 사이에서 내가 이스라엘 자손을 위하여 네게 명령할 모든 일을 네게 이르리라"(21-22절)
이 말씀을 수시로 꺼내어 읊조리면서 일상 안에서 기도하며 생활한다.

주요내용 설명

언약궤는 성막을 짓는데 사용된 나무와 동일한 것으로 만들고 순금으로 장식해야 할 정도로 중요했다. 언약궤의 재료는 조각목이며, 치수는 1.25m(길이)×0.75 m(너비)×0.75 m(높이)이다. 궤는 순금으로 싸되 안팎을 싸고, 돌아가며 금테를 두른다. 겉과 속을 순금으로 덮고, 주변에는 모두 금고리를 만들어 장식하고, 그것으로 궤를 들거나 운반하였다. 운반에 필요한 막대기도 금으로 입힌다. 이러한 준비가 필요한 이유는 인간들의 손에 닿지 않고도 움직이게 하기 위함이었다. 즉, 언약궤의 이동 가능성과 여호와의 임재에 대한 거룩함을 강조하는 것이다. 궤 속에는 증거판을 두는데, 십계명이 적힌 돌판들을 말한다. 순금으로 만든 속죄소의 치수는 언약궤와 동일하게 1.25m(길이)×0.75 m(너비)이고, 언약궤 위에 올려 둔다. 또 그룹 둘을 만들어 속죄소 양 끝에 둔다. 그룹들은 날개를 높이 펴서 날개로 속죄소를 덮고, 서로 향하게 한다. 여호와께서 모세를 만나는 곳은 속죄소 위 곧 증거궤 위에 있는 그룹 사이이다. 이곳에서 여호와께서 모세에게 명령하신다.

38. 진설병상과 등잔대
(25 : 23-40; 참조 37 : 10-16)

기도에 임하기

1. 몸과 마음을 가다듬고 하나님의 임재를 기억하며 기도를 준비한다.
2. 찬송을 부른다(510장).

말씀읽기

출애굽기 25 : 23~40; 참조 37 : 10~16

25 : 23 너는 조각목으로 상을 만들되 길이는 두 규빗, 너비는 한 규빗, 높이는 한 규빗 반이 되게 하고
24절 순금으로 싸고 주위에 금 테를 두르고
25절 그 주위에 손바닥 넓이만한 턱을 만들고 그 턱 주위에 금으로 테를 만들고
26절 그것을 위하여 금 고리 넷을 만들어 그 네 발 위 네 모퉁이에 달되
27절 턱 곁에 붙이라 이는 상을 멜 채를 꿸 곳이며
28절 또 조각목으로 그 채를 만들고 금으로 싸라 상을 이것으로 멜 것이니라
29절 너는 대접과 숟가락과 병과 붓는 잔을 만들되 순금으로 만들며
30절 상 위에 진설병을 두어 항상 내 앞에 있게 할지니라
31절 너는 순금으로 등잔대를 쳐 만들되 그 밑판과 줄기와 잔과 꽃받침과 꽃을 한 덩이로 연결하고

32절   가지 여섯을 등잔대 곁에서 나오게 하되 다른 세 가지는 이쪽으로 나오고 다른 세 가지는 저쪽으로 나오게 하며

33절   이쪽 가지에 살구꽃 형상의 잔 셋과 꽃받침과 꽃이 있게 하고 저쪽 가지에도 살구꽃 형상의 잔 셋과 꽃받침과 꽃이 있게 하여 등잔대에서 나온 가지 여섯을 같게 할지며

34절   등잔대 줄기에는 살구꽃 형상의 잔 넷과 꽃받침과 꽃이 있게 하고

35절   등잔대에서 나온 가지 여섯을 위하여 꽃받침이 있게 하되 두 가지 아래에 한 꽃받침이 있어 줄기와 연결하며 또 두 가지 아래에 한 꽃받침이 있어 줄기와 연결하며 또 두 가지 아래에 한 꽃받침이 있어 줄기와 연결하게 하고

36절   그 꽃받침과 가지를 줄기와 연결하여 전부를 순금으로 쳐 만들고

37절   등잔 일곱을 만들어 그 위에 두어 앞을 비추게 하며

38절   그 불 집게와 불 똥 그릇도 순금으로 만들지니

39절   등잔대와 이 모든 기구를 순금 한 달란트로 만들되

40절   너는 삼가 이 산에서 네게 보인 양식대로 할지니라

배경설명

진설병이라는 말은 하나님 앞에 놓인 떡인데 이것이 하나님을 위한 떡인지 하나님께서 이스라엘 백성들을 위하여 준비하신 떡인지가 해석의 관건이다. 진설병은 제사장이 하나님 앞에 배설하지만 그것은 곧 하나님이 인간을 위해 준비하신 떡을 상징한다. 레위기에 따르면, 떡은 열두 개를 준비하고, 안식일마다 이 떡을 항상 여호와 앞에 진설해야 한다. 떡을 진설하는 이유는 이스라엘 자손을 위한 것이고, 영원한 언약이며, 남은 떡은 아론과 그의 자손들에게 돌린다(레 24 : 5-9). 즉, 진설병 상에 준비된 떡은 이스라엘을 위하여 하나님이 배설하신 떡이며 신약의 예수 그리스도를 예표한다. 예수께서 말씀하셨다 : "나는 생명의 떡이니 내게 오는 자는 결코 주리지 아니할 터이요 나를 믿는 자는 영원히 목마르지 아니하리라"(요 6 : 35). 진설병은 진설병(민 4 : 7), 순결한 상(레 24 : 6; 대하 13 : 11), 진설하는 상(대하 29 : 18), 진설병의 금상(왕상 7 : 48) 등으로 불린다.

등잔대는 히브리어로 "메노라"인데 빛, 촛대라는 뜻으로 후대 유대교의 예식에서 중요한 의미가 있다. 신구약 중간사 시대에 마카비 혁명에 성공하고 불을 밝힐 때 메노라가 사용되었다. 스가랴는 메노라 옆의 두 감람나무 환상을 보았다(슥 4 : 1-10). 요한계시록에서 요한은 예수께서 일곱 교회를 상징하는 일곱 촛대 사이를 거니셨다(계 1 : 12, 20). 등대는 싹이 나고 꽃이 핀 형상이 반복됨을 통해 살구나무 꽃이 타오르는 불이 발하는 빛을 통하여 여호와께서 영원토록 주무시지 않고 깨어서 계신다는 사실을 입증해준다 : "이스라

엘을 지키시는 이는 졸지도 아니하시고 주무시지도 아니하시리로다"(시 121 : 4).

기도

성령의 임재를 위한 기도

여호와 하나님께서 보이신 양식대로 만들어진 하나님께 드리는 거룩한 떡과 성소 안을 밝히는 등잔대의 깊은 뜻을 알게 하소서.

본문말씀 읽기와 묵상하기

본문말씀을 천천히 한 번 읽은 후에 다시 본문을 찬찬히 들여다보면서 전체적인 내용과 상황을 파악한다.

조각목과 금으로 만든 진설병 상은 이스라엘 12지파를 상징하는 12개의 떡을 하나님께 진설하여 드리는 기구이다. 상 위의 떡이 지면으로 떨어지지 않도록 길이 91.2cm, 넓이 45.6cm, 높이 68.4cm 정도의 상 주위에는 손바닥 넓이, 즉 7.6cm정도의 턱을 만들고, 그 턱 주위에 금으로 테를 두른다. 그리고 진설된 성물에 손을 대지 않고 상을 이동할 수 있도록 금 고리 넷을 만들어 각 고리에 상을 멜 채를 꿰어 상의 네 모퉁이에 단다. 이처럼 이동을 위하여 고리가 부착되어 있는 성막기구는 법궤(출 25 : 12), 분향단(출 37 : 27), 번제단(출 27 : 4) 등이 있다.

1. 본문에 나오는 말씀의 핵심적인 내용을 마음으로 깨달아 알려고 묵상을 한다.
진설병 상이란? 진설병 상의 크기와 자료는? 진설병 상을 어떻게 메는가? 대접과 숟가락과 병과 붓는 잔을 만들되 순금으로 만들며 상 위에 진설병을 두어 항상 내 앞에 있게 할지니라고 여호와께서 말씀하시는데, 이 말씀이 뜻하는 바는? 진설병 상 주위에 손바닥 넓이만한 턱을 만드는데, 그 까닭은? 진설병 상 주위에 턱을 만들고 그 턱 주위에 금으로 테를 만들고 그것을 위하여 금 고리 넷을 만들어 그 네 발 위 네 모퉁이에 달되 턱 곁에 붙이라고 여호와께서 말씀하시는데, 그 까닭은? 순금으로 만든 등잔대란? 등잔대의 모든 기구들 가운데 줄기와 그 줄기 좌우로 각 3개씩 가지가 뻗어 대칭을 이룬 그 등잔대의 모양은 마치 나무와 같은 형상이라고 하는데, 등잔대의 등잔은 모두 몇 개인가? 잔은 등잔과 다른 일종의 악세사리와 같은 살구꽃 형상의 잔으로서 총 몇 개인가? 꽃받침은 잔의 꽃 부분을 받쳐 주는 밑줄기인데, 총 몇 개인가? 꽃은 잔에 붙어 꽃 모양을 이루어 주는 꽃잎 모양의 장식물이라고 한다. 이상의 모든 것을 다 말씀하시고 모세에게 여호와께서 이르신 말씀은?

2. 다시 한 번 성경본문을 천천히 읽는다. 읽는 동안에 어떤 말씀이 내 마음에 부딪혀 오는지를 살핀다.

예를 들어, "너는 삼가 이 산에서 네게 보인 양식대로 할지니라"(40절)라는 말씀이 마음에 다가왔다.

3. 내 마음에 부딪혀 온 말씀이 묵상 가운데 구체적으로 내게 어떤 말씀을 주시는지 또는 내 마음 안에서 어떻게 역사하는지를 살핀다. 그리고 이 말씀에 대해 내가 어떻게 응답하는지를 살펴본다.

진설병은 직역하면 '얼굴의 떡' 혹은 '면전에 놓인 떡'이란 뜻으로 하나님께 드리는 거룩한 떡을 가리킨다. 제사장들은 매 안식일에 떡 상에 이러한 진설병을 두 줄로 6개씩 12개를 놓는데, 이는 하나님이 인간을 위해 준비하신 떡을 상징한다. 진설병은 하나님이 드시는 것이 아니라, 인간을 위해 준비하신 하나님의 떡이다. 떡은 순금의 대접에 담고, 순금의 숟가락은 분향을 위한 잔으로 사용되었고, 병은 목이 좁고 긴 병으로서 유향을 담는 데 사용된 것 같다(레 24 : 7). 성소 안은 낮 동안은 출입구를 통하여 빛이 들어와 밝지만, 밤에는 어두워서 제사장이 매일 밤에 불을 켜고 아침에는 불을 껐다(출 25 : 31-40). 밤에 등잔의 불을 켜 아침까지 성소 안을 밝히기 위한 기구가 바로 등잔대이다. 밑판은 등대를 고정시키는 제일 하단의 넓은 판이며, 줄기는 양 옆에 세 가지들이 각각 붙어 있는 정중앙의 지주이며, 잔은 등잔과 다른 일종의 악세사리와 같은 살구꽃 형상의 잔으로서 줄기 양 옆의 세 가지에 각각 3개씩 총 18개, 중앙 가지에 4개로 총합 22개이다. 꽃받침은 잔의 꽃 부분을 받쳐 주는 밑줄기로서 총 22개이다. 꽃은 잔에 붙어 꽃 모양을 이루어 주는 꽃잎 모양의 장식물이라고 한다. 여기서 우리는 성소 안을 밤낮으로 환하게 불을 밝히는 오늘날 등잔대의 역할은 무엇일까 생각해 볼 수 있겠다.

성막과 그 안의 모든 기구는 하나님께서 시내 산에서 모세에게 보이신 양식대로 한 것이다. 이처럼 성막과 이와 관련된 모든 것은 전부 여호와 하나님에 의하여 계획된 것이다. 그러므로 등잔대의 모든 기구들 가운데 줄기와 그 줄기 좌우로 각 3개씩 가지가 뻗어 대칭을 이룬 그 등잔대의 모양은 마치 나무와 같은 형상이라고 한다. 등잔대 중앙의 줄기 위에 등잔 하나와 그 줄기 좌우로 3개씩 뻗은 가지 위에 각 하나씩의 등잔이 있어 도합 7개의 등잔이 앞을 비추도록 되어 있고, 등잔의 타버린 심지를 자르는 불집게와 등잔대에서 다 탄 심지를 모아 담는 불똥그릇까지도 모두 순금으로 만든다. 이와 같이 하나님을 섬기는 데 사용되는 성막 안의 모든 기구들은 정결하고 불변하는 순금으로 여호와 하나님께서 보이신 양식대로 만들어진다. 여기서 우리는 오늘날 하나님의 성전을 지을 때, 정결하고 자연 그대로의 자료로 만든 건축자재들을 쓰려고 얼마나 고심하고 있는가를 생각하게 된다.

안식일마다 제사장이 이스라엘 12지파를 상징하는 새로운 떡 12개를 그 위에 진설하는 상은 성소의 북쪽에 길이 91.2cm, 넓이 45.6cm, 높이 68.4cm의 조각목으로 만들어 순금으로 쌌다. 순금으로 싼 진설병 위쪽 가장자리로 돌아가며 금테를 두르고, 그 주위에 손바닥 넓이만큼의 턱 주위에 금으로 테를 만든다. 이 턱은 떡이 상 아래로 떨어지는 것을 방지하는 장치이다. 떡 상을 운반하도록 이동용 금 고리 넷을 부어 만들어 네 발 위, 네 모퉁이에 달았으므로 그 고리가 턱 곁에 있어 상을 조각목으로 만들어 금으로 싼 채로 꿰어 멘다. 진설병 위의 기구로 떡 담는 금 대접과 금 숟가락과 전제를 드리는 데 필요한 포도주를 담는 순금의 잔과 병이 있다. 여기서 우리는 하나님께서 성소와 관련된 모든 기구들에 대해 얼마나 섬세하고 정결하게 지시해 주시고 있는지를 감지하게 된다.

응답기도 및 임재 안에 머물기

각자 깨달은 말씀이나 마음에 부딪혀 오는 은혜에 따라 응답하는 기도를 충분히 드린다. 충분하게 하나님과 대화를 나누는 기도를 드린 이후에 하나님의 선하심과 인자하심을 맛보며 그분의 임재 안에 얼마 동안 머무른다. 하나님의 임재 안에 머무른 후에 기도 안내문에 나와 있는 기도로 마무리한다.

"하나님께서 모세에게 보이신 양식대로 만들어진 성막 안의 모든 기구들의 모양과 기능을 알게 하는 지혜를 주옵소서. 그 모든 기구들이 정결하고 불변하는 순금으로 여호와께서 보이신 양식대로 만들어진 것을 깊이 알게 하시고 오늘날 우리가 하나님의 성전을 지을 때 정결하고 하나님께서 주신 자연 그대로의 재료를 소중하게 여기는 우리가 되게 하소서."

반추 및 성찰

가능하면 기도했던 장소에서 자리를 옮긴다. 그리고 기도 시간에 경험한 내용을 돌아보면서 노트에 간단히 적는다. 이때 기도 안에서 하나님과 내 자신에 대한 전체적인 느낌을 적고, 또 영적으로 위로를 받았던 경험과 영적으로 메말랐던 경험을 적는다.

삶으로 나아가기

마음에 와 닿는 한 구절의 말씀을 선택하여 쪽지에 기록한다.
예를 들면 "너는 삼가 이 산에서 네게 보인 양식대로 할지니라"(40절).
이 말씀을 수시로 꺼내어 읊조리면서 일상 안에서 기도하며 생활한다.

주요내용 설명

진설병 상은 치수가 1m(길이) x 0.5m(너비) x 0.75m(높이)이다. 진설병 상은 지성소 앞에 있는 상으로 그 위에 진설병을 두어 하나님 앞에 있게 해야 한다. 조각목으로 만들며, 순금으로 싸고 순금으로 테두리를 두르고, 턱 주위에 금으로 테를 만든다. 진설병 상도 금박을 입힌 조각목 나무로 만든 채를 금고리에 꿰어서 사람의 손이 닿지 않게 운반했다. 이 상을 위해 네 종류의 용기를 준비해야 하는데, 그것은 대접, 숟가락, 병, 붓는 잔 등이다. 대접은 진설병을 담는 그릇이다. 숟가락은 향을 담는다. 병은 포도주를 담고, 잔은 포도주를 붓기 위한 것이다. 이 네 종류의 용기들을 상 위에 진설병과 함께 나란히 얹어 두었다.

진설병 상과 마찬가지로 지성소 휘장 앞에 놓을 일곱 가지 달린 등잔대는 등잔 받침인데, 등잔은 기름으로 가득 채운 질그릇 종지로서(27 : 20), 그 심지가 지성소를 향하고 있다. 등잔대의 장식물들은 등잔대를 다듬어서 만들어야 했다. 등대도 순금으로 만들어졌다. 등잔대를 쳐서 만드는데 살구나무의 형상을 지니고 있어야 했다. 등대 뒤에는 일곱 개의 등잔이 놓여 있는데, 그것들은 양쪽으로 뻗은 여섯 가지와 중앙의 줄기 위에 두었다. 특별한 도구들은 심지를 자르고 정돈하는 데 사용되었으며, 태우고 남은 불똥을 치우는 도구들도 이용되었다.

39. 성막
(26 : 1-37; 참조 36 : 1-36)

기도에 임하기

1. 몸과 마음을 가다듬고 하나님의 임재를 기억하며 기도를 준비한다.
2. 찬송을 부른다(208장).

말씀읽기

출애굽기 26 : 1~37; 참조 36 : 1~36

26 : 1 너는 성막을 만들되 가늘게 꼰 베 실과 청색 자색 홍색 실로 그룹을 정교하게 수 놓은 열 폭의 휘장을 만들지니
2절 매 폭의 길이는 스물여덟 규빗, 너비는 네 규빗으로 각 폭의 장단을 같게 하고
3절 그 휘장 다섯 폭을 서로 연결하며 다른 다섯 폭도 서로 연결하고
4절 그 휘장을 이을 끝폭 가에 청색 고를 만들며 이어질 다른 끝폭 가에도 그와 같이 하고
5절 휘장 끝폭 가에 고 쉰 개를 달며 다른 휘장 끝폭 가에도 고 쉰 개를 달고 그 고들을 서로 마주 보게 하고
6절 금 갈고리 쉰 개를 만들고 그 갈고리로 휘장을 연결하여 한 성막을 이룰지며
7절 그 성막을 덮는 막 곧 휘장을 염소털로 만들되 열한 폭을 만들지며
8절 각 폭의 길이는 서른 규빗, 너비는 네 규빗으로 열한 폭의 길이를 같게 하고
9절 그 휘장 다섯 폭을 서로 연결하며 또 여섯 폭을 서로 연결하고 그 여섯째 폭 절반은

성막 전면에 접어 드리우고

10절 휘장을 이을 끝폭 가에 고 쉰 개를 달며 다른 이을 끝폭 가에도 고 쉰 개를 달고

11절 놋 갈고리 쉰 개를 만들고 그 갈고리로 그 고를 꿰어 연결하여 한 막이 되게 하고

12절 그 막 곧 휘장의 그 나머지 반폭은 성막 뒤에 늘어뜨리고

13절 막 곧 휘장의 길이의 남은 것은 이쪽에 한 규빗, 저쪽에 한 규빗씩 성막 좌우 양쪽에 덮어 늘어뜨리고

14절 붉은 물들인 숫양의 가죽으로 막의 덮개를 만들고 해달의 가죽으로 그 윗덮개를 만들지니라

15절 너는 조각목으로 성막을 위하여 널판을 만들어 세우되

16절 각 판의 길이는 열 규빗, 너비는 한 규빗 반으로 하고

17절 각 판에 두 촉씩 내어 서로 연결하게 하되 너는 성막 널판을 다 그와 같이 하라

18절 너는 성막을 위하여 널판을 만들되 남쪽을 위하여 널판 스무 개를 만들고

19절 스무 널판 아래에 은 받침 마흔 개를 만들지니 이쪽 널판 아래에도 그 두 촉을 위하여 두 받침을 만들고 저쪽 널판 아래에도 그 두 촉을 위하여 두 받침을 만들지며

20절 성막 다른 쪽 곧 그 북쪽을 위하여도 널판 스무 개로 하고

21절 은 받침 마흔 개를 이쪽 널판 아래에도 두 받침, 저쪽 널판 아래에도 두 받침으로 하며

22절 성막 뒤 곧 그 서쪽을 위하여는 널판 여섯 개를 만들고

23절 성막 뒤 두 모퉁이 쪽을 위하여는 널판 두 개를 만들되

24절 아래에서부터 위까지 각기 두 겹 두께로 하여 윗고리에 이르게 하고 두 모퉁이 쪽을 다 그리하며

25절 그 여덟 널판에는 은 받침이 열여섯이니 이쪽 판 아래에도 두 받침이요 저쪽 판 아래에도 두 받침이니라

26절 너는 조각목으로 띠를 만들지니 성막 이쪽 널판을 위하여 다섯 개요

27절 성막 저쪽 널판을 위하여 다섯 개요 성막 뒤 곧 서쪽 널판을 위하여 다섯 개이며

28절 널판 가운데에 있는 중간 띠는 이 끝에서 저 끝에 미치게 하고

29절 그 널판들을 금으로 싸고 그 널판들의 띠를 꿸 금 고리를 만들고 그 띠를 금으로 싸라

30절 너는 산에서 보인 양식대로 성막을 세울지니라

31절 너는 청색 자색 홍색 실과 가늘게 꼰 베 실로 짜서 휘장을 만들고 그 위에 그룹들을 정교하게 수 놓아서

32절 금 갈고리를 네 기둥 위에 늘어뜨리되 그 네 기둥을 조각목으로 만들고 금으로 싸서 네 은 받침 위에 둘지며

33절 그 휘장을 갈고리 아래에 늘어뜨린 후에 2)증거궤를 그 휘장 안에 들여놓으라 그 휘

장이 너희를 위하여 성소와 지성소를 구분하리라

34절 너는 지성소에 있는 증거궤 위에 속죄소를 두고

35절 그 휘장 바깥 북쪽에 상을 놓고 남쪽에 등잔대를 놓아 상과 마주하게 할지며

36절 청색 자색 홍색 실과 가늘게 꼰 베 실로 수 놓아 짜서 성막 문을 위하여 휘장을 만들고

37절 그 휘장 문을 위하여 기둥 다섯을 조각목으로 만들어 금으로 싸고 그 갈고리도 금으로 만들지며 또 그 기둥을 위하여 받침 다섯 개를 놋으로 부어 만들지니라

배경설명

출애굽기 26장은 성막의 청사진을 보여 준다. 성막은 히브리어로 미슈칸이라고 하는데 곧 하나님이 거하시는 곳이라는 말이다. 한 규빗은 약 0.45cm에 해당된다. 10폭이면 너비가 각각 총 18m가 될 것이다. 30절에 보면 모세가 받은 성막의 형태는 하나님께 들은 것이 아니라, 하나님께서 보여 주신 것을 본 것이다. 그러므로 본문에서 상세히 언급되지 않은 것도 모세가 본대로 실행하였을 것이다. 성막의 기본적인 개념은 지상에서 초월하시는 하나님이 거하시는 공간이라는 것이다. 그곳은 하늘과 땅이 만나고 인간과 질적으로 다른 하나님이 거하시면서 인간과 동행하는 곳이기에 인간이 하나님이 거하시도록 구별해야 한다. 성막에서 가장 중요한 공간은 지성소이다. 지성소는 하나님만이 계시는 곳이다. 하나님은 그룹 사이에 앉아 계시기에, 일반적으로 그룹이라는 표현은 하나님의 현존을 상징한다. 하나님의 현존은 휘장으로 가려져 있기에 하나님께서 원하실 때 나타나심을 의미한다. 이곳은 대제사장만이 1년에 한 번씩 대속을 위하여 들어간다.

본문에서 휘장은 인간과 하나님의 분리를 상징한다. 하나님과 인간은 질적으로 다른 존재이기에 인간은 하나님을 대면할 수 없다. 하나님은 당신을 스스로 인간으로부터 분리시키기에 구별을 위하여 휘장이 필요하다. 인간이 하나님을 대면하기 위해서는 성소와 지성소 사이에 있는 휘장을 지나가야 한다. 오직 대제사장의 제사를 통하여 인간은 간접적으로 하나님을 대면할 수 있다. 신약에서 우리는 예수님을 통하여 이 휘장이 찢어지고 지성소와 성소가 하나가 되어 인간이 하나님을 만날 수 있는 길이 열리게 되었음을 알게 된다 : "이에 성소 휘장이 위로부터 아래까지 찢어져 둘이 되니라"(막 15 : 38). 예수께서 직접 산제사가 되심으로 인간에게는 소망이 생겼다 : "그러므로 형제들아 우리가 예수의 피를 힘입어 성소에 들어갈 담력을 얻었나니 그 길은 우리를 위하여 휘장 가운데로 열어 놓으신 새로운 살 길이요 휘장은 곧 그의 육체니라"(히 10 : 19-20).

기도

성령의 임재를 위한 기도

성막의 법궤와 기구들을 말씀하신 후 하나님께서 보여 주신 대로 하나님이 거하심을 나타내는 성막을 세우는 당시 상황을 상상하게 하소서.

본문말씀 읽기와 묵상하기

본문말씀을 천천히 한 번 읽은 후에 다시 본문을 찬찬히 들여다보면서 전체적인 내용과 상황을 파악한다.

25장에서 하나님께서는 성막의 법궤와 기구들을 말씀한 후, 26장에서는 이것들을 보호하는 성막 본체에 관하여 말씀하신다. 성막이란 하나님께서 이스라엘과 함께 거주하심을 나타내는 장소, 즉 하나님의 임재하시는 곳이다. 이 성막은 가늘게 꼰 베실과 청색, 자색, 홍색 실로 그룹을 수놓은 열 폭의 휘장인데, 이는 성막을 덮는 막으로서 앙장(성막의 제일 안쪽을 덮는 소위 제 1앙장)을 짜면서 각각 네 가지 색의 실로 천사들이 성막 내부의 성결을 유지하며 또한 보호하고 있음을 나타내는 그룹의 모양으로 수놓는다. 여기서 열 폭의 휘장은 성막의 제일 안쪽을 덮는 길이 약 12.8m, 넓이 약 1.8m인 제1앙장에 대한 제조법이다. 매 폭의 길이는 12.8m 너비는 1.8m로서 각 폭의 장단을 똑같게 하여 만들어진다.

성막을 덮는 휘장 열 폭을 만들어 다섯 폭씩 두 개로 나누고, 청색실로 만든 청색 고, 즉 청색 둥근 고리로 서로 연결시킨다. 이 고리는 두 개의 휘장에 각각 50개씩 달려 있으며, 여기에 금 갈고리를 끼워 서로를 하나로 연결시킨다. 한 휘장의 길이는 12.8m이며, 너비는 1.8m인데, 길이 부분이 양 옆 방향으로, 너비 부분이 앞뒤 방향으로 오게끔 하여 쉰 개의 금 갈고리로 휘장을 연결하여 한 성막을 이룬다. 이와 같이하여 성막 안쪽에서 열 폭의 휘장을 볼 수 있다.

1. 본문에 나오는 말씀의 핵심적인 내용을 마음으로 깨달아 알려고 묵상을 한다.
성막이란?
성막은 휘장으로 네 번 덮는데, 첫 번째로 덮는 휘장을 제 1앙장이라고 하는데, 제 1앙장의 크기 및 자료와 그 기능은?
성막을 두번째 덮는 휘장을 제2앙장이라고 하는데, 제2앙장의 크기와 자료 및 그 기능은?
성막을 세 번째 덮는 휘장을 제3앙장이라고 하는데, 제3앙장의 크기 및 자료와 그 기능은?

성막을 네 번째 덮는 휘장을 제4앙장이라고 하는데, 제4앙장의 크기 및 자료와 그 기능은?
성막의 본체를 세우기 위하여 조각목 널판을 사용하는데, 그 양과 기능, 그리고 그 크기는?
성막의 본체인 조각목 널판 각 판에 두 촉씩, 즉 두 구멍을 내는데, 이것의 역할은?
성막을 세우는 데, 34kg에 해당되는 은으로 만든 은 받침이 필요한데, 이것의 기능은? 이러한 은 받침이 모두 몇 개 필요한가?
조각목으로 띠를 만드는데, 이것의 용도는?
성막본체에는 금으로 덧입힌 조각목 널판이 사용되는데, 그 까닭은?
하나님의 임재의 상징인 속죄소(법궤)가 있는 지성소와 일반 제사장이 드나들며 매일 경배와 제사를 집례 하는 성소의 구분은?
지성소 휘장이란?
성소 휘장이란?
지성소 휘장의 기둥 받침의 자료는?
성소 휘장의 받침의 자료는?

2. 다시 한 번 성경본문을 천천히 읽는다. 읽는 동안에 어떤 말씀이 내 마음에 부딪혀 오는지를 살핀다.

예를 들어, "너는 산에서 보인 양식대로 성막을 세울지니라"(30절)라는 말씀이 마음에 다가왔다.

3. 내 마음에 부딪혀 온 말씀이 묵상 가운데 구체적으로 내게 어떤 말씀을 주시는지 또는 내 마음 안에서 어떻게 역사하는지를 살핀다. 그리고 이 말씀에 대해 내가 어떻게 응답하는지를 살펴본다.

성막을 덮는 막으로서 4가지 실로 만든 제1앙장은 성막 제일 안쪽을 덮는 휘장이고, 제2앙장은 염소 털로 열한 폭을 만들어 1앙장 위에 덧씌우는 휘장이다. 당시 소아시아나 시리아, 시실리아 같은 곳의 염소는 털이 길고 아름다워 좋은 비단에 비견될 정도였고, 습기를 차단시켜주는 효과가 있었다고 한다. 열한 폭의 제2앙장을 여섯 폭과 다섯 폭씩 나누는데, 이것의 가로는 13.7m, 세로가 1.8m이다. 휘장 다섯 폭을 서로 연결하고, 또한 여섯 폭을 서로 연결하지만, 그 여섯째 폭은 절반으로 나눠 성막 전면과 성막 후면에 늘어뜨린다. 이것은 제1앙장보다 길이 90cm, 너비 1.8m가 더 넓어 제1앙장을 완전히 덮는다. 휘장을 이을 끝 폭 가에 둥근 고리 쉰 개를 달고, 다른 이을 끝 폭 가에도 둥근 고리를 쉰 개를 달아 놋 갈고리 쉰 개를 만들어 그 갈고리로 그 고를 꿰어 연결하면 한 막이 된다. 여기서 우리는 쉰 개의 금 갈고리로 휘장을 연결하여 성막 제일 안쪽을 덮는 휘장, 제1앙장이 만들어지는 과정을 상상해 보자.

제2앙장은 제1앙장에 비하여 전체길이가 약 2규빗(약 91cm) 더 길므로 성막 좌우로 1규빗씩 더 늘어뜨려 제1앙장을 완전히 덮는다. 그리고 붉은 물들인 숫양의 가죽으로 막의 덮개를 만들어 성막을 세 번째로 덮는데, 이는 제3앙장을 가리킨다. 제2앙장을 덮을 수 있을 만한 크기의 제3앙장을 제2앙장 위에 덮는 것은 성막 내부를 보호하기 위한 것이다. 또한 해달의 가죽으로 그 윗덮개를 만들어 성막의 가장 바깥을 덮는다. 성막의 가장 바깥부분의 휘장을 해달의 가죽으로 만든 것은 아마도 사막의 모래와 먼지 흙과 열기 그리고 비 등을 막기 위해서일 것으로 본다. 제1앙장은 4가지 색실로 그룹을 수놓아 천사들이 성막 내부의 성결을 유지하며 또한 보호하는 제1앙장, 습기를 차단하기 위하여 제1앙장보다 크게 만든 제2앙장은 길고 아름다운 염소 털로 만들어 제1앙장을 덮고, 성막 내부를 보호하기 위하여 붉은 물들인 숫양의 가죽으로 막의 덮개를 만들어 제 2앙장 위에 제 3앙장을 덮고, 또한 사막의 모래와 먼지와 흙과 열기를 막기 위하여 해달의 가죽으로 그 윗덮개를 만들어 제 4앙장을 성막의 가장 바깥부분을 덮는 것을 상상해 보자.

성막의 본체를 세우기 위하여 길이가 열 규빗(1규빗이 약 45.6cm)이고, 너비가 한 규빗 반의 금으로 덧입힌 조각목 널판이 필요하다. 이 널판은 비바람에도 성막이 흔들리지 않도록 고정시켜주는 역할을 하였다고 한다. 남쪽성막을 위하여 널판 스무 개를 만들고, 스무 널판 아래에 은 받침 마흔 개를 만들고, 각 판에 두 촉씩 내어 서로 연결하는데, 여기서 촉이란 한쪽 끝을 다른 쪽 구멍에 맞추기 위하여 얼마쯤 가늘게 만든 장부(tenon)를 가리킨다. 이것은 널판 아래에 뾰족하게 나와 은 받침과 함께 요철을 이루어 널판을 견고하게 고정시키는 역할을 하였다. 34kg에 해당되는 일 달란트의 은으로 만든 은 받침이란 널판을 고정시켜 주는 일종의 주춧돌이다.

남쪽과 북쪽이 각각 널판 스무 개로 하고, 은 받침 마흔 개를 이쪽 널판 아래에도 두 받침, 저쪽 널판 아래에도 두 받침으로 하여 성막의 본체의 좌우가 된다. 성막의 전면, 즉 동쪽은 출입구로서 벽이 필요하지 않다. 성막 뒤편 곧 서쪽의 벽은 널판 여섯 개이므로 성막 본체 내부 너비는 9규빗이다. 성막 뒤 두 모퉁이 쪽 좌우의 널판과 뒤편의 널판이 만나는 지점인데, 바로 그 성막 뒤 두 모퉁이 쪽에 널판 두 개를 만들어 아래에서부터 위까지 각기 두 겹 두께로 하여 윗 고리에 이르게 한다. 즉 성막 뒤 두 모퉁이 쪽, 즉 좌우의 널판과 만나는 그 지점에는 널판 하나씩을 더 대어 견고하게 한다. 그리하여 은 받침은 좌우 널판 밑에 각 40개씩 합 80개이고, 성막 뒤 여덟 널판에는 은 받침 열여섯, 이쪽 판 아래에도 두 받침, 그리고 저쪽 판 아래에도 두 받침, 즉 네 기둥의 밑의 4개로 모두 100개가 필요하다.

조각목으로 만든 띠는 조각목으로 만든 널판 사이에 생기는 틈을 막고, 널판을 서로 단단히 연결시킨다. 이 띠는 동쪽 성막의 출입구를 제외한 각 방향에 5개씩 가로로 부착하여 널판을 서로 단단히 연결시키는데, 그 띠를 금으로 싼다. 널판 가운데에 있는 중간띠는 벽 전체를 하나로 묶는 작용을 한다. 물론 그 널판들도 금으로 싸고, 그 널판들의 띠를 꿸 고리도 금 고리이다. 이와 같이 하여 성막과 성막에 필요한 기구들 모두는 하나님께서 보여 주신 양식대로 세워진다. 여기서 성막본체를 금으로 덧입힌 조각목 널판으로 사용하여 비바람에도 성막이 흔들리지 않도록 얼마나 튼튼하게 세워졌는가를 상상해 보자.

청색, 자색, 홍색 실과 가늘게 꼰 베 실로 짜서 휘장을 만들고, 금 갈고리를 조각목으로 만든 네 기둥 위에 늘어뜨린다. 이 휘장은 하나님의 임재의 상징인 속죄소(법궤)가 있는 지성소와 일반 제사장이 드나들며 매일 경배와 제사를 집례할 수 있는 성소를 구분한다. 이 휘장은 기둥에 달린 금 갈고리에 걸어 아래로 늘어뜨린다. 성소와 지성소 사이에 조각목으로 만든 기둥 넷이 있는데, 바로 이 기둥들에 여러 색깔로 그룹들을 수놓은 휘장이 내리 걸려 있다. 이 휘장을 지성소 휘장이라고 한다. 이 휘장 안쪽에는 법궤(증거궤, 언약궤)가 있으며, 오직 일 년에 한 번 속죄일(7월 10일)에만 속죄의 피를 가지고 들어갈 수 있는 대제사장 외 아무도 이 휘장 안으로 들어갈 수 없다. 지성소 휘장이 있는 것처럼 성막 문을 위하여 청색, 자색, 홍색 실과 가늘게 꼰 베 실로 수놓아 짠 성소 휘장이 있다. 지성소 휘장에는 그룹이 수놓아져 있으나 성소 휘장에는 그룹이 수놓아 있지 않다. 지성소 휘장은 4개의 조각목 기둥에 드리워져 있으나 성소 휘장은 다섯 기둥에 드리워져 있다. 지성소 휘장의 기둥 받침은 은으로 되어 있지만 성소 휘장의 받침은 놋으로 되어 있다. 이처럼 성막의 안쪽이 성막의 바깥쪽 보다 더 화려하다. 지성소 휘장과 성소 휘장의 차이는?

응답기도 및 임재 안에 머물기

각자 깨달은 말씀이나 마음에 부딪혀 오는 은혜에 따라 응답하는 기도를 충분히 드린다. 충분하게 하나님과 대화를 나누는 기도를 드린 이후에 하나님의 선하심과 인자하심을 맛보며 그분의 임재 안에 얼마 동안 머무른다. 하나님의 임재 안에 머무른 후에 기도 안내문에 나와 있는 기도로 마무리한다.

"하나님께서 보이신 양식대로 성막을 세워 하나님이 거하시도록 구별한 곳, 오늘날 주 계신 성전과 피 흘려 사신 교회를 사랑합니다. 이 교회를 눈동자 같이 지켜 보호하여 주시며 하늘의 영광과 은혜가 풍성하게 하소서. 우리로 하여금 이 교회를 위하여 눈물과 기도로 생명을 다하여 섬기게 하소서."

반추 및 성찰

가능하면 기도했던 장소에서 자리를 옮긴다. 그리고 기도 시간에 경험한 내용을 돌아보면서 노트에 간단히 적는다. 이때 기도 안에서 하나님과 내 자신에 대한 전체적인 느낌을 적고, 또 영적으로 위로를 받았던 경험과 영적으로 메말랐던 경험을 적는다.

삶으로 나아가기

마음에 와 닿는 한 구절의 말씀을 선택하여 쪽지에 기록한다.
예를 들면 "너는 산에서 보인 양식대로 성막을 세울지니라"(30절).
이 말씀을 수시로 꺼내어 읊조리면서 일상 안에서 기도하며 생활한다.

주요내용 설명

출애굽기 26장은 성막 자체에 대한 규격이 제시된다. 이 본문은 세 단락으로 구분할 수 있다. Ⅰ. 성막, 천막, 그리고 덮개들(1-14절); Ⅱ. 성막을 떠받치는 널판(15-30절); Ⅲ. 휘장과 성소 기물의 위치 (31-37절). 첫 단락(1-14절)은 성막을 덮는 네 개의 덮개용 천을 다루고 있는데, 이들은 성막 위를 덮는 덮개로서 가장 섬세한 직물에서부터 가장 강한 가죽에 이르기까지 사용된다. 천으로 성막(미슈칸), 천막(오헬), 덮개(믹세) 등을 만든다. 덮개의 역할은 안에 있는 신성한 영역에 이르기까지 아무것도 스며들지 않도록 인봉하고 보호해 주는 것이다. 그중에서 1~6절은 주로 그룹 무늬를 새긴 천인 성막을 다루는데, 이 천막은 건물인 성막을 덮는 덮개 중 가장 안쪽에 있으면서 성막이라고 부른다. 성막은 폭을 열 개를 모아서 열 폭이 되어 한 천인 것처럼 하게 하여, 성막의 내부로서 천장을 구성해야 한다. 3절에서 10개의 천을 다섯 개씩 두 개로 분류하여 다섯 폭의 천을 옆으로 나란히 이어 한 벌의 천을 만들고, 이와 같이 모두 두 벌의 천을 만든다. 이을 두 천의 한쪽 가장 자리의 폭에 청색 실로 고(옷고름이나 노끈 따위의 매듭이 풀리지 않도록 한 가닥을 고리처럼 맨 것)를 만들고, 다른 천의 가장자리에도 고를 만들어 서로 맞물릴 수 있도록 한다. 그리고 이러한 고를 50개 만들고, 50개의 갈고리를 만들어 두 벌 천을 이어 한 성막을 이루어야 한다. 6절까지 성막의 내부를 다루었다면, 7~13절은 성막을 덮는 염소털 천으로 만드는 천막(오헬)을 다룬다. 이 천막이 성막을 비바람이나 눈 등의 외부로부터 보호하는 역할을 한다. 이 천막은 염소털로 이루어진 것으로 11폭의 천으로 되어 있다.

둘째 단락(15-30절)은 성막을 떠받치는 널판을 설명한다. 널판 성막을 가리는 천막을 떠받치는 뼈대는 아카시아 나무로 이루어져 있다. 널판 한 개의 규격은 4.5m(길이) x 0.68m(너비)이고, 20개의 경우 4.5m(길이) x 13.5m(너비)이다. 17절에서 널판마다 촉꽂이(구멍에 꽂게 된 뽀족한 장부)를 두개씩 만들되, 모든 널판에 그렇게 한다. 18~21절은 다음과 같다. 성막 북쪽 벽면에 세울 널판 스무 개를 만들고, 각 널판마다 촉꽂이를 꽂을 밑받침을 두 개씩 만들어 은으로 된 밑받침 40개를 만든다. 같은 방법으로 성막 남쪽 벽면에 세울 널판 스무 개를 만들고, 각 널판마다 촉꽂이를 꽂을 밑받침을 두 개씩 만들어 은으로 된 밑받침 40개를 만든다. 받침대의 모양에 대하여는 언급이 없다. 아마도 은으로 된 밑받침은 땅속으로 들어갔을 것이다. 23~25절에서 성막 뒤쪽의 모퉁이에는 튼튼하게 하기 위하여 두 개의 널판을 세우되, 이 널판들을 밑에서부터 꼭대기까지 겹으로 세워서 완전히 한 고리로 연결해야 한다. 이와 같이 널판들을 네 모퉁이에 세워야 함으로 모두 8개가 되고, 각 널판에 은 받침대가 한 개씩 필요하니 은 받침대는 모두 16개가 될 것이다. 26절부터 널판을 안정시키는 띠에 대한 언급이 있다. 띠는 아카시아 나무로 만들되, 성막 한쪽 옆 벽, 다른 옆 벽, 그리고 서쪽에 해당하는 성막 뒤 벽의 널판에 다섯 개씩, 모두 15개를 만들어라. 널판들의 가운데에 끼울 중간띠는 이쪽 끝에서 저쪽 끝까지 연결되어야 한다. 널판, 고리, 그리고 띠를 금으로 입혀야 한다.

셋째 단락(31-37절)은 휘장과 성소 기물의 위치에 관한 것이다. 31절에서 휘장은 성소와 지성소, 바깥과 성소를 구분하여 일반인의 시선을 막는 장치이다. 31~35절은 성소와 지성소를 분리하는 휘장에 관한 진술이다. 1절에 나타난 성막을 이루는 청색 실, 자주색 실, 홍색 실과 가늘게 꼰 모시실로 휘장을 짜되 그룹 문양으로 정교하게 새겨야 한다. 이 휘장이 다른 휘장과 다른 것은 휘장을 칠 기둥 네 개를 아카시아 나무로 만들어 금을 입히고, 기둥에는 금 갈고리를 달고 은으로 만든 받침대 위에 세워야 한다는 것이다. 33~34절에서 이 휘장은 성소와 지성소를 구분하는 휘장이므로 이 휘장을 늘어뜨리면 성소와 지성소가 구분된다. 휘장 뒤로 증거궤를 들여 놓고, 증거궤 위를 속죄판으로 덮어야 한다. 36~37절에서, 또 다른 휘장은 성막 어귀를 가리는 것으로 바깥과 성소를 구분하기 위하여 성막 입구에 설치하는 것이다. 휘장을 올리면 안을 볼 수 있을 것이다. 휘장의 재료는 앞에서와 같이 청색 실, 자주색 실, 홍색 실과 가늘게 꼰 모시 실로 수를 놓아 만든다. 또한 아카시아 나무로 다섯 개의 기둥을 만들고, 각각 금을 입히고, 금 갈고리를 붙이고, 기둥의 밑받침 다섯은 놋쇠를 부어서 만든다.

40. 번제단과 뜰
(27 : 1-21; 참조 38 : 1-20)

기도에 임하기

1. 몸과 마음을 가다듬고 하나님의 임재를 기억하며 기도를 준비한다.
2. 찬송을 부른다(148장).

말씀읽기

출애굽기 27 : 1~21; 참조 38 : 1~20

1절 너는 조각목으로 길이가 다섯 규빗, 너비가 다섯 규빗의 제단을 만들되 네모 반듯하게 하며 높이는 삼 규빗으로 하고
2절 그 네 모퉁이 위에 뿔을 만들되 그 뿔이 그것에 이어지게 하고 그 제단을 놋으로 싸고
3절 재를 담는 통과 부삽과 대야와 고기 갈고리와 불 옮기는 그릇을 만들되 제단의 그릇을 다 놋으로 만들지며
4절 제단을 위하여 놋으로 그물을 만들고 그 위 네 모퉁이에 놋 고리 넷을 만들고
5절 그물은 제단 주위 가장자리 아래 곧 제단 절반에 오르게 할지며
6절 또 그 제단을 위하여 채를 만들되 조각목으로 만들고 놋으로 쌀지며
7절 제단 양쪽 고리에 그 채를 꿰어 제단을 메게 할지며
8절 제단은 널판으로 속이 비게 만들되 산에서 네게 보인 대로 그들이 만들게 하라
9절 너는 성막의 뜰을 만들지니 남쪽을 향하여 뜰 남쪽에 너비가 백 규빗의 세마포 휘장

을 쳐서 그 한 쪽을 당하게 할지니

10절 그 기둥이 스물이며 그 받침 스물은 놋으로 하고 그 기둥의 갈고리와 가름대는 은으로 할지며

11절 그 북쪽에도 너비가 백 규빗의 포장을 치되 그 기둥이 스물이며 그 기둥의 받침 스물은 놋으로 하고 그 기둥의 갈고리와 가름대는 은으로 할지며

12절 뜰의 옆 곧 서쪽에 너비 쉰 규빗의 포장을 치되 그 기둥이 열이요 받침이 열이며

13절 동쪽을 향하여 뜰 동쪽의 너비도 쉰 규빗이 될지며

14절 문 이쪽을 위하여 포장이 열다섯 규빗이며 그 기둥이 셋이요 받침이 셋이요

15절 문 저쪽을 위하여도 포장이 열다섯 규빗이며 그 기둥이 셋이요 받침이 셋이며

16절 뜰 문을 위하여는 청색 자색 홍색 실과 가늘게 꼰 베 실로 수 놓아 짠 스무 규빗의 휘장이 있게 할지니 그 기둥이 넷이요 받침이 넷이며

17절 뜰 주위 모든 기둥의 가름대와 갈고리는 은이요 그 받침은 놋이며

18절 뜰의 길이는 백 규빗이요 너비는 쉰 규빗이요 세마포 휘장의 높이는 다섯 규빗이요 그 받침은 놋이며

19절 성막에서 쓰는 모든 기구와 그 말뚝과 뜰의 포장 말뚝을 다 놋으로 할지니라

20절 너는 또 이스라엘 자손에게 명령하여 감람으로 짠 순수한 기름을 등불을 위하여 네게로 가져오게 하고 끊이지 않게 등불을 켜되

21절 아론과 그의 아들들로 회막 안 증거궤 앞 휘장 밖에서 저녁부터 아침까지 항상 여호와 앞에 그 등불을 보살피게 하라 이는 이스라엘 자손이 대대로 지킬 규례이니라

배경설명

제단은 놋으로 입힌 조각목으로 만들어야 했다. 제단의 네 귀퉁이에 있는 뿔의 용도에 대해서는 논란이 많다. 뿔이 단에서 가장 거룩한 부분으로 여겨진다. 송아지를 잡고 피를 네 손가락으로 제단 뿔에 바른다(출 29 : 10-12). 속죄제 때 제사장은 피를 회막 안 곧 여호와 앞에 있는 제단 뿔들에 바른다(레 4 : 18-21). 솔로몬의 즉위 소식을 듣고, 요압은 출애굽기 21 : 13에 의지하여 여호와의 장막으로 도망하여 제단 곁으로 도망갔지만, 솔로몬은 이전에 요압이 이웃을 고의로 죽인 것을 핑계로 요압을 처단하게 한다(왕상 2 : 28-34). 포장과 성막 뜰의 문을 덮고 있는 장을 지지하는 받침대를 놋으로 만든 것은 성소와 지성소로부터 멀어질수록 사용되는 재료의 등급이 더 낮아지고 있음을 보여 준다. 이것이 성막에서 쓰는 모든 기구와 그 말뚝과 뜰의 포장 말뚝을 다 놋으로 하는 이유이다. 이런 것들은 성막 안에서 사용되는 물건들을 덧입히는 데 사용된 금으로 만들 필요가 없었다. 포

장과 장을 지탱하는 기둥에 사용된 은으로 만든 가름대와 갈고리들 역시 거룩함의 감소로 볼 수 있을 것이다(wbc, 616). 감람으로 짠 순수한 기름을 사용하라는 명령은(20절) 여호와 앞에서 가장 좋은 것만을 드리라는 규정에 일치한다. 21절에서 회막은 진 밖의 모세의 장막이 아니라(출 33 : 7-11) 성막의 다른 이름이다. 아론과 아론의 아들들은 제사장적인 권위를 가지고 불에 대하여 책임을 져야 했다.

기도

성령의 임재를 위한 기도

하나님께 제사드릴 때 제물을 태우기 위한 단인 번제단과 희생 제물로 바칠 짐승을 대기시키고 또한 그것은 잡는 성막의 뜰을 상상하게 하소서.

본문말씀 읽기와 묵상하기

본문말씀을 천천히 한 번 읽은 후에 다시 본문을 찬찬히 들여다보면서 전체적인 내용과 상황을 파악한다.

제단은 조각목으로 길이 다섯 규빗(1규빗=45.6cm), 너비 다섯 규빗, 높이 세 규빗의 네모 반듯하게 만든다. 후대에 가서 보다 세분화되어 여러 개로 나눠졌다고 한다(대하 4 : 9). 성막의 뜰의 길이와 넓이는 2대 1의 비율이다. 희생 제물로 바칠 짐승을 대기시키고, 또한 그 제물을 잡는 곳인 성막 뜰의 크기는 남편과 북편이 각각 545. 6m, 동편과 서편이 각각 22. 8m이며, 동편에는 약 9m 크기의 문이 나있다고 한다. 성막의 뜰을 만들 때 남쪽을 향하여 뜰 남쪽에 백 규빗의 넓이의 세마포 휘장을 쳐서 남쪽 벽을 구성하는데, 이는 세마포로 된 벽걸이 천이라고 한다. 이는 북쪽 면에 있어서도 마찬가지이다. 여기서 세마포는 삼을 표백하여 만든 것으로 밝은 흰색의 고급직물이다. 세마포 포장을 묶어 고정시키기 위한 놋 기둥과 포장을 기둥에 걸어 고정시키기 위한 갈고리, 그리고 기둥과 기둥을 서로 연결하여 고정시키며, 또한 포장들을 팽팽하게 유지시켜 주는 가름대, 곧 긴 장대가 성막의 뜰을 만드는 데 필요하다.

1. 본문에 나오는 말씀의 핵심적인 내용을 마음으로 깨달아 알려고 묵상을 한다.
   제단이란? 제단의 자료와 크기는?
   제단에서 사용되는 통과 부삽과 대야와 고기 갈고리와 불 옮기는 그릇의 기능은? 이것들은 무엇으로 만들어지는가?

제단을 위하여 그물을 만드는데, 그물의 용도는?

제단을 위하여 채를 조각목으로 만들고 놋으로 싸서 제단 양쪽 고리에 꿰는데, 채의 용도는?

성막의 뜰의 용도는?

뜰 문의 역할은? 성소 내의 등대의 등불을 위하여 사용되는 기름은?

매일 저녁부터 아침까지 등불을 끊이지 않고 켜는데, 이것이 의미하는 것은?

등불관리는 누가하는가? 또한 이들의 역할은?

2. 다시 한 번 성경본문을 천천히 읽는다. 읽는 동안에 어떤 말씀이 내 마음에 부딪혀 오는지를 살핀다.

예를 들어, "아론과 그의 아들들로 회막 안 증거궤 앞 휘장 밖에서 저녁부터 아침까지 항상 여호와 앞에 그 등불을 보살피게 하라 이는 이스라엘 자손이 대대로 지킬 규례이니라"(21절)라는 말씀이 마음에 다가왔다.

3. 내 마음에 부딪혀 온 말씀이 묵상 가운데 구체적으로 내게 어떤 말씀을 주시는지 또는 내 마음 안에서 어떻게 역사하는지를 살핀다. 그리고 이 말씀에 대해 내가 어떻게 응답하는지를 살펴본다.

제물 고기와 재를 다루는 기구들이 필요한데, 여기서 재는 기름과 뒤섞여 있는 제물이 탄 재를 말하며, 통은 다 탄 희생제물의 재를 담는 그릇이며, 부삽은 그 재를 단으로부터 통에 퍼 담는 일종의 삽이며, 대야는 단 위에 놓인 희생제물로부터 흘러내리는 피를 받는 그릇이다. 고기 갈고리는 잘려진 고기를 단 위에 골고루 펴 놓는 데 쓰였던 기구로 추정되며, 불 옮기는 그릇이란 불똥그릇 혹은 향로라고도 부른다(출 37 : 23; 레 16 : 12; 민 4 : 9). 제사장이 매일 아침저녁으로 번제단의 불을 이 그릇에 담아 분향단에서 향을 불살랐다고 한다(출 30 : 7-8; 레 16 : 12; 민 16 : 12, 46). 번제단에 관련된 이와 같은 그릇은 모두 놋으로 만든다.

제단을 위하여 또한 제물을 태우기 위하여 놋으로 그물을 만들고, 그물의 네 모퉁이에 이동용 채를 꿰기 위하여 놋 고리 하나씩 단다. 제물을 쉽게 태우기 위하여, 또한 타고 남은 재를 쉽게 빠지게 하려고 놋그물 망은 높이 1.37m 제단 중앙에 위치한다. 조각목으로 만든 채를 놋으로 싸 제단 양쪽 고리에 그 길게 댄 막대기, 즉 채를 꿰어 제단을 멘다. 조각목으로 만든 단의 틀은 위아래가 막히지 않은 상자 모양이라고 한다.

성막 뜰 안으로 드나들 수 있는 20규빗(9m)의 문은 출입구 좌우에 15규빗 포장을 한다. 뜰 문에 청색, 자색, 홍색 실과 가늘게 꼰 베 실로 수놓아 짠 스무 규빗의 휘장이 있는데, 이는 성막의 출입구를 이루는 휘장이다. 성막 본체의 높이가 10규빗(4.56m)이고, 뜰에 치는 휘장의 높이가 5규빗이므로 뜰 바깥에서 성막 본체의 절반은 볼 수 있다. 성막에서 오직 하나님께 제사 드리는 데 사용되는 모든 기구와 말뚝과 성막의 덮개와 웃 덮개를 펼쳐서 땅에 고정시키고, 또한 성막의 포장을 고정시키는 뜰의 포장 말뚝 모두가 놋으로 되어 있다.

연기가 나지 않고 밝은 빛을 내는 감람열매로 짠 순수한 기름이 성소 내의 등대의 등불을 위하여 사용된다. 매일 저녁부터 아침까지 등불을 끊이지 않고 켜는데, 이는 밤 시간에도 하나님께서 하나님의 백성을 지키신다는 것을 의미한다(시 121 : 3-4). 등불관리는 아론과 그의 아들들이 하는데, 그들은 때를 맞추어 회막 안 증거궤 앞 휘장 밖에서 저녁부터 아침까지 항상 여호와 앞에 그 등불을 적절하게 켜고 끄는 일을 관리한다. 이러한 등불관리는 하나님의 백성이 대대로 지켜야 되는 규례이다.

응답기도 및 임재 안에 머물기

각자 깨달은 말씀이나 마음에 부딪혀 오는 은혜에 따라 응답하는 기도를 충분히 드린다. 충분하게 하나님과 대화를 나누는 기도를 드린 이후에 하나님의 선하심과 인자하심을 맛보며 그분의 임재 안에 얼마 동안 머무른다. 하나님의 임재 안에 머무른 후에 기도 안내문에 나와 있는 기도로 마무리한다.

"하나님께 제사 드릴 때 제물을 태우기 위한 번제단과 희생 제물로 바칠 짐승을 대기시키고 잡는 곳인 성막의 뜰은 우리로 하여금 성문 밖에서 십자가를 지신 우리 주님을 연상하게 합니다. 주 예수님께서 우리를 위하여 십자가에서 못 박혀 죽으실 때 성전 휘장이 찢어져 구원을 길을 여시어 우리의 몸과 영혼까지 구속하여 주셨으니 이 얼마나 큰 은혜입니까! 그 크신 은혜와 사랑에 감사하여 우리의 몸을 주께 드리오니 주의 나라를 세우는데 거룩한 도구가 될 수 있도록 받아 주옵소서."

반추 및 성찰

가능하면 기도했던 장소에서 자리를 옮긴다. 그리고 기도 시간에 경험한 내용을 돌아보면서 노트에 간단히 적는다. 이때 기도 안에서 하나님과 내 자신에 대한 전체적인 느낌을 적고, 또 영적으로 위로를 받았던 경험과 영적으로 메말랐던 경험을 적는다.

삶으로 나아가기

마음에 와 닿는 한 구절의 말씀을 선택하여 쪽지에 기록한다.
예를 들면 "아론과 그의 아들들로 회막 안 증거궤 앞 휘장 밖에서 저녁부터 아침까지 항상 여호와 앞에 그 등불을 보살피게 하라 이는 이스라엘 자손이 대대로 지킬 규례이니라"(21절).
이 말씀을 수시로 꺼내어 읊조리면서 일상 안에서 기도하며 생활한다.

주요내용 설명

번제단은 제물을 태우기 위한 장소였다. 운반을 위하여 조각목으로 만든 속이 빈 정사각형(2.5m x 1.5m)으로 만들어졌고, 사방에는 네 모퉁이에는 뿔이 있고, 놋 덮개와 놋 난로를 씌웠다. 제물 고기와 재를 다루기 위하여 불 옮기는 그릇, 부삽, 고기 갈고리, 대야 등을 사용하였다. 쉽게 옮길 수 있도록 고리와 채가 있었다. 성소의 동쪽 뜰에 위치한다.

성막에는 제사장들이 들어가지만, 회중들은 성소를 둘러싸는 뜰에 들어갈 수 있다. 뜰과 바깥은 사면으로 쳐 놓은 세마포 휘장으로 구별한다. 장막과 뜰의 여러 기둥이 밧줄과 말뚝으로 지탱된다. 성막의 안쪽은 4.5m이고, 뜰의 높이는 2.25m이므로 바깥에서 뜰을 넘어 하나님이 임재하시는 성막을 볼 수 있었다. 뜰의 휘장은 놋 구멍에 끼운 56개의 기둥으로 받치고 있었다.

지성소와 구분되는 휘장 뒤 성소에는 감람유 등불을 놓아야 했다. 끊임없이 타는 등불은 하나님의 임재를 나타낸다. 등불은 밤새도록 성소 안에 켜 놓아야 하는데, 이는 하나님께서 주무시지 않는다는 것을 의미한다(시 121 : 3-4, 6). 또한 제사장은 밤새 등잔불이 꺼지지 않도록 지키는 일을 맡았는데, 하나님을 섬기는 일이 밤에도 멈추지 않아야 함을 의미한다 : "하나님의 등불은 아직 꺼지지 아니하였으며"(삼상 3 : 3).

41. 제사장의 옷
(28 : 1-43; 참조 39 : 1-31)

기도에 임하기

1. 몸과 마음을 가다듬고 하나님의 임재를 기억하며 기도를 준비한다.
2. 찬송을 부른다(87장).

말씀읽기

출애굽기 28 : 1~43; 참조 39 : 1~31

1절 너는 이스라엘 자손 중 네 형 아론과 그의 아들들 곧 아론과 아론의 아들들 나답과 아비후와 엘르아살과 이다말을 그와 함께 네게로 나아오게 하여 나를 섬기는 제사장 직분을 행하게 하되
2절 네 형 아론을 위하여 거룩한 옷을 지어 영화롭고 아름답게 할지니
3절 너는 무릇 마음에 지혜 있는 모든 자 곧 내가 지혜로운 영으로 채운 자들에게 말하여 아론의 옷을 지어 그를 거룩하게 하여 내게 제사장 직분을 행하게 하라
4절 그들이 지을 옷은 이러하니 곧 흉패와 에봇과 겉옷과 반포 속옷과 관과 띠라 그들이 네 형 아론과 그 아들들을 위하여 거룩한 옷을 지어 아론이 내게 제사장 직분을 행하게 하라
5절 그들이 쓸 것은 금 실과 청색 자색 홍색 실과 가늘게 꼰 베 실이니라
6절 그들이 금 실과 청색 자색 홍색 실과 가늘게 꼰 베 실로 정교하게 짜서 에봇을 짓되

7절 그것에 어깨받이 둘을 달아 그 두 끝을 이어지게 하고
8절 에봇 위에 매는 띠는 에봇 짜는 법으로 금 실과 청색 자색 홍색 실과 가늘게 꼰 베 실로 에봇에 정교하게 붙여 짤지며
9절 호마노 두 개를 가져다가 그 위에 이스라엘 아들들의 이름을 새기되
10절 그들의 나이대로 여섯 이름을 한 보석에, 나머지 여섯 이름은 다른 보석에 새기라
11절 보석을 새기는 자가 도장에 새김 같이 너는 이스라엘 아들들의 이름을 그 두 보석에 새겨 금 테에 물리고
12절 그 두 보석을 에봇의 두 어깨받이에 붙여 이스라엘 아들들의 기념 보석을 삼되 아론이 여호와 앞에서 그들의 이름을 그 두 어깨에 메워서 기념이 되게 할지며
13절 너는 금으로 테를 만들고
14절 순금으로 노끈처럼 두 사슬을 땋고 그 땋은 사슬을 그 테에 달지니라
15절 너는 판결 흉패를 에봇 짜는 방법으로 금 실과 청색 자색 홍색 실과 가늘게 꼰 베 실로 정교하게 짜서 만들되
16절 길이와 너비가 한 뼘씩 두 겹으로 네모 반듯하게 하고
17절 그것에 네 줄로 보석을 물리되 첫 줄은 홍보석 황옥 녹주옥이요
18절 둘째 줄은 석류석 남보석 홍마노요
19절 셋째 줄은 호박 백마노 자수정이요
20절 넷째 줄은 녹보석 호마노 벽옥으로 다 금 테에 물릴지니
21절 이 보석들은 이스라엘 아들들의 이름대로 열둘이라 보석마다 열두 지파의 한 이름씩 도장을 새기는 법으로 새기고
22절 순금으로 노끈처럼 땋은 사슬을 흉패 위에 붙이고
23절 또 금 고리 둘을 만들어 흉패 위 곧 흉패 두 끝에 그 두 고리를 달고
24절 땋은 두 금 사슬로 흉패 두 끝 두 고리에 꿰어 매고
25절 두 땋은 사슬의 다른 두 끝을 에봇 앞 두 어깨받이의 금 테에 매고
26절 또 금 고리 둘을 만들어 흉패 아래 양쪽 가 안쪽 곧 에봇에 닿은 곳에 달고
27절 또 금 고리 둘을 만들어 에봇 앞 두 어깨받이 아래 매는 자리 가까운 쪽 곧 정교하게 짠 띠 위쪽에 달고
28절 청색 끈으로 흉패 고리와 에봇 고리에 꿰어 흉패로 정교하게 짠 에봇 띠 위에 붙여 떨어지지 않게 하라
29절 아론이 성소에 들어갈 때에는 이스라엘 아들들의 이름을 기록한 이 판결 흉패를 가슴에 붙여 여호와 앞에 영원한 기념을 삼을 것이니라
30절 너는 우림과 둠밈을 판결 흉패 안에 넣어 아론이 여호와 앞에 들어갈 때에 그의 가

	슴에 붙이게 하라 아론은 여호와 앞에서 이스라엘 자손의 흉패를 항상 그의 가슴에 붙일지니라
31절	너는 에봇 받침 겉옷을 전부 청색으로 하되
32절	두 어깨 사이에 머리 들어갈 구멍을 내고 그 주위에 갑옷 깃 같이 깃을 짜서 찢어지지 않게 하고
33절	그 옷 가장자리로 돌아가며 청색 자색 홍색 실로 석류를 수 놓고 금 방울을 간격을 두어 달되
34절	그 옷 가장자리로 돌아가며 한 금 방울, 한 석류, 한 금 방울, 한 석류가 있게 하라
35절	아론이 입고 여호와를 섬기러 성소에 들어갈 때와 성소에서 나올 때에 그 소리가 들릴 것이라 그리하면 그가 죽지 아니하리라
36절	너는 또 순금으로 패를 만들어 도장을 새기는 법으로 그 위에 새기되 '여호와께 성결'이라 하고
37절	그 패를 청색 끈으로 관 위에 매되 곧 관 전면에 있게 하라
38절	이 패를 아론의 이마에 두어 그가 이스라엘 자손이 거룩하게 드리는 성물과 관련된 죄책을 담당하게 하라 그 패가 아론의 이마에 늘 있으므로 그 성물을 여호와께서 받으시게 되리라
39절	너는 가는 베 실로 반포 속옷을 짜고 가는 베 실로 관을 만들고 띠를 수 놓아 만들지니라
40절	너는 아론의 아들들을 위하여 속옷을 만들며 그들을 위하여 띠를 만들며 그들을 위하여 관을 만들어 영화롭고 아름답게 하되
41절	너는 그것들로 네 형 아론과 그와 함께 한 그의 아들들에게 입히고 그들에게 기름을 부어 위임하고 거룩하게 하여 그들이 제사장 직분을 내게 행하게 할지며
42절	또 그들을 위하여 베로 속바지를 만들어 허리에서부터 두 넓적다리까지 이르게 하여 하체를 가리게 하라
43절	아론과 그의 아들들이 회막에 들어갈 때에나 제단에 가까이 하여 거룩한 곳에서 섬길 때에 그것들을 입어야 죄를 짊어진 채 죽지 아니하리니 그와 그의 후손이 영원히 지킬 규례니라

배경설명

제사장 제도가 발전된 것은 종교 제도가 발전되었다는 표시이다. 제사장들은 글을 읽고 기록하고, 신들의 뜻을 찾으며 독특한 권위를 보유한다. 제사장 계보는 아론의 자손들이 세습하도록 하시고, 그들의 임무는 백성들을 위하여 제사를 드리고, 종교적 절기를 수행하는 것이다. 제사장의 특권은 의복에서 발견된다. 제사장의 의복 중 가장 중요한 것은 에봇인데, 후기에는 에봇이 우상과 그릇된 예배와 관련된다(삿 17 : 5, 8 : 24-27). 흉패(28 : 15), 우림과 둠밈(28 : 30), 그리고 에봇은 점을 치는 데 사용되었다. 본문에 우림과 둠밈을 어떻게 만드는지는 언급이 없다. 아마도 이 시기 이전부터 사용했고, 흉패에 넣어두고 사용한 것으로 보인다(레 8 : 8; 신 33 : 8). 아마도 우림과 둠밈은 제비뽑기를 하는 것처럼 던져서 나온 모양과 표시로 하나님의 뜻을 결정하는 표시들이었을 것이다(성경배경주석, 140). 신들에게 가부를 묻는 관행은 고대근동에서 흔한 예이다. 바벨론의 타미루 문헌에는 신탁을 묻는 질문이 많다. 33~34절에는 석류와 금방울을 설명한다. 제사장의 겉옷 가장자리에는 돌아가며 석류를 수놓았다. 이 열매는 성경에서 언급된다(민 13 : 23, 20 : 5; 아 4 : 3; 6 : 7). 솔로몬의 성전을 장식하는 데 사용되었다(왕상 7 : 18). 또 석류 사이에는 금방울들을 달았다(35절). 이는 지성소에서 제사장들의 움직임을 표시하는데, 이 소리가 들리면 제사장이 죽지 않았음을 알려준다.

기도

성령의 임재를 위한 기도

하나님을 섬기는 제사장을 세워 중보자의 기능과 제사를 담당하게 하시며 그 옷을 거룩하고 영화롭고 아름답게 직접 제정해 주시는 하나님을 상상하게 하소서.

본문말씀 읽기와 묵상하기

본문말씀을 천천히 한 번 읽은 후에 다시 본문을 찬찬히 들여다보면서 전체적인 내용과 상황을 파악한다.

여호와 하나님께서 모세에게 그의 형 아론과 그 아들들 넷으로 하여금 제사장 직분을 행하게 하고, 그의 형 아론을 위하여 거룩한 옷을 지어 영화롭고 아름답게 하라고 말씀하신다. 이처럼 제사장은 하나님께서 직접 제정하신 영화롭고 아름다운 거룩한 옷을 입고 인간의 죄를 덮으며, 또한 하나님의 영광을 드러낸다. 아론의 아들들 가운데 나답과 아비후는 후에 하나님께 제사를 잘못 드리다가 죽고(레 10 : 1-7), 엘르아살은 아론의 뒤를 이어 대제사장이 되나(민 20 : 23-29), 이다말에 대하여는 자세한 언급이 없다. 이와 같이 하여 하나님과 이스라엘 백성 사이의 중보자로서의 역할과 제사 드리는 일이 아론과 그 아들들에게 이양된다.

1. 본문에 나오는 말씀의 핵심적인 내용을 마음으로 깨달아 알려고 묵상을 한다.
   여호와 하나님께서 아론과 그 아들들 넷을 모세에게 나아오게 하신 이유는?
   여호와께서 모세에게 그의 형 아론을 위하여 거룩한 옷을 지어 영화롭고 아름답게 하라고 명령하신 이유는?
   아론의 옷을 지은 사람들은? 그들이 지은 옷들은?
   제사장의 겉옷은? 이 옷은 몇 가지 색상의 실로 제조되는가?
   두 개의 호마노 보석이 제사장 옷에 필요한데, 이 보석은 어디에 박혀 있으며, 그 기능은?
   대제사장이 이스라엘 12지파의 이름이 새겨진 호마노 두 보석을 에봇의 어깨받이에 붙여 이스라엘 아들들의 기념 보석을 삼으라고 하는데, 이것의 의미는?
   에봇에 견고히 부착되어 있는 흉패 위에 있는 열두 보석마다 이스라엘 아들들의 이름대로 열두 지파의 한 이름씩 도장 새기는 법으로 새기는데, 이것의 의미는?
   판결이란? 판결흉패란?
   판결 흉패는 에봇 짜는 방법으로 금실과 청색, 자색, 홍색 실과 가늘게 꼰 베 실로 길이와 너비가 한 뼘씩 두 겹으로 네모반듯하게 짜는데, 이처럼 흉패를 두 겹으로 짜는 이유는?
   판결흉패 안에 빛을 뜻하는 우림과 온전함을 뜻하는 둠밈을 넣어 대제사장이 성소에 들어갈 때 가슴에 붙이는데, 여기서 우림과 둠밈은 무엇인가?
   대제사장이 성소에 들어갈 때 이스라엘 아들들의 이름을 기록한 판결흉패를 어깨와 가슴에 붙여 여호와 앞에 영원한 기념을 삼으라고 여호와께서 말씀하시는데, 이 말씀의 의미는?
   금으로 된 '여호와께 성결'이라는 패가 대제사장의 이마에 있는데, 이는 무엇과 관련되는가?
   대제사장이 에봇 안에 받쳐 입는 겉옷은 무릎 아래까지 내려오는 긴 옷인데, 이 긴 통옷은 청색 에봇 받침 겉옷을 목 위로 입고 벗을 수 있도록 구멍을 내고, 그 주위에 갑옷 깃 같이 깃을 짜서 찢어지지 않게 하고, 그 옷 가장자리로 돌아가며 청색, 자색, 홍색 실로 석류를 수놓고 한 금방울과 한 석류가 그 옷 가장자리로 번갈아 돌아가게 다는데, 그 까닭은?
   대제사장이 순금으로 꽃 모양의 패를 쓰는데, 그 의미는?
   패에 도장을 새기는 법으로 그 위에 '여호와께 성결'이라고 새기는데, 이 의미는?
   하나님께 나아가 하나님을 섬기는 대제사장인 아론이 입는 일곱 가지는?
   대제사장과 달리 그 아래서 하나님을 섬기는 일반 제사장인 그의 아들들은 단순한 복장을 입는데, 그 복장은?
   제사장들의 직무는?
   아론이나 그의 아들들이 회막에 들어갈 때와 제단에 가까이 하여 거룩한 곳에서 섬길 때, 입는 옷은?

2. 다시 한 번 성경본문을 천천히 읽는다. 읽는 동안에 어떤 말씀이 내 마음에 부딪혀 오는지를 살핀다.

예를 들어, "너는 이스라엘 자손 중 네 형 아론과 그의 아들들 곧 아론과 아론의 아들들 나답과 아비후와 엘르아살과 이다말을 그와 함께 네게로 나아오게 하여 나를 섬기는 제사장 직분을 행하게 하되 네 형 아론을 위하여 거룩한 옷을 지어 영화롭고 아름답게 할지니"(1-2절)라는 말씀이 마음에 다가왔다.

3. 내 마음에 부딪혀 온 말씀이 묵상 가운데 구체적으로 내게 어떤 말씀을 주시는지 또는 내 마음 안에서 어떻게 역사하는지를 살핀다. 그리고 이 말씀에 대해 내가 어떻게 응답하는지를 살펴본다.

제사장의 옷은 하나님의 영, 즉 지혜로운 영으로 채운 뛰어나게 솜씨 좋은 사람들에 의하여 지어진다. 그들이 지을 옷은 대제사장의 제일 겉옷, 즉 제사장이 겉에 길게 입는 에봇이다. 에봇 외에도 그들은 에봇 앞가슴에 달린 한 뼘씩 네모반듯한 일종의 주머니인 흉패, 에봇 밑에 받쳐 입는 겉옷, 반물빛의 실과 흰 실을 섞어 짠 무명 속옷인 반포 속옷, 대제사장이 머리에 쓰던 일종의 사모인 관과, 그리고 에봇 위에와 반포 속옷 위에 매는 띠를 만든다. 그들이 제사장의 옷을 만들기 위하여 쓰는 실은 금실을 제외하고는 모두 성막 앙장(출 26 : 1)과 휘장(출 26 : 31, 36)의 재료와 동일하다.

금색, 청색, 자색, 홍색, 그리고 흰색과 같은 다섯 가지 색상의 실로 제조된 에봇은 제사장의 겉옷이며, 소매부분이 없는 긴 조끼 모양의 옷이다. 견대는 가슴과 등 쪽으로 나누어진 에봇을 하나로 연결하는 일종의 멜빵이다. 제사장의 목을 중심으로 에봇을 좌우 양쪽으로 고정하는 견대는 두 개가 필요하다. 에봇 위에 매는 띠는 에봇 짜는 법으로 금실과 청색, 자색, 홍색 실과 가늘게 꼰 베 실로 에봇에 정교하게 붙여 짠다.

두 개의 호마노는 제사장의 목을 중심으로 제사장의 겉옷 에봇의 좌우 양쪽을 고정하는 견대 두 개 위에 각각 박혀 있는 보석이다. 빨강, 검정, 흰색 등 여러 색깔이 겹겹으로 줄이 지고, 재질이 단단한 호마노 보석 위에 이스라엘 아들들의 이름이 새겨진다. 이는 고도의 세공술이 필요한데, 주전 2000년 이전부터 애굽에서는 이미 이러한 기술이 발달하였다고 한다. 그러므로 이스라엘 백성들이 애굽에 노예로 체제하였을 때, 그들은 이미 그 기술을 습득하였을 것으로 본다. 이스라엘 열두 지파를 전체를 상징하는 이스라엘 아들들의 이름을 나이순으로 호마노 한 보석에 여섯 이름씩 새긴다. 이와 같이 그들의 이름이 새겨진 호마노를 대제사장이 어깨에 메고 하나님께 나아간다. 이는 대제사장이 그들을 대표하여 하나님께 나아가는 것을 상징할 뿐만 아니라 또한 하나님의 백성인 이스라엘이 하나님의 보호 하에 하나의 공동체를 이루고 있음을 상징한다.

여기서 우리는 모세가 형 아론과 그의 아들들을 제사장으로 세워 중보자의 기능과 제사를 담당하게 하는 모세를 상상해 볼 수 있겠다. 또한 제사장의 옷을 거룩하고, 영화롭고, 아름답게 직접 제정해 주시는 하나님을 상상해 보자.

고대국가에서 반지 위에 이름을 새겨 공문서에 도장처럼 사용하였던 것처럼 호마노 보석 위에 이스라엘 아들들의 이름을 새겨서, 이를 대제사장이 어깨에 메고 하나님께 나아간다. 이와 같이 대제사장이 이스라엘 12지파의 이름이 새겨진 호마노 두 보석을 에봇의 어깨받이에 붙여 이스라엘 아들들의 기념 보석을 삼으라고 하는데, 이는 대제사장이 온 이스라엘에 대한 책임과 의무를 깨우쳐 주는 각성물로 삼는 것을 의미한다. 또한 이는 대제사장이 중보자로서 이스라엘 자손들을 보호하여 하나님께로 인도하는 것을 의미한다. 여기서 구약시대의 대제사장의 역할이 그가 입는 옷에 새겨져 있는 것을 알 수 있다. 이를 통해 그의 옷이 거룩하고 영화로우며, 하나님께서 직접 제정하시며, 하나님께서 택한 사람에 의하여 지어져야만 하는 이유가 이해된다.

흉패 위에 부착한 열 두 보석마다 이스라엘 아들들의 이름대로 열두 지파의 한 이름씩 도장 새기는 법으로 새긴다. 이는 구원 받은 하나님의 백성이 늘 하나님의 목전에 있다는 것을 상징한다. 흉패의 네 모퉁이는 고리에 의해 에봇에 견고히 부착되는데, 위 두 고리는 견대의 양 고리에 사슬로 매어지고, 아래 두 고리는 에봇의 띠 윗 편에 달린 사슬로 얽어맨다. 이와 같이하여 흉패에는 모두 4개의 고리가 있는데, 이 가운데 2개는 흉패 윗부분 바깥쪽에 달려있어 볼 수 있으나 나머지 2개는 흉패 뒷면 아랫부분 안쪽에 달려 있어 겉에서 볼 수 없다. 그리고 청색 끈으로 흉패 고리와 에봇 고리에 꿰어 흉패로 정교하게 짠 에봇 띠 위에 붙여 떨어지지 않게 한다. 판결이란 법적 효력을 지닌 판례를 뜻하므로 판결 흉패란 대제사장의 흉패가 판결용이 된다는 것을 뜻한다. 국가의 중대사를 결정할 때, 이 흉패 속에 있는 '우림과 둠밈'으로 판단했다(민 27 : 21; 삼상 28 : 6). 판결 흉패는 에봇 짜는 방법으로 금실과 청색, 자색, 홍색 실과 가늘게 꼰 베 실로 길이와 너비가 한 뼘씩 두 겹으로 네모반듯하게 짠다. 이처럼 흉패를 두 겹으로 짜는 이유는 한 겹에는 보석을 물리고 다른 한 겹에는 우림과 둠밈을 보관하기 위해서이다. 흉패에는 가로 3줄, 세로 4줄로 12개의 보석이 금으로 된 밑받침의해 부착되어 있다.

대제사장이 성소에 들어갈 때, 그는 이스라엘 아들들의 이름을 기록한 판결 흉패를 어깨와 가슴에 붙여 여호와 앞에 영원한 기념을 삼으라고 하나님께서 말씀하신다. 이는 대제사장이 사랑으로 이스라엘 백성들을 하나님께 인도하는 것을 의미하며, 또한 판결 흉패 안에 '빛'을 뜻하는 우림과 '온전함'을 뜻하는 둠밈을 넣어 여호와 앞에 들어갈 때 대제사장의 가슴에 붙인다. 우림과 둠밈은 구약시대 초기에 백성들이 하나님의 뜻을 알려고 할 때 그 뜻의 가부를 결정하는 일종의 '제비' 도구였다(삼상 28 : 6). 그리하여 대제사장은 중요한 판결이 있을 경우, 우림과 둠밈이 들어 있는 흉패를 입고 가부를 제비 뽑는 형식으로 하여 문제를 해결하였다고 한다(레 8 : 8; 민 27 : 21; 신 33 : 8; 삼상 28 : 6; 스 2 : 63; 느 7 : 65).

여기서 흉패 위에 부착한 열두 보석마다 이스라엘 아들들의 이름대로 열두 지파의 한 이름씩 도장을 새기는 법으로 새기는 까닭이 구원 받은 하나님의 백성이 늘 하나님의 목전에 있다는 것을 상징한다는 것이 마음에 와 닿는다. 여기서 또한 우리는 흉패와 에봇이 연결되는 과정을 상상하면서 동시에 국가의 중대사를 결정할 때, 이 흉패 속에 있는 '우림과 둠밈'으로 판단했던 당시 상황을 상상해 볼 수 있겠다.

금으로 된 '여호와께 성결'이라는 패가 대제사장의 이마에 있으므로 인하여 이스라엘 자손이 거룩하게 드리는 성물과 관련된 죄책을 담당한다. 여기서 '거룩하게 드리는 성물과 관련된 죄책'이란 그들의 죄를 속하기 위하여 그들의 죄를 전가 받아 여호와 하나님께 드려지는 동물이나 곡물의 죄와 허물을 가리킨다. 즉 그들이 가져오는 성물은 일단 죄에 오염된 것이므로 이를 취급하는 제사장이 그 죄책도 함께 담당한다. 다른 말로 표현하면, 이는 죄 있는 그들의 성물을 하나님께서 받으시지 않으시지만, 대제사장의 이마에 있는 '여호와께 성결'의 패로 인하여 그것을 하나님께서 받으신다는 것을 의미한다. 이와 같이 대제사장의 패로 인하여 하나님께서는 인간이 바치는 성물을 기쁘게 받으신다. 여기서 대제사장의 이마에 '여호와께 성결'이라는 패가 늘 있으므로 하나님의 백성이 거룩하게 드리는 성물을 여호와께서 받으시게 된다는 것이다.

대제사장이 에봇 안에 받쳐 입는 겉옷은 무릎 아래까지 내려오는 긴 옷이다. 대제사장이 긴 통옷, 곧 청색 에봇 받침 겉옷을 목 위로 입고 벗을 수 있도록 구멍을 내고, 그 주위에 갑옷 깃 같이 깃을 짜서 찢어지지 않게 한다. 그리고 그 옷 가장자리로 돌아가며 청색, 자색, 홍색 실로 석류를 수놓고 금방울을 간격을 두어 다는데, 한 금방울과 한 석류가 그 옷 가장자리로 번갈아 돌아가게 한다. 이는 대제사장이 이 옷을 입고 여호와를 섬기러 성소로 들어가고 나올 때, 그 소리가 들리게 하기 위해서이다. 대제사장이 성소에서 제사 접전 시, 그가 움직이는 대로 방울 소리가 울리게 된다. 그러나 방울 소리가 나지 않을 경우, 대제사장이 성소 안에서 움직이지 않고 있다는 표시이다. 이는 곧 그의 죽음을 의미한다. 여호와를 섬기러 성소에 들어가고 나올 때, 대제사장이 이처럼 청색 에봇 받침 겉옷 가장자리에 석류를 수놓고 금방울을 간격을 두어 번갈아 달아 소리가 들리게 하는 이유를 통하여 얼마나 세심하게 하나님께서 대제사장과 제사장의 옷 짓는 법을 가르쳐 주고 계시는지를 감지할 수 있다.

'패'의 본래 의미는 '반짝임'인데 꽃이나 꽃 모양의 무늬를 의미하기도 한다. 따라서 이는 종종 '장식패'라는 뜻으로도 사용된다. 대제사장이 순금으로 꽃 모양의 패를 쓴 것은 왕과 같은 위엄과 권위를 나타내는 것이다. 패에 도장을 새기는 법으로 그 위에 '여호와께 성결'이라고 새기는데, 여기서 성결이란 거룩의 의미이므로 '여호와께 성결'이란 '여호와께 거룩' 혹은 '여호와를 향한 거룩'이라는 의미이다. 이와 같이 대제사장이 순금으로 꽃 모양의 그 패 위에 '여호와께 성결'을 쓰는 것이 하나님을 향한 거룩함을 상징하는 것으로 보아 우리는 대제사장은 왕과 같은 위엄뿐만 아니라 여호와를 향한 거룩함이 절대적이라는 것을 느낀다.

하나님께 친히 나아가 하나님을 섬기는 대제사장인 아론은 일곱 가지 장식 즉 흉패, 에봇, 겉옷,

반포 속옷, 관, 띠, 성패를 입는다. 이와 달리 대제사장 아래서 하나님을 섬기는 일반 제사장인 그의 아들들은 단순한 복장, 즉 삼에서 뽑은 가는 세마포 실로 만든 반포 속옷과 반포 속옷 위에 매는 띠, 그리고 관을 입는다. 이처럼 하나님을 섬기도록 구별된 제사장들이 이와 같은 아름다운 의복으로 영화롭고 아름답게 된다. 또한 그들에게 기름을 부어 성별하여 그들이 하나님께 속한 하나님의 대리자로서 제사장 직분을 행하게 한다. 제사장의 하체를 가리기 위하여 베로 만든 속바지를 만든다. 아론이나 그의 아들들이 회막에 들어갈 때와 제단에 가까이 하여 거룩한 곳에서 섬길 때, 허리에서부터 두 넓적다리까지 이르는 속바지를 입는다. 당시 고대 근동종교의 제사의식 시, 사제들이 나체로 제사를 드리는 일이 많았다고 한다. 그러나 하나님께서는 대제사장이나 제사장들에게 이처럼 정해 주신 속바지를 입도록 명령하신다. 그들이 이것을 입어야 그들의 육신의 부패함이 하나님의 거룩성을 범하지 않게 되므로 죄를 짓지 않게 된다. 그러나 만약 그들이 이것을 입지 않으면, 죄를 짊어진 채 죽게 되므로, 아론과 그의 후손이 이를 영원히 지켜야 된다고 하나님께서 말씀하신다. 여기서 우리는 대제사장과 일반 제사장들이 입는 옷의 차이가 하나님 앞에서 수행하는 그들의 역할 차이로 인한 것이 아닌가라는 생각을 하면서 제사장들의 하체를 가리도록 속바지까지 입도록 하신 하나님의 섬세하심이 감지된다.

응답기도 및 임재 안에 머물기

각자 깨달은 말씀이나 마음에 부딪혀 오는 은혜에 따라 응답하는 기도를 충분히 드린다. 충분하게 하나님과 대화를 나누는 기도를 드린 이후에 하나님의 선하심과 인자하심을 맛보며 그분의 임재 안에 얼마 동안 머무른다. 하나님의 임재 안에 머무른 후에 기도 안내문에 나와 있는 기도로 마무리한다.

"중보자의 기능과 제사를 담당하도록 제사장을 세우시고 그 옷을 거룩하고, 영화롭고, 아름답게 직접 제정해 주시는 하나님! 제사장의 직분을 행하도록 지혜로운 영으로 채운 사람들로 하여금 그 옷을 지어 거룩하게 하신 하나님! 우리 죄를 속해 주시려 십자가에 죽으신 우리 주님의 입으신 은혜의 향기가 우리 맘에 늘 사무쳐 기쁨이 되게 하소서."

반추 및 성찰

가능하면 기도했던 장소에서 자리를 옮긴다. 그리고 기도 시간에 경험한 내용을 돌아보면서 노트에 간단히 적는다. 이때 기도 안에서 하나님과 내 자신에 대한 전체적인 느낌을 적고, 또 영적으로 위로를 받았던 경험과 영적으로 메말랐던 경험을 적는다.

___

___

___

삶으로 나아가기

마음에 와 닿는 한 구절의 말씀을 선택하여 쪽지에 기록한다.
예를 들면 "너는 이스라엘 자손 중 네 형 아론과 그의 아들들 곧 아론과 아론의 아들들 나답과 아비후와 엘르아살과 이다말을 그와 함께 네게로 나아오게 하여 나를 섬기는 제사장 직분을 행하게 하되 네 형 아론을 위하여 거룩한 옷을 지어 영화롭고 아름답게 할지니"(1-2절).
이 말씀을 수시로 꺼내어 읊조리면서 일상 안에서 기도하며 생활한다.

주요내용 설명

제사장의 옷은 제사장의 특별한 지위와 임무를 나타낸다. 재료는 금 실과 청색, 자색, 홍색 실과 가늘게 꼰 베 실 등이다. 에봇은 제사장이 맨 바깥에 입는 옷으로 제사장의 일반 예복이었다. 에봇은 두 개의 띠로 허리에 묶는다. 대제사장은 백성을 대신해서 하나님 앞에 나아가는데, 지파들의 이름을 호마노(돌)에 새겨 어깨받이에 붙이고 다닌다. 흉패란(28 : 15) 주머니와 이름표를 하나로 합친 것이다. 주머니는 값진 실로 두겹으로 짠 천의 세 쪽을 꿰메어 만든다(28 : 16). 그 안에 우림과 둠밈(빛과 완전함)이라는 제비인데 판결할 때 사용하였다. 대제사장은 흉패 위에 이스라엘 지파의 이름들을 붙이고 소원을 품고 하나님 앞에 나아간다. 겉옷은 속옷 위에 있지만, 에봇 아래에 받쳐 입는 옷이다(31절, 에봇 받침 겉옷). 성소 문지방에 귀신들이 있어 방울 소리로 이것들을 몰아낸다는 생각이 있다(삼상 5 : 5 참조). 관에는 "여호와께 성결"이라는 금패를 달았고, 이스라엘 자손이 거룩하게 드리는 성물과 관련된 죄악을 담당하게 한다. 보통 제사장들은 속옷으로 입는 옷을 입고 허리띠(띠)를 두르고 관(터번)을 쓴다. 41절에서 위임한다는 말은 원래 "손을 가득 채우다"라는 뜻이다. 즉, 임직은 원래 제사장에게 돌아갈 소득을 정해 준다는 뜻이 있다. 제사장들이 속바지를 입어야 하는 이유는 하체가 드러나지 않기 위함이다(28 : 42).

42. 제사장 위임식과 제단성별
(29 : 1-46)

기도에 임하기

1. 몸과 마음을 가다듬고 하나님의 임재를 기억하며 기도를 준비한다.
2. 찬송을 부른다(35장).

말씀읽기

출애굽기 29 : 1~46

1절	네가 그들에게 나를 섬길 제사장 직분을 위임하여 그들을 거룩하게 할 일은 이러하니 곧 어린 수소 하나와 흠 없는 숫양 둘을 택하고
2절	무교병과 기름 섞인 무교 과자와 기름 바른 무교 전병을 모두 고운 밀가루로 만들고
3절	그것들을 한 광주리에 담고 그것을 광주리에 담은 채 그 송아지와 두 양과 함께 가져오라
4절	너는 아론과 그의 아들들을 회막 문으로 데려다가 물로 씻기고
5절	의복을 가져다가 아론에게 속옷과 에봇 받침 겉옷과 에봇을 입히고 흉패를 달고 에봇에 정교하게 짠 띠를 띠게 하고
6절	그의 머리에 관을 씌우고 그 위에 거룩한 패를 더하고
7절	관유를 가져다가 그의 머리에 부어 바르고
8절	그의 아들들을 데려다가 그들에게 속옷을 입히고

9절 아론과 그의 아들들에게 띠를 띠우며 관을 씌워 그들에게 제사장의 직분을 맡겨 영원한 규례가 되게 하라 너는 이같이 아론과 그의 아들들에게 위임하여 거룩하게 할지니라

10절 너는 수송아지를 회막 앞으로 끌어오고 아론과 그의 아들들은 그 송아지 머리에 안수할지며

11절 너는 회막 문 여호와 앞에서 그 송아지를 잡고

12절 그 피를 네 손가락으로 제단 뿔들에 바르고 그 피 전부를 제단 밑에 쏟을지며

13절 내장에 덮인 모든 기름과 간 위에 있는 꺼풀과 두 콩팥과 그 위의 기름을 가져다가 제단 위에 불사르고

14절 그 수소의 고기와 가죽과 똥을 진 밖에서 불사르라 이는 속죄제니라

15절 너는 또 숫양 한 마리를 끌어오고 아론과 그의 아들들은 그 숫양의 머리 위에 안수할지며

16절 너는 그 숫양을 잡고 그 피를 가져다가 제단 위의 주위에 뿌리고

17절 그 숫양의 각을 뜨고 그 장부와 다리는 씻어 각을 뜬 고기와 그 머리와 함께 두고

18절 그 숫양 전부를 제단 위에 불사르라 이는 여호와께 드리는 번제요 이는 향기로운 냄새니 여호와께 드리는 화제니라

19절 너는 다른 숫양을 택하고 아론과 그 아들들은 그 숫양의 머리 위에 안수할지며

20절 너는 그 숫양을 잡고 그것의 피를 가져다가 아론의 오른쪽 귓부리와 그의 아들들의 오른쪽 귓부리에 바르고 그 오른손 엄지와 오른발 엄지에 바르고 그 피를 제단 주위에 뿌리고

21절 제단 위의 피와 관유를 가져다가 아론과 그의 옷과 그의 아들들과 그의 아들들의 옷에 뿌리라 그와 그의 옷과 그의 아들들과 그의 아들들의 옷이 거룩하리라

22절 또 너는 그 숫양의 기름과 기름진 꼬리와 그것의 내장에 덮인 기름과 간 위의 꺼풀과 두 콩팥과 그것들 위의 기름과 오른쪽 넓적다리를 가지라 이는 위임식의 숫양이라

23절 또 여호와 앞에 있는 무교병 광주리에서 떡 한 개와 기름 바른 과자 한 개와 전병 한 개를 가져다가

24절 그 전부를 아론의 손과 그의 아들들의 손에 주고 그것을 흔들어 여호와 앞에 요제를 삼을지며

25절 너는 그것을 그들의 손에서 가져다가 제단 위에서 번제물을 더하여 불사르라 이는 여호와 앞에 향기로운 냄새니 곧 여호와께 드리는 화제니라

26절 너는 아론의 위임식 숫양의 가슴을 가져다가 여호와 앞에 흔들어 요제를 삼으라 이것이 네 분깃이니라

27절 너는 그 흔든 요제물 곧 아론과 그의 아들들의 위임식 숫양의 가슴과 넓적다리를 거룩하게 하라

28절 이는 이스라엘 자손이 아론과 그의 자손에게 돌릴 영원한 분깃이요 거제물이니 곧 이스라엘 자손이 화목제의 제물 중에서 취한 거제물로서 여호와께 드리는 거제물이니라

29절 아론의 성의는 후에 아론의 아들들에게 돌릴지니 그들이 그것을 입고 기름 부음으로 위임을 받을 것이며

30절 그를 이어 제사장이 되는 아들이 회막에 들어가서 성소에서 섬길 때에는 이레 동안 그것을 입을지니라

31절 너는 위임식 숫양을 가져다가 거룩한 곳에서 그 고기를 삶고

32절 아론과 그의 아들들은 회막 문에서 그 숫양의 고기와 광주리에 있는 떡을 먹을지라

33절 그들은 속죄물 곧 그들을 위임하며 그들을 거룩하게 하는 데 쓰는 것을 먹되 타인은 먹지 못할지니 그것이 거룩하기 때문이라

34절 위임식 고기나 떡이 아침까지 남아 있으면 그것을 불에 사를지니 이는 거룩한즉 먹지 못할지니라

35절 너는 내가 네게 한 모든 명령대로 아론과 그의 아들들에게 그같이 하여 이레 동안 위임식을 행하되

36절 매일 수송아지 하나로 속죄하기 위하여 속죄제를 드리며 또 제단을 위하여 속죄하여 깨끗하게 하고 그것에 기름을 부어 거룩하게 하라

37절 너는 이레 동안 제단을 위하여 속죄하여 거룩하게 하라 그리하면 지극히 거룩한 제단이 되리니 제단에 접촉하는 모든 것이 거룩하리라

38절 네가 제단 위에 드릴 것은 이러하니라 매일 일 년 된 어린 양 두 마리니

39절 한 어린 양은 아침에 드리고 한 어린 양은 저녁 때에 드릴지며

40절 한 어린 양에 고운 밀가루 십분의 일 에바와 찧은 기름 사분의 일 힌을 더하고 또 전제로 포도주 사분의 일 힌을 더할지며

41절 한 어린 양은 저녁 때에 드리되 아침에 한 것처럼 소제와 전제를 그것과 함께 드려 향기로운 냄새가 되게 하여 여호와께 화제로 삼을지니

42절 이는 너희가 대대로 여호와 앞 회막 문에서 늘 드릴 번제라 내가 거기서 너희와 만나고 네게 말하리라

43절 내가 거기서 이스라엘 자손을 만나리니 내 영광으로 말미암아 회막이 거룩하게 될지라

44절 내가 그 회막과 제단을 거룩하게 하며 아론과 그의 아들들도 거룩하게 하여 내게 제

사장 직분을 행하게 하며
45절 내가 이스라엘 자손 중에 거하여 그들의 하나님이 되리니
46절 그들은 내가 그들의 하나님 여호와로서 그들 중에 거하려고 그들을 애굽 땅에서 인도하여 낸 줄을 알리라 나는 그들의 하나님 여호와니라

배경설명

제사장 제도의 절정은 제사장 위임식이다. 아론과 아론의 후손들이 세습하며 제사장으로 일할 것이다. 성막과 단, 제사의 유형, 제사장의 역할과 특권에 대한 규정을 정하는 칠 일 간의 의식이다. 피가 단과 제사장의 옷에 뿌려진다. 제물이 드려지고, 고기의 일부가 요제로 드려지고, 나머지는 제사장에게 돌려진다. 관유를 머리에 붓는 관행(29:7)에 따라, 대제사장(레 7:12)과 아론의 아들들이(출 30:30, 40:15) 기름부음을 받았다. 후대의 왕들에게 기름을 붓는 전통도 수립되었다(삼상 10:1, 16:13). 이는 하나님의 택하심을 상징하고, 성령이 주어지는 것과 연관이 있다. 제사장 위임식에서 제사장 직분을 위임받는 자들이 희생제물이 될 수송아지의 머리에 안수하는 의식(29:10, 15, 19)은 그들의 죄를 대속하기 위한 예비적인 절차이다. 이 의식은 회막 문에서 수행되는데 여호와께서 만나주시겠다고 말씀하신 그곳에서 제사장들에게 권위를 부여하는 것이다. 수송아지의 피는 제단 뿔에 찍어 바르고, 피를 제단의 바닥에 쏟고, 내장에 덮인 기름과 간 위에 있는 꺼풀과 두 콩팥과 그 위의 기름은 제단 위에서 불살라야 했다. 향기로운 냄새(29:18)란 하나님을 기쁘시게 할 만한 적절한 제사를 의미한다. 피를 제사장의 귓부리, 엄지손가락, 엄지발가락에 바르는 것(29:20)은 하나님의 말씀을 듣는 귀, 제사를 수행하는 손, 그리고 백성을 예배로 이끄는 발 전체의 성결함을 의미한다. 제사의식의 세 번째 단계에서는 숫양의 일부를 요제로 드리는데 흔들기보다는 들어 올렸을 것이다. 즉, 요제는 "들어 올리는 제물"이 더 어울릴 것이다(성경배경주석, 144). 이 제물은 하나님께 속한 것임을 강조한다. 26~28절에는 제사장을 위한 분깃을 설명한다. 제사장은 전적으로 종교적인 의무만 수행했고, 땅을 소유하지 않았으므로 제물의 일부를 수입으로 살았다. 제물은 하나님께 드려진 것이기에 제사장만이 취할 수 있었다.

기도

성령의 임재를 위한 기도

하나님께서 회막과 제단을 거룩하게 하며 제사장들로 거룩하게 하여 하나님에게 제사장 직분을 행하게 하시며 하나님께서 이스라엘 자손 중에 거하여 그들의 하나님이 되시는 예식을 상상하게 하소서.

본문말씀 읽기와 묵상하기

본문말씀을 천천히 한 번 읽은 후에 다시 본문을 찬찬히 들여다보면서 전체적인 내용과 상황을 파악한다.

이스라엘 백성의 종교와 사법, 그리고 행정권을 모세가 수행하였는데, 하나님께서 이 가운데 종교권인 제사장직을 아론과 그의 아들들에게 위임하라고 모세에게 말씀하신다. 그들이 제사장직을 위임하기 전에 그들을 성별하는 데 필요한 제사 제물은 곧 속죄제용으로 어린 수소 하나와 번제용과 화목제용으로 흠 없는 숫양 둘이고, 고운 밀가루로 만든 누룩 넣지 않은 기름 섞인 과자와 기름 바른 전병인데, 과자와 전병에 기름을 섞거나 바른다는 것은 하나님께 성별해 바치는 것을 의미한다.

제사장으로 위임되기 전, 아론과 그의 아들들을 성소가 아닌 회막문 근처로 데려다가 성소와 번제단 사이에 있는 큰 대야의 물로 씻긴다. 이처럼 성소에 들어가지 않고 그 입구, 회막 문에서 위임에 앞서 물로 몸을 먼저 씻는 것은 몸과 영을 깨끗하게 한다는 의미이다. 그래서 향후 제사장들이 성막에 들어갈 때와 번제단에 제물을 드릴 때, 먼저 이 대야의 물로 손발을 깨끗하게 씻어야 했다. 그리고 난 다음에야 제사장에게 속옷과 에봇 받침 겉옷과 에봇을 입히고, 흉패를 달고, 에봇에 정교하게 짠 띠를 띠게 하고, 그의 머리에 관을 씌우고, 그 위에 거룩한 패를 더한다.

1. 본문에 나오는 말씀의 핵심적인 내용을 마음으로 깨달아 알려고 묵상을 한다.
   하나님을 섬길 제사장 직분을 위임하여 거룩하게 하는 과정은?
   속죄제란?
   번제와 화제란?
   요제란?
   몇일 동안 제사장 위임식을 하며 그 과정은?

전제란?
2. 다시 한 번 성경본문을 천천히 읽는다. 읽는 동안에 어떤 말씀이 내 마음에 부딪혀 오는지를 살핀다.

　　예를 들어, "내가 이스라엘 자손 중에 거하여 그들의 하나님이 되리니 그들은 내가 그들의 하나님 여호와로서 그들 중에 거하려고 그들을 애굽 땅에서 인도하여 낸 줄을 알리라 나는 그들의 하나님 여호와니라"(45-46절)라는 말씀이 마음에 다가왔다.

3. 내 마음에 부딪혀 온 말씀이 묵상 가운데 구체적으로 내게 어떤 말씀을 주시는지 또는 내 마음 안에서 어떻게 역사하는지를 살핀다. 그리고 이 말씀에 대해 내가 어떻게 응답하는지를 살펴본다.

　　거룩한 목적에 사용하기 위해 만든 기름, 곧 관유를 아론과 그의 아들들의 머리에 부어 바르는 예식은 그들을 성별하여 거룩한 하나님의 일을 하게 하는 임직의 의미가 있다. 관유를 머리에 바른 그들을 데려다가 속옷을 입히고, 그들에게 띠를 띠우며, 관을 씌워서 제사장의 직분을 맡긴다. 이와 같은 예식은 제사장 위임에 있어서 거룩하신 하나님의 영원한 규례인데, 이는 모두 제사장을 거룩하게 하려는 데 그 목적이 있다.

　　회막 앞으로 끌어온 수송아지 머리에 아론과 그의 아들들이 안수하는데, 이것은 사람과 제물을 동일시하여 그 제물에게 사람의 죄를 전가시킨다는 의미를 지닌다. 회막 문 여호와 앞에서 그 송아지를 잡아 그 피를 들에 성소 뜰에 있는 놋쇠로 만든 번제단 뿔들에 바르고, 그 피 전부를 그 제단 밑에 쏟는데, 이는 제물을 드릴 단의 속죄를 위해서이다. 하나님께 그 생명을 바친다는 의미에서 내장에 덮인 모든 기름과 간 위에 있는 꺼풀과 두 콩팥과 그 위의 기름을 가져다가 제단 위에 불사르고, 그 수소의 고기와 가죽과 똥을 진 밖에서 불사르는데, 이것이 바로 제사장의 위임식에 드리는 속죄제이다.

　　제사장 위임식에서 제사장들의 죄 문제 해결을 상징하는 속죄제를 드린 후, 제사장의 온전한 헌신을 상징하는 번제를 드린다. 번제란 연기가 위로 올라간다는 의미의 말인데, 번제의 제물은 속죄제물과 달리 숫양의 내장과 고기, 그리고 머리와 다리 부분까지 단 위에서 모두 불사른다. 제사장의 위임식에서 속죄제에 이어 이처럼 번제를 드리는 것은 회개에 따른 완전한 헌신을 나타낸다. 이는 하나님께 대한 인간의 온전한 헌신을 상징하는 번제이며, 또한 이는 향기로운 냄새로 여호와께 드리는 화제이다. 화제는 제사의 종류가 아니고 제사의 한 방법으로써 불에 의한 제사를 가리키는데, 이는 여호와 하나님과의 화목을 의미한다.

　　출애굽기 29 : 19~37은 제사장 위임식에서 화목제와 소제에 관한 말씀이다. 화목제는 그 제물인 숫양의 피를 제사장의 귓부리와 오른손 엄지와 오른발 엄지에 바르는데, 이는 하나님께 대한 제사장의 전적인 순종과 충성 및 하나님과의 화목을 의미한다. 그리고 숫양의 피를 제단 주위에 뿌리고 제단 위의 피와 관유를 가져다가 제사장의 옷에 뿌리는데, 이는 제사장의 죄가 가려지는 것과 기름에 의해 거룩히 구별되는 것을 나타낸다. 그것의 신체부위의 기름과 기름진 꼬리를 드림으로 숫양의 모든 것을 전적으로 하나님께 드린다. 속죄제용 수송아지와 번제용 수양에 이어 마지막 남은 이 화목제용 숫양을 화목제물로 드림으로써 제사장직이 수행된다.

화목제는 소제와 함께 드려지므로 여호와 앞에 있는 무교병 광주리에서 떡 한 개와 기름 바른 과자 한 개와 전병 한 개, 즉 소제물을 모세가 위임받는 제사장 아론과 그의 아들들의 손에 쥐어 준다. 이와 같이 소제물이 위임받는 제사장 손에 주어지는 것은 모세가 자신의 제사장직을 그들에게 이양함으로 이와 함께 그들의 제사장직을 정식으로 임명한다. 정식으로 임명된 제사장이 소제물을 흔들어 여호와 앞에 요제를 드리는데, 이는 봉헌하는 제물을 두 손으로 받쳐 들고 앞뒤로 흔드는 것을 말한다. 요제는 번제나 화목제 또는 소제 등과 같은 제사의 종류가 아니다. 요제는 화제와 같이 제사 드리는 한 방법이다. 요제의 방식은 제사장이 제물을 높이 들어 흔들었다가 내리는데, 이것은 하나님께 바쳤던 것을 다시금 제사장이 자신의 양식으로 되받는 것을 의미한다. 당시 제사장은 하나님께 봉사하는 일에만 전념하였으므로 다른 생업이 없었다. 그래서 하나님께서 제사장이 제사에 드린 제물인 위임식 숫양의 가슴을 가져다가 흔들어 요제를 삼고, 이 흔든 요제물이 그의 분깃이 된다. 여기서 분깃이란 받을 권리가 있는 몫이라는 뜻이다. 제사장의 위임식 숫양의 가슴과 넓적다리를 거룩하게 하여 이것을 제사장의 영원한 분깃으로 돌리라고 여호와 하나님께서 말씀하신다. 화목제의 제물 중에서 취한 거제물, 즉 제물의 가슴 부위를 높이 들었다가 내리는 제사 방법으로 드리는 거제의 희생제물인 거제물이 제사장의 영원한 몫이다.

대제사장직은 종신 세습제였으므로 대제사장의 임기가 끝난다는 것은 그의 죽음을 뜻한다. 대제사장인 아론의 성의는 그의 임기가 끝난 후에 그의 아들들에게 돌리라고 하나님께서 말씀하신다. 이와 같이하여 후임 대제사장은 전임 대제사장의 성의를 물려받아 입고, 기름 부음으로 위임을 받는다. 이처럼 아론의 사후 일반 제사장이었던 그의 아들들이 대제사장직을 이어 받을 때, 아론이 그의 대제사장 임직식을 7일 동안 행하였던 것처럼 후임 대제사장 역시 7일 동안 대제사장의 성의를 입는다.

제사장 위임식 희생제물 가운데 아론과 그의 아들들이 먹을 수 있는 부분은 하나님께 제물로 태워 드린 부분 외에 모든 것이다. 위임식 숫양을 가져다가 거룩한 곳, 아마도 성막 뜰에서 삶은 그 숫양의 고기와 광주리의 떡을 아론과 그의 아들들만이 먹는다. 이처럼 속죄물 곧 그들을 위임하며 그들을 거룩하게 하는 데 썼던 그것을 그들은 먹을 수 있지만, 다른 사람들은 먹지 못한다. 왜냐하면, 그것이 거룩하기 때문이다. 뿐만 아니라 위임식 고기와 떡은 당일에만 먹을 수 있고, 아침까지 남은 것은 불에 사른다. 왜냐하면 이 또한 거룩하기 때문이다.

하나님께서 모세에게 제사장의 위임식에 관한 규례를 명령하신다. 이 명령에 의하면, 제사장들의 위임식 7일 동안 그들의 속죄와 헌신, 그리고 화목과 봉사 등을 거룩하고 온전하게 하도록 매일 수송아지 하나로 속죄제를 드린다. 그리고 또한 매일 속죄제를 드리는 7일 동안 제단을 위하여

서도 속죄하여 깨끗하게 하고 그것에 기름을 부어 거룩하게 하라고 여호와 하나님께서 명령하신다. 그리하면, 그 제단이 거룩한 제단이 되며, 이로 인하여 거룩하게 된 제단에 접촉하는 모든 것이 거룩하리라고 여호와 하나님께서 말씀하신다.

제사장 위임식 7일 동안 매일 제단 위에 일 년 된 어린 양 하나는 아침에 드리고, 어린 양 하나는 저녁에 드리는데, 이것이 바로 상번제이다. 유대전통에서 아침에 드리는 양은 전날 밤에 지은 죄를 위한 것이고, 저녁에 드리는 양은 그날 낮 동안 지은 죄를 위한 것이다. 한 어린 양에 소제용 제물인 고운 밀가루와 기름을 더하는데, 보통 번제 뒤에 따랐으며, 밀가루와 기름의 양은 희생 제물에 따라 정해진다. 한 어린 양에 전제용 제물인 포도주를 더한다. 전제는 포도주를 제물 위에 뿌리는 제사의 한 방법인데, 이는 하나님을 섬기는 사람들의 헌신적 봉사를 상징한다. 이와 같이 제사장 위임식 기간에 매일 드리는 상번제는 번제와 소제와 전제가 한꺼번에 조석으로 드려졌다. 여호와 앞 회막 문에서 아침저녁으로 계속 드리는 번제, 즉 상번제를 드리라고 하나님 여호와께서 말씀하신다. 그러시면서 여호와 하나님께서 거기서 제사장들을 만나고, 또한 그들에게 말씀하신다고 약속하신다. 뿐만 아니라 여호와 하나님께서 거기서 이스라엘 자손을 만나실 것이라고 하신다. 이와 같이 여호와 하나님께서 제사장들과 만나고 그들에게 말씀하실 뿐만 아니라 이스라엘 자손을 만나는 회막이 여호와의 영광으로 말미암아 거룩하게 될 것을 약속하신다. 이는 모세에 의하여 제사장 위임식과 성소 기구의 성결의식, 그리고 각종 성막기구를 거룩하게 하였지만, 실제로 이 모든 것들을 거룩하게 하시는 분은 하나님이심을 뜻한다.

하나님께서 회막과 제단을 거룩하게 하시며, 제사장들을 거룩하게 하신 목적이 여기서 두 가지로 나타난다. 하나는 제사장들로 하여금 하나님 여호와께 제사장 직분을 행하게 하려는 데 있고 다른 하나는 하나님 여호와께서 이스라엘 자손 중에 거하시어 그들의 하나님이 되시려는 데 있다. 이와 같이 하나님 여호와께서는 궁극적으로 그들의 하나님 여호와로서 그들 중에 거하시려고 그들을 애굽 땅에서 인도하여 내셨다고 말씀하신다. 이스라엘 자손에게 이와 같은 하나님 여호와의 궁극적인 목적을 알게 하신 하나님 여호와가 바로 그들의 하나님이시다.

응답기도 및 임재 안에 머물기

각자 깨달은 말씀이나 마음에 부딪혀 오는 은혜에 따라 응답하는 기도를 충분히 드린다. 충분하게 하나님과 대화를 나누는 기도를 드린 이후에 하나님의 선하심과 인자하심을 맛보며 그분의 임재 안에 얼마 동안 머무른다. 하나님의 임재 안에 머무른 후에 기도 안내문에 나와 있는 기도로 마무리한다.

"하나님! 하나님께 제사장 직분을 거룩하게 행할 수 있도록 제사장들을 거룩하게 하시는 것처럼 저희들도 하나님을 거룩하게 섬길 수 있도록 거룩하게 하옵소서. 하나님께서 이스라엘 중에 거하시려고 그들을 애굽 땅에서 인도하여 내신 것처럼 우리를 죄와 사망으로부터 그리스도 예수의 보혈로 건져주시고 우리를 백성으로 삼으신 구속주 하나님! 우리 가운데 거하시는 주님을 찬양하게 하시고 능력 있게 증언하게 하소서."

반추 및 성찰

가능하면 기도했던 장소에서 자리를 옮긴다. 그리고 기도 시간에 경험한 내용을 돌아보면서 노트에 간단히 적는다. 이때 기도 안에서 하나님과 내 자신에 대한 전체적인 느낌을 적고, 또 영적으로 위로를 받았던 경험과 영적으로 메말랐던 경험을 적는다.

_____

_____

_____

_____

삶으로 나아가기

마음에 와 닿는 한 구절의 말씀을 선택하여 쪽지에 기록한다.
예를 들면 "내가 이스라엘 자손 중에 거하여 그들의 하나님이 되리니 그들은 내가 그들의 하나님 여호와로서 그들 중에 거하려고 그들을 애굽 땅에서 인도하여 낸 줄을 알리라 나는 그들의 하나님 여호와니라"(45-46절).
이 말씀을 수시로 꺼내어 읊조리면서 일상 안에서 기도하며 생활한다.

주요내용 설명

제사장 위임식과 제단 성별(29 : 1-37)과 매일 드리는 제사(29 : 38-46)에 대하여 서술하고 있다. 제사장은 온 백성들을 위하여 하나님께 희생제물을 바친다. 제사장은 거룩한 것들을 접촉하는데, 이 일을 위해서 몸을 물로 씻고, 제사장 예복을 입고, 기름을 바르고, 제사 의식과 피의 의식을 거행한다. 제사장이 드리는 속죄제와 번제는 제사장이 지을 죄를 위해서 드리는 것이다. 하나님과 백성이 언약을 맺을 때 하나님께 속한 피를 통하여 하나님과 인간의 긴밀한 관계가 수립된다. 이를 통해 제사장은 하나님의 거룩한 일을 하게 된다.

위임식 제사는 감사제로서 하나님과 사람의 식사 공동체가 이루어진다. 사람 몫으로 정한 것은 나중에 삶고(31-32절), 하나님의 몫은 하나님 앞에서 흔들어서(요제) 제단에서 불사른다. 제사장 위임식은 이레동안 거행한다(29:30, 35-36). 특히 거룩한 제사에서는 제물을 그날 먹어야 한다(레 7:18). 위임받은 제사장만이 그 고기를 먹을 수 있다. 제단에 사람의 부정함과 범죄가 묻어 있으므로 제단 성별(35-37절)이 필요하다. 성소와 제단은 하나님이 계심으로 세속으로부터 구별되어야 한다. 제단에 접촉하는 것은 모두 거룩하게 되어 하나님에게 속한다.

아침저녁으로 매일 드리는 제사는 하나님과 하나님의 백성이 깊은 관계에 있음을 보여준다. 아침이나 저녁이나 소제나 전제를 드린다. 하나님은 회막 문에서 이스라엘 백성을 만나신다. 하나님은 이스라엘의 하나님이 되기 위하여 회막과 제단을 거룩하게 하시고, 아론과 아론의 아들들을 거룩하게 하여 제사장 직분을 행하게 하신다.

43. 분향단과 물두멍
(30 : 1-38, 37 : 25-29)

기도에 임하기

1. 몸과 마음을 가다듬고 하나님의 임재를 기억하며 기도를 준비한다.
2. 찬송을 부른다(463장).

말씀읽기

출애굽기 30 : 1~38, 37 : 25~29

- 1절 너는 분향할 제단을 만들지니 곧 조각목으로 만들되
- 2절 길이가 한 규빗, 너비가 한 규빗으로 네모가 반듯하게 하고 높이는 두 규빗으로 하며 그 뿔을 그것과 이어지게 하고
- 3절 제단 상면과 전후 좌우 면과 뿔을 순금으로 싸고 주위에 금 테를 두를지며
- 4절 금 테 아래 양쪽에 금 고리 둘을 만들되 곧 그 양쪽에 만들지니 이는 제단을 메는 채를 꿸 곳이며
- 5절 그 채를 조각목으로 만들고 금으로 싸고
- 6절 그 제단을 증거궤 위 속죄소 맞은편 곧 증거궤 앞에 있는 휘장 밖에 두라 그 속죄소는 내가 너와 만날 곳이며
- 7절 아론이 아침마다 그 위에 향기로운 향을 사르되 등불을 손질할 때에 사를지며
- 8절 또 저녁 때 등불을 켤 때에 사를지니 이 향은 너희가 대대로 여호와 앞에 끊지 못할

	지며
9절	너희는 그 위에 다른 향을 사르지 말며 번제나 소제를 드리지 말며 전제의 술을 붓지 말며
10절	아론이 일 년에 한 번씩 이 향단 뿔을 위하여 속죄하되 속죄제의 피로 일 년에 한 번씩 대대로 속죄할지니라 이 제단은 여호와께 지극히 거룩하니라
11절	여호와께서 모세에게 말씀하여 이르시되
12절	네가 이스라엘 자손의 수효를 조사할 때에 조사 받은 각 사람은 그들을 계수할 때에 자기의 생명의 속전을 여호와께 드릴지니 이는 그들을 계수할 때에 그들 중에 질병이 없게 하려 함이라
13절	무릇 계수 중에 드는 자마다 성소의 세겔로 반 세겔을 낼지니 한 세겔은 이십 게라라 그 반 세겔을 여호와께 드릴지며
14절	계수 중에 드는 모든 자 곧 스무 살 이상 된 자가 여호와께 드리되
15절	너희의 생명을 대속하기 위하여 여호와께 드릴 때에 부자라고 반 세겔에서 더 내지 말고 가난한 자라고 덜 내지 말지며
16절	너는 이스라엘 자손에게서 속전을 취하여 회막 봉사에 쓰라 이것이 여호와 앞에서 이스라엘 자손의 기념이 되어서 너희의 생명을 대속하리라
17절	여호와께서 모세에게 말씀하여 이르시되
18절	너는 물두멍을 놋으로 만들고 그 받침도 놋으로 만들어 씻게 하되 그것을 회막과 제단 사이에 두고 그 속에 물을 담으라
19절	아론과 그의 아들들이 그 두멍에서 수족을 씻되
20절	그들이 회막에 들어갈 때에 물로 씻어 죽기를 면할 것이요 제단에 가까이 가서 그 직분을 행하여 여호와 앞에 화제를 사를 때에도 그리 할지니라
21절	이와 같이 그들이 그 수족을 씻어 죽기를 면할지니 이는 그와 그의 자손이 대대로 영원히 지킬 규례니라
22절	여호와께서 모세에게 또 말씀하여 이르시되
23절	너는 상등 향품을 가지되 액체 몰약 오백 세겔과 그 반수의 향기로운 육계 이백오십 세겔과 향기로운 창포 이백오십 세겔과
24절	계피 오백 세겔을 성소의 세겔로 하고 감람 기름 한 힌을 가지고
25절	그것으로 거룩한 관유를 만들되 향을 제조하는 법대로 향기름을 만들지니 그것이 거룩한 관유가 될지라
26절	너는 그것을 회막과 증거궤에 바르고
27절	상과 그 모든 기구이며 등잔대와 그 기구이며 분향단과

28절 및 번제단과 그 모든 기구와 물두멍과 그 받침에 발라
29절 그것들을 지극히 거룩한 것으로 구별하라 이것에 접촉하는 것은 모두 거룩하리라
30절 너는 아론과 그의 아들들에게 기름을 발라 그들을 거룩하게 하고 그들이 내게 제사장 직분을 행하게 하고
31절 이스라엘 자손에게 말하여 이르기를 이것은 너희 대대로 내게 거룩한 관유니
32절 사람의 몸에 붓지 말며 이 방법대로 이와 같은 것을 만들지 말라 이는 거룩하니 너희는 거룩히 여기라
33절 이와 같은 것을 만드는 모든 자와 이것을 타인에게 붓는 모든 자는 그 백성 중에서 끊어지리라 하라
34절 여호와께서 모세에게 이르시되 너는 소합향과 나감향과 풍자향의 향품을 가져다가 그 향품을 유향에 섞되 각기 같은 분량으로 하고
35절 그것으로 향을 만들되 향 만드는 법대로 만들고 그것에 소금을 쳐서 성결하게 하고
36절 그 향 얼마를 곱게 찧어 내가 너와 만날 회막 안 증거궤 앞에 두라 이 향은 너희에게 지극히 거룩하니라
37절 네가 여호와를 위하여 만들 향은 거룩한 것이니 너희를 위하여는 그 방법대로 만들지 말라
38절 냄새를 맡으려고 이같은 것을 만드는 모든 자는 그 백성 중에서 끊어지리라

배경설명

분향단은 하나님의 임재를 상징하는 물체이다. 향을 사용하는 것은 이스라엘 역사에서 초기부터 고고학적으로 입증되었다. 향을 태우는 관행은 실제적인 것과 종교적인 목적이 있었을 것이다. 고기를 태우는 냄새가 불쾌했기에 냄새를 차단하는 효과가 있었을 것이다. 또한 그 연기는 신성한 곳을 소독하고 하나님의 임재를 드러내거나, 인간의 눈에서 신비의 장막을 드리우는 효과가 있었을 것이다. 향 연기가 올라가는 것은 하나님께 상달되는 백성들의 기도로 인식되었다. 요한계시록에서는 향단의 의미를 보여 준다 : "다른 천사가 와서 제단 곁에 서서 금 향로를 가지고 많은 향을 받았으니 이는 모든 성도의 기도와 합하여 보좌 앞 금 제단에 드리고자 함이라 향연이 성도의 기도와 함께 천사의 손으로부터 하나님 앞으로 올라가는지라 천사가 향로를 가지고 제단의 불을 담아다가 땅에 쏟으매 우레와 음성과 번개와 지진이 나더라"(계 8 : 3-5).

11~16절에서는 성막의 기구들을 서술하는 도중에 성소에 드릴 속전에 대한 서술이 등장하여 흐름을 끊는 것으로 보인다. 가장 중요한 연결은 분향단을 설명할 때에 속죄에 관

한 설명을 하고 모든 백성들이 드릴 속전에 관한 서술이기에 유사하다. 동시에 성막과 예배에 필요한 재정문제를 간접적으로 언급하고 있다. 특히 속전은 부한 자나 가난한 자나 차별 없이 내야한다. 유월절 재앙 때 구원받은 맏아들에 대한 속전은 언급되지만(출 12 : 15), 모든 백성에 대한 생명의 속전을 내는 이유는 분명하지 않다. 그렇지만 백성을 계수하고 세금을 거두는 인구조사는 속전을 통해 여호와께서 기억하시는 백성이 되는 수단이며, 동시에 예배에 소요되는 비용을 충당하는 도구가 되었다.

물두멍과 받침대는 놋으로 만들어 회전과 제단 사이에 두어야 한다. 물두멍은 제사장이 거룩한 성막에 들어갈 때마다 거룩한 직무를 위한 준비로 손과 발을 씻는 데 사용되었다. 물두멍의 치수는 나오지 않는다. 손과 발을 씻는 것은 여호와의 면전에서 기구들을 만지는 것과 관련된 것이다. 만약 여호와의 면전에 나가기 전에 씻지 않으면 죽임을 당한다. 즉, 성막에 들어갈 때와 직분을 행하기 위하여 제단으로 나아갈 때이다.

관유는 감람기름에 귀중한 향유를 섞어 만들었다. 관유에 열거된 향품은 전부 수입품으로 비싸고 값진 것이다.

기도

성령의 임재를 위한 기도

성도가 하나님께 드리는 간구와 기도를 상징하는 분향단 위에서 타오르는 향과 물을 담아 회막과 제단 사이에 둔 놋 물두멍에 제사장들이 성소에 들어가기 전이나 제사를 드리기 전에 먼저 놋 물두멍 물에 손발을 씻는 예식을 상상하게 하소서.

본문말씀 읽기와 묵상하기

본문말씀을 천천히 한 번 읽은 후에 다시 본문을 찬찬히 들여다보면서 전체적인 내용과 상황을 파악한다.

분향할 제단이란 향을 태우는 곳인데, 향을 사르기 때문에 향단 혹은 단이 땅바닥에 닿는 아래 바닥을 제외하고는 모두 금테로 싸여 있어 금단으로 불러졌다. 분향단은 그 크기가 가로, 세로가 각각 45.6cm, 91.2cm정도다. 그 단과 뿔을 이어지게 하고, 그 단 아래 양쪽에 금 고리 둘을 만드는데, 이것은 광야에서 수시로 그 단을 옮길 수 있도록 금테를 두른 조각목채를 꿸 곳이다. 분향단의 위치는 지성소와 성소를 구분하는 휘장 바로 앞쪽 성소 부분인데, 이는 하나님의 임재를 상징하는 처소인 속죄소에 가장 가까운 위치다. 분향단 위에서 타오르는 향은 성도가 하나님께 드리는 간구와 기도를 상징한다(계 5 : 8).

1. 본문에 나오는 말씀의 핵심적인 내용을 마음으로 깨달아 알려고 묵상을 한다.
   분향단과 물두멍이란?
   분향단의 위치는?
   아론이 일 년에 한 번씩 이 향단 뿔을 위하여 속죄하되 속죄제의 피로 일 년에 한 번씩 대대로 속죄하는 까닭은?
   이스라엘 자손의 수효를 조사할 때 조사 받은 각 사람이 그들을 계수할 때에 자기의 생명의 속전으로 반 세겔을 여호와께 드리는 까닭은?
   이스라엘 자손에게서 속전을 취하여 회막 봉사에 쓰는 까닭은?
   물두멍의 위치는?1
   아론과 그의 아들들이 그 두멍에서 수족을 씻는 까닭은?
   관유란?
   어디에 관유를 바르며, 이를 바르는 까닭은?
   아론과 그의 아들들에게 관유를 바르는 까닭은?

2. 다시 한 번 성경본문을 천천히 읽는다. 읽는 동안에 어떤 말씀이 내 마음에 부딪혀 오는지를 살핀다.
   예를 들어, "너는 이스라엘 자손에게서 속전을 취하여 회막 봉사에 쓰라 이것이 여호와 앞에서 이스라엘 자손의 기념이 되어서 너희의 생명을 대속하리라"(16절)라는 말씀이 마음에 다가왔다.

3. 내 마음에 부딪혀 온 말씀이 묵상 가운데 구체적으로 내게 어떤 말씀을 주시는지 또는 내 마음 안에서 어떻게 역사하는지를 살핀다. 그리고 이 말씀에 대해 내가 어떻게 응답하는지를 살펴본다.
   제사장은 매일 아침마다 해가 뜨면 등불을 끄고 심지를 다듬고 저녁에 사용할 기름을 보충한다. 그리고 그는 매일 저녁 해가 질 때에 성소 내 등대에 등불을 켠다. 제사장은 매일 아침저녁 두 번은 성소 안에 들어갔는데, 이때 그는 분향단에 향도 함께 살린다. '이 향은 대대로 여호와 앞에 끊지 못할지며'라고 여호와 하나님께서 말씀하시는데, 이것은 향을 계속적으로 매일 아침저녁으로 태우되 규칙적으로 피우라는 말씀이다. 성경에서 향은 주로 성도의 기도를 상징한다. 이런 의미에서 분향은 성도들이 매일 아침저녁으로 규칙적으로 하나님께 드리는 기도를 시사한다. 분향단 위에서 하지 말아야 할 것이 세 가지 있다. 첫째, 다른 향을 사르지 말라는 것인데, 이는 출애굽기 30 : 34~38의 법대로 향을 만들지 아니한 이방인 혹은 이상한 향을 가리킬 수 있다. 둘째, 번제나 소제를 드리지 말라는 것인데, 이는 분향단은 오직 분향 외에 그 어떤 제물을 바치는 번제 제단으로 사용하지 말라는 것이다. 셋째, 전제의 술을 붓지 말라는 것인데, 이는 분향단 자체가 향기롭고 깨끗하므로 그 위에 술을 붓지 말라는 것이다. 제사장 아론이 매년 7월 10일 속죄일에 속죄제의 피, 즉 속죄제물인 수송아지나 숫염소, 숫양 등의 피로 분향단을 정결하게 하라고 여호와 하나님께서 명령하신다. 그리하면, 이 단은 여호와께 지극히 거룩한 분향단이라고 하나님 여호와께서 말씀하신다.

생명의 속전이란 하나님의 백성 이스라엘이 의무적으로 바쳐야 할 세이다. 이를 위하여 여호와께서 모세에게 이스라엘 자손의 수효를 조사하는데, 20세 이상 된 성인 남자만 인구조사에 포함된다. 이 조사를 받은 각 사람은 자기의 생명의 속전을 여호와께 드린다. 여기서 생명의 속전이란 죽을 수밖에 없는 죄인의 죄를 덮어 죄 없는 것으로 인정해 주신 하나님의 은혜에 감사하는 뜻으로 드리는 배상금이다. 이는 애굽에서 종살이 하던 이스라엘을 구원해 주신 하나님의 출애굽 사건에 근거하여 제정된 것이다. 이는 또한 그들을 계수 할 때에 그들 중에 질병이 없게 하기 위해서이다. 성경에서는 성소 세겔과 왕실 세겔, 그리고 일반 세겔이 나온다. 성소의 세겔은 9.7g 정도인데, 이스라엘에서 전쟁에 출전할 수 있고, 시민으로서의 자격을 갖출 수 있는 스무 살 이상 된 남자들 모두는 여호와께 속전 반 세겔을 낸다. 하나님 앞에서 그들은 모두 동등하므로 그들의 빈부에 상관없이 그들의 속전은 반 세겔이다. 이와 같이 이스라엘 자손으로부터 취한 속전은 회막 봉사에 쓰라고 여호와 하나님께서 말씀하시는데, 이는 회막을 섬기는 일에 주라는 말씀이다. 이와 같이 그들이 바친 속전으로 성막 기구들이 만들어지는 것을 보면, 그들의 구속받은 것과 신앙공동체의 일원으로서 그들 모두가 동등한 권리로 하나님을 섬기는 일에 참여하고 있다는 것이 확인될 것이다.

놋으로 만든 받침 위에 놓인 커다란 세수 대야의 역할을 하는 놋 물두멍은 그 안에 물을 담아 회막과 제단 사이에 둔다. 제사장들이 성소에 들어가기 전이나 제사를 드리기 전에 먼저 놋 물두멍 물에 손발을 씻는다. 이는 당시 광야지대에서 먼지와 흙으로 더러워진 손발을 씻는 실제적 의미가 있다. 그러나 제사장들이라 하더라도 깨끗하지 않은 몸으로 거룩하신 하나님께 나아가면 죽을 수 있기 때문에 여호와 하나님께서 그들이 성소에 들어가기 전과 제사 드리기 전에 그들의 수족을 씻어 죽기를 면하라고 말씀하신다.

거룩한 관유란 하나님의 성소에서 쓰일 물건이나 사람을 성별하는 데 쓰는 거룩한 기름이다. 관유는 최고의 향품들과 감람기름으로 만드는데, 그 안에 있는 향품들은 다음과 같다. 관유 속에는 아라비아와 동 아프리카 등에서 나는 감람과의 관목 껍질을 벗겨 거기서 흘러나오는 즙을 채취한 액체 몰약과 애굽 팔레스틴과 그리스와 아라비아의 휘귀한 향품인 육계가 있는데, 이는 월계수와 같은 나무의 껍질에서 채취한 것이다. 또한 관유 속에는 못가나 습한 땅에서 자라는 다년생 풀로부터 얻어지는 항제인 창포와 계피나무 껍질을 벗겨 만든 방향제인 계피가 있다.

여호와 하나님께서 모세에게 성막의 기구에 관유를 발라 지극히 거룩한 것으로 구별하라고 명령하신다. 우선 관유를 성막 본체인 회막과 증거궤에 바르라고 말씀하시는데, 여기서 회막이란 여호와께서 모세와 이스라엘을 만나 주신 곳이므로 붙여진 이름이다. 그리고 관유를 진설병 상과 그 모든 기구, 즉 대접과 숟가락, 병과 붓는 잔 등에 바른다. 또한 관유를 등잔대와 그 기구, 분향단 및 번제단과 그 모든 기구와 물두멍과 그 받침에 바른다. 이와 같이 관유를 성막의 모든 기구들에 바르는 것은 하나님의 일을 위하여 그것들을 지극히 거룩한 것으로 구별하려는 데 목적이 있다. 성막에서 하나님의 일을 위하여 사용되는 기구들과 제사장 직분을 행하는 제사장들에게 기름을 바르고 붓는 것은 하나님의 것으로서 그 모두를 거룩하게 하는 의식이다. 하나님께서 지시하신 대로 만든 이 거룩한 관유는 성소에서만 사용되어야 하므로 거룩한 관유는 사람의 몸에 붓지 않는다. 또한 다른 용도나 목적을 위하여 성막용 관유와 같은 기름을 만들어서도 안 된다. 만약 이와 같은 기름을 만드는 사람과 이것을 타인에게 붓는 사람이 있다면, 그 사람 모두는 그 백성 중에서 끊어질 것이라고 하나님께서 말씀하시면서, 관유는 거룩하니 거룩히 여기라고 말씀하신다. 제사장들은 매일 아침저녁으로 여호와 하나님 앞에서 분향단에 향을 사른다. 이 향은 소합향과 나감향, 풍자향과 유향을 똑같은 양으로 골고루 배합하여 하나님께서 지시하신 방법으로 만들어, 그것에 소금을 쳐서 성결하게 한다. 이 향 얼마를 곱게 찧어 모세가 여호와 하나님과 만날 회막 안 증거궤 앞에 둔다. 이 향 역시 지극히 거룩한 향이므로 하나님께서 지시하신 그 방법대로 인간을 위하여 향을 만들지 말라고 여호와 하나님께서 말씀하신다. 뿐만 아니라 하나님 여호와께서 그 향의 냄새를 맡으려고 이와 같은 향을 만드는 모든 사람은 그 백성 중에서 끊어질 것이라고 말씀하신다.

응답기도 및 임재 안에 머물기

각자 깨달은 말씀이나 마음에 부딪혀 오는 은혜에 따라 응답하는 기도를 충분히 드린다. 충분하게 하나님과 대화를 나누는 기도를 드린 이후에 하나님의 선하심과 인자하심을 맛보며 그분의 임재 안에 얼마 동안 머무른다. 하나님의 임재 안에 머무른 후에 기도 안내문에 나와 있는 기도로 마무리한다.

"분향단에 향을 태우는 것처럼 하나님께 거룩한 기도의 향을 올려드릴 수 있기를 원합니다. 사랑의 향과 거룩한 향을 일상의 삶에서 하나님께 올려드릴 수 있도록 하나님의 영으로 충만한 사람 되게 하소서. 제사장들이 성소에 들어가기 전과 제사 드리기 전에 물두멍에 그들의 수족을 씻어 죽기를 면한 것처럼 우리들이 주의 전에 들어가기 전과 예배드리기 전에 예수 그리스도의 보혈로 성결하게 되는 은총을 부어주옵소서."

반추 및 성찰

가능하면 기도했던 장소에서 자리를 옮긴다. 그리고 기도 시간에 경험한 내용을 돌아보면서 노트에 간단히 적는다. 이때 기도 안에서 하나님과 내 자신에 대한 전체적인 느낌을 적고, 또 영적으로 위로를 받았던 경험과 영적으로 메말랐던 경험을 적는다.

_____

_____

_____

_____

삶으로 나아가기

마음에 와 닿는 한 구절의 말씀을 선택하여 쪽지에 기록한다.
예를 들면 "너는 이스라엘 자손에게서 속전을 취하여 회막 봉사에 쓰라 이것이 여호와 앞에서 이스라엘 자손의 기념이 되어서 너희의 생명을 대속하리라"(16절).
이 말씀을 수시로 꺼내어 읊조리면서 일상 안에서 기도하며 생활한다.

주요내용 설명

분향단은 조그마한 단으로 조각목으로 만들고, 궤와 상처럼 금으로 장식하고 고리와 채를 만들었다. 분향단의 위치는 성막의 성소 안쪽, 지성소를 덮고 있는 휘장 앞이다. 아침 저녁으로 향을 살라야 하는데, 향을 적절하게 사르기 위해서 특별한 방식으로 섞어야 한다 (30 : 34-38). 일년에 한번 있는 속죄일에 드리는 속죄 제물의 피를 이 향단의 뿔에 뿌림으로 속죄함을 받게 된다.

사람들은 속죄를 위하여 얼마씩 돈을 내도록 규정하고 있다. 이 돈은 회막 봉사에 쓰인다(16절). 금속은 은일 가능성이 많으며, 반 세겔이다. 세겔은 무게의 단위이다. 1달란트는 약 35kg 이고, 1세겔은 약 12그램이다. 성소의 세겔이 무게의 표준적인 역할을 한다 (38 : 26). 사람들은 반 세겔에서 부자라고 더 내지 말고, 가난하다고 덜 내지도 말고 반 세겔만 내야 한다. 그들은 빈부와 상관없이 동일하게 속전을 냈다.

물두멍은 성막과 그 앞의 번제단 사이에 두어야 한다. 물두멍에서의 정결함이 없이 아무도 하나님께 나아갈 수 없다. 사람만이 아니라 물건도 기름을 발라 거룩하게 하여야 한다. 성별되지 않은 사람이 이러한 물건에 접촉하면 바로 일상으로 돌아올 수 없게 된다.

22~38절에는 관유를 만드는 비법과 특별한 성분의 향을 만드는 비법에 관하여 다룬다. 이렇게 만들어진 기름은 거룩한 것으로 판명된 성막과 그 속에 있는 기구들 위에 발라졌다. 이러한 기름부음을 통하여 그 기구들은 가장 거룩한 범주에 속한다는 사실을 공식적으로 선포하게 된다. 이러한 관유는 직분을 위임받는 제사장들 이외에 다른 사람들에게 붓는 경우는 없었다.

44. 기술자와 안식일 계명
(31 : 1-17, 35 : 1-3, 35 : 30-36 : 1)

기도에 임하기

1. 몸과 마음을 가다듬고 하나님의 임재를 기억하며 기도를 준비한다.
2. 찬송을 부른다(43장).

말씀읽기

출애굽기 31 : 1~17, 35 : 1~3, 35 : 30~36 : 1

1절   여호와께서 모세에게 말씀하여 이르시되
2절   내가 유다 지파 훌의 손자요 우리의 아들인 브살렐을 지명하여 부르고
3절   하나님의 영을 그에게 충만하게 하여 지혜와 총명과 지식과 여러 가지 재주로
4절   정교한 일을 연구하여 금과 은과 놋으로 만들게 하며
5절   보석을 깎아 물리며 여러 가지 기술로 나무를 새겨 만들게 하리라
6절   내가 또 단 지파 아히사막의 아들 오홀리압을 세워 그와 함께 하게 하며 지혜로운 마음이 있는 모든 자에게 내가 지혜를 주어 그들이 내가 네게 명령한 것을 다 만들게 할지니
7절   곧 회막과 증거궤와 그 위의 속죄소와 회막의 모든 기구와
8절   상과 그 기구와 순금 등잔대와 그 모든 기구와 분향단과
9절   번제단과 그 모든 기구와 물두멍과 그 받침과

10절 제사직을 행할 때에 입는 정교하게 짠 의복 곧 제사장 아론의 성의와 그의 아들들의 옷과

11절 관유와 성소의 향기로운 향이라 무릇 내가 네게 명령한 대로 그들이 만들지니라

12절 여호와께서 모세에게 말씀하여 이르시되

13절 너는 이스라엘 자손에게 말하여 이르기를 너희는 나의 안식일을 지키라 이는 나와 너희 사이에 너희 대대의 표징이니 나는 너희를 거룩하게 하는 여호와인 줄 너희가 알게 함이라

14절 너희는 안식일을 지킬지니 이는 너희에게 거룩한 날이 됨이니라 그 날을 더럽히는 자는 모두 죽일지며 그 날에 일하는 자는 모두 그 백성 중에서 그 생명이 끊어지리라

15절 엿새 동안은 일할 것이나 일곱째 날은 큰 안식일이니 여호와께 거룩한 것이라 안식일에 일하는 자는 누구든지 반드시 죽일지니라

16절 이같이 이스라엘 자손이 안식일을 지켜서 그것으로 대대로 영원한 언약을 삼을 것이니

17절 이는 나와 이스라엘 자손 사이에 영원한 표징이며 나 여호와가 엿새 동안에 천지를 창조하고 일곱째 날에 일을 마치고 쉬었음이니라 하라

배경설명

브살렐에게 주어진 은사는 여호와의 가르침을 수행하는 데 필요한 것을 이해하는 은사인 지혜, 복잡한 물건과 재료들을 만드는 과정에서 문제를 해결할 수 있는 재능인 총명, 그리고 일을 진행시키고 완수하는 데 필요한 경험인 지식이다(WBC, 664). 하나님의 사역은 하나님의 지혜와 총명을 받은 자들 중에서 자신의 능력을 하나님의 사역을 위해 사용하겠다고 결심하는 사람들을 통하여 이루어진다. 하나님은 성막을 위하여 예비 된 사람들에게 하나님의 "지혜와 총명"을 주신다. 그러나 지혜와 총명이 있다고 모두 하나님의 일을 하는 것은 아니다. 하나님이 원하시는 일이 무엇인지를 깨닫고, 그 일을 갈망하는 헌신된 자들이 그 일을 맡을 수 있다. 즉, 하나님이 주신 은사와 하나님을 향한 헌신의 결단이 함께 있을 때 하나님이 준비하신 사역이 시작된다. 하나님으로부터 은사를 받았다 할지라도 그 은혜를 감사하고 자신의 재주를 그 일을 위해 사용하겠다는 결단이 없이 사역은 가능하지 않다. 또한 마음에 감동이 있다 할지라도, 하나님으로부터 은사를 받지 않은 자리에서 주관적인 감정만으로 일을 수행할 수도 없다. 은사로의 하나님의 부르심과 자신을 기꺼이 드리려는 자원하는 마음이 합하여 하나님의 일을 이루게 된다. 개인이 언약에 참여하는 것은 할례이지만, 이스라엘이 공동으로 언약에 참여하는 표시는 안식일을

지키는 것이다. 안식일을 지키는 것은 하나님의 계명을 순종하는 표시로 인식된다. 그날에 세속적인 일은 금지되었다.

기도

성령의 임재를 위한 기도

하나님과 하나님 백성 사이의 영원한 표징인 안식일을 거룩하게 지킬 수 있게 하소서.

본문말씀 읽기와 묵상하기

본문말씀을 천천히 한 번 읽은 후에 다시 본문을 찬찬히 들여다보면서 전체적인 내용과 상황을 파악한다.

여호와께서 모세에게 유다지파, 갈렙의 아들, 훌의 손자이며, 우리의 아들인 브살렐을 지명하여 하나님의 영을 그에게 충만하게 할 것을 말씀하신다. 하나님의 영으로 충만한 브살렐이 성막 건축과 기구제작에 필요한 창조능력인 지혜와 사물을 정확히 파악하는 능력인 총명과 그것을 구체적으로 적용하는 능력인 지식을 부여받는다. 뿐만 아니라 하나님의 영으로 충만한 그에게 여호와 하나님께서는 실제로 모든 능력을 발휘할 수 있는 종합적인 기술, 즉 재주로 정교한 일을 연구하여 금과 은과 놋으로 만들게 하며, 보석을 깎아 물리며, 여러 가지 기술로 나무를 새겨 만들게 하신다.

1. 본문에 나오는 말씀의 핵심적인 내용을 마음으로 깨달아 알려고 묵상을 한다.
   여호와께서 유다 지파 훌의 손자요 우리의 아들인 브살렐을 지명하여 부르신 까닭은?
   여호와께서 또 단 지파 아히사막의 아들 오홀리압을 세워 브살렐과 함께 하게 한 까닭은?
   안식일을 지키는 까닭은?
2. 다시 한 번 성경본문을 천천히 읽는다. 읽는 동안에 어떤 말씀이 내 마음에 부딪혀 오는지를 살핀다.
   예를 들어, "너는 이스라엘 자손에게 말하여 이르기를 너희는 나의 안식일을 지키라 이는 나와 너희 사이에 너희 대대의 표징이니 나는 너희를 거룩하게 하는 여호와인 줄 너희가 알게 함이라"(13절)라는 말씀이 마음에 다가왔다.
3. 내 마음에 부딪혀 온 말씀이 묵상 가운데 구체적으로 내게 어떤 말씀을 주시는지 또

는 내 마음 안에서 어떻게 역사하는지를 살핀다. 그리고 이 말씀에 대해 내가 어떻게 응답하는지를 살펴본다.

여호와 하나님께서 단 지파의 오홀리압을 성막 건축과 기구 제작자로 부르신다. 조각과 수와 직조에 능한 그를 여호와 하나님께서 브살렐과 함께 하게 하며 지혜로운 마음이 있는 모든 자에게 지혜를 주시어 모세에게 명령한 성소에 필요한 각종 기구와 제사장의 의복 등을 다 만들게 하신다. 이와 같이하여 하나님께서 계획하신 성막과 기구 제작 및 제사장 성의와 관유와 향기로운 향 만드는 모든 것이 모세에게 전달되고, 그 하나님의 계획을 전달받은 모세는 하나님께서 세우신 장인들로 하여금 하나님께서 자신에게 명령하신 대로 모든 것을 다 실행하게 한다.

안식일 준수의 명령이 출애굽기 20 : 8~11에 이미 있지만, 여호와께서 모세에게 이스라엘 백성에게 '나의 안식일을 지키라'고 재차 명령하신다. 여호와 하나님과 이스라엘 사이의 최초의 언약의 표징은 할례이다(창 17 : 10-11). 그런데 여기서 하나님과 이스라엘 사이의 언약관계 표징으로 안식일 준수가 첨가된다. 그리고 여호와 하나님께서 '나는 너희를 거룩하게 하는 여호와인 줄 너희가 알게 함이라'고 말씀하시는데, 이는 여호와 하나님께서 이스라엘을 광야에 머물게 하여 성막과 성소 및 제사 제도와 율법을 주심으로 거룩한 백성이 되는 훈련을 시키실 계획을 말씀하시는 것으로 본다.

할례와 함께 안식일 준수는 하나님과 하나님백성 사이에 언약의 영원한 표징이다. 안식일은 엿새 동안 천지를 창조하시고 일곱째 날 쉬신 하나님의 창조사역의 완성을 기념하는 데 그 근거가 있으므로 그날이 하나님 백성에게는 거룩한 날이다. 그래서 여호와 하나님께서 하나님백성의 자손이 안식일을 지켜서 그것으로 대대로 영원한 언약을 삼으라고 명령하신다. 만약 그 날을 더럽히는 사람은 모두 죽일지며, 그날에 일하는 사람은 모두 그 백성 중에서 그 생명이 끊어질 것이라고 하나님께서 말씀하신다.

응답기도 및 임재 안에 머물기

각자 깨달은 말씀이나 마음에 부딪혀 오는 은혜에 따라 응답하는 기도를 충분히 드린다. 충분하게 하나님과 대화를 나누는 기도를 드린 이후에 하나님의 선하심과 인자하심을 맛보며 그분의 임재 안에 얼마 동안 머무른다. 하나님의 임재 안에 머무른 후에 기도 안내문에 나와 있는 기도로 마무리한다.

"나의 안식일을 지키라 이는 나와 너희 사이에 너희 대대의 표징이니 나는 너희를 거룩하게 하는 여호와인 줄 너희가 알게 함이라고 말씀하신 것을 늘 기억하면서 이 날을 지키게 하소서. 엿새 동안은 일할 것이나 일곱째 날은 큰 안식이니 여호와께 거룩한 것이라고 말씀하신 것처럼 안식일에 일하지 않게 하소서. 안식일을 지킴으로 새 은혜를 입어 새 찬양을 하나님께 올려드리는 삶을 살게 하소서."

반추 및 성찰

가능하면 기도했던 장소에서 자리를 옮긴다. 그리고 기도 시간에 경험한 내용을 돌아보면서 노트에 간단히 적는다. 이때 기도 안에서 하나님과 내 자신에 대한 전체적인 느낌을 적고, 또 영적으로 위로를 받았던 경험과 영적으로 메말랐던 경험을 적는다.

_____
_____
_____
_____

삶으로 나아가기

마음에 와 닿는 한 구절의 말씀을 선택하여 쪽지에 기록한다.
예를 들면 "너는 이스라엘 자손에게 말하여 이르기를 너희는 나의 안식일을 지키라 이는 나와 너희 사이에 너희 대대의 표징이니 나는 너희를 거룩하게 하는 여호와인 줄 너희가 알게 함이라"(13절). 이 말씀을 수시로 꺼내어 읊조리면서 일상 안에서 기도하며 생활한다.

주요내용 설명

백성들로부터 예물을 받고, 성막을 건축하는 법을 가르친 후에 회막을 만들 기술자들을 부르신다. 브살렐은 훌의 손자요, 우리의 아들이다(31 : 2). 역대기상에서는 갈렙의 후손이요, 유다 지파로 나타난다(대상 2 : 20). 역대기하에서는 브살렐이 놋 제단을 지었다고 말한다(대하 1 : 5). 브살렐은 지혜와 총명과 지식과 여러 가지 재주로 정교한 일을 연구하는 사람이다. 또 다른 사람인 오홀리압은 단 지파인 아히사막의 아들이다. 또한 지혜로운 마음을 가진 자들과 함께 명령한 대로 만들게 한다. 그들은 오직 명령한 대로 만들어야 한다. 마지막으로 성소를 위하여 일하는 동안에도 안식일 계명은 적용된다. 안식일은 깨질 수 없는 계약으로 어기면 생명을 잃게 되는 계명이다. 안식일은 대대로 지켜야 할 영원한 언약의 표징이다. 표징을 통하여 사람들이 알게 된다는 말이다.

45. 회막을 세우고 하나님의 영광이 임하심
(40 : 1-38; 참조 39 : 32-43)

기도에 임하기

1. 몸과 마음을 가다듬고 하나님의 임재를 기억하며 기도를 준비한다.
2. 찬송을 부른다(550장).

말씀읽기

출애굽기 40 : 1~38; 참조 39 : 32~43

1절 여호와께서 모세에게 말씀하여 이르시되
2절 너는 첫째 달 초하루에 성막 곧 회막을 세우고
3절 또 증거궤를 들여놓고 또 휘장으로 그 궤를 가리고
4절 또 상을 들여놓고 그 위에 물품을 진설하고 등잔대를 들여놓아 불을 켜고
5절 또 금 향단을 증거궤 앞에 두고 성막 문에 휘장을 달고
6절 또 번제단을 회막의 성막 문 앞에 놓고
7절 또 물두멍을 회막과 제단 사이에 놓고 그 속에 물을 담고
8절 또 뜰 주위에 포장을 치고 뜰 문에 휘장을 달고
9절 또 관유를 가져다가 성막과 그 안에 있는 모든 것에 발라 그것과 그 모든 기구를 거룩하게 하라 그것이 거룩하리라
10절 너는 또 번제단과 그 모든 기구에 발라 그 안을 거룩하게 하라 그 제단이 지극히 거

룩하리라

11절 너는 또 물두멍과 그 받침에 발라 거룩하게 하고

12절 너는 또 아론과 그 아들들을 회막 문으로 데려다가 물로 씻기고

13절 아론에게 거룩한 옷을 입히고 그에게 기름을 부어 거룩하게 하여 그가 내게 제사장의 직분을 행하게 하라

14절 너는 또 그 아들들을 데려다가 그들에게 겉옷을 입히고

15절 그 아버지에게 기름을 부음 같이 그들에게도 부어서 그들이 내게 제사장의 직분을 행하게 하라 그들이 기름 부음을 받았은즉 대대로 영영히 제사장이 되리라 하시매

16절 모세가 그같이 행하되 곧 여호와께서 자기에게 명령하신 대로 다 행하였더라

17절 둘째 해 첫째 달 곧 그 달 초하루에 성막을 세우니라

18절 모세가 성막을 세우되 그 받침들을 놓고 그 널판들을 세우고 그 띠를 띠우고 그 기둥들을 세우고

19절 또 성막 위에 막을 펴고 그 위에 덮개를 덮으니 여호와께서 모세에게 명령하신 대로 되니라

20절 그는 또 증거판을 궤 속에 넣고 채를 궤에 꿰고 속죄소를 궤 위에 두고

21절 또 그 궤를 성막에 들여놓고 가리개 휘장을 늘어뜨려 그 증거궤를 가리니 여호와께서 모세에게 명령하신 대로 되니라

22절 그는 또 회막 안 곧 성막 북쪽으로 휘장 밖에 상을 놓고

23절 또 여호와 앞 그 상 위에 떡을 진설하니 여호와께서 모세에게 명령하신 대로 되니라

24절 그는 또 회막 안 곧 성막 남쪽에 등잔대를 놓아 상과 마주하게 하고

25절 또 여호와 앞에 등잔대에 불을 켜니 여호와께서 모세에게 명령하신 대로 되니라

26절 그가 또 금 향단을 회막 안 휘장 앞에 두고

27절 그 위에 향기로운 향을 사르니 여호와께서 모세에게 명령하신 대로 되니라

28절 그는 또 성막 문에 휘장을 달고

29절 또 회막의 성막 문 앞에 번제단을 두고 번제와 소제를 그 위에 드리니 여호와께서 모세에게 명령하신 대로 되니라

30절 그는 또 물두멍을 회막과 제단 사이에 두고 거기 씻을 물을 담으니라

31절 모세와 아론과 그 아들들이 거기서 수족을 씻되

32절 그들이 회막에 들어갈 때와 제단에 가까이 갈 때에 씻었으니 여호와께서 모세에게 명령하신 대로 되니라

33절 그는 또 성막과 제단 주위 뜰에 포장을 치고 뜰 문에 휘장을 다니라 모세가 이같이 역사를 마치니

34절 구름이 회막에 덮이고 여호와의 영광이 성막에 충만하매
35절 모세가 회막에 들어갈 수 없었으니 이는 구름이 회막 위에 덮이고 여호와의 영광이 성막에 충만함이었으며
36절 구름이 성막 위에서 떠오를 때에는 이스라엘 자손이 그 모든 행진하는 길에 앞으로 나아갔고
37절 구름이 떠오르지 않을 때에는 떠오르는 날까지 나아가지 아니하였으며
38절 낮에는 여호와의 구름이 성막 위에 있고 밤에는 불이 그 구름 가운데에 있음을 이스라엘의 온 족속이 그 모든 행진하는 길에서 그들의 눈으로 보았더라

배경설명

출애굽기 40장은 35~40장의 결론이다. 하나님이 명령하신 대로 성막 곧 회막을 완성하고 출애굽한 두번째 해 첫째 달 초하루에 성막을 세운다. 성막과 뜰에 기구들을 놓고, 모든 기구들에 기름을 부어 거룩하게 한다. 또한 제사장도 기름을 부어 거룩하게 하였다. 이제 마지막 부분(34-38절)에서 완성된 성막에 하나님이 임재하시고 광야의 행진을 시작하신다. 35절에서 그의 영광의 광채가 성막을 채우고 아무도 들어오지 못하게 하는 것은 솔로몬의 성전봉헌을 연상시킨다 : "제사장이 성소에서 나올 때에 구름이 여호와의 성전에 가득하매 제사장이 그 구름으로 말미암아 능히 서서 섬기지 못하였으니 이는 여호와의 영광이 여호와의 성전에 가득함이었더라"(왕상 8 : 10-11). 하나님은 구름을 통하여 백성을 인도하셨다. 행진하는 동안 백성들은 하나님의 임재를 경험하면서 가나안을 향하여 움직였다. 하나님은 성별된 장소, 성별된 물건, 그리고 성별된 행위를 통하여 이스라엘 백성 가운데 임재하신다.

기도

성령의 임재를 위한 기도

성막을 세우고 하나님의 영광이 구름이 회막에 덮이고 여호와의 영광이 성막에 충만한 것처럼 하나님의 이름으로 세워진 주의 성전에 이와 같은 하나님의 영광이 충만하게 하소서.

본문말씀 읽기와 묵상하기

본문말씀을 천천히 한 번 읽은 후에 다시 본문을 찬찬히 들여다보면서 전체적인 내용과 상황을 파악한다.

성막은 하나님께서 사람과 함께 하시고자 하셨던 하나님의 뜻을 이루기 위한 임마누엘의 장소이다. 이스라엘 백성이 출애굽한 때로부터 대략 1년이 지난 출애굽 제2년 1월 1일에 하나님께 제사 드리는 거룩한 성막, 곧 하나님과의 만남의 장소인 회막을 세우고 하나님의 임재를 상징하는 증거궤를 그 안에 들여놓는다. 성소와 지성소를 구분하기 위하여 휘장으로 그 궤를 가리고, 또 상을 들여놓고, 그 위에 물품을 진열하고, 등잔대를 들여놓아 출애굽 2년 정월 초 하루날 저녁에 최초로 불을 켠다. 성도들의 기도를 의미하는 금 향단을 증거궤 앞에 두고, 성막 문에 휘장을 달고, 번제단을 회막의 성막 문 앞에 놓는다. 또 물두멍을 회막과 제단 사이에 놓고, 그 속에 물을 담는다. 또 뜰 주위에 포장을 치고 뜰 문에 휘장을 단다.

1. 본문에 나오는 말씀의 핵심적인 내용을 마음으로 깨달아 알려고 묵상을 한다.

   이스라엘 백성이 출애굽한 때로부터 대략 얼마 지나서 여호와께서 모세에게 말씀하신 대로 성막을 세웠나?

   성막 곧 회막을 세우고 제일 먼저 들여놓은 것은?

   성막 곧 회막을 세우고 두번째 들여놓은 것은?

   금향단은 어디에 놓는가?

   번제단은 어디에 놓는가?

   물두멍은 어디에 놓는가?

   관유를 가져다가 성막과 그 안에 있는 모든 것에 바르는 이유는? 그것과 그 모든 기구를 거룩하게 하라 그것이 거룩하리라

   아론과 그 아들들이 하나님에게 제사장 직분을 행하는 과정은?

   모세가 여호와께서 명하신 대로 성막을 세우되 그 받침들을 놓고 그 널판들을 세우고 그 띠를 띠우고 그 기둥들을 세우고 또 성막 위에 막을 펴고 그 위에 덮개를 덮고, 그는 또 증거판을 궤 속에 넣고 채를 궤에 꿰고 속죄소를 궤 위에 두고, 또 그 궤를 성막에 들여놓고 가리개 휘장을 늘어뜨려 그 증거궤를 가리고, 회막 안 곧 성막 북쪽으로 휘장 밖에 상을 놓고, 또 여호와 앞 그 상 위에 떡을 진설하고, 또 회막 안 곧 성막 남쪽에 등잔대를 놓아 상과 마주하게 하고, 여호와 앞에 등잔대에 불을 켜고, 또 금 향단을 회막 안 휘장 앞에 두고, 그 위에 향기로운 향을 사르고, 또 성막 문에 휘장을 달고, 또 회막의 성막 문 앞에 번제단을 두고 번제와 소제를 그 위에 드리고, 또 물두멍을 회막과 제단 사이에 두고 거기 씻을 물을 담고, 모세와 아론과 그 아들들이 거기서 수족을 씻

되 그들이 회막에 들어갈 때와 제단에 가까이 갈 때에 씻었고, 또 성막과 제단 주위 뜰에 포장을 치고 뜰 문에 휘장을 다니라. 모세가 이같이 역사를 마쳤을 때 일어난 것은?

모세가 회막에 들어갈 수 없었던 까닭은?

이스라엘 자손이 행진하며, 또한 행진하지 아니하는 신호는?

이스라엘의 온 족속이 그 모든 행진하는 길에서 그들의 눈으로 보았던 것은?

2. 다시 한 번 성경본문을 천천히 읽는다. 읽는 동안에 어떤 말씀이 내 마음에 부딪혀 오는지를 살핀다.

예를 들어, "모세가 이같이 역사를 마치니 구름이 회막에 덮이고 여호와의 영광이 성막에 충만하매 모세가 회막에 들어갈 수 없었으니 이는 구름이 회막 위에 덮이고 여호와의 영광이 성막에 충만함이었으며 구름이 성막 위에서 떠오를 때에는 이스라엘 자손이 그 모든 행진하는 길에 앞으로 나아갔고 구름이 떠오르지 않을 때에는 떠오르는 날까지 나아가지 아니하였으며 낮에는 여호와의 구름이 성막 위에 있고 밤에는 불이 그 구름 가운데에 있음을 이스라엘의 온 족속이 그 모든 행진하는 길에서 그들의 눈으로 보았더라"(33b-38절)라는 말씀이 마음에 다가왔다.

3. 내 마음에 부딪혀 온 말씀이 묵상 가운데 구체적으로 내게 어떤 말씀을 주시는지 또는 내 마음 안에서 어떻게 역사하는지를 살핀다. 그리고 이 말씀에 대해 내가 어떻게 응답하는지를 살펴본다.

성막기구들이 제 위치에 배치되고 난 후, 관유로 그 모든 것에 발라 성별하여 거룩하게 한다. 일단 기구들을 성별하여 성막의 기능을 하도록 한 다음에는 아론과 그 아들들을 회막 문으로 데려다가 물로 씻기고, 아론에게 거룩한 옷을 입히고, 그에게 관유를 부어 거룩하게 한다. 이와 같이 거룩하게 하여 아론이 하나님에게 제사장의 직분을 행한다. 그의 아들들에게도 겉옷을 입히고, 아버지 아론에게 기름을 부음 같이 그들에게도 관유를 부어서 하나님에게 제사장의 직분을 행하게 한다. 여호와 하나님께서 시내 산에서 모세에게 명령하신 대로 성막의 뼈대를 세운 후, 그 위에 제1앙장과 제2앙장, 그리고 덮개와 웃 덮개를 덮는다. 성막 본체 중 지성소를 완성한 후, 그 안에 십계명을 넣은 증거궤를 배치하고, 그 위를 속죄소(궤의 뚜껑)로 덮고, 입구에 휘장을 드리워서 성소와 분리시킨다. 여호와 하나님께서 모세에게 명령하신 대로 성막 본체 중 성소, 즉 진설병 상과 등대와 분향단이 완성되고, 여호와 하나님께서 모세에게 명령하신 대로 성막 뜰에 배치되는 번제단과 물두멍과 뜰의 포장이 설치된다. 이와 같이하여 모든 것들이 제 위치에 배치됨으로써 성막의 건립과 기구 배치가 완료된다.

성막 건축이 완료된 후 구름이 회막에 덮이고, 여호와의 영광이 성막에 충만하여 모세가 회막에 들어갈 수 없었다. 여기서 구름은 하나님의 임재를 표현하는데, 그 구름이 하나님께서 그의 백성들을 만나는 장소인 회막 위에 덮인다. 여기서 여호와의 영광은 하나님의 인 치심과 거룩하심, 기뻐하심과 하나님의 동행하심, 하나님의 인도하심과 하나님의 보호하심을 의미하는데, 이는 하나님 자신 또는 하나님의 속성이 드러나는 것을 의미한다. 이와 같은 하나님의 임재와 하나님의 영광이 성막 내외에 충만하여 하나님의 사람, 모세까지도 하나님 앞에 나아갈 수 없었다.

이스라엘 자손이 성막 건축을 마치고 난 후, 시내광야를 출발하여 향후 40년간 광야생활 가운데 그들의 진로를 결정하고 인도한 구름의 역할이 언급된다. 이스라엘 자손이 구름이 성막 위에 떠오를 때에는 그 모든 행진하는 길에 앞으로 나아간다. 구름이 떠오르지 않을 때는 떠오르는 날까지 그들은 앞으로 나아가지 아니한다. 하나님께서는 이럴 경우 멈추셔서 이스라엘을 훈련시키신다. 여호와 하나님께서는 무더운 낮 동안에는 구름으로 그늘을 만들어 주시고, 일교차가 커서 추운 밤에는 불로 따뜻하게 하신다. 이스라엘의 온 족속이 그 모든 행진하는 길에서 여호와 하나님의 이와 같은 인도하심을 눈으로 친히 본다.

응답기도 및 임재 안에 머물기

각자 깨달은 말씀이나 마음에 부딪혀 오는 은혜에 따라 응답하는 기도를 충분히 드린다. 충분하게 하나님과 대화를 나누는 기도를 드린 이후에 하나님의 선하심과 인자하심을 맛보며 그분의 임재 안에 얼마 동안 머무른다. 하나님의 임재 안에 머무른 후에 기도 안내문에 나와 있는 기도로 마무리한다.

"모세가 하나님께서 명하신 대로 성막 세우는 것을 마치니 구름이 회막에 덮이고 여호와의 영광이 성막에 충만한 것처럼 하나님의 섭리에 따라 세워진 오늘날의 주의 성전에도 하나님의 영광이 충만하기를 간구합니다. 이스라엘 백성이 낮에는 여호와의 구름이 성막 위에 있고 밤에는 불이 그 구름 가운데에 있음을 이스라엘의 온 족속이 그 모든 행진하는 길에서 그들의 눈으로 보았던 것처럼 오늘날 주의 백성들의 모든 행진하는 길에서도 이와 같은 은혜를 덮어 주옵소서."

반추 및 성찰

가능하면 기도했던 장소에서 자리를 옮긴다. 그리고 기도 시간에 경험한 내용을 돌아보면서 노트에 간단히 적는다. 이때 기도 안에서 하나님과 내 자신에 대한 전체적인 느낌을 적고, 또 영적으로 위로를 받았던 경험과 영적으로 메말랐던 경험을 적는다.

삶으로 나아가기

마음에 와 닿는 한 구절의 말씀을 선택하여 쪽지에 기록한다.
예를 들면 "모세가 이같이 역사를 마치니 구름이 회막에 덮이고 여호와의 영광이 성막에 충만하매 모세가 회막에 들어갈 수 없었으니 이는 구름이 회막 위에 덮이고 여호와의 영광이 성막에 충만함이었으며 구름이 성막 위에서 떠오를 때에는 이스라엘 자손이 그 모든 행진하는 길에 앞으로 나아갔고 구름이 떠오르지 않을 때에는 떠오르는 날까지 나아가지 아니하였으며 낮에는 여호와의 구름이 성막 위에 있고 밤에는 불이 그 구름 가운데에 있음을 이스라엘의 온 족속이 그 모든 행진하는 길에서 그들의 눈으로 보았더라"(33b–38절).
이 말씀을 수시로 꺼내어 읊조리면서 일상 안에서 기도하며 생활한다.

주요내용 설명

성막의 완성(1–33절)과 성막에 임한 하나님의 영광(34–38절)에 관하여 설명한다. 1~11절은 성막, 성막 뜰, 그리고 그곳에 필요한 기구들을 지시대로 이룬 것을 보여 준다. 성막 건축 날자는 정월 초하루(2절)라고 말한다. 모세가 할 일은 성막을 세우는 일, 성막에 필요한 기구들을 두는 일, 성막 바깥에 둘 비품을 배치하는 일, 성막 뜰을 만들고 모든 기구들을 기름 부어 거룩하게 하는 일 등이다. 12~15절은 레위기 8장에서 상세히 설명하는데 거룩한 옷을 입는 의식, 기름부음을 받는 의식, 그리고 아론과 아론의 아들들이 대를 이어 영영히 제사장이 된다는 명령을 실행하신다. 16~33절은 1~11절에서 명령하신 대로 행했다고 반복함으로(19, 21, 23, 25, 27, 29, 32절) 모세가 행한 일을 묘사하고 있다. 30~32절은 30 : 19~21의 요구에 따라 모세와 아론과 아론의 아들들이 물두멍 속에 있는 물로 손과 발을 씻었다는 기록이 나온다. 34~38절은 성막이 완성된 이후의 모습을 그리고 있다. 여호와께서 성소가 완성되기를 기다리셨다가 내려오심을 보여 준다. 회막을 덮고 있는 구름과 성막과 영광에 관한 구절들과 관련이 있다(13 : 21-22, 14;19, 24, 16 : 10, 24 : 16-18, 33 : 9-10, 22, 34;5). 이스라엘의 여정은 낮에는 구름기둥으로, 밤에는 불기둥으로 인도하시는 여호와의 임재와 직접적으로 관련이 있다. 구름이 성막에 머물면 이스라엘 백성은 이동하지 않았다. 구름이 떠오르면 이스라엘 백성도 지시된 방향으로 갔다. 여호와는 이스라엘의 한 가운데 임재하시고, 지성소에 충만히 임재하시며, 언제 어디서든지 이스라엘 백성의 사람의 처소에 임재하시며 그들과 함께 계신다.

말씀으로 기도하기 9
출애굽기

초판인쇄 2017년 12월 20일
초판발행 2017년 12월 30일
지 은 이 한국기독교교육교역연구원
펴 낸 곳 사) 한국기독교교육교역연구원
주   소 471-030 / 경기 구리시 수택동 873-5 금호프라자 1차 상가 402호
전   화 (031) 567-5325 / 팩스 (031) 567-5325

총 판 처 비전북
전   화 (031) 907-3927
등   록 No.17-427(2005. 4. 7.)
ISBN 978-89-93377-41-5 / Printed in Korea

값 23,000원

※ 이 출판물은 저작권법에 의해 보호를 받는 저작물이므로 무단전재와 무단복사를 할 수 없습니다.